ARCHITECTURE
INSIDE + OUT

아키텍처 인사이드 아웃

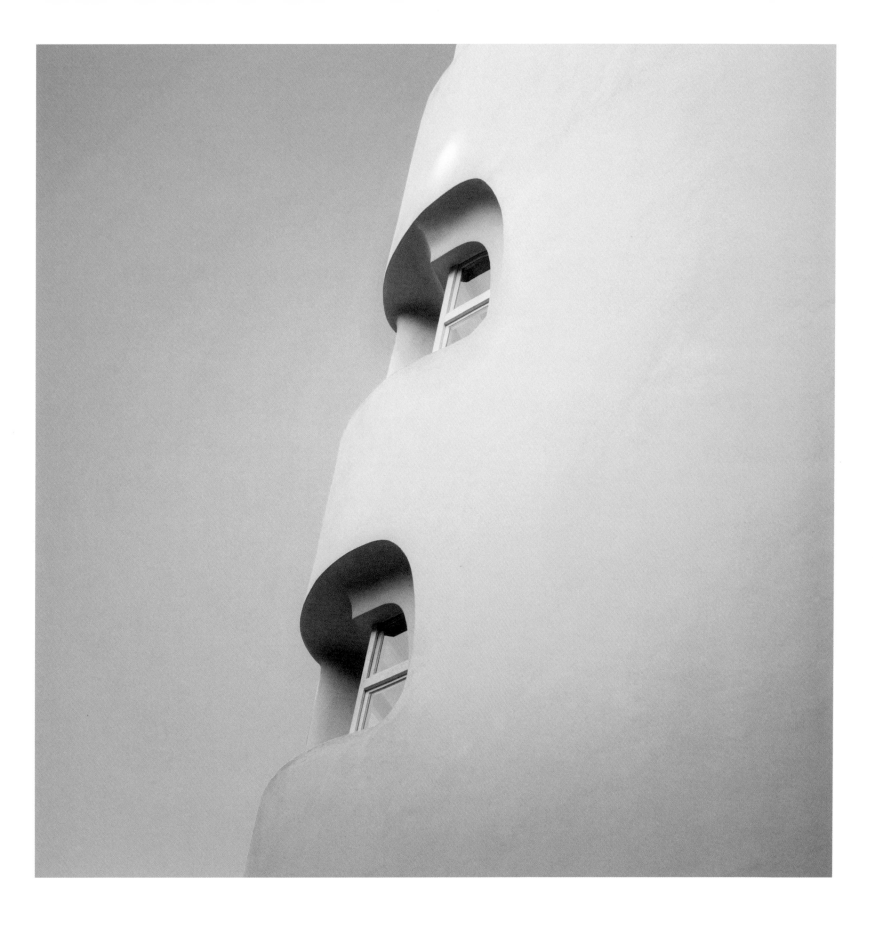

ARCHITECTURE INSIDE + OUT

일러스트와 함께하는 유명 건축물 이야기

아키텍처
인사이드 아웃

John Zukowsky & Robbie Polley 지음

고세범 번역

YoungJin.com Y.
영진닷컴

목차 Contents

서문 introduction 6

공공 생활 Public Life 12

콜로세움 Colosseum — 로마, 이탈리아 16

디오클레티아누스 궁전 Palace of Diocletian — 스플리트, 크로아티아 22

도제 궁전 Doge's Palace — 베니스, 이탈리아 28

미국 의회 의사당 Capitol Building — 워싱턴 DC, 미국 34

크라이슬러 빌딩 Chrysler Building — 뉴욕, 미국 38

덜레스 국제공항 Dulles International Airport — 버지니아, 미국 44

국회 의사당 Palace of Assembly — 찬디가르, 인도 48

방글라데시 국회 의사당 National Assembly Building of Bangladesh — 다카, 방글라데시 54

라이히슈타크 Reichstag — 베를린, 독일 58

런던 아쿠아틱 센터 London Aquatics Centre — 런던, 영국 64

세계 무역 센터 환승센터 World Trade Center Transit Hub — 뉴욕, 미국 70

기념물 Monuments 76

파르테논 신전 Parthenon — 아테네, 그리스 80

앙코르와트 Angkor Wat — 시엠 립, 캄보디아 86

타지마할 Taj Mahal — 아그라, 인도 92

베르사유 궁전 Palace of Versailles — 베르사유, 프랑스 96

몬티셀로 Monticello — 샬러츠빌, 버지니아, 미국 102

아이슈타인 타워 Einstein Tower — 바벨스베르크, 독일 108

예술과 교육 Arts and Education 112

존 손 경 박물관 Sir John Soane's Museum — 런던, 영국 116

글래스고 예술 학교 Glasgow School of Art — 글래스고, 영국 122

바우하우스 Bauhaus — 데사우, 독일 126

바르셀로나 파빌리온 Barcelona Pavilion — 바르셀로나, 스페인 130

구겐하임 미술관 Solomon R. Guggenheim Museum — 뉴욕, 미국 134

베를린 필하모닉 Berliner Philharmonie — 베를린, 독일 140

킴벨 미술관 Kimbell Art Museum — 포트워스, 텍사스, 미국 146

시드니 오페라 하우스 Sydney Opera House — 시드니, 호주 150

퐁피두 센터 Centre Georges Pompidou — 파리, 프랑스 156

그랑 루브르 Grand Louvre — 파리, 프랑스 162

빌바오 구게하임 미술관 Guggenheim Museum Bilbao — 빌바오, 스페인 168

국립 아프리카계 미국인 역사 문화 박물관 National Museum of African American History and Culture
— 워싱턴 DC, 미국 174

주거 Living 180

하나님의 호텔 Hotel-Dieu de Beaune — 본, 프랑스 184

빌라 로툰다 Villa Almerico Capra "Villa Rotonda — 비첸차, 이탈리아 188

타셀 호텔 Hotel Tassel — 브뤼셀, 벨기에 192

슈뢰더 하우스 Schroder House — 위트레흐트, 네덜란드 196

메종 드 베르 Maison de Verre — 파리, 프랑스 200

낙수장 Fallingwater — 밀 런, 펜실베이니아, 미국 206

빌라 마이레아 Villa Mairea — 노르마르쿠, 핀란드 210

루이스 바라간 주택 Casa Luis Barragan — 멕시코시티, 멕시코 214

임스 하우스 The Eames House — 퍼시픽펠리세이즈, 캘리포니아, 미국 220

나카긴 캡슐 타워 Nakagin Capsule Tower — 도쿄, 일본 224

앱솔루트 타워 Absolute Towers — 토론토, 캐나다 230

예배 Worship 234

아야 소피아 Hagia Sophia — 이스탄불, 터키 238

코르도바 모스크 대성당 Mosque Cathedral of Cordoba — 코르도바, 스페인 244

샤르트르 대성당 Chartres Cathedral — 샤르트르, 프랑스 250

금각사 Temple of the Golden Pavilion — 교토, 일본 256

피렌체 대성당 Florence Cathedral — 피렌체, 이탈리아 260

바탈랴 수도원 Batalha Monastery — 바탈랴, 포르투칼 266

성 베드로 대성당 St. Peter's Basilica — 비잔틴, 로마, 이탈리아 270

세인트 폴 대성당 St. Paul's Cathedral — 런던, 영국 276

노트르담 뒤 오 성당; 롱샹 성당 Notre-Dame-du-Haut Chapel — 롱샹, 프랑스 282

사그리다 파밀리아; 성가족 성당 Sagrada Familia — 바르셀로나, 스페인 288

참고 문헌 Selected Sources 294

용어 사전 Glossary 296

색인 Index 298

도판 출처 Picture Credits 302

서문

작가

John Zukowsky

만약 당신이 이 책의 목차를 대충 훑어본다면, 이 책에 포함되지 않은 전 세계의 주요 랜드마크들에 관한 추가 후속편이 나와야 하는 것 아닌가 하는 의문을 가질 것이다. 하지만 파르테논 신전이나 콜로세움, 성 소피아 대성당, 샤르트르 대성당과 같은 이 책에 포함된 50개의 유명한 건축물만으로도 우리는 많은 이야기를 할 수 있다. 또한 여기에 포함된 대부분의 건축물은 유네스코(UNESCO) 세계문화유산에 등재돼 있을 뿐만 아니라, 획기적인 외관과 디자인 전략으로 향후 국제적인 랜드마크가 될 최근 작품들도 포함했다. 이 책에서 서술하는 모든 건축물은 많은 다른 예술 작품들과 같이, 잠깐 힐끗 보는 것 이상의 가치를 지니고 있다. 여러 번 볼수록 지금까지 인식할 수 없었던 측면들도 바라볼 수 있으며, 또한 사회적 가치 및 건축가들의 업적을 통해 많은 시사점을 제공해 줄 것이다. 이 책은 각 건축물의 역사적, 사회적, 그리고 문화적 맥락을 소개하려고 한다. '일반적으로 잘 알려진 주요 건축물들'을 선정했지만, 몇몇 건축물은 파격적으로 선택되었다. 비록 일부 독자들이 선호하는 건축물들이 포함되지 않았지만, 전 세계에서 50개를 선별하는 과정은 매우 힘든 일이라는 점을 밝히고 싶다. 이에 관해 내부적으로도 많은 논의를 진행했지만, 본질적으로 사례를 소개하는 책들이 가지는 필연적인 문제라고 생각된다.

각 건축물에 대한 시각적 이해를 돕기 위해, 건축 일러스트레이터인 로비 폴리(Robbie Polley)의 단면 스케치들을 활용했다. 그의 작업들을 통해 건축 과정의 시각적 이해를 돕고자 했으며, 또한 도면 위에 표현된 아이디어가 건축화되는 과정을 보여줄 것이다. 이러한 도면화 과정은 최소 중세시대 및 고대 그리스 로마 시대에서도 이루어졌다. 현존하는 가장 초기의 건축 도면은 생 갈 수도원의 평면도(Plan of St. Gall)로 알려져 있다. 5장의 양피지로 구성되어 있으며 현재 스위스의 생 갈 수도원 도서관(Abbey library of Saint Gall)에 보관 중이다. 13세기에서 16세기의 제작된 약 500여 개의 중세 건축 도면들은 유럽의 다양한 기관들에서 보관 중이며, 특히 빈 미술 아카데미(Academy of Fine Arts in Vienna)에서 다수 보관 중이다.

도면을 통해 건축물의 단계별 구축 과정을 살펴볼 수 있다. 냅킨에 그려진 초기 설계 스케치는 건축주를 위해 좀 더 명료한 투시도로 발전되며, 이후 분양 및 마케팅 도구로도 이용된다. 또한 프로젝트가 진행되면서, 더 많은 설계 대안 및 세부 설계안들이 만들어진다. 시공을 위해 건축재료 및 자재 기준에 따라 각 상세도들이 제작되며, 공사 단계별로 발주되고 있다. 오늘날에 이러한 일련의 과정들은 다양한 컴퓨터 프로그램들을 통해 3D로 작업 되고 있다. 건축 프로젝트가 진행됨에 따라, 각각의 디지털 데이터들은 다른 프로그램으로 변환되거나, 또는 확장된다. 최근에는 설계 및 건설, 유지보수, 관리를 총괄할 수 있는 BIM(건축 정보 모델링) 프로그램이 개발되어 활용되고 있다. 그러나 과거의 수작업이나 최근의 컴퓨터 작업 과정 모두 구조적 공간적 개념 아이디어에서 시작하여 각 개별 디자인 과정을 통해 건축물로 건설된다. 그리고 이러한 아이디어들은 디지털 데이터 또는 종이로 남게 된다. 건물이 건설된 후에는 도면 작성은 계속 이루어진다. 이 중에는 콘셉트 스케치와 같은 개인 여행 스케치들도 있으며, 또한 19세기 간행물에서도 간혹 볼 수 있는 프리젠테이션용 상세 조감도들도 있다. 하지만 이러한 도면들도 역사적인 기록물로 평가받는 이유는 기존의 작업이 소실되었을 때, 건물을 복원하고 재건축하는 데 도움이 될 수 있는 자료이기 때문이다.

이 책에서는 각 건축물을 로비 폴리(Robbie Polley)가 삽화 및 도면으로 표현하였다. 여행 스케치와 마찬가지로, 각 건물에 대한 그의 해석이며, 어쩌면 그 이상을 담고 있을 수 있다. 그가 그린 내부 투시도 및 단면도를 통해 우리는 각 대지 내의 공간적, 구조적 관계를 살펴볼 수 있으며, 그 장소들이 가진 중요한 역사적 사실과 잘 알려지지 않은 세부 사항들도 알 수 있다. 정교하게 채색된 도면을 통해, 건축물들은 새롭게 빛을 발하게 될 것이다.

본 책은 주제별로 주요 건축물을 분류, 정리하였다. 때에 따라 일부 건축물은 다른 주제에 포함될 수도 있다. 하지만 많은 건축물이 그러하듯 한 건축물의 용도는 다면적이고 또한 시간이 지남에 따라 변할 수도 있다. 사원들과 성당들은 종종 의도된 종교적 목적을 넘어 이용되기도 하며, 또한 특정 종교의 건물들은 때때로 시간이 지남에 따라 여러 종교에서 사용되기도 한다. 이에 본 책에서 정리한 '공공 생활, 기념물, 예술과 교육, 주거, 그리고 예배'의 다섯 가지 범주에 맞추어 균형있게 건축물을 배분하였음을 먼저 밝히고자 한다.

첫 번째 주제인 '공공 생활'에서는 군사 시설로 계획된 궁전을 포함하여, 스포츠 단지, 고층 건물, 의회 건물, 항공 및 철도 시설 등 고대부터 현재까지 주요 해당 건축물들이 포함되어 있다. 두 번째 장의 기념물에서는 고대에서부터 20세기에 걸쳐 건설된 사원 및 무덤, 궁전, 개인 주택, 그리고 작은 전망대 등이 포함되었다. 예술과 교육에 관한 세 번째 장은 역사적 사건을 기록한 건축물뿐만 아니라 시각 및 공연 예술을 위한 건축물들을 포함하였다. 특히 인류의 투쟁과 성취를 담은 사원이라 할 수 있는 박물관에 중점을 두었다. 네 번째 장, 주거에서는 건축의 근본적인 기능인 주택에 초점을 맞추어 살펴보았다. 예를 들어 15세기에 지어진 빈민구호소

부터 5세기에 걸쳐 지어진 화려한 개인 주택, 창조적으로 설계된 고층 아파트에 이르기까지 다양한 주거 유형을 살펴보았다. 다섯 번째이자 마지막 장인 예배 기능은 지난 1,500년 동안 지어진 교회, 모스크, 그리고 사원들에 초점을 맞추고 있다. 여기서 가장 흥미로운 사실 중 하나는 한 건축물이 역사적 상황에 따라 서로 다른 종교로 변환되어 이용되어 왔다는 점이다. 이러한 건축물들은 종교적 믿음과 수십 년에 걸쳐 형성된 신념을 구체적으로 표현한 산물이라 할 수 있다.

이 책은 시각적 설명을 통해 주요 유명 건축물을 살펴보고, 입면 및 마감 뒤에 감추어져 있던 축조의 과정을 설명하고자 했다. 문헌 및 시각적 자료를 토대로 각각의 구조를 살펴보고, 각 건축가와 함께 사고하면서, 설계 뒤에 감추어져 있던 생각과 지식을 더 깊이 이해하고자 했다. 'Architecture Inside-Out'은 200년 이상 걸친 인류의 건축 연대기로서, 앞으로 수 세기 동안 여러분들에게 지속적인 감흥을 불러일으킬 것이다.

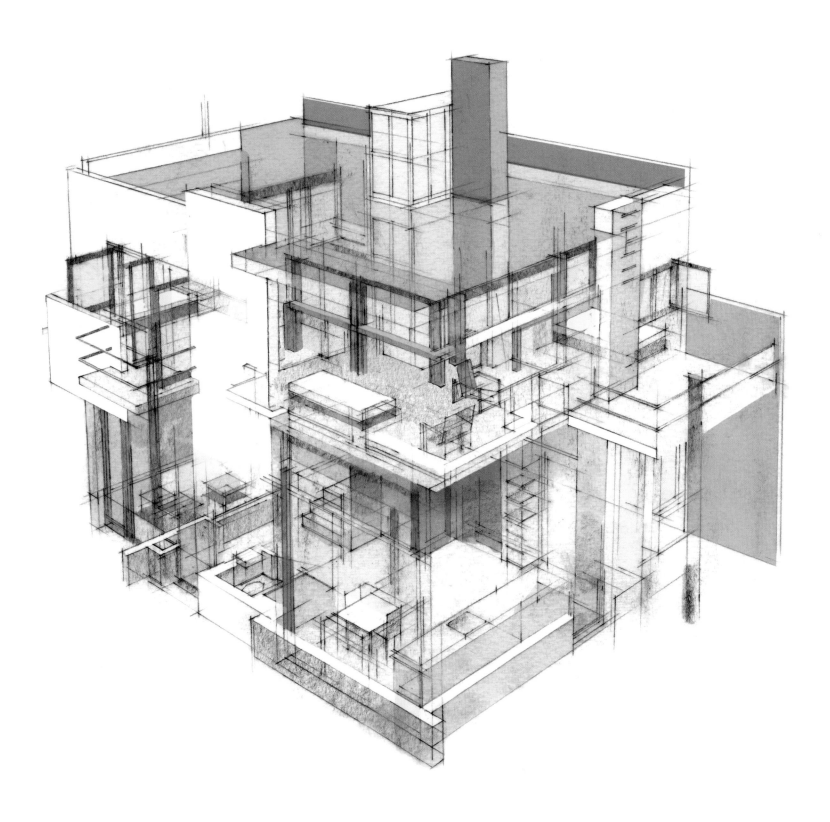

삽화가
Robbie Polley

건축 삽화에 대한 나의 열정은 런던에 살던 첫해라고 기억한다. 내가 웨스트 엔드 극장의 입면을 '플레인 에어*' 방식으로 그렸을 때, 화려한 석재와 빛나는 글자들은 열정 가득한 그래픽 디자이너에게 있어 거부할 수 없는 매력으로 다가왔다. 또한 1960년대 소년 만화에서 자주 볼 수 있었던 고층 건물 및 여객선, 제트기의 상세한 모습은 나의 기술적 이미지에 대한 집착에 기여했다고 확신한다. 나에게 열정을 일으키는 것이 무엇이든, 나는 건물 그리는 것을 좋아한다. 우리는 어떤 물체를 그림으로써 좀 더 집중하고, 면밀히 보며, 그래서 더 잘 이해하게 된다. 어떤 의미에서 건물을 그리는 것은 배나 나무 의자를 그리는 것과 다를 바 없지만, 처음에는 그 일의 복잡성에 압도당할 수 있다. 이에 겉보기에는 복잡한 것들을 분석한 후, 이를 단순한 시각적 아이디어로 축소할 수 있어야 한다. 도면을 통해 건축물을 연구한다는 것은 건축의 진실에 더 가까이 다가가는 것이며, 이를 통해 그 여정 속에서 건축가의 원래 비전을 더 잘 알 수 있게 된다. 나의 건축 도면들은 보통 내 마음의 눈으로 시각화된 것들이다. 우리는 모두 매우 개인적 방식으로 공간을 인식하지만, 건물을 이해하려고 할 때는 마음의 눈으로 보아야 한다. 그리고 이 상호 작용을 인식하고 전달하는 방법이 본인의 스케치에 반영되어야 한다. 비록 건물의 형태에 영향을 많이 받지만, 스케치 기법과 축적, 그리고 디테일을 통해 건축물의 인식 과정을 유연하게 할 수 있다. 이를 통해 건축 공간에 대해 서로 다른 반응을 보이게 될 것이며, 또한 시각적 해석도 차별화될 것이다. 나는 존재하지 않는 물체를 그림으로써 그림 스타일을 자유롭게 할 수 있다는 생각을 가지고 있다. 마음의 눈에서 그릴 때, 우리 앞에 있는 것을 재현하려는 강

압으로부터 해방된다. 우리는 상상하는 이미지를 자유롭게 표현해야 하며, 또한 편견에서 탈피해야 한다. 그림 자체가 대상이 되고, 마음속의 이미지를 시각화해야 한다. 이에 나는 종종 조각가가 그린 그림이 실제 조각작품보다 더 흥미롭다는 것을 발견하곤 한다. 그들의 조각상을 보다, 그들의 그림이 더 강하고 진실되게 실체에 접근하곤 한다.

나는 보통 하나의 장면을 구성하기 위해 일련의 스케치를 그린 다음, 이를 정리하여 최종 도면을 그린다. 각각의 상황에 맞는 종이에 작업하는 것을 선호하지만, 요즘은 컴퓨터를 사용하여 만든 평면 또는 단면도를 토대로 작업을 시작한다. 또는 투시도나 부등각 투시도(엑소노메트릭)를 사용하기도 하는데, 라이트 박스를 이용하여 건축물을 이해하기 쉽게 3차원 요소로 표현하기도 한다.

나는 '숙련도(draftsmanship)'란 용어를 존중하지만, 일부 전문가들은 딱딱하거나 감정이 없는 그림을 조롱할 때 이 용어를 사용한다. 왜냐하면 예술이라기보다는 공예에 가깝다고 인식하기 때문이다. 하지만 이러한 공예적 기법은 그림을 정확하게 표현해 준다. 정밀도 역시 표현의 한 형태이다. 자유로운 회화 활동에서 이러한 편협한 사고방식은 없어져야 한다. 각 건축물 공간을 시각화하기 위해서는 개별 구조에 접근해야 한다. 돔이나 콘서트 공간은 무주 공간을 강조해야 중요한 특징을 표현할 수 있다. 반면, 단순한 지붕 단면은 단층 건물 설명에 용이할 것이다. 이에 전체 건물의 구조적 특징을 잘 보여주는 시점이나 투영 유형을 찾아야 한다. 또한 어떤 건물들은 한눈에 설명하기가 거의 불가능하다. 건축물을 세부적으로 해체할수록, 원래의(때로는 단순한) 개념이 더 많이 상실될 수 있다. 그러므로 가장 잘 설정된 시점은 구조를 단순하게 보여주는 시점일 것이다. 건물을 그릴 때 무엇을 제외할지도 주의 깊게 고려해야 한다. 나

---
* Plein Air : 19세기 중반 프랑스에서 개발된 회화 방식으로써, 스튜디오의 인공조명이 아닌 야외 및 자연 채광에 기반한 회화 양식

는 부분적으로 분리되는 모형을 통해 시각화하는 방식을 선호한다. 직선이나 곡선으로 단면을 자르면 건물 내부를 좀 더 명확하게 볼 수 있기 때문이다.

결국, 각 도면은 그 나름대로 인정받을 수 있는 강력한 이미지를 표출해야 한다. 이는 건축물에 대한 정확한 해석일 뿐만 아니라 미적인 즐거움일 수 있다. 표현적인 도면은 지나치게 기술적인 도면에서 빠질 수 있는 새로운 것을 드러낸다. 비록 컴퓨터가 현재 건물을 디자인하고 시각화하는데 일반적으로 사용되고 있지만, 손으로 그린 그림은 디지털 이미지에 의해 복제될 수 없는 특별함을 가지고 있다. 기계화되고 현실적인 컴퓨터 렌더링 이미지와 손으로 그린 이미지는 서로 다른 반응을 보여준다. 왜냐하면 우리는 단지 건축물 만을 보는 것이 아니라, 삽화가의 해석하는 방법도 보기 때문이다. 컴퓨터로 만들어진 이미지는 덜 인간적이기도 하지만 또한 너무 현실적이라는 단점을 가지고 있다.

내가 이 책에서 그림을 그리는 데 사용한 연필은 틀림없이 가장 순수한 표현 도구이며, 또한 아직도 가장 먼저 사용하는 도구이기도 하다. 비록 약간의 컴퓨터 도움을 받고 있지만, 그 어떤 것도 종이와 연필의 느낌을 능가할 수는 없다. 연필은 다양한 흑연 자국을 남기면서, 종이의 울퉁불퉁한 표면을 가로질러 놀리거나 낙서를 할 수 있다. 고대의 석재나 현대의 유리 난간을 가장 잘 묘사하는 선의 질감을 찾는 과정은 매우 흥미로운 일이다. 연필은 독특한 개성을 통해 다양한 모든 것들을 묘사할 수 있다. 모든 예술가들은 본인이 가장 좋아하는 연필을 가지고 있다. 나의 경우, 잭 케로악(Jack Kerouac)이 사용했던 블랙윙 602를 가장 좋아한다. 비록 화가 보다는 소설가와 시인으로 더 잘 알려졌지만, 케로악은 스케치에 재능이 있었다. 스케치에 있어 고려해야 할 것은 프리 핸드로 그릴지 자를

이용할지 결정하는 것도 중요하지만, 특히 '빠른' 선과 '느린' 선을 잘 혼용할 필요가 있다. 왜냐하면, 모든 그림에는 다양한 톤이 필요하기 때문이다. 또한 그림을 그릴 때 중요한 것은 스케일, 축적을 결정하는 것이다. 너무 작은 종이 위에 거대한 건물을 그리면 디테일 및 재질의 특징을 놓친 채 전체적인 공간만 표현될 수 있기 때문이다. 컴퓨터 시대 이전의 건축가들의 계획은 종종 그 자체로 아름다웠다. 나는 특히 프랭크 로이드 라이트(Frank Lloyd Wright)의 수채화 평면도나 크리스토퍼 렌(Christopher Wren)의 화려한 잉크 도면을 좋아했다. 촉각을 가진 인간의 손을 통해 논리적, 공학적으로 구조화된 형태를 표현할 수 있다는 점에서 나는 진정한 아름다움을 느낀다. 또한 수백 년 동안 지속될 중요한 건축 작품들이 손으로 그린 단순한 하나의 선으로 시작된다는 점을 상기시켜 준다.

난 이 책의 도면을 작업하면서 복잡한 건물을 일반화하려고 노력했다. 특히 기술적이면서 시각적으로 즐거운 도면을 통해 이 목표를 달성하고자 했다.

머리말

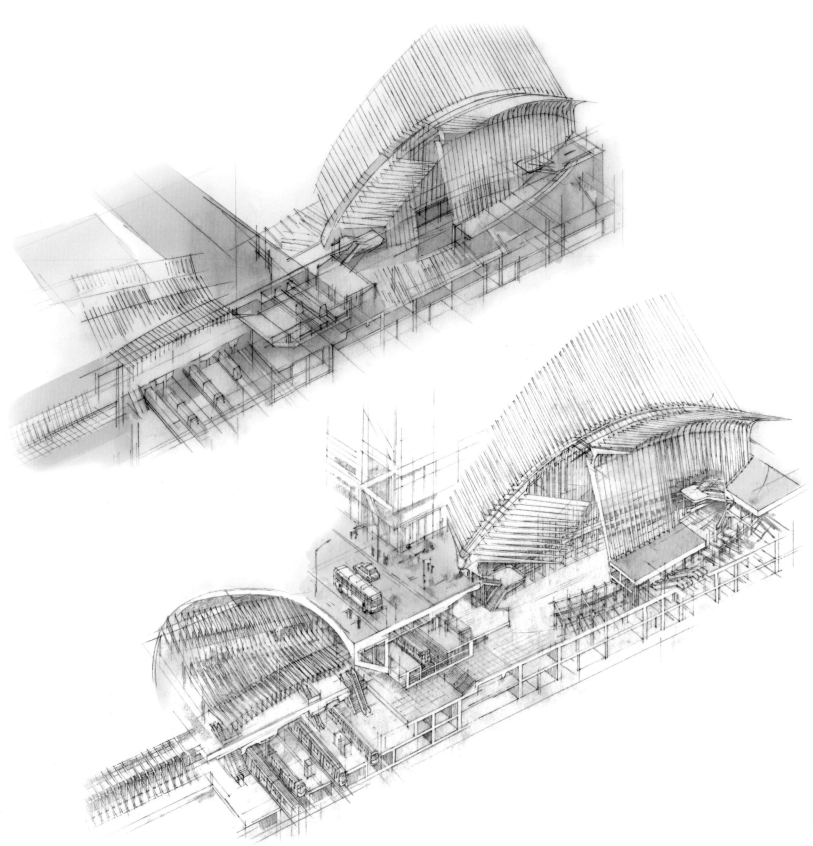

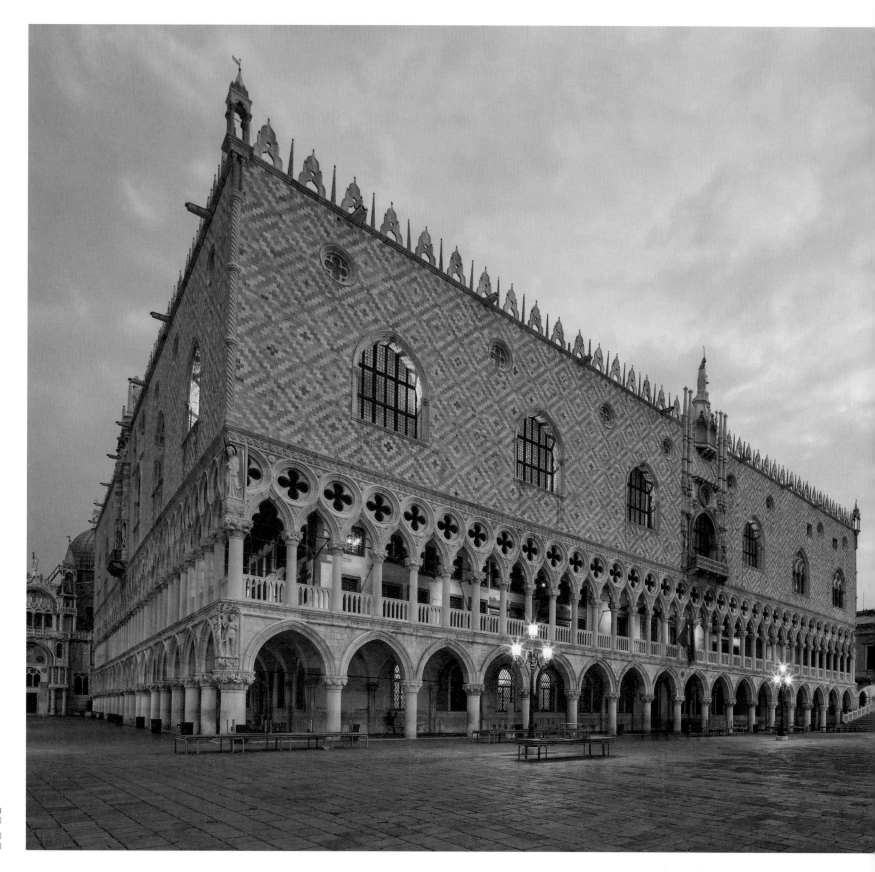

공공 생활 Public Life

사람들은 건축과 관련하여 '공공'이란 단어를 보면 정부가 건설한 건축물, 즉 시민들에게 필수적인 서비스를 제공하는 세금으로 건설된 건물을 떠올린다. 예를 들어 우체국, 경찰서 및 소방서, 쓰레기 처리장, 교통 시설, 시청 및 정부 청사, 법원 등과 같은 건물들이다. 또한 가장 대표적인 시설로는 선거로 뽑힌 의원들을 위한 입법 기관을 들 수 있다. 이러한 시설은 중세의 의회나 의사당에서 유래하며, 때로는 두 개 이상의 별도의 의회로 구분된다. 예로 영국의 양원제는 많은 다른 의회 제도의 모델이 되어 왔다.

이와 관련하여, 찰스 베리(Charles Barry, 1795–1860)와 아우구스투스 푸진(Augustus Pugin, 1812–52)이 설계한 영국 국회 의사당인 웨스트민스터 궁(the Palace of Westminster, 1840–70)은 오늘날 전 세계적으로 민주주의 의회 제도의 상징이 되어 왔다. 영국 의회의 창설을 기념하는 신고딕 양식의 이 건축물을 통해 우리는 13세기의 건축 유산을 추적할 수 있으며, 또한 1215년 귀족들의 독단적인 횡포로부터 기본적인 자유를 확립한 마그나 카르타(the Magna Carta, 1215) 서명을 기념할 수 있게 된다. 또한 이 장에서는 서로 다른 국가들의 의사당 건물들이 각각의 스타일을 가지면서도, 똑같이 눈에 띄는 형태를 가지고 있는 점도 바라볼 수 있다. 특히 6세기에 걸쳐 지어진 주요 나라, 방글라데시 및 독일, 인도, 이탈리아, 미국의 사례를 살펴볼 것이다.

다섯 국가의 의사당 건물 중에서, 네 개는 돔 형태의 중앙 집중적 고전적 양식을 띄고 있다. 건축가들은 오래전부터 인도의 찬디가르(Chandigarh, 1952–61, 르 코르뷔지에)나 방글라데시 다카(1962–82, 루이스 칸)의 국회 의사당 건물들을 20세기 주요 건축 순례 장소로 여겨왔다. 또한 노먼 포스터(Norman Foster, b.1935)가 설계한 베를린의 라이히슈타크(Reichstag, 1884–94)는 강철과 유리로 된 돔(1999년)으로 인해 최근에 주요 순례 장소에 합류하게 되었다. 워싱턴 DC에 있는 의회 의사당(the Capitol building, 1792–1891)의 경우, 2세기에 걸친 건축적 변화 때문에 기존 의회 건물 디자인과는 다소 차이가 있다. 그러나 당 건물은 미국을 상징하는 국제적 명소이면서, 공공건물의 기능 이외에 관광 명소로써 인정받고 있다. 앞서 설명한 19세기와 20세기 동안 세워진 네 개의 건물들은 본질적으로 정부의 입법 기능에 초점을 맞추어 특화되었다. 다섯 번째 사례로, 베니스의 도제 궁전(Doge's Palace, 1340–1614)은 국회 의사당과 입법 기능이 통합된 건물이지만, 3세기에 걸쳐 사법기능 및 교도소 공간이 확장되었고, 또한 귀족의 주거 시설도 결합되어 전형적인 복합 공공 건축물이라고 할 수 있다.

또한 이 장에는 국제적으로 중요한 공공 여가 및 교통 시설들이 포함되어 있다. 대표적 공공 여가 시설로서 고대부터 현재까지를 아우르는 로마의 콜로세움(Colosseum, 72–80)과 런던 아쿠아틱 센터(the London Aquatics Centre, 2012)가 있다. 둘 다 주요 스포츠 및 엔터테인먼트 장소로 설계되었으며, 또한 도시 공동체를 위해 사용되고 있다. 수만 명의 관람객을 수용할 수 있는 계단식 경기장인 콜로세움은 고대부터 주요 스포츠 시설의 개념 모델로 사용되어 왔으며, 규모는 작지만 런던 아쿠아틱 센터는 올림픽 관람객을 수용하기 위한 임시 좌석을 갖추었으며(올림픽 이후 철거), 현재는 지역 커뮤니티 센터로 활용 중이다.

이 장에서 소개하는 2개의 교통 시설물은 모두 미국 사례로, 하나는 모더니즘 시기의 건축물인 워싱턴 덜레스 국제공항(Washington Dulles International Airport, 1958–62)이고, 다른 하나는 세간의 이목을 끄는 최근 작품인 뉴욕 세계 무역 센터 환승센터(the World Trade Center Transit Hub, 2004–2016)이다. 오늘날 일반적인 컴퓨터 디자인 프로그램을 사용하기도 전인 1960년대에 에로 사리넨(Eero Saarinen, 1910–61)은 새로운 제트 엔진 비행기들을 수용할 수 있는 곡선 형태의 공항을 첫 번째로 설계하였다. 산티아고 칼라트라바(Santiago Calatrava, b.1951)에 의해

설계된 세계 무역 센터 환승센터는 평화의 상징으로서 대지에서 태어난 비둘기를 형상화했다. 내부의 넓은 아트리움은 교외 철도와 도시 전철을 연계함과 동시에, 2001년 9월 11일 테러 공격 이후 이 지역의 부활을 상징한다. 또한 지난 50년 동안, 덜레스 국제공항은 도시 계획을 통한 전철 확장으로 교외 개발에 큰 영향을 미쳤으며, 마찬가지로, 세계 무역 센터 환승센터는 도심 고층 건물 개발에 의해 증가한 통근 교통량을 수용하기 위해 만들어졌다.

교통 시설과 관련하여 다른 사례들은 경제 성장과 관련이 있다. 이 장에서 소개하는 두 가지 사례, 크로아티아 스플리트에 있는 디오클레티아누스 궁전(Palace of Diocletian, 293–305)과 뉴욕의 크라이슬러 빌딩(Chrysler Building, 1929–30)은 도시 개발 및 성장의 역사와 밀접하게 연계되어 있다. 전자는 황제의 은퇴 별장이고, 후자는 아르데코(Art Deco) 양식의 세계적으로 유명한 고층 빌딩이다. 디오클레티아누스 궁전은 로마 군대 야영지의 직선 교차로 계획에 따라 처음 계획되었다. 2세기 또는, 3세기 초 그리스의 정착지에 세워졌을 때에는 아스파라토스(Aspalathos)라 불렸으며, 비잔티 시대 및 베네치안, 오스크리아 합스부르크가 시대, 그리고 1차 세계 대전(1914–18)를 거치면서 만 명 이상의 거주자들이 사는 도시로 성장하였다. 오늘날 스플리트시의 인구는 약 17만 명이며, 시권역 인구는 34만 명 이상이다. 뉴욕시 맨하탄의 미드 타운에 위치한 크라이슬러 빌딩은 42번가의 주요 고층 건물 중의 하나이다. 이들 중에는 어윈 채닌(Irwin Chanin, 1891–1988) 및 슬로안 & 로버트슨(Sloan and Robertson)이 설계한 채닌 빌딩(Chanin Building)이 있으며, 요크 & 소이어(York and Saywer)의 아치형 형태의 보워리 저축 은행 빌딩(Bowery Savings Bank, 현재는 시프리아니 빌딩), 워렌 & 웨트모어(Warren and Wetmore)가 설계한 코모도어 호텔(Commodore Hotel, 현재는 그랜드 하얏트 호텔) 등이 있다. 특히 그랜드 하얏트 호텔은 1980년에 데르 스컷(Der Scutt)의 설계를 통해 재건축한 건물로써 도널드 트럼프의 첫 번째 부동산 프로젝트였다. 다른 건물들과 마찬가지로 크라이슬러 빌딩 역시 그랜드 센트럴 역(Grand Central Station, 1913) 개발 및 이에 따른 파크 에비뉴 도로 재개발 계획에 많은 영향을 받게 되었다. 1930년대 이후의 대공황과 2차 세계 대전 후의 고층 건물 건설붐은 특히 파크 에비뉴 북쪽에 집중하게 되었으며, 또한 역세권인 철도역 근방 42번가를 따라 고층 건물 건설이 집중하게 되었다. 오늘날 터미널 근처 고층 건물들로 매일 750,000명 이상의 통근 통행이 발생하고 있으며, 특히 크라이슬러 빌딩은 수많은 보행자들에게 있어 가장 사랑받는 공공 공간이 되고 있다.

세계 무역 센터 환승센터(p.70 참조)

건축 도시 생활

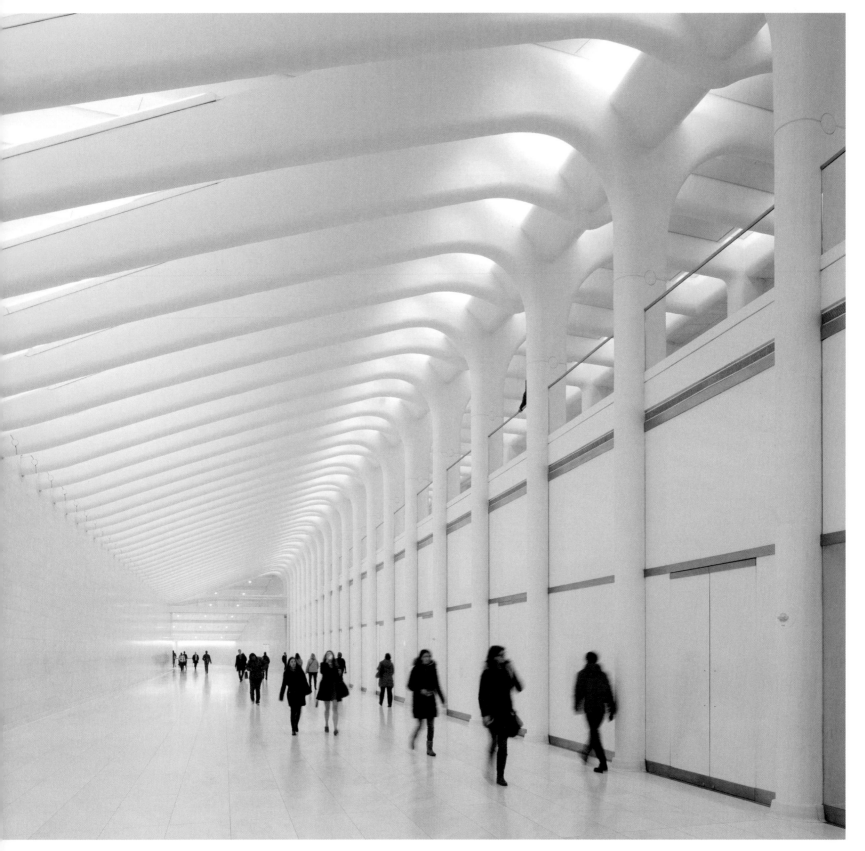

콜로세움 Colosseum

위 치	로마, 이탈리아	건축양식	로마 고전주의
건 축 가	미상	건설시기	서기 72–80년

역사적인 유적 중에서 콜로세움은 거의 틀림없이 일반 대중들이 로마 제국을 상상하게 만드는 건축물이다. 이 경기장은 베스파시아누스 황제(Vespasian)의 지휘 아래 건설된 경기장 중 가장 큰 규모였으며, 티투스 황제(Titus)의 지휘 아래 서기 72년과 80년 사이에 완공되었고, 전체 규모는 길이가 615피트(187m), 너비는 510피트(156m)였다. 경기장은 벽돌과 콘크리트로 구성되어 있으며, 트라버틴 대리석을 외장재로 사용하였다. 원래 가상의 해군 전투 경기를 위해 물을 담을 수도 있도록 원형 극장으로 조성된 당 경기장은 도미티아누스 황제(Emperor Domitian)의 통치 아래에서 여러 차례의 개조 작업을 거쳤으며, 특히 8만 명 이상의 관객을 수용할 수 있도록 확장되었다.

베스파시아누스 황제는 서기 64년 로마의 대화재 이후에 만들어진 네로 황제의 주택 및 개인 사유지에, 예루살렘에서 노획한 전리품과 10만 명의 유대인 노예들의 노동력을 토대로 콜로세움을 건설하였다. 경기장은 검투사 경기 및 야생

동물 대결, 고전 드라마에 이르기까지 다양하게 사용되었다. 이러한 활동은 오늘날 경기장이 스포츠 경기와 록 콘서트에 사용되는 것처럼 대규모 도시 엔터테인먼트의 중심지가 되는 시발점이 되었다. 특히 당시 콜로세움과 관련하여 '빵과 서커스(bread and circuses)'라는 문구는 그곳에서 일어나는 행사의 인기 및 시민들에게 식량을 주는 로마 제국의 전통을 보여주고 있다. 초기에는 콜로세움을 암피테트럼 플라비움(Amphitheatrum Flavium)으로 불렀지만, 중세 이후 '콜로세움'이란 좀 더 대중적인 명칭으로 불리게 되었는데, 이는 근처에서 발견된 네로 황제의 조각품이 로도스의 거상(the Colossus of Rhodes)을 모델로 했기 때문이다.

5세기와 6세기에 로마에서 발생한 다양한 자연 재해에도 불구하고 경기장은 여전히 사용되었지만, 결국 부분적으로 파괴된 상태로 방치하게 된다. 중세시대에는 묘지와 작업장, 요새, 수도원 등으로 사용되었지만, 1349년에 일어난 대규모 지진으로 인해 폐허가 된 후에는 결국 석재 채석장으로 봉

인되었다. 이후 16세기에서 19세기까지 투우 경기장으로 짧게 사용되었지만, 기독교인들이 순교한 성지라는 교황의 인식을 바탕으로 콜로세움 복원 작업이 진행될 수 있었다. 어쨌든, 교황청은 19세기에 걸쳐 구조적 안정화 작업을 진행하였고, 20세기에도 무솔리니 정권에 의해 역시 지속적으로 복원 사업이 진행되었다. 그리고 이후 2013년부터 2016년까지 추가 보수 및 복구 작업이 실시되었다. 역사적 의미 및 규모 등으로 인해 콜로세움은 로마에서 가장 관광객들이 많이 찾는 명소이고, 매년 약 400만 명이 방문하고 있다. 존 & 도널드 파킨슨(John and Donald Parkinson)의 LA 메모리얼 콜리세움(Memorial Coliseum, 1923)부터 베르너 마치(Werner March, 1894–1976)의 베를린 올림픽 경기장(Olympic Stadium, 1936), 로이드와 모건(W. B. Morgan)의 휴스턴 애스트로돔(Astrodome, 1965)에 이르기까지 콜로세움은 대형 스포츠 경기장의 원형으로 활용되고 있다.

역사적 그림

콜로세움의 주요 경기를 표현한 역사적인 그림들은 글래디에이터(2000년)와 같은 영화에서의 묘사와 유사했다. 프랑스 화가 장 레옹 제롬(Jean-Léon Gérôme)의 폴리스 베르소(Pollice Verso, 1872년)는 19세기 사람들에게 콜로세움의 이미지를 심어 주었다. 이 작품의 제목은 '엄지손가락 뒤집기' 혹은, '엄지손가락 내리기'를 의미하며, 패배한 검투사들의 운명을 결정짓는 로마제국의 귀족들 모습을 대중화한 계기가 되었다.

왼쪽

동물 및 검투사들 간의 잔인한 경기를 위해, 콜로세움에는 저층의 통로를 만들어 이들을 수용할 수 있게 하였다. 가장 고층은 벨라리움이라고 불리는 천으로 장식되어 있었을 것이다.

상단

콜로세움의 아케이드는 내부 계단 좌석의 모습을 보여준다. 특히 좌석 건설을 위한 대리석은 로마에서 약 12마일(20km) 떨어진 티볼리(Tivoli)에서 채석되어 운반되었다. 이 대리석들을 운반하기 위해 새로운 도로가 건설되었다고 한다.

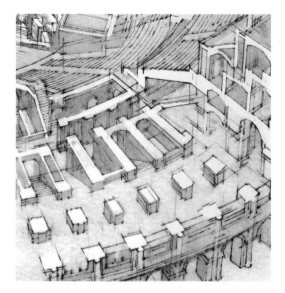

디자인

다른 경기장과 마찬가지로, 동선 체계가 가장 중요한 설계 요소이다. 87,000명의 관중들이 76개가 넘는 입구를 통해 입장이 가능하였다. 등급별로 좌석을 구분하였으며, 대리석으로 덮인 최상위 좌석에는 휴대용 쿠션도 제공되었다. 그 다음에는 벤치형 좌석, 맨 꼭대기 층에는 노예와 여성을 위한 입석 자리로 설계되었다.

임페리얼 박스

임페리얼 박스는 로마 황제가 앉았던 자리이고, 근처에는 귀족과 부자들을 위한 VIP 자리가 있었다. 여기서 검투사들은 엄지손가락의 수신호를 가장 쉽게 볼 수 있었다. 생존과 죽음을 의미하는 수신호를 정확히 이해할 수 있어야 했기 때문이다.

경기장으로 연결되는 입구

이곳에서 벌어진 치명적인 경기의 참가자들은 무대 아래의 지하 미로를 통해 진입할 수 있었다. 이러한 죽음의 문은 로마 제국 오락의 잔인성을 상기시킨다.

대리석

아케이드, 주요 지지대, 바닥재로 대리석이 사용되었지만, 주요 구조물의 대부분은 벽돌, 화성암, 콘크리트로 지어졌다. 로마 콘크리트는 오늘날 사용되는 19세기 포틀랜드 시멘트보다 내구성이 더 강한 것으로 밝혀졌다.

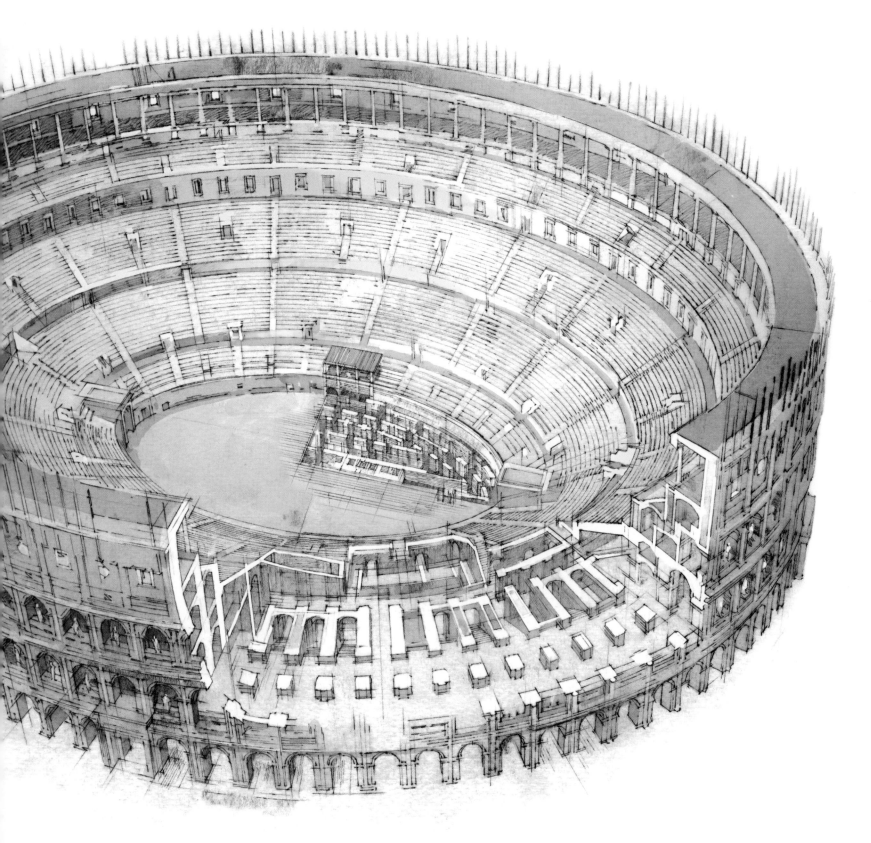

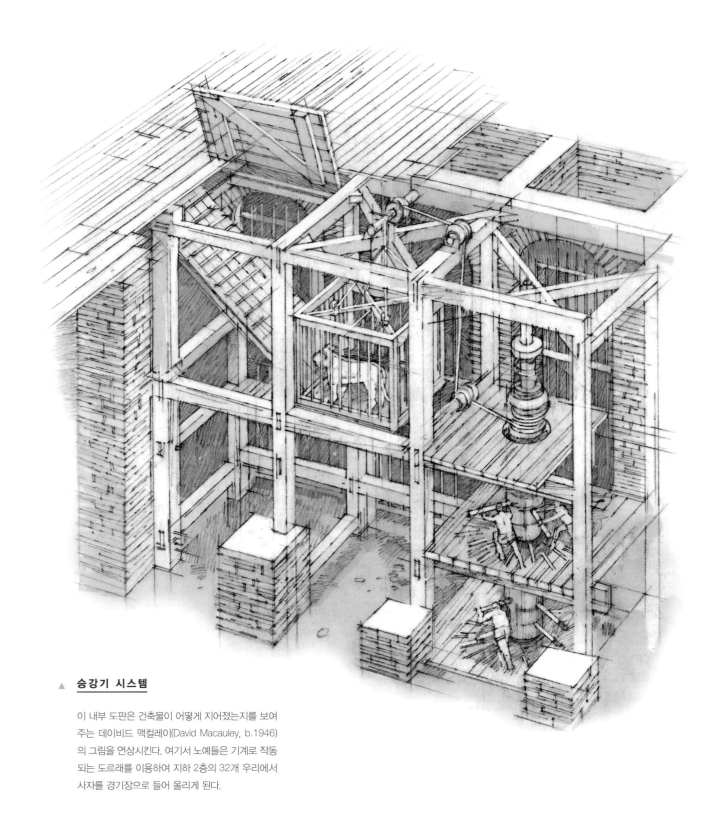

승강기 시스템

이 내부 도판은 건축물이 어떻게 지어졌는지를 보여
주는 데이비드 맥컬레이(David Macauley, b.1946)
의 그림을 연상시킨다. 여기서 노예들은 기계로 작동
되는 도르래를 이용하여 지하 2층의 32개 우리에서
사자를 경기장으로 들어 올리게 된다.

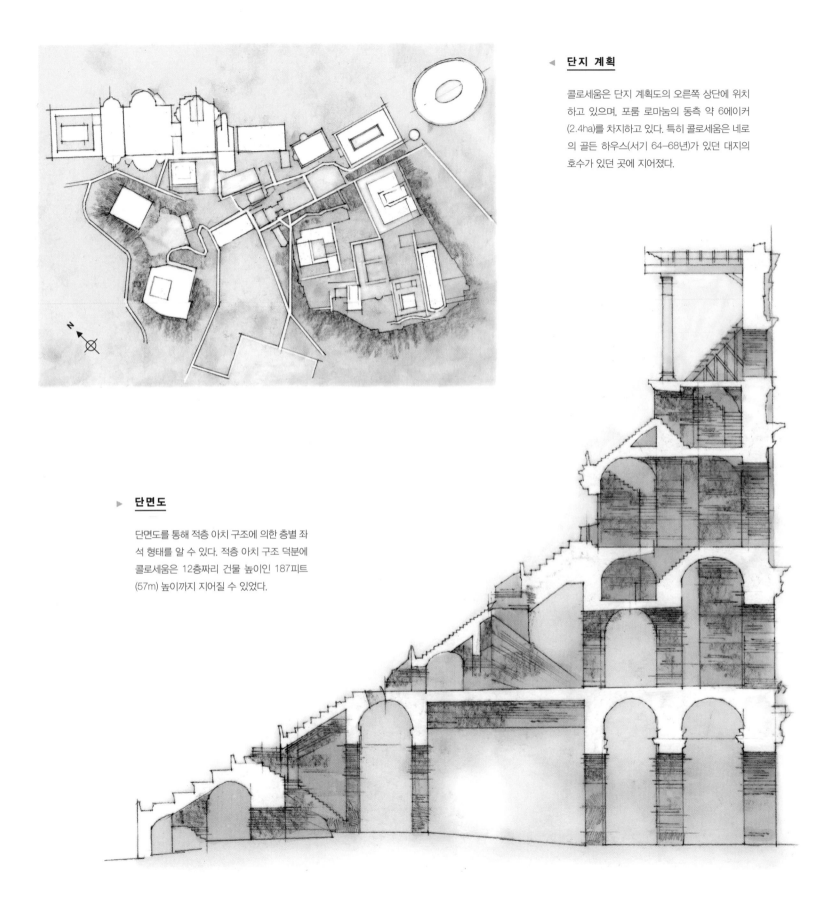

콜로세움은 단지 계획도의 오른쪽 상단에 위치
하고 있으며, 포룸 로마눔의 동측 약 6에이커
(2.4ha)를 차지하고 있다. 특히 콜로세움은 네로
의 골든 하우스(서기 64-68년)가 있던 대지의
호수가 있던 곳에 지어졌다.

▶ 단면도

단면도를 통해 적층 아치 구조에 의한 층별 좌
석 형태를 알 수 있다. 적층 아치 구조 덕분에
콜로세움은 12층짜리 건물 높이인 187피트
(57m) 높이까지 지어질 수 있었다.

디오클레티아누스 궁전 Palace of Diocletian

위 치 　스플리트, 크로아티아
건 축 가 　미상
건축양식 　후기 로마 고전주의
건설시기 　서기 295–305년

로마 황제들이 궁전을 짓는 것은 흔한 일이었지만, 현재 남아있는 것들은 거의 없다. 예로 티베리우스 황제(Tiberius)는 카프리섬에 지었으며, 하드리아누스 황제(Hadrian)는 2세기 초 몇 십년 동안 티볼리의 250에이커(1㎢) 이상 부지에 30개 이상의 건물을 지었다.

2006년, 고고학자들은 로마 남동쪽에 위치한 안토니누스 피우스(Antoninus Pius) 황제의 빌라 마그나(Villa Magna) 유적을 발견했는데, 이와 같은 큰 황제의 저택들이 디오클레티아누스 궁전 건설의 배경이라고 할 수 있다. 가이우스 아우렐리우스 발레리우스 디오클레티아누스(Gaius Aurelius Valerius Diocletianus), 통칭 디오클레티아누스 황제는 지금의 크로아티아의 스플리트 근방에서 태어났으며, 그의 궁전은 서기 295년에서 305년 사이에 건설되었다. 가난한 가정에서 태어난 그는 군 복무를 통해 지위를 상승시켰고, 결국 283년에 황제의 방위 사령관이 되었다.

역사학자들은 그가 283년과 284년의 카루스와 누메리아누스 황제의 죽음과 연관이 있다고 이야기한다. 그리고 누메리아누스 황제와의 경쟁에서 승리함으로써, 285년 결국 황제의 지위에 오르게 되었다. 디오클레티아누스 황제는 시리아 동쪽 다뉴브까지 영향력을 확대해 나갔으며, 로마 제국의 서부 지역을 관리할 파트너로 마시미아누스를 임명하였다. 특히 디오클레티아누스는 297년 제국을 4분할하여 각각 다른 통치자를 임명하는 사두정치 체계를 구축하였으며, 또한 각 통치자의 반란의 가능성을 줄이기 위해 13개의 작은 지방으로 세분화하였다. 그는 징병제를 부활시켰고 로마 군대는 이후 50만 명 이상으로 늘어났다. 그의 통치 기간 중 더 논란이 되는 점은 종교 단체, 특히 기독교인들에 대한 체

계적인 박해였다.

그는 군사적 배경을 통해 야망을 실현시켰기 때문에, 고향 스플리트에 은퇴 저택 및 황제 집무실을 건설한 것은 그리 놀랄 일이 아니었다. 현재 스플리트 도시 안에 있는 이 궁전은 로마의 '카스트룸(Castrum)' 양식에 따라 양쪽의 입구와 연결된 교차 축을 가진 사각형 형태의 요소로 계획되었다. 이는 원칙적으로 세 개의 정문과 아드리아해를 바라보는 남쪽에 작은 입구를 가진 성벽 도시라 할 수 있으며, 전체 규모는 약 525×623피트(160×190m)였다.

궁전의 남쪽은 대부분이 황실 저택 등 주거 및 종교 공간이었으며, 아래 그림의 열주 사진에서 보는 바와 같이, 동측은 황제의 업무 공간으로써, 상징적 접근로 및 황제의 묘(현재는 도미니우스 대성당), 주피터 신전(현재는 세례당)으로 계획되었다. 북측은 궁전 수비대 및 주택, 관련 지원기능을 수행할 수 있게 계획되었으며, 당시 궁전의 전체 인구는 약 9,000명이었다. 전체 건축물은 대부분 벽돌과 석회암으로 되어 있으며, 일부분은 아드리아해 맞은 편에 있는 브라섬에서 가져온 대리석으로 장식되었다. 이 궁전은 로마 제국과 비잔틴

제국의 멸망 이후 황폐해졌고, 이후 스플리트시는 다양한 왕조와 국가들에 의해 통치되어 왔다.

이후 이 유적은 영국 건축가 로버트 아담(1728-92)이 저술한 '달마티아 스팔라트로에 있는 디오클레티아누스 황제의 궁전(The Ruins of the Palace of the Emperor Diocletian at Spalatro in Dalmatia, 1764)'이 출판되기 전까지는 방치되어 있었으며, 궁전의 기둥 및 코린트식의 주두(柱頭), 열주형 아케이드 등이 18세기 후반 아담의 작품에 영향을 미치게 되었다.

오른쪽
전체 예상 조감도를 통해, 로마 카스트룸 양식의 전형을 볼 수 있다.

아래
열주로 둘러싸인 중앙광장 및 황제 집무실로 가는 입구 등을 통해 초기 궁전의 형태를 인식할 수 있다.

하드리아누스 궁전

하드리아누스 황제는 현재의 티볼리인 티부르에 그의 별장을 건설하였다. 하드리아누스 황제는 제국을 통치하면서 본 다양한 스타일에 기초하여 30개 이상의 건물을 직접 설계하였으며, 특히 이집트 카노푸스의 세라피스 신전에 의해 영향을 받은 세라피움, 호수 위에 건설된 그리스 스타일의 수상극장, 돔으로 된 로마식 목욕탕 등을 설계하였다. 4세기 역사서에서는 이 궁전을 '유명한 지역 및 장소의 이름을 가져와 훌륭하게 건축'되었다고 기록하고 있다.

1   주피터 신전

주피터 신전, 후에 디오클레티아누스의 묘로 사용된 건물의 변화 과정은 다음과 같다. 이 건물은 서기 305년 황제의 건물에 사용된 반암 기둥과 함께 대리석과 석회암으로 건설되었으며, 오늘날 묘의 흔적은 남아 있지 않다. 이후 성모 마리아를 위한 교회로 사용되었고, 7세기 초에 도미니우스 대성당의 일부분이 되었다. 이와 관련하여 성 도미니우스는 디오클레티아누스의 기독교 박해로 304년 순교하였는데 관련 유물이 안치되었기 때문에 도미니우스 대성당에 편입되었다. 1,100년에는 성당 근처에 대형 종탑이 건설되었으며, 이후 1908년에는 초기 로마네스크 양식의 조각상들이 제거된 형태로 개보수되었다.

2 궁전 현관(VESTIBULE, 전실)

도면 중앙의 현관 공간(the vestibulum; p23의 열주 사진 참조)은 아치형의 상인방과 이집트식 화강암 기둥으로 구성되어 있으며, 지붕이 돔 형태인지 아니면 피라미드 형태인지는 확실하지 않지만 페디먼트(pediment)에는 로마제국의 이륜전차상이 있었을 것으로 추정된다. 이곳을 통해 디오클레티아누스의 개인 집무 공간으로 연결되며, 아치형 입구는 지하층으로 이어진다. 형태는 시리아에서 유래한 것으로 알려져 있다. 이러한 형태는 16세기부터 19세기초까지 이탈리아의 건축가 세바스티아노 세를리오(Sebastiano Serlio 1475–1564)의 도면 및 팔라디오 스타일의 창문 등에서 반복적으로 나타나고 있다.

3 아스클레피오스 신전

동쪽 끝에 있는 직선형 신전은 아마도 의학의 신인 아스클레피오스(Aesculapius)에게 바친 것으로 추정된다. 이밖에 작은 규모의 비너스 및 키벨레 신전도 있지만, 당 신전이 로마 제국 시절에 건설된 마지막 사원 중 하나이다. 아래의 단면은 셀라 공간 및 그 앞의 주랑 현관(포티코)의 모습을 보여준다. 이후 신전은 교회의 세례 공간이 되었으며, 중앙에는 세례반이 있고, 지하 공간은 성 토마스에게 헌납되었다.

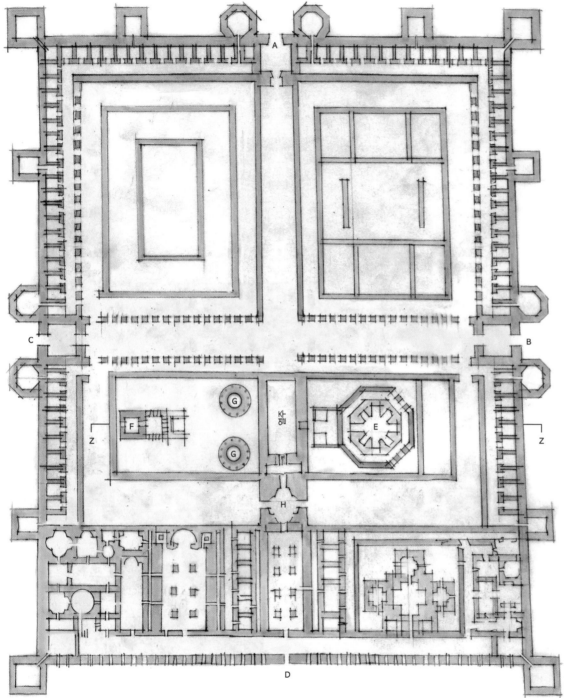

단지 계획도 : 과거와 현재

왼쪽은 궁전 초기의 계획안을 보여주며, 오른쪽은 변화 후 현재 현황을 비교해서 보여준다.

(Z : 이전 페이지 단면 절단선 참조)

범례
A 골든 게이트
B 실버 게이트
C 아이언 게이트
D 남측 성벽(아드리아해로 연결되는 입구)
E 주피터 신전(디오클레티아누스 묘)
F 아스클레피오스 신전
G 소규모 원형 신전
H 전실 공간

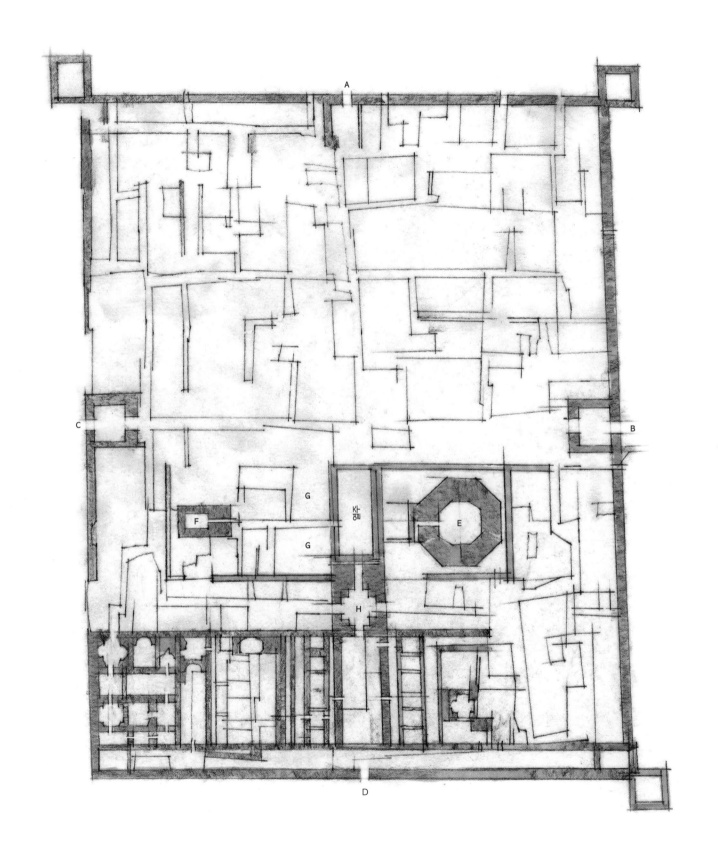

도제* 궁전 Doge's Palace

(두칼레 궁전)

위   치   베니스, 이탈리아

건 축 가   피에트로 바세지오(Pietro Baseggio),
            필리포 칼렌다리오 및 기타

건축양식   베네치안 고딕 양식

건설시기   1340–1614 이후

....
* 도제(Doge) : 베니스 공화국을 통치하였던 최고 지도자 명칭

플로렌스와 메디치가(家)는 르네상스 시대의 이탈리아 도시 국가들의 힘과 영향력, 예술적 창의성을 보여 주지만, 베니스야 말로 전설적인 금융 및 예술의 수도라 할 수 있다. 베니스 공화국은 도제(Doge)를 포함한 자체 지도자를 선출하였던 비잔틴 제국의 한 갈래로서, 중세 및 르네상스 시대의 해상 무역의 강국이었다. 그 영역은 아드리아해에서 이오니아해 및 지중해 연안, 나아가 키프로스까지 걸쳐 있었으며, 오스만 제국에까지 접해 있었다. 이러한 점에서 다른 이탈리아 도시들과 비교해볼 때, 많은 면에서 베니스는 동쪽으로 가는 주요 관문이었다.

이러한 배경과 더불어 수상 도시인 베니스의 부족한 대지를 고려하여, 도제 궁전은 산 마르코 대성당 바로 옆에 인접하여 주거 및 행정, 입법, 사법 기능이 복합된 공간으로 개발되었다. 사실, 교회와 국가의 권력을 보여 주기 위해, 광장 북쪽의 교회 벽면을 공유하는 형태로 계획되었다. 현재 남아있는 주거용 건물들은 12세기에 건립되었지만, 복합 시설들은 14세기에서 16세기에 걸쳐 건설되었다.

건설은 1340년에 피에트로 바세지오(Pietro Baseggio)와 필

리포 칼렌다리오(Filippo Calendario, 1315-55)의 설계를 통해 해안을 바라보는 남쪽부터 시작되었고, 1424년에는 좁은 광장을 따라 서쪽 면 건설이 계속되었다. 대성당과 궁전 사이에 있는 입구인 포르타 델 카르타(Porta dell Carta)는 1442년에 건축가 지오바니 본(Giovanni Bon, 1355-1443)과 그의 아들 바르톨로메오(Bartolomeo Bon 1400-1464)에 의해 건설되었으며, 도제였던 프란체스코 포스카리(Francesco Foscari)의 초상화와 베니스의 사자 및 정의, 자선, 신중, 용기, 절제 등에 관한 조각 들이 벽면에 새겨져 있다. 또한 1536년 이후 살라 델라 스크루티니오(Sala della Scrutinio)의 독특한 발코니가 서쪽 아케이드 위에 추가되었으며, 특

히 아케이드는 1574년과 1577년, 그리고 19세기의 화재로 인해 복구가 필요한 상태였다. 정면에 보이는 베네치안 고딕 양식의 아케이드 이미지는 19세기 고딕 양식에 영감을 주었으며, 베니스의 돌(the Stones of Venice, 1851-53)과 같은 존 러스킨의 글을 통해 널리 알려졌다.

기존 고딕 양식 입면 뒤로 1480년 후반 및 16세기 중반까지 운하와 동쪽면을 따라 도제를 위한 아파트 및 정부 사무실이 안토니오 리조(Antonio Rizzo, 1430-99)의 설계를 통해 확장되었다. 이러한 확장 건물들 중에, 리조의 자이언츠 계단(Rizzo's Staircase of Giants, 1485-91)은 가장 중요한 건축물이고 정부 의식에 사용되었다. 궁전 내의 실내 공간들

은 시대에 따라 변화해 왔으며, 틴토레토(Tintoretto)와 파올로 베로네세(Paolo Veronese)의 그림 등이 추가되었다. 이 중 가장 유명한 곳은 안드레아 팔라디오(Andrea Palladio, 1508-8080)의 그랜드 평의회실(the Grand Council Chamber)로, 규모는 174×82피트(53×25m)로 유럽에서 가장 큰 회의실 중 하나이다. 정부의 규모가 커짐에 따라, 운하를 가로질러 남쪽으로 교도소 및 판사 사무 공간이 건설되었으며, 1614년 탄식의 다리(the Bridge of Sighs) 건설을 통해 두 시설물이 연결되었다. 그리고 1923년 이후부터는 박물관으로 사용 중에 있다.

상단 왼쪽
아래쪽 중앙의 자이언츠 계단과 연계된 중정 계단 위에는 1567년 이탈리아 조각가이자 건축가인 자코포 산소비노(Jacopo Sansovino, 1486-1570)가 설계한 화성과 해왕성을 상징하는 동상이 각각 서있다.

상단 오른쪽
궁전 내의 주요 홀 중 하나인 상원위원회(the Senate Chamber) 천장. 16세기 베니스의 화가인 틴토레토(Tintoretto)는 세계 최대의 유화인 일 파라디소(Il Paradiso)를 포함하여 궁전 내부에 벽화를 그렸다.

베네치안 고딕
피터 보네트 와이트(Peter B. Wight)에 의해 설계된 뉴욕 국립 디자인 아카데미(National Academy of Design, 1865년 철거)는 베네치안 고딕 양식의 패턴에 영감을 받은 19세기 초 건물들 중 하나였다. 와이트는 제이콥 리 몰드(Jacob Wrey Mould, 1825-86)가 설계한 이탈리아 로마네크스 양식의 올 소울 교회(All Souls Church, 1855), 소위 얼룩말 교회(Church of the Holy Zebra)를 토대로 당 건물을 설계하였다. 이처럼 와이트는 회색과 흰색 대리석을 번갈아 사용하였으며, 1900년까지 국립 디자인 아카데미는 23번가에 위치한 다른 건물보다 더 오래 남아 있었지만, 현재는 철거되었다.

범례

A 자이언츠 계단
B 탄식의 다리
C 아담과 이브의 조각상
D 폰테 델라 파그리아(Ponte della Paglia)
E 포르타 델라 카르타(Porta della Carta)
F 콜티레 데이 세나토리(Cortile dei Senatori)
G 우물
H 술 취한 노아 조각(Filippo Calendario)

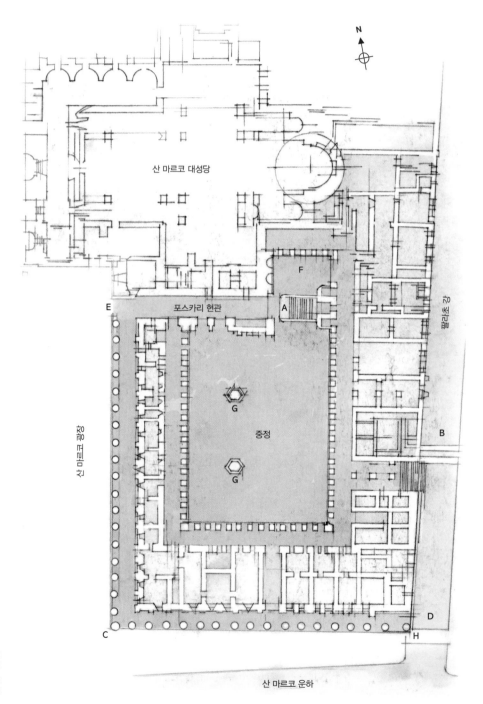

N

산 마르코 대성당

포스카리 현관

F

A

E

산 마르코 광장

G

중정

G

플라존 강

B

C

D

H

산 마르코 운하

중정

당 상세도는 산 마르코 대성당이 있는 북쪽으로 향하는 궁전의 중정을 보여준다. 오른쪽 상단에는 자이언츠 계단이 있으며, 대성당의 신도석으로부터 나있는 문은 중정으로 이어지는데, 이는 정부의 권력이 교회의 힘과 서로 얽혀 있음을 보여준다.

단지 계획

당 계획을 통해 운하 및 산 마르코 대성당과 관련한 궁전 배치 계획을 알 수 있다. 광장 남서쪽 아케이드(C)의 주두(柱頭) 위의 아담과 이브의 조각상은 칼렌다리오(Cal-endario)의 작품으로 추정되며, 14세기 이탈리아의 걸작 중 하나로 여겨진다. 건물의 남동쪽 구석에는 각각 다른 반응을 보이는 술 취한 노아와 그의 아들들의 조각상(H)이 놓여 있다.

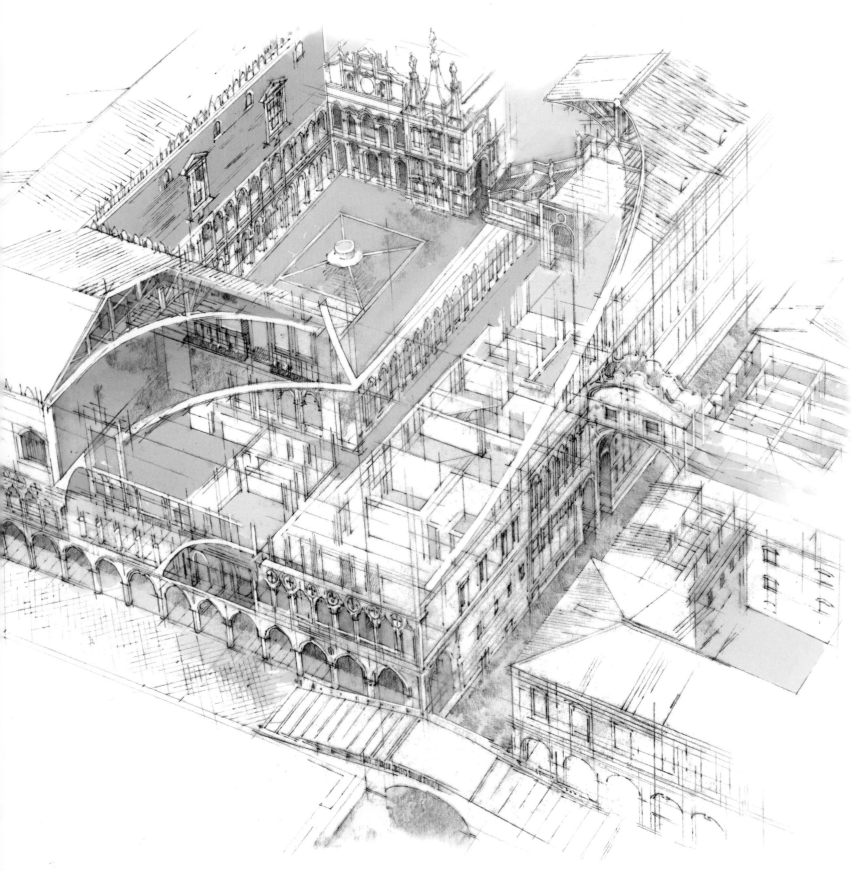

고딕 양식의 아케이드

고딕 양식 기둥으로 된 아케이드 2층의 네잎 꽃문양(qua-trefoil) 문양은 이스트라반도의 흰색 대리석과 베로나의 붉은 대리석을 사용한 마름모꼴 석재 장식으로, 이 건물을 상징하는 요소이다. 건물의 중심 아케이드는 1360년에 완공되었고, 남쪽 면의 2층 발코니는 15세기에 완공되었으며, 입면은 1875년부터 1890년까지 대대적인 복원과정을 거쳤다. 고고학적 증거에 따르면, 전체적으로 다양한 색깔의 석재들이 도제 궁전의 외관을 화려하게 장식했을 것이라고 추정한다.

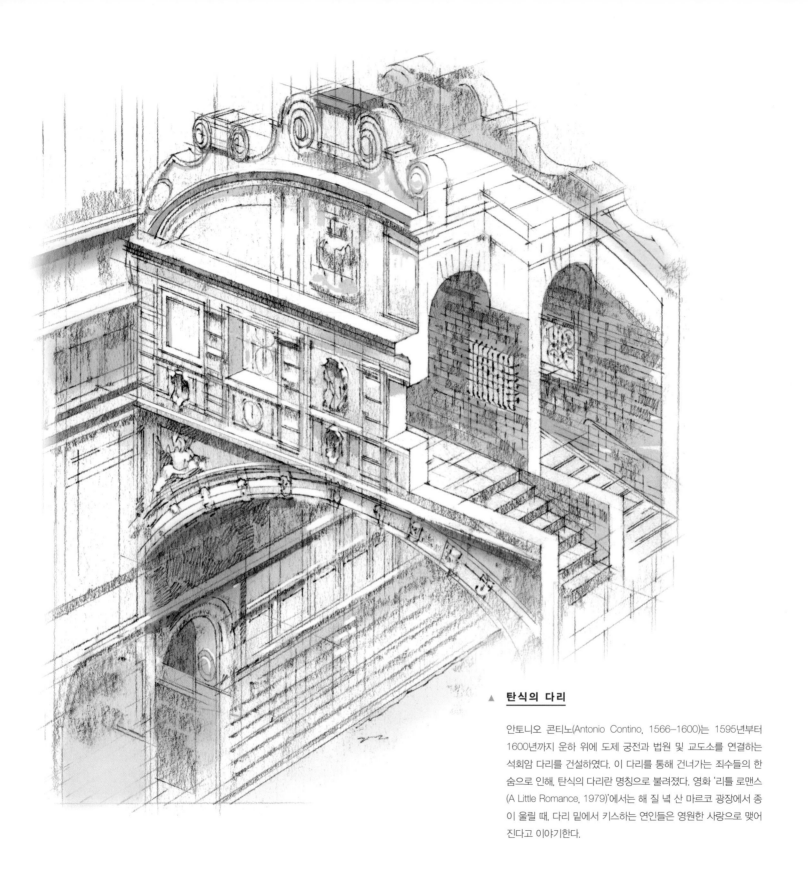

▲ **탄식의 다리**

안토니오 콘티노(Antonio Contino, 1566-1600)는 1595년부터 1600년까지 운하 위에 도제 궁전과 법원 및 교도소를 연결하는 석회암 다리를 건설하였다. 이 다리를 통해 건너가는 죄수들의 한숨으로 인해, 탄식의 다리란 명칭으로 불려졌다. 영화 '리틀 로맨스 (A Little Romance, 1979)'에서는 해 질 녘 산 마르코 광장에서 종이 울릴 때, 다리 밑에서 키스하는 연인들은 영원한 사랑으로 맺어진다고 이야기한다.

미국 의회 의사당

Capital Building

위 치 워싱턴 DC, 미국

건 축 가 윌리엄 손턴(William Thornton, 개념 설계) 및
토마스 어스틱 월터(Thomas Ustick Walter) 등

건축양식 신고전주의

건설시기 1792–1891 및 이후

2017년 1월 20일, 도널드 트럼프 미국 대통령이 미국 의회 의사당 계단에서 45대 대통령으로 취임했다. 이 기념식은 한 가지 예외를 제외하고, 1833년 앤드류 잭슨 대통령의 취임식 행사와 동일하게 진행되었다. 2016년 선거 및 2017년의 이후 여러 논란에도 불구하고, 영국 이민자 건축가인 윌리엄 손턴(William Thornton, 1759–1828)의 1792–93년 공모전에서 당선된 초기 계획안과 같이, 대리석과 사암으로 건축된 의회 의사당은 미국 민주주의가 살아있음을 보여주는 증거 중 하나이다. 그의 디자인은 파리에 있는 그랑 루브르(p.162 참조)의 측면 및 로마에 있는 판테온의 중앙 돔을 결합시킨 형태였다.

의회 의사당은 프랑스 태생의 피에르 샤를 랑팡(Pierre Charles L'Enfant, 1754–1825)이 설계한 수도 건설 계획(the capital city plan) 내에 채택되었으며, 임금 노동자 및 지역 농장에서 데려온 노예들을 활용하여, 사암 및 대리석을 사용하여 건설이 시작되었다.

윌리엄 손턴의 설계안은 초기에는 에티엔 설피스 할렛(Étienne Sulpice Hallet, 1755–1825)과 백악관 건축가로 가장 잘 알려진 제임스 호반(James Hoban, 1762–1831)에 의해 실행되었다. 하지만 1812년 전쟁(1812–15) 기간 동안, 백악관 및 부분적으로 완공된 의회 의사당은 1814년 8월 24일 영국군의 방화로 인해 큰 피해를 입었다. 이후 수리와 재건 작업은 19세기 초 미국에서 가장 중요한 건축가 중 한 명인 벤자민 헨리 라트로브(Benjamin Henry Latrobe, 1764–

1820)에 의해 진행되었으며, 그의 설계를 통해 로툰다 남측 National Statuary Hall은 반구형돔 형태가 도입되었다. 보스턴의 저명한 건축가 찰스 불핀치(Charles Bulfinch, 1763–1844)가 의회 의사당 건축가로 라트로브를 계승하여 1824년 계획되었던 로툰다 및 임시 목조 돔을 완성하였으며, 양측의 입법동을 연결하였다.

하지만 국가가 확대됨에 따라 기존 건물로는 한계에 부닥쳤으며, 게다가, 임시 목조 돔은 영구적인 해결 방안이 요구되었다. 워싱턴 기념비 건축가인 로버트 밀스(Robert Mills, 1781–1855)는 필라델피아의 토마스 어스틱 월터(Thomas Ustick Walter, 1804–87)의 공모전 우승안을 의회에 제안하였다. 그의 새로운 양 측면의 확장 계획안은 1851년에 승인되었고, 파리의 판테온(1758–90)을 토대로 설계된 주철로

지지되는 돔은 1855년에 시작되어 1866년에 완공되었다. 월터가 설계한 298피트(87.5m) 높이의 돔은 조각가 토마스 크로포드(Thomas Crawford)가 만든 19피트 6인치(5.9m) 높이의 '자유의 상(Statue of Freedom)'을 포함하여 설계되었다. 돔 건설 공사는 남북 전쟁(1861–65) 초기 1년간 중단되었으나, 내무부 소속 미 육군 토목 기사인 몽고메리 메익스(Montgomery C. Meigs)의 감독하에 계속 진행되었다. 돔의 철제 구조물 이동을 위한 물류 시스템 등이 구축되었으며, 또한 조각품 및 장식품을 만들 예술가들도 고용하여 진행되었다.

돔 건설(2016년 복원) 및 의회 증축(상원은 북쪽에 있고 하원은 남쪽에 있다)은 본질적으로 오늘날까지 진행되고 있다. 당 건물은 약 4에이커(1.6ha)의 면적을 차지하고 있으며, 입

면의 길이는 약 751피트(229m)이다. 1844년과 1891년 사이에는 프레드릭 옴스테드(Frederick Law Olmsted, 1822–1903)가 설계한 내셔널 몰(the National Mall; the landscaped Mall)을 연결하는 넓은 계단이 있는 테라스가 추가되었다. 당 의회 의사당은 1902년 맥밀란 계획(the McMillan Plan)에 의한 경관축 계획을 통해, 워싱턴 기념비와 링컨 기념관(1922)을 시각적으로 연결하게 되었다. 이러한 조화와 함께, 의회 의사당 지하 공간은 1930년대부터 1960년대까지 지하철로 연결할 수 있게 확장되었으며, 의회 도서관(1897–1980) 및 새로운 방문객 센터(2009)가 추가 확장, 건설되었다.

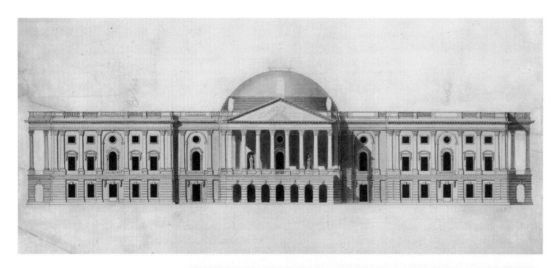

상단
윌리엄 손턴의 의회 의사당 계획안에 대한 수채화 입면도(1796)는 조지 워싱턴 대통령이 찬사를 보냈다.

오른쪽
월터의 돔에는 1865년 워싱턴을 신격화한 콘스탄티노 브루미디(Constantino Brumidi)의 프레스코화가 그려져 있다. 조지 워싱턴이 과학, 해양, 상업, 공업, 농업을 상징하는 13명의 처녀에 둘러싸여 자유의 승리를 상징하며 승천하는 모습을 표현하고 있다.

의회 의사당 건축가
필라델피아의 석공의 아들인 토마스 어스틱 월터(Thomas Ustick Walter)는 신고전주의자인 윌리엄 스트릭랜드(William Strickland, 1788–1854)의 10대 견습생이었으며 1830년에 그의 작품 활동을 시작했다. 월터의 작품들, 펜실베이니아의 첫 번째 장로 교회(the First Presbyterian Church, 1832) 및 체스터 카운티 은행(the Bank of Chester County, 1836), 필라델피아의 지라드 대학(Girard College 1833–48) 등을 보면, 전형적인 고전주의 형태를 띠고 있다. 그는 1851년 의회 의사당 종신 건축가로 임명되었고, 1865년 은퇴할 때까지 재직하였다.

► 자유의 조각상

크로포드는 1863년에 돔 꼭대기에 19피트 6인치(5.9m) 높이 및 15,000파운드(6,804kg) 무게의 동상을 조각하였다. 이 동상은 의회 의사당의 높이를 이스트 프런트 플라자(the East Front Plaza) 위로 888피트(87.7m)까지 높여 준다. 이 여성 동상은 토가 및 독수리의 머리와 깃털로 장식된 헬멧을 쓰고, 오른손에는 피복된 칼과 왼손에는 월계수 승리 화환 및 방패를 들고 있다. 머리와 어깨에 청동으로 도금한 구조물은 번개로부터 여신상을 보호해 준다. 이 작업은 클라크 밀스(Clark Mills)의 인근 주조 공장에서 진행되었다.

► 로툰다

이 공간은 96피트(29.3m) 지름의 규모로, 로마의 판테온을 모델로 하여, 1818년에서 1824년 사이에 건설되었다. 내부에는 48피트(14.6m) 높이의 도리아 양식의 기둥으로 조성되어 있으며, 그리고 역사적인 사건을 기록한 그림이 그려진 8개의 니치(벽감)로 구성되어 있다. 브루미디(Brumidi)의 프레스코화가 그려진 돔은 로툰다 위에 올려진 형태이며, 월터의 작업에 기초한 프레스코화가 그려진 프리즈가 둘러싸고 있다. 로툰다 주변의 석상들은 주요 대통령과 저명한 미국인들로 구성되어 있다.

◄ 돔 구조

고전 르네상스 스타일의 사암으로 만들어진 로툰다 드럼이 의회 의사당 돔을 지지하는 형태를 띠고 있다. 돔 내부는 주철 구조물로 지지되고 있으며, 흰색 페인트칠이 된 코퍼(coffer) 격자 천장으로 구성되어 있다. 돔 구조물은 주철로 된 볼트를 포함, 무게가 약 8,909,200파운드(4,041,145kg)에 이른다. 이는 아마도 러시아 성 페테르부르크에 있는 아이작 성당(St. Isaac's Cathedral, 1858)과 같이 비교 가능한 스타일 중 세계에서 가장 오래된 구조물 중 하나이다. 월터의 기존 주철 구조물은 2015년과 2016년 조사 결과, 복원 작업이 필요한 것으로 판단된다.

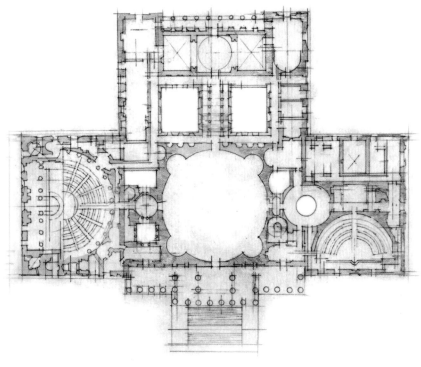

확장 계획

원래 1824년에 완공된 건물에서도 일부 계획되었지만, 향후 미국의 영토 확장에 따라 발생하는 상원 및 하원 의원수를 고려한 공간 확장 계획이 건축가 월터에게 수행되었다. 전체 건축면적은 751×350피트(229×106.5m) 이상이며, 전체 연면적은 175,000평방 피트(16,258㎡)의 약 540개의 방이 계획되었다. 현재 건물의 총 가치는 약 1억 3천 3백만 달러로 추정된다.

크라이슬러 빌딩
Chrysler Building

위　치	뉴욕, 미국
건 축 가	윌리엄 반 알렌(William Van Alen)
건축양식	아르데코
건설시기	1929–30

2007년 미국 건축가 협회의 여론 조사에서 크라이슬러 빌딩은 미국에서 가장 인기 있는 건물 10위 안에 들었다. 이것은 그리 놀랄 일이 아니다. 만약 여러분이 뉴욕의 관광객이나 시민들에게 물어본다면, 누구나 이 점에 동의할 것이고, 어쩌면 상위 2위나 3위에 올려놓을지도 모른다. 심지어 유명한 건축가 르 코르뷔지에는 그것을 '돌과 강철로 된 뜨거운 재즈(hot jazz in stone and steel)'라고 부르기도 하였다.

당 건축물은 건축학교 프랫 인스티튜트를 졸업하고 1908년 프랑스 국립 학술원에서 수학한 뉴욕 출신의 윌리엄 반 알렌(William Van Alen , 1883–1954)의 작품이다. 1910년 귀국 후에, 그는 해롤드 크레이그 세브란스(Harold Craig Severance, 1879–1941)와 파트너가 되었고, 그들은 '브로드웨이 1107(1915)' 및 '5번가 724(1923)'와 같은 건물들을 설계하였다. 1920년대 중반에 이들은 '월 스트리트 40(1929–30)' 및 '메디슨가 400(1929)'과 같은 고층 건물들의 설계 과정 중에 결별하여 서로 경쟁자가 되었으며, 이로 인해 '5번가 604의 차일드 식당(Childs restaurant, 1924, 변경됨)' 및 '메디슨가 558에 있는 델먼 신발가게(Delman shore store, 1927; 철거)'와 같은 작은 설계들을 진행하게 되었다. 하지만 윌리엄 반 알렌의 명성은 자동차 업계 중역인 월터 P. 크라이슬러가 807피트(246m) 높이의 고층빌딩 설계권을 획득한 후, 이에 대한 재설계권을 획득하면서 다시 한번 상승하게 되었다.

다른 맨하탄 건물들처럼 18개월간의 짧은 기간에, 이 거대한 벽돌 및 철골 구조의 건축물은 스테인리스 스틸 라디에이터 뚜껑 및 후드 장식물, 강철 재질의 아르데코 양식의 첨탑을 통해 가장 높은 건물로 건설되었다. 125피트(38m)의 강철 첨탑을 가진 크라이슬러 빌딩의 높이는 1,046피트(319m)까지 다다랐으며, 1930년에 완공되었을 때에는 세계에서 가장 높은 건축물이 되었으며, 처음으로 1,000피트(305m) 높이를 넘은 건물이기도 했다.

이 건물의 로비와 엘리베이터는 이국적인 물푸레 및 월넛 목재의 조합과 모로코산 대리석 외장재, 시에나산 대리석 바닥, 그리고 에드워드 트럼불(Edward Trumbull)의 천장 벽화 등으로 꾸며졌다. 이후 2001년 에버그린 건축사사무소(Evergreene Architectural Arts) 및 베이어 블라인더 벨(Beyer Blinder Belle) 건축사사무소가 당 공간의 복원 작업을 진행하였다.

게다가, 건축주의 화려한 이미지를 위해 차별화된 디자인으로 설계되었다. 건축주인 크라이슬러는 통신 강좌를 통해 기계 공학을 독학했으며, 1911년 제너럴 모터스(GM) 산하 뷰익에서 약 10년 동안 자동차 비즈니스를 경험하였다. 이후, 주식 배당금을 통해 백만장자가 되자, 1925년 크라이슬러 회사의 기반이 되는 맥스웰 자동차 회사를 인수하였다. 그리고 1928년 타임지의 올해의 인물로 선정되었으며, 세계에서 가장 높은 사무실 건물에 자금을 대는 등, 부와 명성의 정점에 도달하게 되었다. 1928년 그의 회사는 총 315,304,817달러의 매출을 올려 36만 3999대의 자동차와 트럭을 팔았으며, 30,991,795달러의 수익을 올렸다. 아마 반 알렌의 설계보다 크라이슬러의 사치스러움이 건물에 더 반영되었을 것이다. 그의 사무실은 에어컨이 설치된 최초의 공간이었으며, 로비와 같은 공공장소에는 시에나산 석회암 바닥재 및 모로코산 대리석 벽재를 사용하였다. 건물에는 엘리베이터가 설치되었고 목재 상감 패널로 장식하는 등 최대한 화려하게 내부를 꾸몄다. 건물 내 전시장에는 크라이슬러 자동차가 전시되

었고, 17층에 있는 공공장소에는 천체 관측기구와 함께 행성 조각상이 전시되었다. 68층에 위치한 클라우드 클럽은 영국식 펍 및 이발소, 헬스장, 그리고 도시의 가장 좋은 화장실이 꾸며진 장소가 되었다. 또한 이 클럽에는 자동차 노동자들의 벽화로 장식된 크라이슬러 개인 식당도 있었다. 56층에 자리한 그의 튜더 스타일의 사무실과 복층 아파트에는 업무 시간 이후에 소위 '5시의 여성들(five-o'clock girls)'이라고 불리는 칵테일 파티를 즐기러 온 쇼걸 및 젊은 여배우들이 자주 찾아왔다.

크라이슬러의 가족은 1953년에 빌딩을 매각했으며, 이후에도 다양한 주인이 거쳐 갔다. 건물 준공 후 반 알렌은 1931년 보자르 볼(the Beaux-Arts Ball)에 크라이슬러 건물 의상을 입고 등장하기도 했지만, 그의 명성은 그리 오래가지 못했다. 이후 미납된 설계 수수료로 크라이슬러를 고소하는 데 성공했으나, 다시는 크라이슬러 빌딩 같은 건물을 설계하지는 못했다.

엠파이어 스테이트 빌딩

슈레브, 램, 하몬(Shreve, Lamb and Harmon, 1931)이 설계한 엠파이어 스테이트 빌딩은 높이가 1,250피트(381m)에 달해 크라이슬러 빌딩을 제치고 세계에서 가장 높은 건축물이 되었다. 또한 영화 킹콩(1933)의 마지막 장면에 출현하면서 유명세를 띄게 되었다. 40여 년간 세계에서 가장 높은 고층 건물로 자리했지만, 1972년 세계 무역 센터의 북측 타워(1972)의 1,368피트(417m) 및 시카고의 시워즈 타워(1974)가 1,454피트(443m)로 이를 넘어서게 되었다. 오늘날 시워즈 타워(현재 윌리스 타워) 및 엠파이어 스테이트 빌딩은 상위 초고층 빌딩 기록들과는 많이 떨어져 있는 상태다.

▶ 상층부 첨탑

이 단면도를 통해 7층으로 구성된 상층부 첨탑을 볼 수 있다. 한 층은 천장에 행성 조각들이 매달려 있는 천체 관측소로 사용되었으며, 바로 아래층은 엘리베이터 기계실이 자리하고 있다. 66층에서 68층까지는 클라우드 클럽으로 사용되었는데, 당시 300여명의 회원을 보유하고 있었고, 또한 크라이슬러의 개인 식당도 있었다. 이 단면도의 아래층은 크라이슬러의 개인 사무실과 아파트가 자리하고 있다. 이러한 시설들은 1970년대에 리노베이션 된 후, 모두 사라졌다.

▶ 철재 외장재

반 알렌은 크리스탈 첨탑을 원했지만, 자동차 사업가인 크라이슬러는 철재 사용을 요구했다. 특히 독일 회사 크룹(Krupp)사에서 라이선스를 받은 'Nichtrostende Stähle'의 니로스타 철재(Nirosta steel)가 주로 사용되었는데, 외부 장식물 및 첨탑 상부 구조물에 이용되었다. 여기서 사용된 철재를 18–8 철재라고 불렸는데, 18%의 크롬과 8%의 니켈 강철로 이루어졌기 때문이다. 장식적인 철재 첨탑은 마치 건물 벽체에서 튀어나온 1930년대 우주선과 같이 보였다. 그리고 삼각형 모양의 창문은 건물에 독특한 실루엣을 만들어 주었으며, 상층부에 거주하는 사람들에게 독특한 조망을 제공해 주었다.

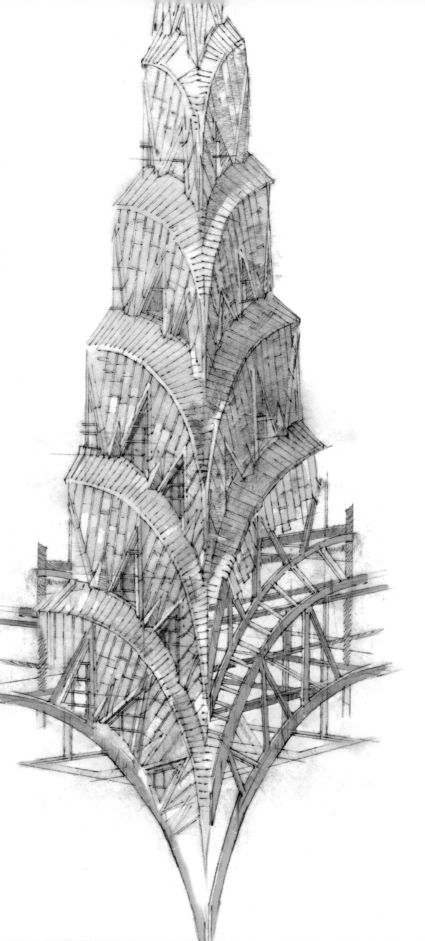

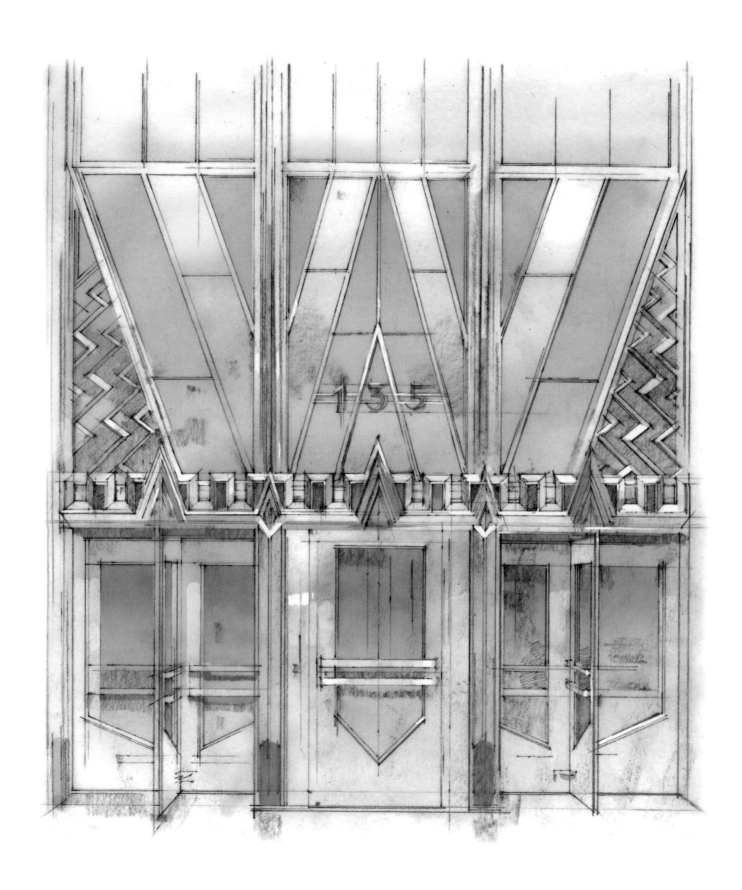

▶ 가고일

스테인리스 철재 재질의 가고일은 리벳으로 고정된 판금으로 제작되었으며, 첨탑과 마찬가지로 벽돌로 덮인 철골 건물에서 마치 가고일이 튀어나오는 것처럼 보였다. 크라이슬러의 실험실에서는 다양한 금속 건축 재료에 대한 연구를 진행하였으며, 특히 18–8 철재는 강하지만 가공이 쉬운 장점이 있었다. 그림에서 보는 바와 같이 독수리 형태의 가고일 조각상은 자동차 업계의 거물에 걸맞게 스테인레스 철재로 만든 장식물과 결합되어 있다. 이후 손턴 토마세티(Thornton Tomasetti)가 2001년에 첨탑과 장식물의 복원 작업을 진행하였다.

◀ 아르데코 양식 요소

42번가에 연결되는 철제 출입문(반대편 왼쪽) 및 로비 내의 작은 도어들은 건물 전체를 관통하는 아르데코 양식을 보여주고 있다. '아르데코'란 용어는 1925년 파리에서 개최된 '현대 장식 및 산업 예술 국제 전시회(the Exposition internationale des arts décoratifs et industriels modernes)의 명칭에서 유래되었다. 라파예트 갤러리(Galeries Lafayette)와 같은 프랑스 백화점 및 파빌리온 등에서 크라이슬러 빌딩과 비슷한 장식적 특징을 보여주고 있으며, 이러한 전시회는 이후 10년 동안 디자인 산업에 큰 영향을 미쳤다.

덜레스 국제공항 Dulles International Airport

위 치   버지니아, 미국
건 축 가   에로 사리넨(Eero Saarinen)
건축양식   유기적 모더니즘
건설시기   1958–62

1950년대 중반에서부터 1960년대 초반, 상업 항공의 제트 비행기 시대가 시작되면서, 항공사와 공항 당국은 이미지를 갱신하기 위해, 시대의 흐름에 맞춘 현대적 시설 건립을 시작하였다. 이러한 이유로 공항 터미널은 강철과 유리를 사용한 선형의 현대식 건축물로 변모해 갔으며, 시카고 오헤어 공항, 런던 개트윅 공항, 뉴욕 아이딜와일드 공항(후에 존 F 케네디 공항으로 명칭 변경), 파리 오를리 공항 등이 대표적 예이다. 이에 당시 주요 건축가들은 여행이나 교통을 형태화시켜 건축물에 표현하고자 했다. 미노루 야마사키(Minoru Yamasaki, 1912–86)의 세인트루이스의 램버트 국

제공항(Lambert International Airport, St. Louis, 1956)은 얇은 셀 구조의 콘크리트 볼트 구조로 과거의 거대한 철도 터미널 형태를 표현하고자 했다. 이에 반해 에로 사리넨(Eero Saarinen, 1910–61)는 한발 더 나아가, 역동적인 아치 및 곡선 형태를 사용하여 제트 엔진 시대의 공항 교통시설의 극적인 모습을 연출했다. 대표적으로 뉴욕 존 F케네디 국제공항의 TWA터미널과 워싱턴 외곽 버지니아주의 덜레스 국제공항을 들 수 있는데, 특히 후자의 계획과 형태는 향후 공항 관계자들에게 더 큰 영향을 미쳤다.

항공기 형태를 표현한 사리넨의 콘크리트 곡선 건축물이 공

항 설계에 큰 영향을 미쳤다면, 찰스(Charles, 1907–78)와 레이(Ray Eames, 1912–88; p.220 참조) 부부의 디자인은 공항의 주요 가구 및 내부 인테리어에 영향을 미쳤다. 특히 1960년대 초, 덜레스 국제공항을 위해 설계된 공항 벤치 시설은 공공 벤치의 표준 디자인이 되었다. 또한 유튜브 등 다양한 인터넷 사이트에서 쉽게 확인할 수 있는 공항 확장 계획(The Expanding Airport, 1958) 홍보 영상을 통해 공항의 게이트 분산 및 모바일 라운지를 통한 메인 터미널 연계 시스템을 제안하기도 했다. 이러한 아이디어는 1958년 사리넨과 공항 건설팀에 의해 실제 실행되었다. 교각 및 토목 엔지니어

인 암만 & 휘트니(Ammann and Whitney)는 공항 건설을 맡았으며, 산업 및 교통시설 엔지니어인 번즈 & 맥도널(Burns and McDonnell)은 기계 엔지니어를 맡았다. 그리고 에얼리 허스테드(Ellery Hustered)는 전체 마스터플랜을 맡아 업무를 진행하였다. 이들은 제트기 소음을 고려하여 워싱턴 DC 도심으로부터 26마일(42km) 떨어진 버지니아의 농업 지역 1만 에이커(4,047ha) 부지에 공항을 건설하였다. 약 3,000에이커(1,214ha) 면적의 터미널 부지에 관련 중간 계류장 및 3개 활주로를 계획했으며, 특히 2개의 활주로는 각각 11,500 피트(3,505m) 길이로 좀 더 크고 빠른 항공기를 수용할 수 있게 계획되었다. 사리넨의 초기 터미널 계획안은 길이가 600

피트(183m)였지만, 스키드모어 오윙스 & 메릴 건축사사무소(Skidmore, Owings and Merrill Skidmore, 1997)에 의해 300피트(91m) 길이로 이후 확장되었다.

공항은 1962년 11월 17일 존 F. 케네디 대통령에 의해 공식적으로 개장되었다. 원래 국무장관인 존 포스터 딜레스(John Foster Dulles)의 명칭을 따서 이름이 지어졌지만, 1984년에 공식 명칭이 워싱턴 딜레스 국제공항으로 바뀌었다. 개장 후 그해 약 52,000명 이상의 승객을 처리했으며, 1966년에는 연간 백만 명의 승객을 처리하였다. 오늘날 추가 확장 및 개조를 통해 2015년 기준으로 2,160만 명에 달하는 승객 수용력을 가지게 되었다. 메인 터미널의 버스 연계 시스템이나 중

간 계류 터미널까지 지하 동선 체계를 구축하는 등 당 공항의 혁신적인 설계 방향은 향후 공항 디자인에 미치는 큰 영향을 미쳤다. 또한 교외 지역에 공항을 건설하여 인접 지역의 도시 개발을 통한 지방 성장을 촉진시킨 점도 중요한 사항이다. 그리고 공항과 연계하여 진행된 161,145평방 피트(14,970m) 규모의 국립 항공 우주 박물관(National Air and Space Museum) 건립 역시 중요한 프로젝트였다. 더불어 콜롬비아 지역을 연계하는 전철 등 교통 인프라의 개선을 통해 교외 성장을 촉진한 점도 중요한 역할이었다.

상단 왼쪽
승객들을 게이트와 항공기로 연결하는 이동식 라운지 및 전동식 게이트는 크라이슬러 및 버드 컴퍼니(Budd Company)에서 만들어졌으며, 각각 102명을 수용할 수 있었다.

상단 오른쪽
승객들은 도로에서 터미널 공간을 지나 모바일 라운지 게이트까지 약 200피트(61m)만 도보로 이동하면 되었다.

TWA 터미널

1962년 사리넨의 TWA 터미널이 뉴욕의 아이딜와일드(Idlewild) 공항(현재 존 F 케네디 국제공항)에서 개장한 후, 한 택시 운전사는 이렇게 말했다. '여기는 건물이 아니라, 마치 안으로 들어가면 떠오를 것만 같아요.' 설계 의도 상. 터미널 공간 자체로 여행 및 비행기 탑승에 대한 극적인 감정을 주고자 했으며, 터미널을 '캬정적'이고 '동적'인 환경으로 만들고자 했다. 특히. 현장에서 콘크리트를 타설하여 건설되었음에도 불구하고 반세기 후 컴퓨터 디자인을 통해 만들어진 작품들보다 훨씬 뛰어난 모습을 보여주고 있다. 2012년 베이어 블라인드 벨 건축사사무소(Beyer Blinder Bells)가 10년간 리모델링하여 현재는 호텔로 사용 중이다.

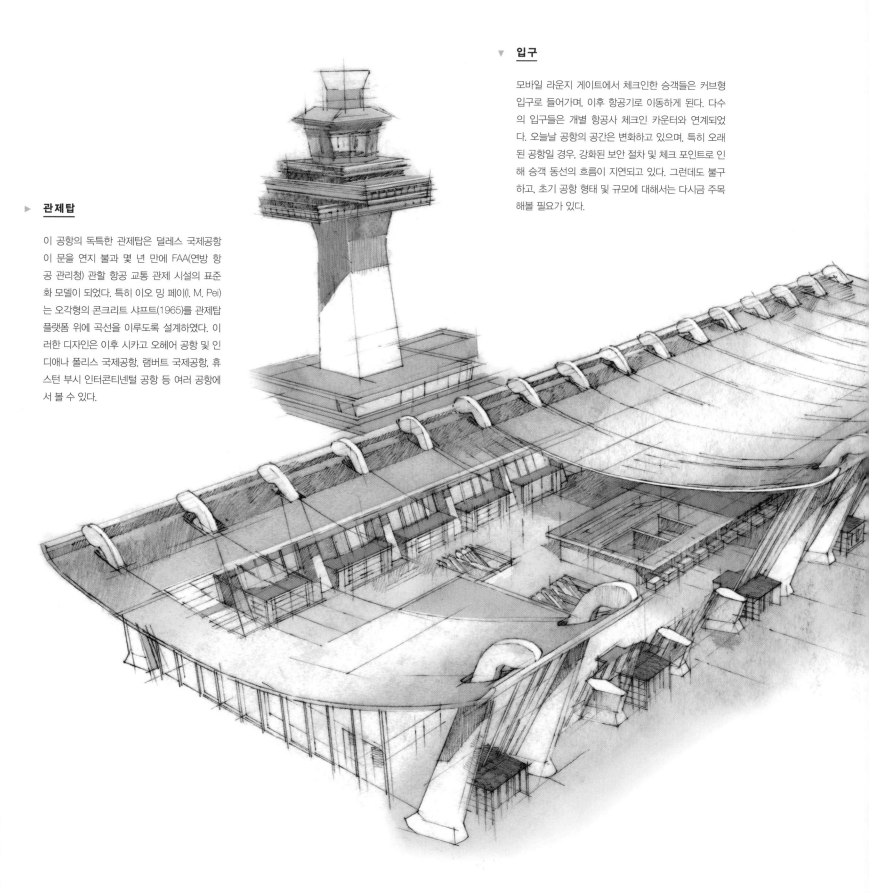

관제탑

이 공항의 독특한 관제탑은 덜레스 국제공항이 문을 연지 불과 몇 년 만에 FAA(연방 항공 관리청) 관할 항공 교통 관제 시설의 표준화 모델이 되었다. 특히 이오 밍 페이(I. M. Pei)는 오각형의 콘크리트 샤프트(1965)를 관제탑 플랫폼 위에 곡선을 이루도록 설계하였다. 이러한 디자인은 이후 시카고 오헤어 공항 및 인디애나 폴리스 국제공항, 램버트 국제공항, 휴스턴 부시 인터콘티넨털 공항 등 여러 공항에서 볼 수 있다.

▼ 입구

모바일 라운지 게이트에서 체크인한 승객들은 커브형 입구로 들어가며, 이후 항공기로 이동하게 된다. 다수의 입구들은 개별 항공사 체크인 카운터와 연계되었다. 오늘날 공항의 공간은 변화하고 있으며, 특히 오래된 공항일 경우, 강화된 보안 절차 및 체크 포인트로 인해 승객 동선의 흐름이 지연되고 있다. 그런데도 불구하고, 초기 공항 형태 및 규모에 대해서는 다시금 주목해볼 필요가 있다.

▼ 지붕

곡선의 지붕 선형은 사리넨의 TWA 터미널에 있는 램프 및 보도 형태와 유사하며, 승객들에게 비행기 여행의 이미지를 상기시킨다. 특히 우아한 곡선 지붕은 둥근 사각형의 기둥과 결합하여, 콘크리트라기보다는 천과 같이 여행자 위에 떠 있는 것처럼 보인다. 사리넨은 이를 '콘크리트 나무 사이에 매달려 있는 커다란 해먹'이라고 설명했다.

▼ 기둥

곡선 기둥은 출입구를 정의하는 데 도움이 되며, 콘크리트 측면의 강철 서스펜션 케이블로 지붕을 고정하고 있다. 또한 건물 외곽에 배치하여 내부 공간을 확보하였으며, 사리넨의 설명처럼 내부 공간이 '날아오르는' 것처럼 보이게 하였다.

국회 의사당

Palace of Assembly

위 치 찬디가르, 인도
건 축 가 르 코르뷔지에(Le Corbusier)
건축양식 유기적 모더니즘
건설시기 1952–61

1947년 8월 15일 인도는 공식적인 독립되었지만, 여전히 영연방 시대의 뉴델리를 국가 수도로 계속 사용하고 있었다. 전국 28개 주에는 각각 지역 수도들이 있었는데, 찬디가르는 하리아나(Haryana) 및 펀자브(Punjab) 주의 수도였으며, 힌디어 및 펀자브 언어를 사용하고 있었다. 찬디가르는 인도의 독립 이후에 만들어진 새로운 도시들 중 하나이다. 2차 세계 대전 후, 바르샤바 재건 작업을 했던 폴란드 건축가 매튜 노비키(Matthew Nowicki, 1910–50)는 미국 건축가 알버트 메이어(Albert Mayer, 1897–1981)와 함께 도시 마스터 플랜 초안을 작성하였다. 메이어의 경우, 다양한 인도 프로젝트에 참여했었고, 인도의 첫 총리인 자와할랄 네루(Jawaharlal Nehru)의 지지를 받고 있었다. 특히 총리는 찬디가르에 대해서 다음과 같이 이야기했다. '여기는 새로운 도시가 되어

야 한다, 과거의 관습에서 벗어나, 자유의 상징이 되어야 하며, 미래 국가의 믿음으로 자리잡아야 한다.'
노비키의 죽음과 함께 메이어 역시 찬디가르 계획에서 떠났고, 이들의 계획은 샤를 에두아르 장레그리(Charles Edouard Jeanneret, 1887–1965), 우리가 잘 아는 르 코르뷔지에(Le Corbusier)에게 넘어가 새로운 출발점(1951)을 맞이하게 되었다. 그는 영국 건축가 맥스웰 프라이(Maxwell Fry, 1899–1987)와 프라이의 아내 제인 B 드류(Jane B. Drew, 1911–96)의 도움을 받아 수정 계획안 및 건축 계획안을 수립하였다. 이들의 팀에는 샤만(M. N. Sharma, 1923–2016) 및 초드리(Eulie Chowdhury, 1923–95), 파라카쉬(Aditya Prakash, 1924–2008) 등의 인도 건축가와 계획가도 합류하였으며, 이후의 계획 및 건물 설계는 르 코르뷔지에의 사

촌인 피에르 장레그리(Pierre Jeanneret, 1896–1967)에 의해 실행되었다.

1951년 위원회는 르 코르뷔지에가 2차 세계 대전 이후 미국 뉴욕의 UN 빌딩(1947–52) 및 마르세유의 유니테 다비타시옹(Unité d'Habitation, 1947–52), 롱샹의 노트르담 뒤 오(Notre Dame du Haut, 1950–55, p.282 참조) 설계로 국제적인 명성을 얻고 있을 때 그에게 찾아 왔다. 초기 그의 계획 안은 도시 중심부에 정부 건물을 배치한 15만 명(현재는 100만 명)을 위한 도시로 계획하였다. 이곳에 있는 주요 건물들은 국회 의사당(1952–61) 외에도 고등 법원(1951–56)과 주요 정부 기관을 위한 사무국(1952–58) 등으로 구성되어 있

으며, 건물 입면의 길이는 820피트(250m)에 다다랐다. 이들 건물들은 모두 나무 거푸집을 사용하여 표면에 패턴을 남긴 베톤 부르(béton brut) 방식으로 건설되었으며, 특히 국회 의사당 건물은 이러한 설계 방향을 뚜렷하게 보여주고 있다. 국회 의사당에는 펀자브와 하리아나주의 입법을 위해 두 개의 의회장이 계획되었는데, 이 점이 당 건물의 핵심 특징이다. 이러한 특징은 외부 공간에서도 뚜렷하게 나타나는데, 특히 서로 다른 모양의 첨탑을 통해서 알 수 있다. 펀자브 의회장의 곡면 타워는 얇은 셸 형태로 두께는 6인치(15cm) 미만이며, 지름 128피트(39m)에 높이는 124피트(38m)로서 117명의 의원들을 수용할 수 있는 규모였다. 하리아나 의회

장은 이보다 작은 90명의 의원을 수용할 수 있게 계획되었다. 대부분 건물이 콘크리트로 건설되었지만, 벽면은 에나멜 벽화로 장식되었다. 또한 내부 공간에는 관련 입법부를 위한 수직 형태의 법원이 자리잡고 있다. 외벽의 두꺼운 천공은 햇빛을 적절하게 차단하며, 수면에 면한 곡선 지붕의 아케이드는 직선적 형태의 사법 및 사무국 건물들과 대비되어 외형을 더욱 부각시킨다. 당 국회 의사당에 대해 르 코르뷔지에는 이렇게 말했다. '노출 콘크리트라는 새로운 기술로 탄생한 웅장한 궁전, 비록 웅장하지만 또한 오싹하다. 여기서 오싹하다는 것은 시각적으로 이것만큼 차가운 것은 없다는 것을 의미한다.'

상단
찬디가르에 있는 두 개의 홀 중 하나로, 회색 빛 콘크리트를 장식하여 다채로운 공간으로 만들었다. 빨간색, 노란색, 밝은 녹색의 색조는 르 코르뷔지에에 의해 만들어진 에나멜 마감과 함께 출입문에도 사용되었다. 하리아나 의회장에는 르 코르뷔지에가 디자인한 커다란 태피스트리가 걸려 있다.

UN 의회장
르 코르뷔지에는 뉴욕에 UN 본부를 설계한 팀의 일원이었다. 위원회는 월리스 K. 해리슨(Wallace K. Harrison, 1895–1981)을 의장으로 국제적인 건축가 10명으로 구성되었으며, 르 코르뷔지에와 오스카 니어마이어(Oscar Niemeyer, 1907–2012)는 전반적인 계획을 수립하고, 해리슨은 이를 실행하는 형태였다. 어떻게 보면, UN 의회장이 찬디가르 설계의 개념적 모델이 되었다는 것은 흥미로운 사실이다.

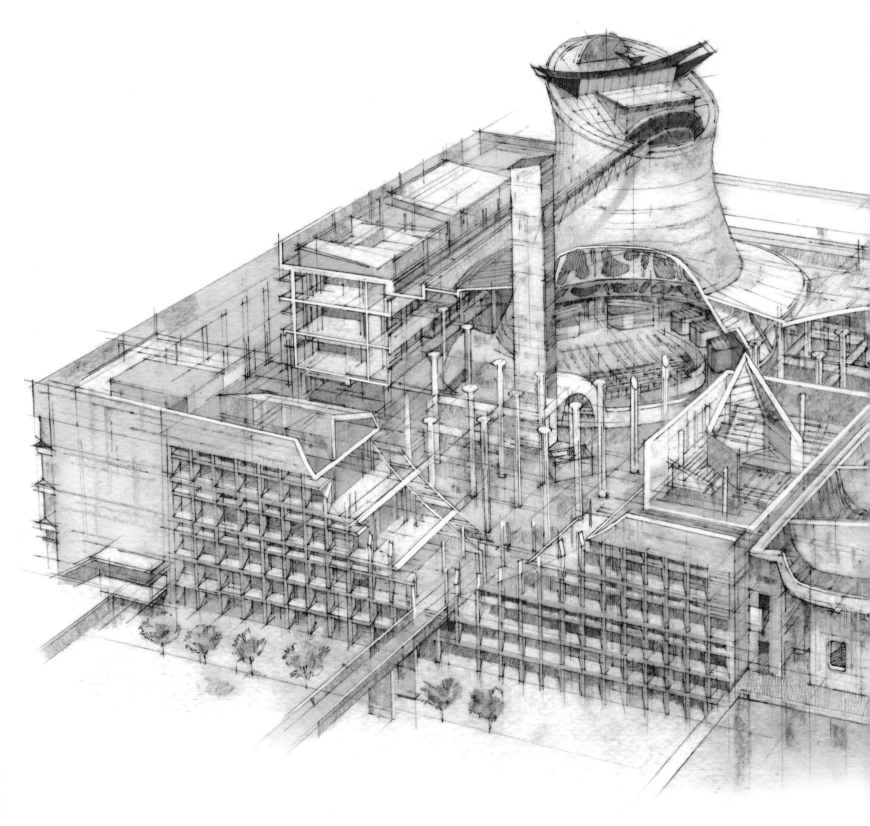

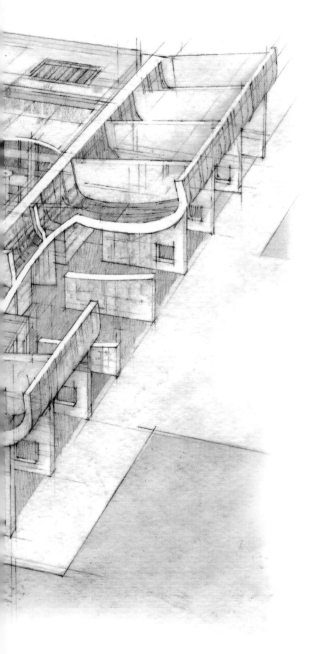

추상적인 조형물

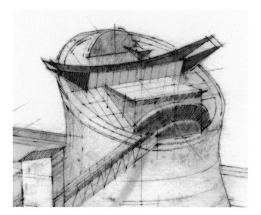

르 코르뷔지에는 건축가로도 유명하지만 조각가이기도 했다. 1985년에 세워진 85피트(26m) 높이의 오픈 핸드 기념비는 국회 의사당 북동쪽에 서 있다. 국회 의사당에 대한 그의 스케치에는 펀자브 의회장 꼭대기에 당 조형물이 포함되어 있었다. 르 코르뷔지에의 조형물들은 건축에 대한 그의 유기적 접근법을 보여준다.

펀자브 의회장 타워

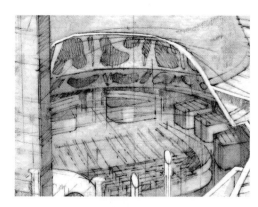

펀자브 의회장 타워의 독특한 형태는 의회장 내의 곡선 장식과 유사한 형태를 보여 준다. 르 코르뷔지에는 전체적으로 건축 및 장식, 가구 등을 모두 고려했으며, 이를 통해 공간 예술을 보여주고자 했다. 특히 쌍곡선 타워는 독특한 외형적 특징과 더불어 차별화된 경험을 제공한다.

구조적 격자 패턴

열대 기후를 고려하여, 르 코르뷔지에는 차양막 기능을 제공할 수 있게 건물 입면을 깊은 구조의 격자 패턴으로 계획하였다. 특히 사무실 내의 그림자는 내부 사람들에게 주변 지역을 볼 수 있는 프레임을 제공하며, 또한 필로티(아래 참조)로 인해 바닥 면이 상승하는 패턴을 보여줌과 동시에 입면과 통합되게 계획되었다.

필로티

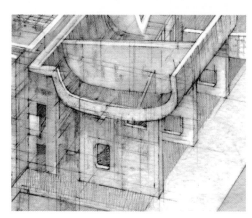

현대 건물에서 필로티는 상부의 구조물을 지탱하는 교각이자 기둥이다. 거대한 수직 교각은 극적으로 굽은 지붕을 지지하며, 차별화된 디자인을 제공한다. 필로티는 르 코르뷔지에가 의도한 대로 거대한 공간을 표현할 수 있게 해주며, 특히 멀리 히말라야 외곽으로부터 시발릭 힐스 산맥의 경치를 조망할 수 있게 된다.

▼ 하리아나 의회장 타워

하리아나 의회장 타워는 불규칙한 각도의 피라미드
모양이며, 이는 펀자브 의회장 타워의 과장된 형태와
대조되 보인다. 북쪽 채광을 고려하여 격자 평면이
계획되었으며, 내부 배치는 타워의 모양을 반영하며
펀자브 의회장 공간과 뚜렷하게 대조된다. 국회 의원
좌석 위로 남성 및 여성, 기자들을 위한 상부 좌석 공
간이 배치되었다.

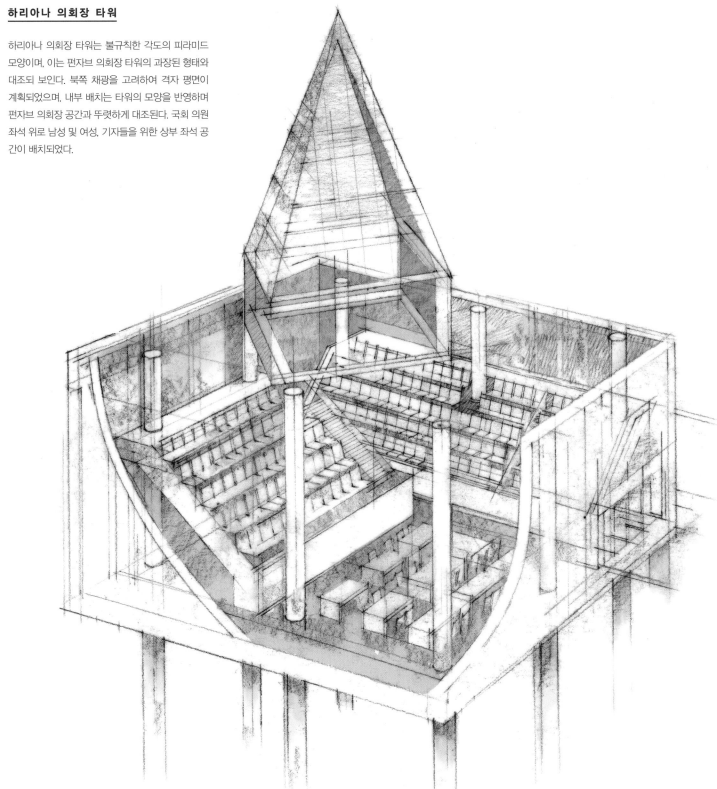

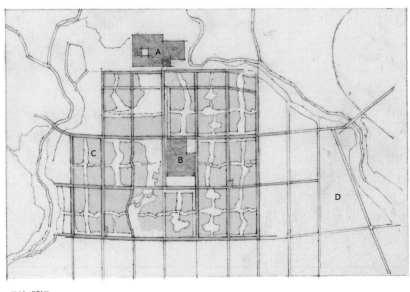

도시 계획도

계획 도시

원래는 15만 명을 위한 행정 도시로 계획되었지만, 찬디가르는 오늘날 100만 명 이상이 거주하는 도시가 되었다. 이 계획은 두 단계로 확장되었는데, 1단계 확장 구간은 50만 명 인구를 대상으로 하였으며, 2단계 확장 구간은 350만 명을 수용할 수 있게 고밀도로 계획되었다. 각 확장 구간은 3,000에서 20,000 사이의 인구 밀도를 가진 2,624×3,937피트(800×1,200m) 규모의 생활권으로 계획되었다.

범례
A 행정 지역
B 도시 중심부
C 대학 지역
D 산업 지역
E 부처 사무국
F 국회 의사당
G 주지사 사무실
H 법원

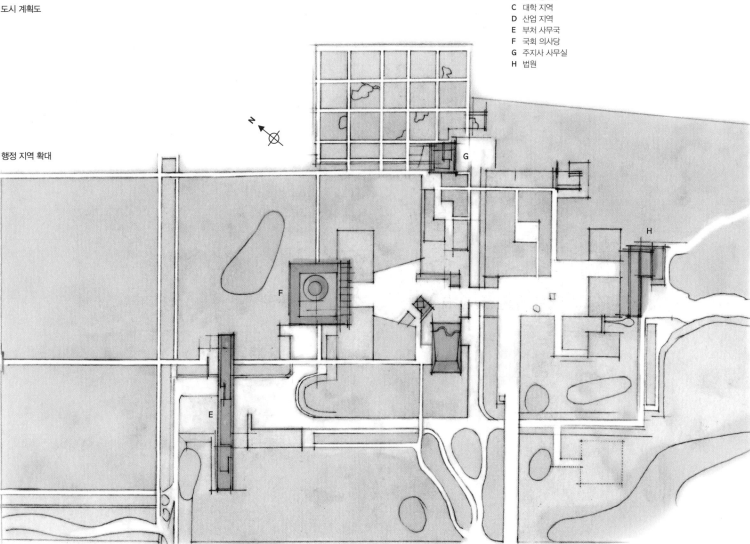

행정 지역 확대

방글라데시 국회 의사당
National Assembly Building of Bangladesh

위   치   다카, 방글라데시
건 축 가   루이스 칸(Louis Kahn)
건축양식   유기적 모더니즘
건설시기   1962-82

1971년 3월 26일 방글라데시 독립 전쟁(1971년)과 독립 국가 방글라데시(이전의 동파키스탄)의 설립은 인도-파키스탄 전쟁을 확대시켰다. 인도는 방글라데시의 분리를 지지하였고, 1971년 12월 16일 파키스탄의 패배로 이어졌다. 방글라데시는 새로운 국가로서 수도 다카에 국회 의사당(현지 명칭: Jatiyo Sangsad Bhaban, at Sher-e-Bangla Nagar)을 건설하였다. 당 건물은 1959년부터 1962년까지 이 지역이 여전히 동파키스탄이었을 때 고안되었는데, 당시 파키스탄의 건립 목적은 서파키스탄 수도 이슬라마바드에 본부를 둔 파키스탄 의회의 두 번째 입지로 고려되었기 때문이다. 1971

년 방글라데시가 건국 후, 당 건물은 국회를 수용할 수 있게 변경되었다.

당 건축물은 미국 건축가 루이스 칸(Louis Kahn, 1901-74)이 설계하였는데, 방글라데시에 근대 건축 디자인을 도입한 무즈하룰 이슬람(Muzharul Islam, 1923-2012)의 노력을 통해 선정되었다. 이슬람은 캘커타에서 건축 및 엔지니어링으로 각각 학위를 받았으며, 1950년부터 1961년까지 미국과 영국에서 건축을 공부하면서 칸과 폴 루돌프(Paul Rudolph, 1918-97), 스탠리 티거만(Stanley Tigerman, b.1930) 등과 같은 건축가들과 친구가 되었다. 1961년 예일 대학에서 수

학하면서, 다카 대학 도서관, 예술 공예 대학, 방글라데시 국립 기록 보관소 등과 같은 초기 작품을 설계하였다. 이슬람은 1958년부터 1964년까지 동파키스탄의 수석 건축가였으며, 1962년부터 1963년까지 국회 의사당 및 관련 건물을 설계하기 위해 칸을 데려왔으며, 칸이 사망할 때까지 방글라데시에서 루돌프와 티거만이 설계한 건물을 짓는 데 큰 역할을 수행하였다.

국회 의사당은 정원 및 주택, 주차장 등을 모두 포함하면 200에이커(81ha) 규모의 복합 건물로서 호수 위에 계획되었다. 당 건물은 칸의 걸작으로써, 그가 죽은 후 1982년에 완공되

었으며, 3,200만 달러의 자금이 들었다. 종종 시타델 빌딩이라고 불리는 이 요새 같은 구조물은 상감 대리석으로 치장된 콘크리트로 지어졌으며, 중앙 옥타곤은 155피트(47m) 높이이다. 중앙에 배치된 의사당 공간은 각각 높이가 110피트(33.5m)의 8개의 매스로 둘러싸여 있으며, 총 354 좌석이 배치되어 있다. 이러한 매스들은 의사당 건물과 주변 9층 사무 공간을 분리하여 극적인 입장 및 순환 동선 체계를 구축하였다.

칸은 매스의 기하학적 관입을 통해 자연 채광을 조정하였으며, 특히 칸은 이러한 특성에 강박적으로 집중하였다(p.146 참조). 햇빛은 캐노피를 통해 의사당 공간을 채광할 수 있게 계획되었으며, 최소한의 인공 조명만을 사용하였다. 기념비적인 규모의 중앙 집중식 건물 형태는 타지마할(p.92 참조)과 같은 무굴 시대 작품들과 비교되지만, 평면 및 벽면의 거대한 기하학적 패턴 등은 동시대의 칸의 다른 작품들, 이를테면 필립스 엑서터 아카데미 도서관(the Phillips Exeter Academy Library, 1965–72) 등과 연관되어 있다.

당 건물에는 국회 의원실 및 도서관, 회의실, 사무실, 기도실 등이 있으며, 회교 사원이 별도로 마지막에 기존 건물과 통합된 형태로 메카 방향으로 계획되었다. 칸이 당 건물의 설계를 위해 상당한 수의 스케치를 그렸다고 이야기되고 있다. 특히 건물의 탑형 외관은 중세 도시의 게이트나 무굴 건축, 또는 14세기 벵골 술탄의 모스크와 유사했다.

왼쪽

칸은 다른 곳과 마찬가지로 내부 공간에 단순하고 대담한 기하학적 형태를 사용했는데, 자연적인 빛과의 상호 작용을 통해 공간을 경험하게 한다. 또한 당 건물의 웅장한 규모는 휴먼 스케일과 분명하게 대조된다. 벽의 기하학적 구멍은 채광 및 조망을 위한 멋진 프레임을 제공한다.

아래

2017년까지 의사당 중심부 의회장은 10개 정당의 총 350명 의원들을 수용할 수 있게 계획되었으며, 좌석은 354개가 배치되었다. VIP 좌석은 상단에 설치되었으며, 의회장 높이는 117피트(36m)이다.

소크 생물학 연구소

칸(왼쪽)이 1966년 캘리포니아 라호이아(La Jolla)에 있는 소크 생물학 연구소(1965년)에서 미국 바이러스학자 조나스 소크(Jonas Salk)와 함께 있는 사진이다. 특히 빛에 의해 형성되는 단순한 기하학적 형태는 뉴욕 로체스터에 있는 유니테리언 교회(the First Unitarian Church, 1962, 1969)를 포함한 칸의 여러 작품들에서 나타나는 특징이다.

전체적인 형태

이 단면도는 건물의 독특한 특징을 보여준다. 입법 공간을 중심으로, 오른쪽 곡선의 공간은 카페테리아를 포함한 서비스 공간으로 계획되었으며, 반면 왼쪽의 직선형 공간은 사무 공간으로 계획되었다.

▼ **의사당**

당 건물의 핵심은 중심부 의사당 및 상부의 채광을 위한 둥근 창에 있다. 의회는 350명의 의원으로 구성되고, 이 중 300명이 선출직이다. 각 정당별 대표의 의견에 따라 여성에게 50석이 배정되며, 각 의원들은 5년의 임기가 제공된다.

▼ 기하학적 형태

중심부를 둘러싼 구조 및 벽면을 극적으로 천공하여 빛을 조절하였다. 또한 중심부 주변으로 사무실 및 라운지, 동선을 위한 복도 등 주요 보조 공간을 배치하였다. 칸의 디자인 철학은 '메인 시설(served)'과 '서비스 공간(servant)'을 아우르는 것으로, 핵심 공간을 부속 공간이 지원하는 형태로 계획하였다.

▼ 상징적 평면

평면 계획을 통해 오른쪽 상단(D)의 진입 홀과 대각선 반대쪽 하단(B)의 기도실 및 목욕장의 위치를 알 수 있으며, 그 사이에 의회장(E)이 자리하고 있다. 중심부를 둘러싸고 있는 직사각형 건물은 사무실 공간이며, 중심부를 순환 동선 및 부속 공간이 둘러싸고 있다. 당 건물의 기념비적인 규모와 건축 양식은 타지마할과 같은 걸작들과 비교할 수 있을 정도이다.

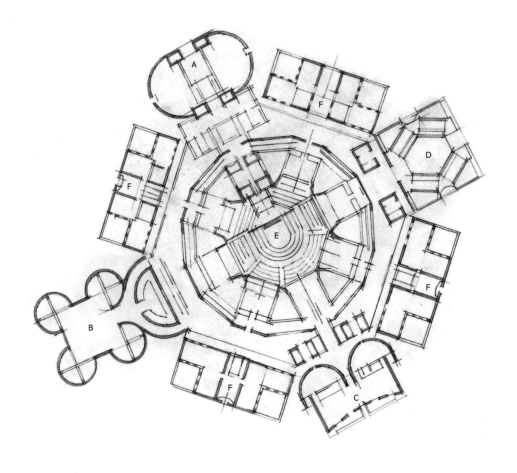

범례
A 총리 라운지
B 기도실
C 카페테리아 등
D 진입 홀
E 의회장
F 사무실

방글라데시 국회의사당

라이히슈타크 Reichstag

위 치 베를린, 독일
건 축 가 파울 발로트(Paul Wallot), 노먼 포스터(Norman Foster)
건축양식 신르네상스 및 현대건축
건설시기 1884–94, 1999 리노베이션

1867년 오토 폰 비스마르크(Otto von Bismarck)에 의해 독일의 여러 지방이 통일되면서 1871년 독일 제국이 수립되었다. 1871년부터 1890년까지 비스마르크가 최초의 총리가 되었으며 빌헬름 1세(Wilhelm I)가 카이저(Kaiser) 또는 황제로서 통치하게 되었다. 그리고 1700년대 초 프러시아의 수도였던 베를린이 제국의 수도가 되었다. 원래 베를린의 도시 인구는 약 50만 명에서 70만 명 사이를 맴돌았다. 그러나 1871년 이후 80만 명 이상으로 빠르게 증가하였고 1880년대 중반에는 130만 명 이상으로 급증하였다. 이러한 급속한 도시 성장은 새로운 교통 시스템 및 주택, 사무 공간이 필요했고, 특히 상업시설 및 정부 기관의 증대를 요구하게 되었다. 19세기 후반과 20세기 초반 주요 국가의 수도에는 고전주의

양식의 건물이 종종 건설되는 경향이 있었다. 이러한 사례로는 어거스트 버세(August Busse, 1839 – 96)의 제국 보험 사무소(Reichsversicherungsamt, 1894) 및 줄리어스 칼 라슈도르프(Julius Carl Raschdorff, 1823 – 1914)와 그의 아들 오토(Otto, 1854–1915)가 설계한 박물관섬(the Museumsinsel)의 베를린 돔(Berlin Cathedral, 1894 – 1905), 그리고 라인하르트와 수센거스(Reinhardt and Sussenguth)의 제국 해군 사무실(Reichsmarineamt 1911–14) 등이 있다. 그리고 라이히슈타크(Reichstag, 국회 의사당, 1884–94)는 이러한 고전주의 양식의 건물 중 하나였으며, 1882년 공모전에서 파울 발로트(Paul Wallot, 1841 – 1912)에 의해 설계, 당선되었다. 당 건물은 라치스키 궁전(the Raczynski Palace)이 있던 괴니스

플라츠(Königsplatz, 현재 공화국 광장) 부지에 건설되었다. 발로트의 당선 설계안은 독일계 미국 건축가인 허만 J 슈바르즈만(Herman J. Schwarzmann, 1846 – 91)이 설계한 1876년 페어 마운트 100주년 전시회를 위해 세워진 필라델피아 기념관(Memorial Hall)의 전체적인 매스 형태 및 철재 쿠폴라 양식에 기반을 두고 있다. 건물이 준공되었을 때 높이는 246피트(75m)였다.

제1차 세계 대전 이후에도, 이 건물은 아돌프 히틀러가 즉위한 직후까지 계속 바이마르 공화국(1919–33)의 의회 역할을 했다. 하지만, 1933년 2월 27일, 나치는 공산주의자 마리누스 반 데어 루베(Marinus van der Lubbe)가 의사당에 방화를 일으켰다고 비난하였고, 체포 후 처형으로 이어졌다. 그

의 공공 기물 파손 행위는 결국 히틀러의 바이마르 헌법 권리의 정지 및 의회를 폐지하는 촉매제가 되었다. 2차 세계 대전 기간 내내 의사당 건물은 부분적인 폐허로 남아 있었으며, 러시아의 베를린 해방 전쟁 기간, 연합군의 폭격으로 더 큰 피해를 입게 되었다.

냉전 시대(1948–89년) 및 독일 분단 시기를 거치면서 의사당 건물은 서베를린의 베를린 장벽 근처에 있으면서 거의 방치된 상태였다. 건축가인 파울 바움가르텐(Paul Baumgarten, 1900 – 84)은 보다 현대적인 모습으로 건물을 수리하고 개조했지만, 공식적인 건물 사용은 극히 제한적이었다. 1989년 베를린 장벽이 무너진 뒤, 1990년 독일의 통일을 거쳐 빈에서 베를린으로 수도를 옮긴 뒤, 새로운 통일된 독일 민

주주의를 위한 건물 복원 공모전에서 노먼 포스터(Norman Foster)의 설계안이 당선되었다. 그는 기존 건물의 역사적 요소를 드러냄과 동시에, 154피트(47m)높이의 새로운 돔을 창조하는 방식으로 설계 프로젝트에 접근했다. 강철과 유리 구조물은 도시와 국가 모두에게 획기적인 랜드마크 이미지를 제공함과 동시에, 민주주의 투명성을 상징했다. 의사당 홀은 12,900평방 피트(1,200㎡) 면적에 669석을 보유하고 있다. 또한 일반적으로 노먼 포스터는 환경적 측면을 고려하여 설계를 진행하는데, 먼저 신재생 바이오 에너지를 통해 전력을 생산할 수 있는 설비를 도입했으며, 건물의 난방을 위해 축열 시스템도 적용하였다.

2차 세계 대전 중의 폐허

유명한 사진으로, 1945년 5월 2일 베를린 전투가 끝났을 때, 소련의 붉은 군대가 폐허가 된 라이히슈타크에 소련 국기를 꽂는 장면이다. 아이러니하게도 나치가 1933년에 그 건물을 폐쇄했음에도 불구하고, 소련은 이 건물을 나치 독일의 상징으로 보았다. 라이히슈타크는 전쟁 후에 거의 껍데기만 남은 상태였으며, 돔은 골격만 남아 있었고, 벽면은 총탄에 의해 곰보 자국이었다. 통일 후 완전히 복원되기 전까지, 서베를린 시대에는 간단하게 보수되어 사용되었다.

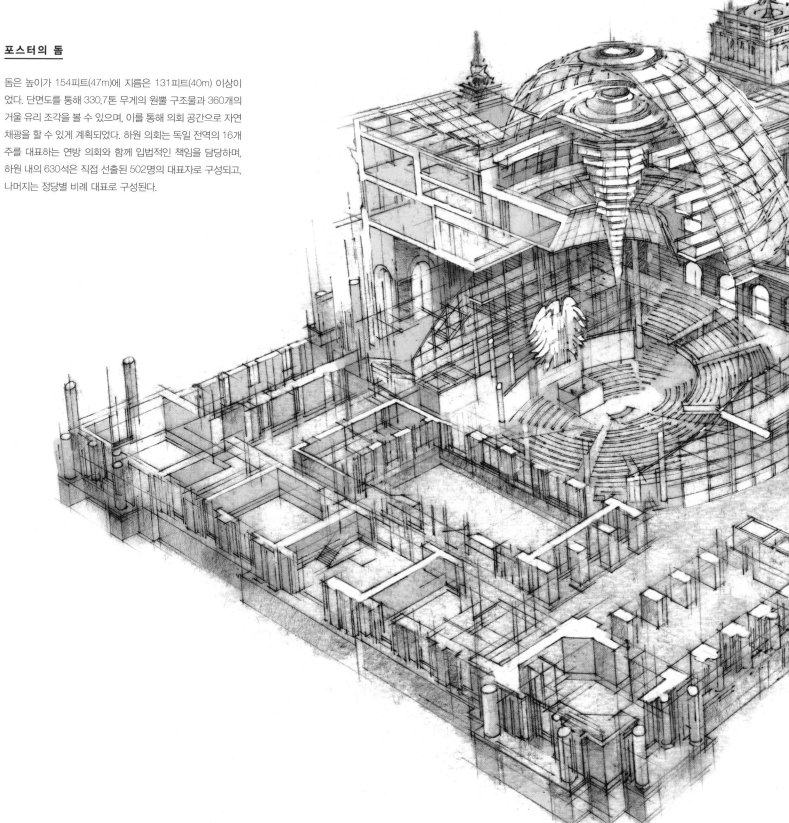

▶ 포스터의 돔

돔은 높이가 154피트(47m)에 지름은 131피트(40m) 이상이
었다. 단면도를 통해 330.7톤 무게의 원뿔 구조물과 360개의
거울 유리 조각을 볼 수 있으며, 이를 통해 의회 공간으로 자연
채광을 할 수 있게 계획되었다. 하원 의회는 독일 전역의 16개
주를 대표하는 연방 의회와 함께 입법적인 책임을 담당하며,
하원 내의 630석은 직접 선출된 502명의 대표자로 구성되고,
나머지는 정당별 비례 대표로 구성된다.

베를린
독일

◀ 건물 모서리의 탑

사각형의 작은 탑(turret)이 건물 모서리를 장식하고 있으며, 중앙 돔을 가로질러 두 개의 중정을 형성하고 있다. 지붕 위 테라스는 중정을 둘러싸고 있으며, 옥상 식당 방문객들은 각 탑 및 지붕을 덮고 있는 태양전지 패널을 살펴볼 수 있다. 불행하게도, 각 탑의 디테일은 화려했던 초기 상태와 비교하여 단순화되었다. 원래 탑 위에 있던 조각품들은 전쟁 과정 중에 파괴되었고, 1960년대 수리 과정 중에 철거되었다. 의사당 건물의 돔 및 옥상 레스토랑 등이 일반인들에게 개방되어 있으며, 매년 약 270만 명이 넘는 사람들이 방문하고 있다.

◀ 페디먼트 입구

고전적인 형태의 건물 서쪽 포르티코는 1999년에 복원되었다. 먼저 페디먼트 상인방에는 '독일국민을 위해(Dem Deutschen Volke)'란 글자가 새겨져 있다. 2차 세계 대전이 끝난 뒤 입면에 있던 승마 동상은 파괴되어 철거됐지만, 과거 사진 기록이 남아 있다. 이들 중 유명한 것은 포르티코 꼭대기에 있는 조각가 레인홀드 베가스(Reinhold Begas)의 the Germania group(1892-93) 조각상이다. 의회 내의 독수리 조각은 1953년부터 1999년까지 서베를린 시절 빈에 있던 의사당 건물에서 사용되었던 루트비히 기에스(Ludwig Gies)의 조각상에 대한 노먼 포스터의 재해석 품이다.

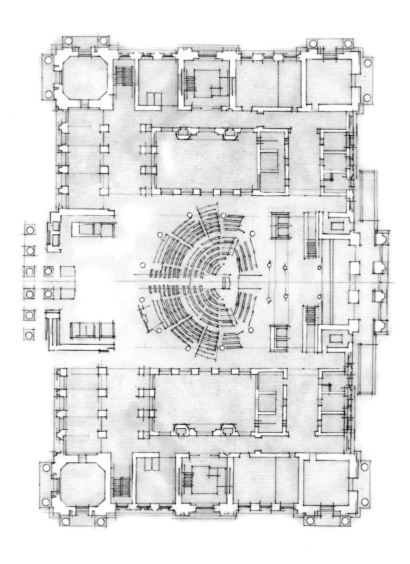

▼ 원근 단면도

단면도를 통해 새로운 돔과 의사당 공간의 관계를 잘 살펴볼 수 있다. 원뿔형 반사 유리체는 회의 공간에 빛을 제공함과 동시에, 새로운 돔을 토네이도같이 역동적으로 만들어 준다. 또한 통일된 독일 민주주의의 상징을 볼 수 있도록 돔은 야간 조명이 계획되어 놀라운 불빛을 제공한다.

▲ 평면도

평면 계획상, 메인 포르티코는 서쪽을 바라보고 있다. 대부분 사무 및 서비스 공간들이 복원되었으며, 중앙 의회 공간과 마찬가지로, 기둥에 의해 구획되었다. 평면상 기존 구조체는 회색이고, 1999년 리모델링된 부분은 분홍색으로 표시되어 있으며 대부분 중심부에 몰려 있다.

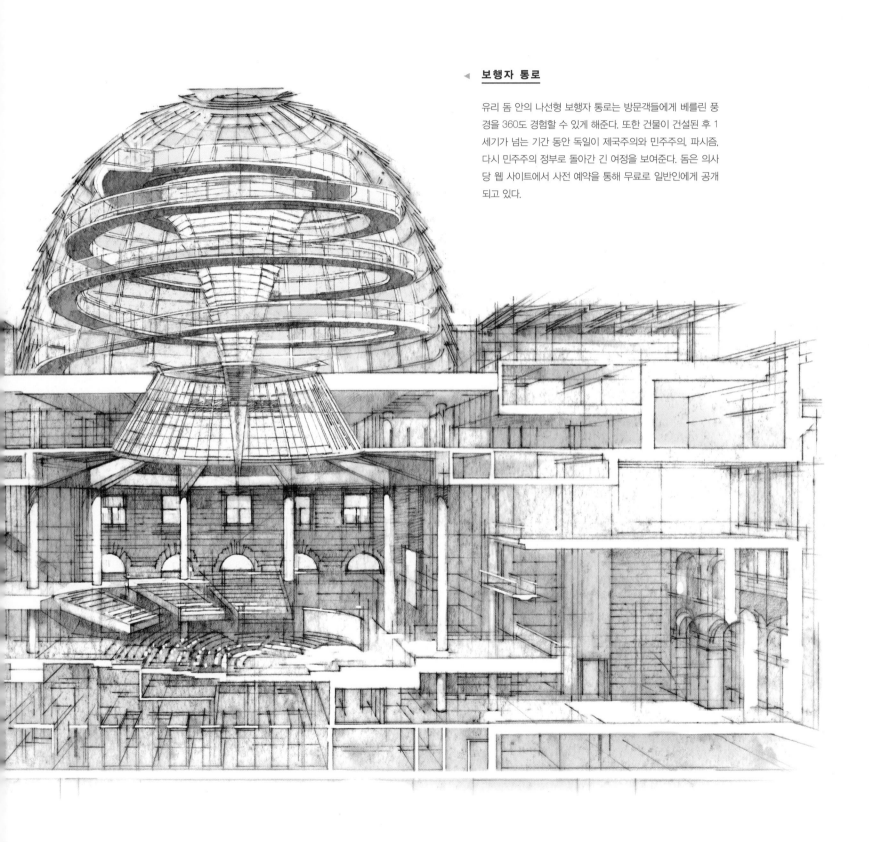

보행자 통로

유리 돔 안의 나선형 보행자 통로는 방문객들에게 베를린 풍경을 360도 경험할 수 있게 해준다. 또한 건물이 건설된 후 1세기가 넘는 기간 동안 독일이 제국주의와 민주주의, 파시즘, 다시 민주주의 정부로 돌아간 긴 여정을 보여준다. 돔은 의사당 웹 사이트에서 사전 예약을 통해 무료로 일반인에게 공개되고 있다.

런던 아쿠아틱 센터 London Aquatics Centre

위 치	런던. 영국
건 축 가	자하 하디드(Zaha Hadid)
건축양식	유기적 현대건축
건설시기	2008–12

마치 요정같이, 올림픽은 도시 및 국가에게 관광을 증가시킬 뿐만 아니라 새로운 교통, 주거, 스포츠 시설 건설을 통해 기반 시설 개선을 도모한다. 2012년 런던 올림픽도 예외는 아니었다. 900만 명 이상의 사람들이 이러한 활동에 참여했으며 관련 예산 지출을 통해 도시 경제를 활성화시키는 데 도움을 주었다. 건설 분야와 관련해서는 당 사업에 사용된 전체 예산의 75퍼센트가 런던 동부 지역 재건에 기여한 것으로 계산되었다. 정부는 엘리자베스 여왕 올림픽 공원(the Queen Elizabeth Olympic Park)에 3억 파운드를 들였으며, 스포츠 시설뿐만 아니라 주택, 학교, 의료 시설 건설에 사용하였다. 또한 런던 교통 인프라 개선에만 65억 파운드를 투자했다.

올림픽 선수촌은 2,800호의 주택 단지로 전환되었으며, 추가로 11,000호가 계획, 공급될 예정이고, 이들 주택은 기존 주택보다 1/3 이상 저렴한 서민주택이라 할 수 있다. 그리고 올림픽 수영 경기를 위해 건설된 런던 아쿠아틱 센터는 지역 생활 체육 시설로 현재 사용되고 있다. 특히 이 수영장은 세계에서 가장 위대한 건축가 중 한 명인 자하 하디드(Zaha Hadid, 1950–2016)의 작품이다.

2004년에 하디드는 프리츠커상을 수상한 최초의 여성이 되었고, 2015년에는 영국 왕립 건축가 협회의 금메달을 딴 최초의 여성이기도 했다. 이라크 바그다드에서 태어난 그녀는 1970년대에 미국 베이루트 대학과 런던 건축 협회에서 공부

했다. 그녀는 1980년에 런던에서 작품 활동을 시작했고, 그녀의 다면적인 디자인 작품은 1988년 뉴욕 현대 미술관의 해체주의 건축 전시회 및 독일 바일 암 라인(Weil am Rhein)에 있는 비트라 소방서(Vitra Fire Station, 1993)를 통해 세계에 처음 알려지게 되었다. 그녀의 작품은 기존 틀을 벗어나, 각진 형태에서 유기적 형태로 변화하는 등 다양한 3D 컴퓨터 프로그램의 도움을 받아 자신의 비전과 재능을 디자인으로 표현하였다. 주요 작품으로 독일 볼프스부르크의 파에노 과학 센터(Phaeno Science Center, 2005), 이탈리아 로마의 막시 국립 미술관 (MAXXI National Museum of the 21st Century Arts, 2010), 아제르바이젠 바쿠에 있는 헤이드라

알리예프 센터(Heydar Aliyev Cultural Center, 2012) 등이 있다. 다른 예들과 마찬가지로 런던 아쿠아틱 센터는 그녀에게 '곡선의 여왕'이라는 별명을 안겨 주었다.

2012년 하계 올림픽 수영 경기를 위해 설계된 런던 아쿠아틱 센터는 2008년에서 2011년의 공사 기간, 약 196만 파운드의 비용이 들었다. 겉보기에는 물 위에 떠 있는 듯한 모양은 움직이는 물의 유동성에 영감을 받았으며, 올림픽 공원의 수변 환경을 고려하여 설계되었다. 건물의 곡선 지붕은 거대한 파도 이미지로써, 실내 공간을 압축적으로 나타낸다. 높이 150피트(46m)의 곡면의 지붕은 11,200평방 피트(1,040㎡)에 달

하며, 철골로 제작된 상층부는 알루미늄 외장재로 덮여 있고, 내장재로는 회색 얼룩무늬 브라질산 견목이 사용되었다. 하디드는 1만 7500명의 관람석 스탠드를 올림픽 행사가 끝난 뒤 철거할 수 있도록 140×260피트(43m×79m)의 임시 철재 스탠드로 설계했으며, 초기 형태(Legacy)로 돌아가면 좌석은 2,500개로 축소된다. 건물동과 세 개의 수영장은 스트라포드 다리(the Stratford City Bridge)와 같은 방향으로 정렬되게 설계되었다. 훈련용 수영장은 길이가 164피트(50m)이고, 다이빙 및 경기용 수영장은 각각 82피트(25m)와 164피트(50m)의 규모로 설계되었다. 올림픽이 끝난 뒤 지역

에서 사용할 수 있도록 풀(Pool)을 재구성하였으며, 철근 콘크리트의 곡선 다이빙 플랫폼은 유기적 내부 공간을 우아하게 만들어 주었다. 센터가 개장되었을 때 비평가들은 '유체 덩어리(liquid volume)'라 칭송하며, '가오리'란 별명을 붙여 주기도 했다. 하지만 더 중요한 것은, 현재 지역 체육 시설로 사용되면서, 아이들이 '우주선에서 수영하는 것과 같다'며 즐거워하는 점이다.

상단 왼쪽
아쿠아틱 센터 외부는 제방을 따라 완만하게 굽어있으며, 그 모양은 근처의 강과 시각적으로 대응된다.

상단 오른쪽
아쿠아틱 센터 내 주요 시설들은 2012년 올림픽 이후에도 지역의 중요한 커뮤니티 자원으로 남아있다.

올림픽 유산
2012년 올림픽의 핵심 유산은 '엘리자베스 여왕 올림픽 공원(the Queen Elizabeth Olympic Park)'이다. 3억 파운드의 비용으로 건설되었으며, 공원은 1제곱 마일(2.5㎢)에 걸쳐 있고, 지난 150년 동안 유럽에서 건설된 가장 큰 공원 중 하나이다. 몇몇 스포츠 경기장이 존치되어 있지만, 이곳은 숲과 습지, 잔디밭, 목초지의 중심이기도 하다. 공원 내 사우스 파크 플라자(the South Park Plaza)는 뉴욕 하이라인 파크를 설계한 조경사 제임스 코너(James Corner)에 의해 설계되었다.

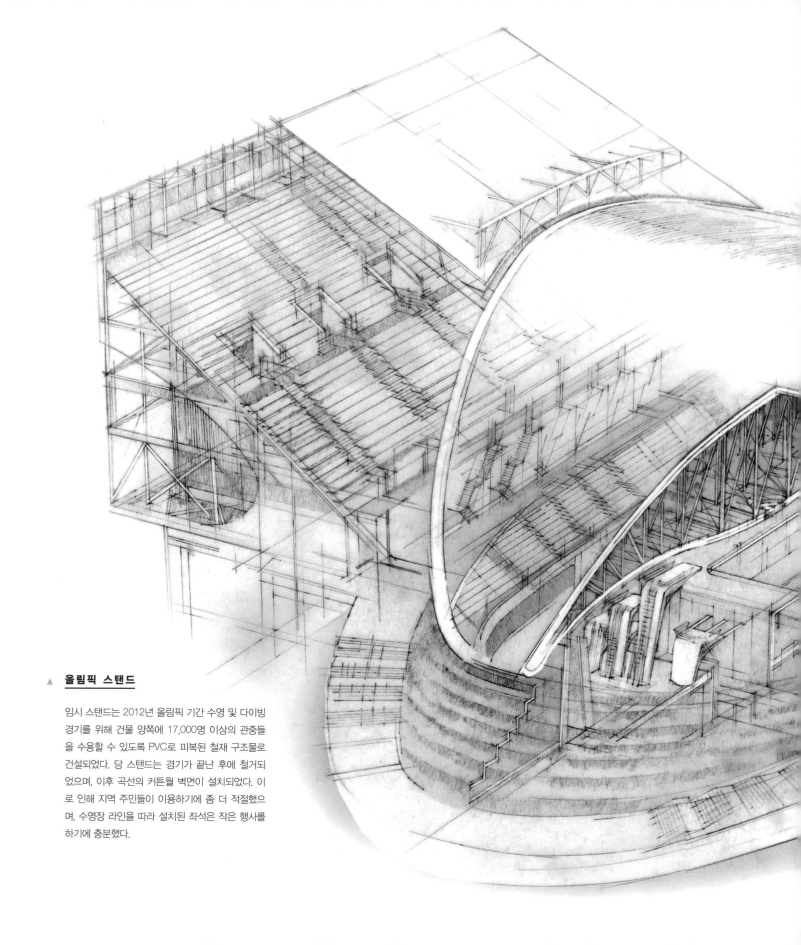

▲ 올림픽 스탠드

임시 스탠드는 2012년 올림픽 기간 수영 및 다이빙 경기를 위해 건물 양쪽에 17,000명 이상의 관중들을 수용할 수 있도록 PVC로 피복된 철재 구조물로 건설되었다. 당 스탠드는 경기가 끝난 후에 철거되었으며, 이후 곡선의 커튼월 벽면이 설치되었다. 이로 인해 지역 주민들이 이용하기에 좀 더 적절했으며, 수영장 라인을 따라 설치된 좌석은 작은 행사를 하기에 충분했다.

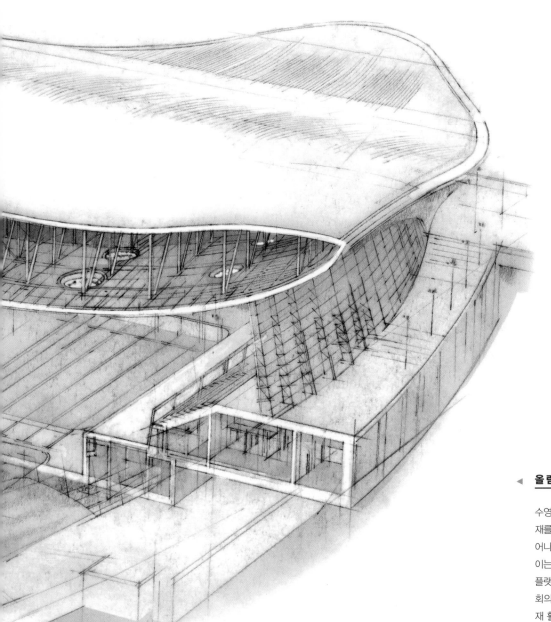

◀ 역동적 지붕 라인

자하 하디드 및 오늘날 많은 건축가는 컴퓨터 소프트웨어를 이용하여 역동적인 디자인을 만들어 내고 있다. 프랭크 게리(Frank Gehry (b.1929, P.168 참조)가 개발한 카티아 프로그램이 다양하게 사용되고 있고, 또한 오토데스크 마야 등의 프로그램도 자주 이용되고 있다. 파도처럼 생긴 지붕은 수영이라는 활동과 근처 리(Lea) 강과 연계되어 설계되었으며, 이러한 형태는 내부의 비어진 공간을 시각적으로 감추는 역할도 한다. 지붕은 철골 구조 및 알루미늄 패널로 건설되었다.

◀ 올림픽 풀

수영장 위의 지붕 내장재는 수분에 강한 단단한 목재를 사용했으며, 파도 형태의 내장재는 풀에서 일어나는 물의 유동적 움직임을 고려하였다. 풀의 길이는 164피트(50m)이며, 곡선형의 콘크리트 다이빙 플랫폼은 수영 레슨 및 가족 행사를 포함한 지역 사회의 활동뿐만 아니라, 특별한 행사를 위해서도 현재 활용되고 있다.

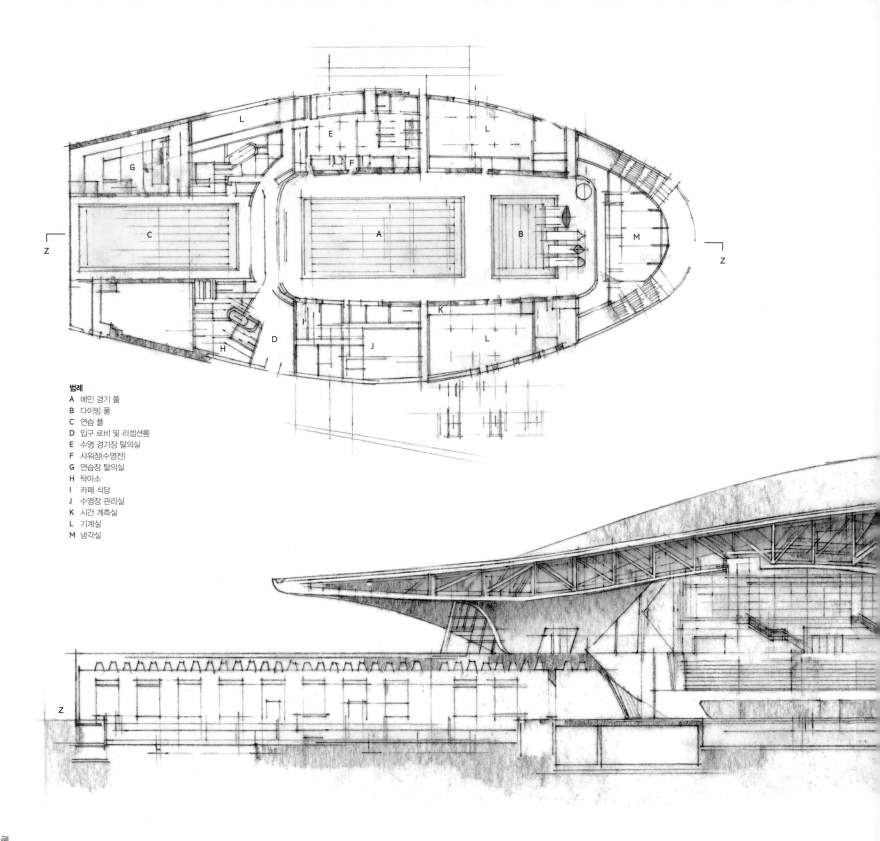

범례
A 메인 경기 풀
B 다이빙 풀
C 연습 풀
D 입구 로비 및 리셉션룸
E 수영 경기장 탈의실
F 샤워장(수영전)
G 연습장 탈의실
H 탁아소
I 카페 식당
J 수영장 관리실
K 시간 계측실
L 기계실
M 냉각실

◄ 평면도

평면에서 전체적인 곡선 형태는 공상 과학 영화의
공기 역학적으로 설계된 우주선 형태를 암시한다. 반
면, 내부 공간은 대부분 직선형이다. 특히 이는 규격
화된 풀 사이즈를 고려할 때 매우 중요한 요소이다.
아래 단면도에서 볼 수 있는 바와 같이, 우주선 형태
는 전체 볼륨에서 더욱 강화되고 있다.

▼ 장변 단면도

단면도(평면도상 절단선 Z)를 통해 164피트(50m)
길이의 2개의 수영 풀 및 다이빙 풀의 깊이를 알
수 있다. 지붕 내의 강철 트러스는 건물의 장변을
따라 북쪽에서 남쪽으로 뻗어 있으며, 이들 중 큰
것은 길이가 131피트(40m) 이상이고 무게는 77톤
이 나간다.

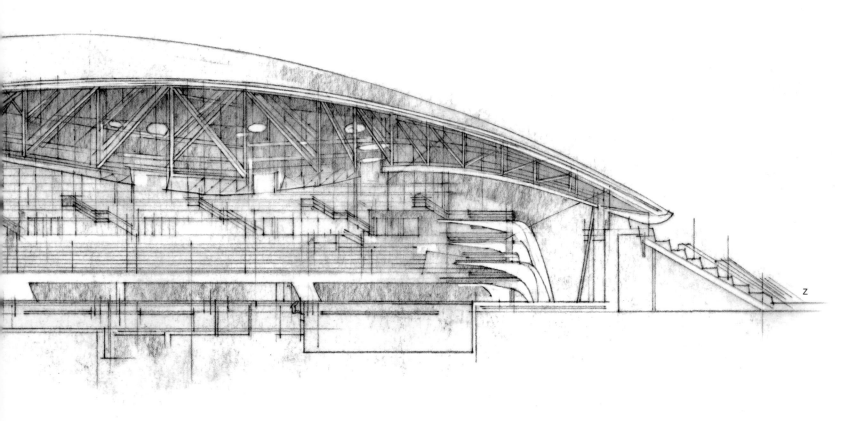

세계 무역 센터 환승센터 World Trade Center Transit Hub

위　　치　　뉴욕, 미국
건 축 가　　산티아고 칼라트라바(Santiago Calatrava)
건축양식　　현대 표현주의
건설시기　　2004–16

2001년 9월 11일은 야마사키 미노루(Minoru Yamasaki, 912 – 86)가 설계한 세계 무역 센터(1972년)에 엄청난 사건이 발생한 날이었다. 테러리스트에게 납치된 두 대의 여객기가 이 쌍둥이 빌딩에 부딪혀 건물이 붕괴되었고, 2,600명 이상의 사람들의 목숨을 앗아갔으며, 수천 명의 부상자가 발생하였다. 또한 인근 건물까지 심각한 피해를 입혔다. 그 후 사건이 발생한 로어 맨해튼 내 14.6에이커(5.9ha) 규모의 그라운드 제로(Ground Zero) 사이트 재개발이 진행되었고, 기존 야마사키 타워를 대체하는 고층 건물 계획안이 제안되었다. 2002년 다니엘 리베스킨트(Daniel Libeskind, b.1946)

의 팀이 국제 공모전에서 우승한 후, 리베스킨트와 스키드모어 오윙스 & 메릴 건축사사무소(Skidmore, Owings and Merrill)의 데이빗 차일드(David Childs, b.1941)가 제안한 원 월드 트레이드 센터(One World Trade Center; 별칭 Freedom Tower)가 최종 설계안으로 확정됐다. 2006년에서 2014년 사이에 지어진 1,776피트(541m) 높이의 이 타워는 아주 강력한 안전 기능이 포함되었으며, 여러 번의 수정을 거쳐 최종 건설되었다. 또한 주변 지역으로 차일드가 설계한 7 World Trade Center (2006) 및 마키 푸미히코(Fumihiko Maki, b.1928)의 4 World Trade Center (2013), 기존 무역

센터가 있던 자리에 건설된 마이클 아라드(Michael Arad, b.1969)와 피터 워커(Peter Walker, b.1932)가 설계한 911 추모관(the National September 11 Memorial, 2011), 스노헤타 건축사사무소(Snøhetta)와 데이비스 브로디 본드(Davis Brody Bond)가 설계한 추모 뮤지엄(2014년), 그리고 산티아고 칼라트라바(Santiago Calatrava, b.1951)가 설계한 세계 무역 센터 환승센터(World Trade Center Transit Hub, 2016년) 등이 건설되었다.

스페인에서 태어난 칼라트라바는 1974년 발렌시아 공과 대학에서 건축을 전공했으며, 1979년 취리히 연방 공과 대학

(ETH)에서는 토목 엔지니어링을 전공했다. 취리히에 있는 동안 바르셀로나의 바크 데 로다 다리(Bac de Roda, 1987)와 세비야의 알라 미요 다리(Puente del Alamillo, 1992) 등 인상적이고 대담한 아치형 다리를 주로 설계하였다. 이후 취리히의 슈탈덴호펜 철도역(the Stadelhofen Railway Station , 1990)과 리스본의 오리엔트 역(the Gare do Oriente, 1998), 빌바오 국제공항(Bilbao International Airport, 2000) 등, 교통 시설을 주로 설계하였다. 이후에는 좀 더 조각적이면서 시각적으로 역동적인 작품들을 설계했는데, 대표적으로 밀워키 미술관 증축(the Milwaukee Art Museum addition 2001)과 말뫼의 터닝 토르소(the Turning Torso skyscraper,

2004), 리우데자네이로의 내일의 미술관(the Museum of Tomorrow, 2015) 등이 있다.

911 추모 정원에 인접한 칼라트라바의 설계안은 2001년 9월 11일 파괴된 기존 PATH 철도역을 대체하였다. 특히 지하철 및 뉴저지행 PATH 기차선로를 유지된 채 역사를 수리하고 보수하였다. 타원형의 중심 둥근 창은 대리석 바닥 위로 높이가 160피트(48m)에 다다랐으며, 외부에서 보면 높이가 96 피트(29m)에 길이는 약 400피트(122m)에 이르렀다. 칼라트라바에게 유리 패널이 부착된 철골 아치는 아이가 풀어주는 새, 곧 평화의 비둘기를 상징한다. 그는 프리덤 타워와 경쟁하기보다는 새롭게 재탄생하는 부지에 건축될 역사를 다음

과 같이 정의했다. '우리가 이 장소에 만들려고 하는 것은 하나의 탑이 아니라, '정거장'의 느낌을 주고자 했다.' 복층의 대형 오픈 홀 공간은 365,000평방 피트(약 33,909㎡) 규모의 쇼핑몰과 추가적인 수익을 창출할 수 있는 특별 공간으로 조성되었다. 전문가들은 이 구조물을 공룡의 시체와 비교하면서, 운영 기관(the Port Authority)이 당 프로젝트를 위해서는 초기 예측치보다 2배에 다다르는 40억 달러의 자금 투입이 필요하다고 비판했으며, 또한 현재의 흰색 구조물을 유지하기 위해서는 추가적인 관리 비용이 필요하다는 점을 지적하였다.

상단 왼쪽
칼라트라바는 아트리움을 '둥근 창(Oculus)' 이라고 불렀다. 이를 통해 과거의 교통시설 이미지를 뛰어넘어, 환승 공간이면서 동시에 상업몰의 역할을 수행하도록 계획했다.

상단 오른쪽
새의 날개를 상징화한 흰색의 구조물은 독특한 외관 및 극적인 내부 공간을 형성한다.

자연적 영감

칼라트라바의 작품들은 때때로 그의 조각품들과 관련이 있는데, 특히 자연 형태에 토대를 두고 있다. 그는 아이가 새를 풀어주는 그림을 보여주며, 당 부지에는 이와 같은 평화의 상징물이 필요하다고 설명했다. 특히 터미널을 새가 하늘로 날아오르는 이미지로 표현하고자 했다. 그의 자연 형태에 대한 관심은 밀워키 미술관의 전시관(왼쪽)에서도 뚜렷하게 나타난다. 특히 움직이는 조각 및 태양의 고도에 따라 반응하는 차양을 도입하여 새의 날개나 범선의 움직임을 표현하고자 했다. 실제 당 환승센터에도 유사한 기능을 도입하고 싶었지만, 재정적인 문제로 포기하였다.

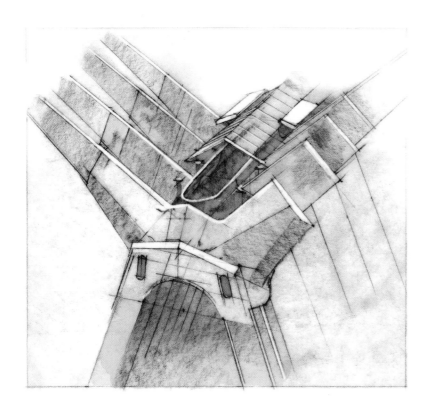

구조 상세도

전체 구조는 흰색 페인트를 칠한 철골 구조로, 벨기에 리스본의 오리엔트 역 및 벨기에의 귀엘민 TGV 기차역(Guillemins TGV Railway Station, 2009), 이탈리아의 AV 메디오판다 기차역(Reggio Emilia AV Mediopadana Railway Station, 2013) 등 칼라트라바의 기존 구조물과 비슷하다. 그는 채색된 철골 구조만을 사용하지는 않지만, 원래 교량 설계자였기 때문에 매우 익숙한 재료였다.

환승 기능

이 지역을 대중교통 중심지로 만드는 것이 설계안의 핵심 요소였다. 특히 뉴저지 교외와 연결하는 PATH 철도와 직접 연계되는 것이 중요했으며, 이는 도면에서 확인할 수 있다. 두 번째로는 지하도를 통해 뉴욕 지하철 시스템과 연계하는 것이었다.

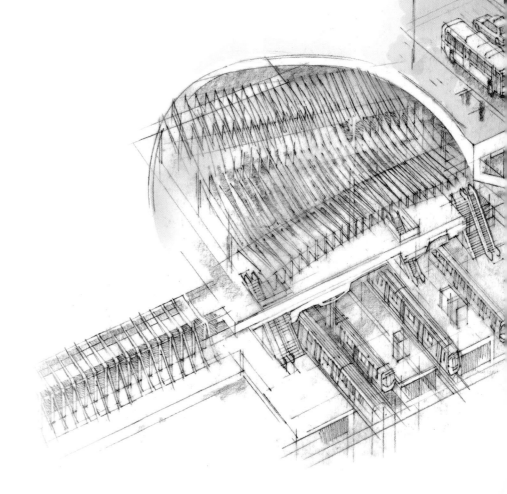

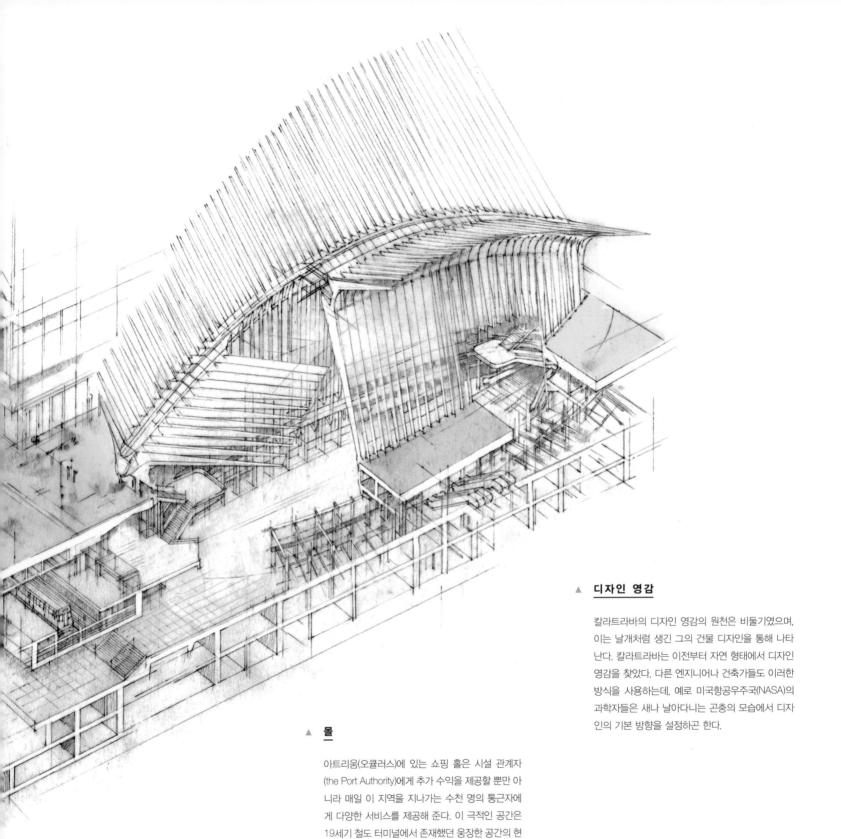

▲ 디자인 영감

칼라트라바의 디자인 영감의 원천은 비둘기였으며, 이는 날개처럼 생긴 그의 건물 디자인을 통해 나타난다. 칼라트라바는 이전부터 자연 형태에서 디자인 영감을 찾았다. 다른 엔지니어나 건축가들도 이러한 방식을 사용하는데, 예로 미국항공우주국(NASA)의 과학자들은 새나 날아다니는 곤충의 모습에서 디자인의 기본 방향을 설정하곤 한다.

▲ 몰

아트리움(오큘러스)에 있는 쇼핑 홀은 시설 관계자(the Port Authority)에게 추가 수익을 제공할 뿐만 아니라 매일 이 지역을 지나가는 수천 명의 통근자에게 다양한 서비스를 제공해 준다. 이 극적인 공간은 19세기 철도 터미널에서 존재했던 웅장한 공간의 현대적 이미지를 보여준다.

칼라트라바의 스케치를 토대로, 새에 관한 콘셉트
에서 시작된 단계별 디자인 개발 과정을 알 수 있
으며, 오큘러스 아트리움을 통한 순환 공간을 살펴
볼 수 있다. 특히 당 단면도를 통해 아트리움의 크기
를 잘 알 수 있으며, 바닥면으로부터 높이는 160피
트(48m)에 다다른다.

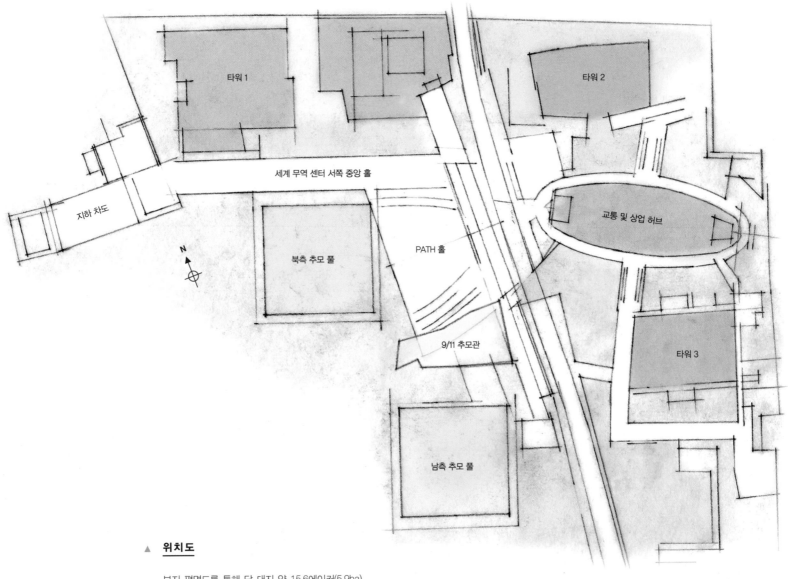

타워 1

타워 2

세계 무역 센터 서쪽 중앙 홀

지하 차도

교통 및 상업 허브

북측 추모 풀

PATH 홀

N

9/11 추모관

타워 3

남측 추모 풀

▲ **위치도**

부지 평면도를 통해 당 대지 약 15.6에이커(5.9ha)
에 건설되거나 계획 예정인 주요 건물들과 환승센터
의 관계를 살펴볼 수 있다. 또한 기차역으로 연결되
는 환승센터의 지하 보행 통로도 알 수 있다. 참고로
9/11 추모 정원의 북쪽 풀 및 남쪽 풀은 파괴된 세계
무역 센터 쌍둥이 빌딩의 흔적을 상징한다.

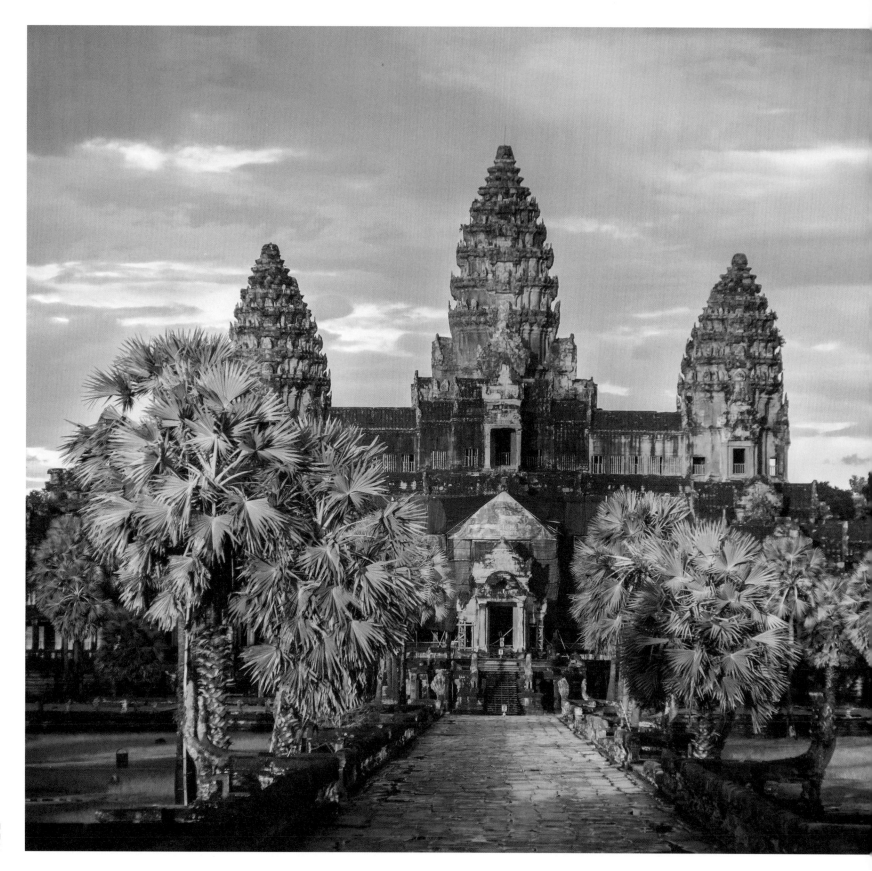

기념물 Monuments

사람들은 'Monuments'를 생각할 때, 언제나 중요한 행사나 사람들을 위한 기념품, 조각품 등을 생각한다. 사실, 그 단어 자체는 사람들에게 과거의 업적과 인격을 상기시키는 라틴어 '기억(monumentum)'에서 유래되었다. 또한 이 단어는 당 시대의 위대한 상징이나 문화적 아이콘을 나타내는 건물들을 함축하기도 한다. 그래서 당 용어는 오늘날 역사적인 기념물로 사용되곤 한다.

이러한 주요 건물들에 대한 역사적인 보존 노력은 대부분 19세기와 20세기 초 유럽에서 시작되었다. 1789년 프랑스 혁명 이후, 1840년 역사적 유적지 조사관이 설립되면서 오늘날의 기념비적인 유적지 조사가 시작됐다. 영국에서는 1894년 내셔널 트러스트(the National Trust), 1908년에는 역사적 기념물에 관한 왕립 위원회(the Royal Commission on the Historical Monuments of England), 2011년에 영국의 국가 유산 목록(National Heritage List for England)이 설립되었고, 독일에서는 기념물 보호법(Denkmalschutz)이 1902년 헤세주, 1908년 작센주에서 공표되는 등, 다양한 활동이 이루어졌다. 이와 같은 노력은 결국 1931년 제1차 세계 건축가 회의에서 역사적 기념물의 복원을 위한 아테네 헌장(the Athens Charter)의 제정으로 이어졌다.

미국에서는 1850년 뉴버그(Newburgh)의 조지 워싱턴 본부(George Washington's Headquarters)와 1858년 버논 산에 있는 그의 주택을 보존하려는 활동 등이 일어났으며, 역사적 미국 건축물 조사(the Historic American Buildings Survey)와 같은 정부 차원의 노력 등이 뒤따랐다. 이러한 활동은 1933년 대공황 시기에 공공 정책으로 이어져, 건축가 및 연구자, 작가 등을 고용하여 도면 및 사진, 설명 자료 등을 제작, 의회 도서관에 보관하게 하였다.

1949년에 만들어진 국립 역사 보존 재단(the National Trust for Historic Preservation)은 이러한 여러 문제를 수행하는 데 일조했다. 더 많은 기관, 단체, 그리고 연구소들이 20세기 동안 전세계적으로 성장했으며, 특히 2차 세계 대전 이후 1950년대와 1960년대 건설 붐으로 인해 역사적 건축물들이 위기에 처했을 때, 많은 활동이 진행되었다. 특히 미국에서는 1966년 국가 역사 보존법(the National Historic Preservation Act)의 제정으로 이어졌다.

대부분 국가와 도시에는 랜드마크 보호법(landmark protection laws)이 제정되어 있다. 유엔 교육 과학 문화 기구(The United Nations Educational, Scientific and Cultural Organization, UNESCO)는 1945년에 설립되었으며, 유네스코는 유엔과 함께 1972년부터 세계 문화 유산(World Heritage List)을 제정하여 관리해 왔다. 특히 유엔 회원국들의 기부금과 자발적인 기부를 통해 문화유산의 관리가 위험한 지역을 감시하고 있으며, 전 세계적으로 문화적 또는 자연적으로 중요한 1,000개 이상의 지역들을 관리하고 있다. 당 책에 포함된 50개의 건물 중, 24개 역시 이 목록에 포함되어 있거나, 코르도바, 이스탄불, 교토, 로마와 같이 도시 자체가 지정된 경우도 있다. 또한 지정되어 있지 않은 지역들은 대부분 현지 국가 또는, 지방의 관리 대상에 들어가 있다. 이 장에서 소개하는 건축물들

의 경우, 아인슈타인 타워(the Einstein Tower, 1919 – 21)를 제외하고는 유네스코 목록에 올라 있다. 아인슈타인 타워의 경우, 건물의 독특한 형태로 인해 이 장의 다른 건물들에 비해 작은 규모임에도 불구하고 기념비적인 건물에 포함되었다.

이 장에서 소개하는 건축물들은 기념물 이상의 의미를 담고 있다. 파르테논 신전(The Parthenon bc.447 – 432)과 앙코르와트(Angkor Wat, 1113 – 50), 타지마할(Taj Mahal, 1632 – 48) 등은 종교적 신념과 관련되어 있기 때문에 예배(Worship)의 장에 배치될 수도 있다. 또한 파르테논 신전과 앙코르와트는 각 부지가 도시 개발과 밀접하게 연계되어 있기 때문에 공공 생활(Public Life)의 장 안에 담을 수도 있다. 베르사유 궁전 및 토마스 제퍼슨(Thomas Jefferson, 1743 – 1826)이 설계한 몬티셀로 빌라(Monti-cello, 1796 – 1809)는 주거(Living)의 장에 넣을 수도 있다. 또한 아인슈타인 타워는 천체 물리학 연구 센터에 있기 때문에 예술과 교육(Arts and Education)의 장에 들어가는 것이 맞을 수도 있다. 어떻게 보면 이러한 건물의 분류는 매우 독단적인 것으로 보일 수 있다. 특히 로마의 콜로세움이나 뉴욕의 크라이슬러 빌딩, 시드니의 오페라 하우스(Sydney's Opera House, 1957 – 73, p.150 참조)와 같은 건축물은 다른 장에 속해 있지만, 국제적으로 '기념물'로 인식되기도 한다. 사실, 이 장은 다른 장에 비해 가장 짧다. 그러므로 이 장에서 6개의 건축물을 포함한 것은 그들의 문화적 맥락과 상관없이, 많은 사람이 즉각적으로 기념물로 인식하기 때문이다. 예를 들어 앙코르와트에 있는 사원, 타지마할 무덤과 정원, 베르사유 궁전과 정원들은 그들의 위대함을 인정받고 후세들에게 기억될 수 있도록 거대한 규모로 지어진 기념물이다. 이외에도 주요 기념물들은 대중적 연관성이 있다. 앙코르와트의 경우 정글 속의 이국적인 왕국, 타지마할의 배우자에 대한 영원한 사랑, 혁명 및 민주화 이전 베르사유 궁전의 화려함과 음모, 파르테논 신전과 언덕 꼭대기에 있는 아크로폴리스는 서구 민주주의의 불빛이었으며, 미국의 초기 대통령 자택인 몬티셀로는 지적인 앵글로 아메리칸 신사의 고전적 취향과 창의적 호기심을 떠오르게 한다. 또한 건축학적으로나 역사적으로 중요한 아인슈타인 타워를 잊지 말아야 한다. 그 건물의 역동적인 곡선은 1920년대와 30년대 기간 동안 나타난 표현주의 건축 운동을 암시하며, 특히 당 시대의 가장 유명한 과학자인 알버트 아인슈타인과 연계되어 있다. 유네스코의 세계 문화 유산에는 궁전 및 공원(광장) 등의 분류가 있는데, 이 중 500개의 건물이 주로 1730년에서 1916년 사이 프러시아 왕조 시대에 건설되었다. 이러한 점에도 불구하고 가장 주목할 점은 이 장의 모든 건물들이 휴머니즘과 역사적 주요 사건들을 상기시킴으로써 '기념비적'인 혹은 '기념물'로 여겨지고 있다는 점이다.

베르사유 궁전(p.96 참조)

기념물

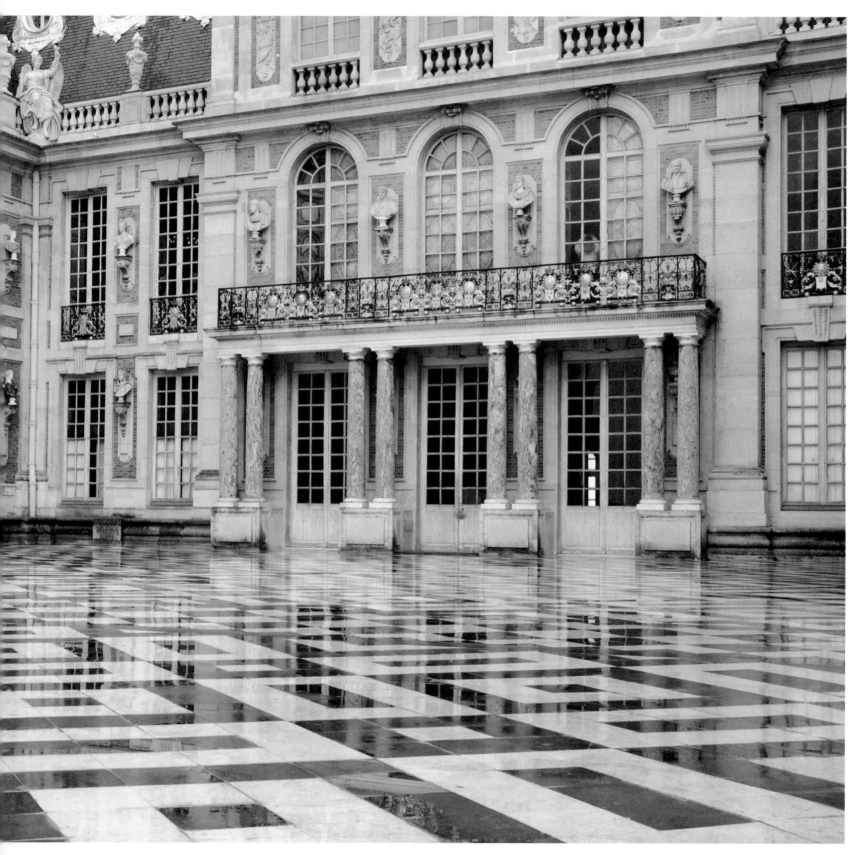

파르테논 신전 Parthenon

위 치	아테네, 그리스
건 축 가	이크티노스, 칼리크라테스, 페이디아스 (Ictinus and Callicrates, with Phidias)
건축양식	그리스 고전주의(도리아 및 이오니아)
건설시기	기원전 447-432

제7대 엘긴(Elgin) 백작 토마스 브루스(Thomas Bruce)는 1801년에서 1805년 사이 아테네를 지배했던 오스만 제국의 허가(축복)를 통해 파르테논 신전의 조각품 일부를 영국으로 들여왔다. 이는 2세기 이상 그리스와 영국 사이에 갈등을 일으켰고, 각 나라는 일정 부분 정당한 소유권을 현재도 주장하고 있다. 1816년 엘긴 경이 런던에 있는 대영 박물관에 판매하여 소장하고 있는 일명 엘긴 대리석 조각품(Elgin Marbles)은 최초로 인수되었을 때 남아 있는 조각품의 약 절반을 차지하고 있다. 오늘날 추가적인 조각품들은 파르테논 신전 근처의 아크로폴리스 박물관(the Acropolis Museum)에서 보호, 관리하고 있다.

예술품들에 대한 위와 같은 논쟁을 넘어서, 아테네 아크로폴리스에 있는 파르테논 신전이 세계에서 가장 중요한 건축물 중 하나라는 것에 이의를 제기할 사람은 아무도 없을 것이다. 또한 근처에는 에레크테이온 신전(Erechtheum, bc. 421 - 405) 및 프로필라이움(Propylaeum, bc. 437), 나이키 신전(Temple of Athena Nike, bc. 420) 등이 있다. 아테네의 거대 조각상을 포함한 파르테논 신전 내의 조각품들은 페이디아스(Phidias)의 작품인 반면, 신전은 건축가 이크티노스(Ictinus) 및 칼리크라테스(Callicrates), 그리고 로마의 역사가 비트루비우스(Vitruvius)에 의하면 카르피온(Karpion)까지 총 3명에 의해 설계되었다. 신전 내부의 채색되고 금과 상아로 장식된 아테네 동상은 반사하는 수면 위에 설치되었을 것이다. 사원의 외부를 둘러싸고 있는 열주(콜로네이트, colonnade) 위에 있는 프리즈(frieze) 내 메토프(metopes)에는 다양한 신화적 전투를 묘사한 조각들이 새겨져 있으며, 또한 채색되었을 것이다. 서쪽

페디먼트(pediment)의 조각상은 포세이돈과 아테나의 경쟁을 묘사하고 있으며, 동쪽 페디먼트의 조각상은 아테나의 탄생을 묘사하였다. 신전 내부의 셀라(cella)를 둘러싼 프리즈에는 파나테나익(Panathenai) 행렬이 묘사되었다.

파르테논 신전은 석회암 토대 위에 대리석으로 건설되었다. 전체 바닥면적은 228×101피트(69.5×30.9m)이며, 내부의 셀라(cella)는 나오스(naos) 및 예배당, 오피스토도모스(opisthodomos, 신전 내 작은 방), 그리고 작은 보고(寶庫)로 나누어져 있었다. 셀라의 규모는 약 98×63피트(29.8×19.2m)이며, 높이는 45피트(13.7m)였다. 단순한 도리아식(Doric) 기둥들이 사원의 외관을 둘러싸고 있는데, 각 단변에는 8개, 장변에는 17개였다. 사원 안의 기둥들이 지붕을 받치고 있으며, 아테나의 큰 동상을 기준으로 각 공간이 구분되었다. 신전 뒤편에 있는 작은 보고(寶庫)는 4개의 이오니아 기둥으로 구성되어 있었다.

파르테논 신전은 아테나를 위한 2개의 작은 신전이 있던 부지 근처에 건설되었고, 기원전 5세기 장군이자 정치가였던 페리클레스(Pericles) 치하 아래 아테네의 영향력과 해군력을 상징하였다. 또한 그의 지도력은 아테네 제국을 건설하는 데 일조하였다. 신전 건설 비용인 469 은화(silver talents)는 3단 군용선(trireme) 또는 3중 갑판 전함 400대의 건조 비용과 거의 맞먹었다. 이 점을 고려해 볼 때, 아테네는 약 200척 정도의 함대와 6,000 은화(talents)를 보유하고 있었을 것으로 추정하며, 연간 재정 수입이 총 1,000 은화(talents)에 다다랐을 것이다.

해발 490피트(150m)의 지정학적 입지에도 불구하고, 파르테논 신전은 지속적으로 침입을 받아왔다. 이에 후기 헬레니즘 시대와 로마 시대에는 기존 신전들을 수리하거나 또는 근처에 새로운 신전을 건설하기도 하였으며, 435년 비잔틴 시대에 테오도시우스 2세 황제(Theodosius II)가 모든 이교도 사원들의 폐쇄를 선언한 후, 성모 마리아를 위한 교회로 사용되기도 했다. 아테나 조각상은 나중에 콘스탄티노플(현재 이스탄불)로 옮겨져, 1204년 십자군 전쟁 중에 파괴되었다고 전해진다. 1456년 터키군에 의한 아테네 공방과 1458년 전쟁이 폐배로 인해 파르테논 신전과 아테네는 그리스가 독립 국가가 된 1832년까지 오스만 제국의 일부가 되었다. 이 시기에 파르테논 신전은 방어진지 및 모스크로 사용되었고, 1687년 베니스 침공 기간 심하게 손상되었다.

이에 그리스 정부는 1975년부터 아크로폴리스의 복원 작업을 진행하고 있으며, 2009년에는 226,000평방 피트(20,996㎡) 규모의 새로운 고고학 박물관인 아크로폴리스 박물관을 인근에 건설, 개장하였다.

오른쪽
이 재현 그림은 오래전에 파괴되었던 아테나 파르테노스 조각상 및 채색되었던 신전 내부의 모습을 보여준다.

상단 오른쪽
파르테논 신전 앞 훼손된 대리석 기둥들. 사용된 대리석은 아테네 중심부에서 북동쪽으로 10마일 떨어진 채석장에서 추출되었다.

내슈빌 파르테논 (Parthenon, Nashville)

전 세계적으로 아크로폴리스 신전의 복제품들이 있다. 1897년 테네시 100주년 박람회를 위해 내슈빌에 건설된 파르테논 신전 재건이 그중 하나다. 이 건축물은 '남부의 아테네'라는 도시의 슬로건으로 불리게 되었으며, 내부에는 미국 예술가 앨런 레콰이어(Alan LeQuire)가 제작한 아테나 파르테노스 조각상(1990)이 배치되어 있다.

1 페디먼트 조각상

팀파넌(tympanum) 내 새겨진 페디먼트 조각상 중 남아 있는 것들 대부분은 대영 박물관에 있으며, 일부는 아크로폴리스 박물관 및 유럽의 주요 박물관에 분포돼 있다. 조각상들의 다수는 1687년 베니스 침공 시, 아크로폴리스에 대한 포격으로 심하게 손상되었다. 이 재현도는 아테나 탄생에 대한 이야기를 담고 있는 동쪽 입면 페디먼트를 보여주며, 아테나에게 헌신된 나오스(naos) 입구를 보여준다. 페디먼트의 세 꼭짓점에는 아크로테리아(acroteria)라 불리는 꽃 또는 종려잎 모양으로 장식되어 있었다.

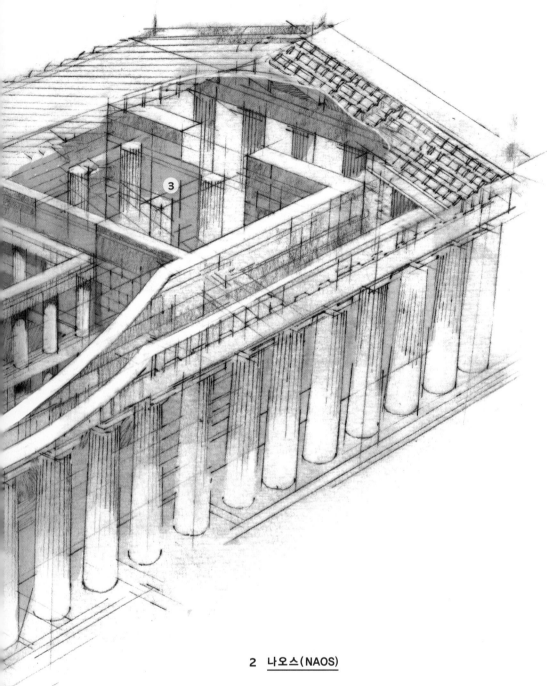

3 오피스토도모스(OPISTHODOMOS)

오피스토도모스는 '뒤쪽에 있는 방'으로 번역된다. 이 작은 공간은 파르테논 신전의 연결 통로 역할을 했고, 보물을 보관하는 신전 서쪽 끝에 있는 작은 공간에 대한 접근로 역할을 했다. 오피스토도모스는 동쪽 끝 나오스 바로 바깥쪽, 또는 열주 입구 바로 뒤에 있는 프로나오스(pronaos)의 역할과 유사하다고 할 수 있다. 오피스토도모스는 내부에 4개의 이오니아식 기둥으로 구성되어 있는데, 이들 기둥은 도리아 양식의 기둥들보다 더 정교했다.

2 나오스(NAOS)

나오스는 그리스어의 '주거'란 단어에서 기원한다. 아테나를 위해 봉헌된 좀 더 큰 셀라 또는 나오스에는 여신상을 수용했고, 그 앞에는 작은 반사 풀이 놓여 있었을 것이다. 두 줄로 된 작은 도리아식 기둥들은 내부 공간을 좀 더 크게 보이게 했다. 나오스 공간은 신에게 재물을 봉헌하는 공간으로 사용되었다. 이런 종류의 중앙 예배 공간의 변형은 후기 로마 신전에서 볼 수 있으며, 사제들과 신전 경비들을 위한 공간으로 사용되기도 했다.

평면 및 단면을 보면, 나오스는 왼쪽편에 있고 보고(寶庫;신상안치실)인 오피스토도모스는 오른쪽, 그리고 아테나 파르테노스 동상의 위치가 보인다. 파르테논 신전과 조각상들은 모두 아테네 북동쪽으로 약 10마일(16km) 떨어진 펜텔리코스(Pentelicus) 산에서 채굴한 펜텔릭 대리석으로 만들어졌다. 단면도에서 보이는 페디스탈 위 페이디아스(Phidias)의 조각상 높이는 약 40피트(12m)에 이른다.

▶ 지붕 타일

파르테논 신전의 지붕은 삼나무 목재 구조에 펜텔릭 대리석 타일이 사용되었다. 그리스의 많은 신전과 마찬가지로 지붕의 모서리에는 빗물을 방출하기 위해 사자 머리의 배수로를 조각해 놓았다. 중세시대의 가고일 모양의 배수로는 그리스의 사자 머리에서 그 기원을 찾을 수 있다.

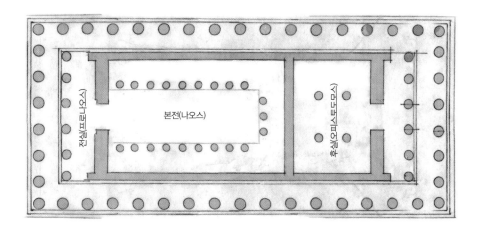

전실(프로나오스)　본전(나오스)　후실(오피스토도모스)

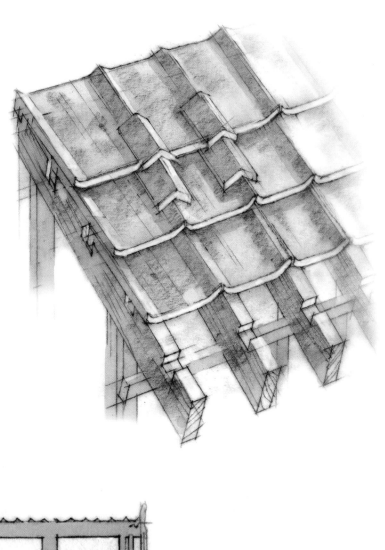

▼ 기둥

파르테논 신전에 사용된 기둥들은 대부분 도리아 양식으로 되어 있는데, 오피스토도모스 내의 보고(寶庫)에 있는 이오니아 양식 기둥들만 예외이다. 그리스 신전들은 이와 같은 양식 외에, 정교한 코린트식 기둥들을 특징으로 하고 있으며, 이러한 기둥 양식은 이후 많은 고전주의 건물에 변형되어 사용되었다(p.298 용어사전 참고). 이러한 고전적 구조 체계는 수직 기둥과 수평 빔으로 이루어진 '기둥─보' 시스템이라 할 수 있다. 신전 외부의 커다란 도리아식 기둥은 엔타시스(entasis)로 특징 지어지는데, 이는 기둥이 올라갈 때마다 기둥이 중심을 향해 약간 흰다는 것을 의미한다. 파르테논 신전에는 모서리 기둥들이 다른 기둥들보다 직경이 약간 더 크며, 또한 각 사면으로 모두 열주(콜로네이드, colonnade)를 형성하고 있다. 파르테논 신전의 외부 도리아식 기둥은 각각 직경 6피트(1.9m) 이상에 높이는 34피트(10.4m)였다.

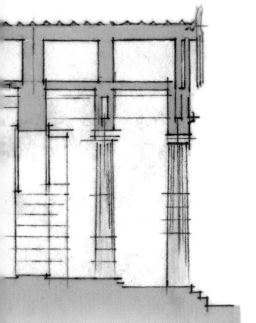

앙코르와트 Angkor Wat

위 치　시엠 립, 캄보디아
건 축 가　미상

건축양식　크메르 양식(힌두)
건설시기　1113–50

앙코르와트 사원이 12세기 상반기에 건설되었을 때에는 세계에서 가장 큰 종교 단지였다. 사원의 전체 면적은 401.8에이커(162.6ha)였으며, 사원 기단부에 세워진 중앙부 타워 높이는 단지 외곽지면 기준으로 699피트(213m)에 다다랐다. 이는 455피트(138.7m) 높이인 기자의 피라미드(the Great Pyramid, bc. 2580 – 2560)보다 더 크다. 이 사원은 현재 인구가 70만 명에서 100만 명에 다다르는 캄보디아의 앙코르시에 위치하고 있다. 전체 인구로 보면, 앙코르시는 로마와 같은 고대 도시 및 중세 서유럽의 수도(首都)들과 비교할 만한 수준이었다.

오늘날 파리 중심부에 있는 노틀담 대성당(Notre Dame Cathedral, 1163~1345)의 연간 방문객은 1,300만 명이 넘는 반면, 앙코르와트의 경우, 외진 지역에 있음에도 불구하고 매년 200만 명이 찾는 장소가 되었다. 이러한 과거와 현재의 통계 자료는 학자나 일반인들에게 피라미드나 주요 궁전, 성당들을 훨씬 뛰어넘는 경이로움을 안겨주고 있다.

앙코르와트는 크메르 왕조의 수리야바르만 2세(Suryavarman II)가 통치하던 1113년부터 1150년까지 황금기에 건설되었다. 힌두교 신인 비슈누(Vishnu)를 위한 이 거대한 단지는 국가적 사원 및 무덤으로 사용되었을 것이라 추정되는데, 이는 해가 뜨는 동쪽이 아니라 서쪽을 향하고 있는 특이한 특성 때문이다. 전체 난지의 디자인은 우주를 상징하였고, 다섯 개의 탑은 우주의 중심인 신화적 산, 메루(Mt. Meru)의 정상을 의미했다. 각 탑은 연꽃무늬로 디자인되어

있으며, 고고학자들은 지붕은 금박으로 되어 있고, 외벽과 내벽 모두 회반죽으로 되어 있었을 것이라고 추측한다. 사원은 홍토(紅土, 라테라이트) 기초 위에 대부분 사암을 쌓아서 만들어졌다. 약 500만 개에서 1,000만 개의 사암 덩어리가 사용되었고, 북동쪽으로 약 25마일(40km) 떨어진 곳에서 채석되었다. 각 블록들은 열장이음(dovetail) 또는 장붓구멍(mortise)을 통해 조인트로 연결되었는데, 이는 마치 가구 제작과 같았다. 벽으로 둘러싸인 내부 동심원 공간은 정교한 부조(bas–reliefs)로 조각되어 있으며, 외벽과 2층 사이의 공간은 메루산을 둘러싼 바다를 상징하기 위해 물을 담아 놓았을 것이라 추측된다. 사원 외곽에 위치한 3.1마일(5km) 길이의 656피트(200m) 폭의 해자는 우기(雨氣)의 수면 상승을 억

제해 사원 내부의 침수를 막아 주었다.

크메르 제국의 내분 및 자연 재해, 질병, 불교로의 개종 등으로 인해 앙코르 도시는 약탈이 끊이지 않았고, 이후 크메르 왕조의 수많은 사원들이 퇴락해 갔다. 초목들이 폐허가 된 사원들을 서서히 잠식해 나가는 동안, 16세기에서 20세기 초까지 유럽의 선교사 및 탐험가, 관광객, 그리고 고고학자들이 이 거대한 규모의 건축물들을 발견하기 시작했다. 1907년부터 1970년까지 프랑스 국립 극동 연구원(École Française d'Extrême-Orient)이 안정화와 초기 복원을 주도했으며, 캄보디아 내전(1967-75) 동안 경미한 피해를 입은 후에도 다국적 노력에 의해 복원 작업이 계속되고 있다. 오늘날 앙코르와트는 세계의 건축 불가사의 중 하나로 인정받고 있다.

하단 왼쪽
앙코르와트의 전경. 우기에 사원에서 흘러나오는 우수를 처리할 수 있게 해자로 둘러싸여 있다

하단 오른쪽
앙코르에 있는 타 프롬(Ta Prohm) 사원의 건축은 크메르 왕조 자야바르만 7세(Jaya-varman VII)때 시작되었다. 당 사원은 12세기 말과 13세기 초 바이욘(Bayon) 양식으로 건설되었다.

수리야바르만 2세 (Suryavarman II)

수리야바르만 2세는 앙코르와트 부조(relief) 조각에서 묘사된 최초의 크메르 왕이다. 그는 성공적인 군사 작전을 통해 크메르 왕국을 확장해 나갔으며, 전체 면적은 965,255제곱 마일(2.5㎢)에 다다랐다. 당시의 통치 지역은 현대 캄보디아 및 태국, 라오스, 미얀마, 베트남 심지어 인도 일부를 포함하고 있었다. 그는 국교를 불교에서 시바 및 비슈누를 섬기는 힌두교로 개종하였으며, 거대한 앙코르와트 사원은 그의 권력의 핵심적인 상징이었다.

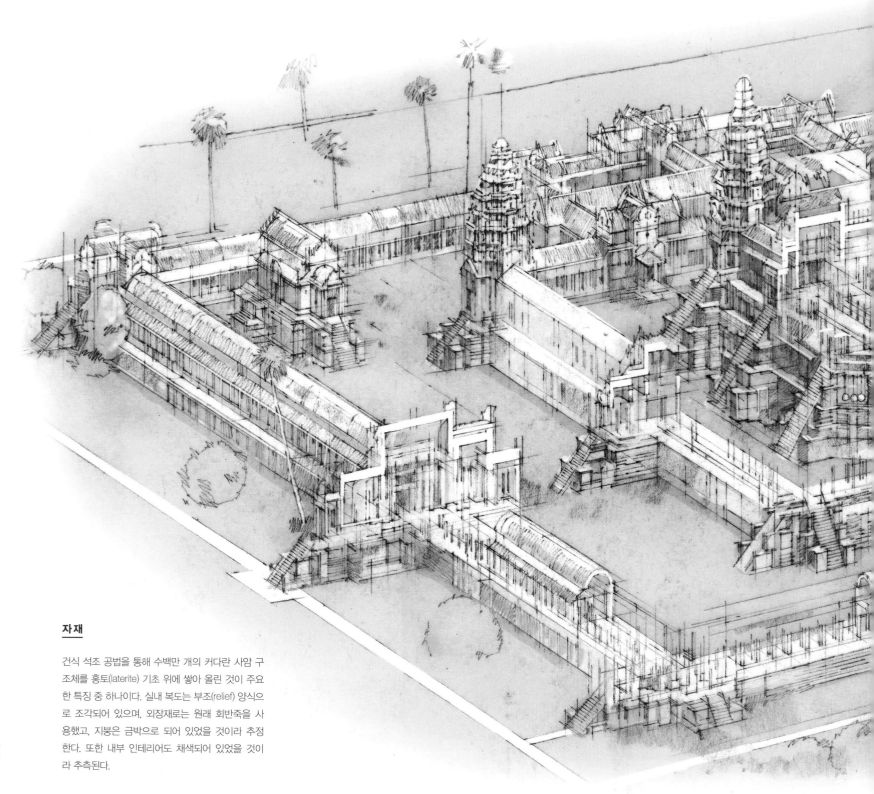

자재

건식 석조 공법을 통해 수백만 개의 커다란 사암 구
조체를 홍토(laterite) 기초 위에 쌓아 올린 것이 주요
한 특징 중 하나이다. 실내 복도는 부조(relief) 양식으
로 조각되어 있으며, 외장재로는 원래 회반죽을 사
용했고, 지붕은 금박으로 되어 있었을 것이라 추정
한다. 또한 내부 인테리어도 채색되어 있었을 것이
라 추측된다.

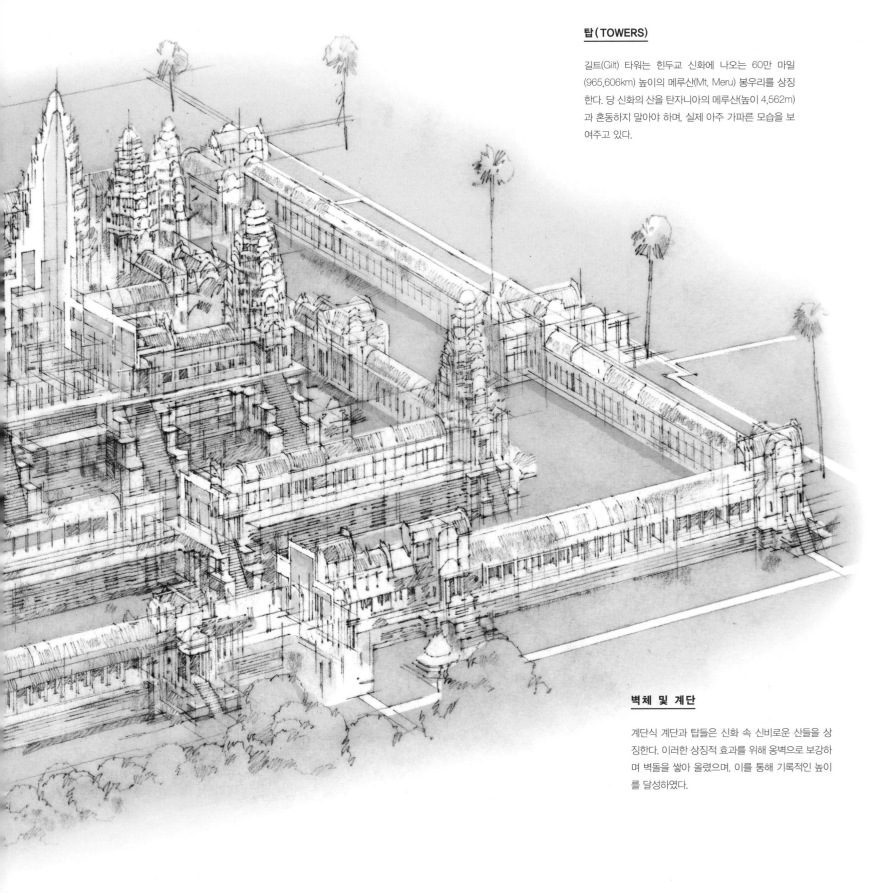

탑 (TOWERS)

길트(Gilt) 타워는 힌두교 신화에 나오는 60만 마일
(965,606km) 높이의 메루산(Mt. Meru) 봉우리를 상징
한다. 당 신화의 산을 탄자니아의 메루산(높이 4,562m)
과 혼동하지 말아야 하며, 실제 아주 가파른 모습을 보
여주고 있다.

벽 체 및 계 단

계단식 계단과 탑들은 신화 속 신비로운 산들을 상
징한다. 이러한 상징적 효과를 위해 옹벽으로 보강하
며 벽돌을 쌓아 올렸으며, 이를 통해 기록적인 높이
를 달성하였다.

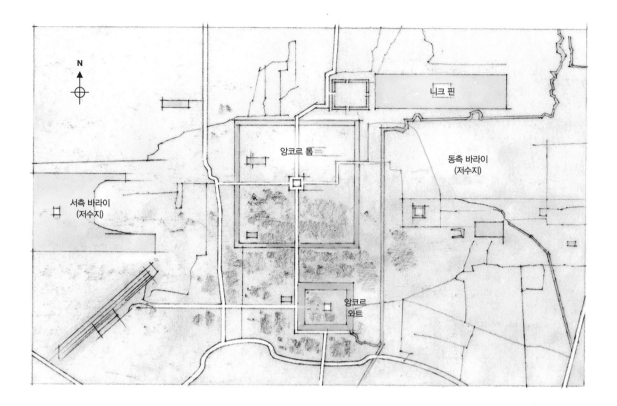

▲ 단지 계획

단지 중심에는 앙코르 톰(Angkor Thom)이 배치되어 있다. 이
곳은 크메르 제국의 수도로서 1181년부터 1218년까지 수리
야바르만 2세의 후계자 중 한 사람인 자야바르만 7세(Jaya-
varman VII)가 통치한 곳이다. 그는 국가의 종교를 다시 불교로
회귀시켰으며, 그의 수도는 초기 크메르 제국의 수도들과 위치
가 비슷했다. 앙코르와트를 중심으로 이 도시들은 1431년에
약탈당하기 전까지 지속되었다. 바라이(Baray)는 크메르 왕조
에 만들어진 거대한 저수조로써, 아마도 수도에 물을 공급하
기 위해 만들어졌을 것이다. 현재 서쪽은 아직 남아 있는 반면
동쪽은 오늘날 농지로 변경되었다. 이들은 모두 앙코르와트의
기반 시설로써, 390제곱마일(1,010㎢)에 다다랐다.

▶ 사원 건물

사원 건물은 수리야바르만 2세의 신전 및 그의 무덤
으로 사용되었을 것이라 추측된다. 발굴 작업을 통
해 금과 수정 등으로 장식된 흔적이 나타나고 있으
며, 또한 중앙 탑 바로 아래에 있는 암호가 새겨진 수
직 통로 공간은 오래전에 약탈당했다. 마찬가지로 중
앙 탑 꼭대기에 있는 비슈누 조각상은 오래 전에 파
괴되었으며, 최근에는 중앙 탑을 포함한 단지 전체에
걸쳐 수백 점의 그림들이 발견되고 있다.

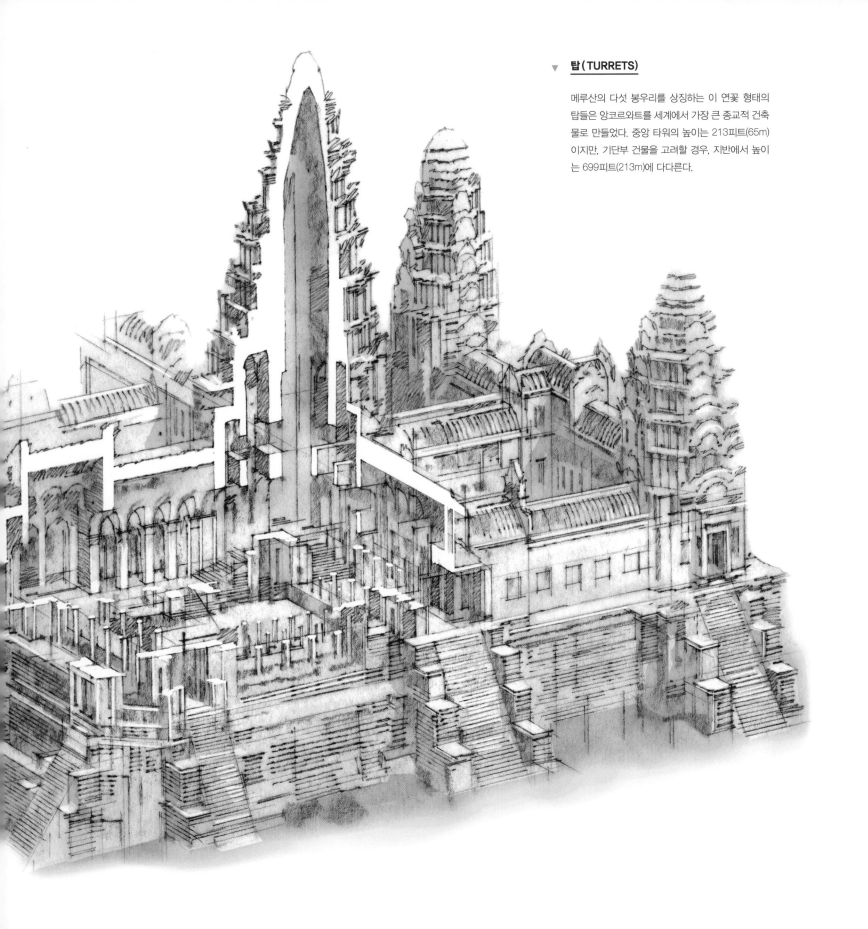

탑 (TURRETS)

메루산의 다섯 봉우리를 상징하는 이 연꽃 형태의 탑들은 앙코르와트를 세계에서 가장 큰 종교적 건축물로 만들었다. 중앙 타워의 높이는 213피트(65m)이지만, 기단부 건물을 고려할 경우, 지반에서 높이는 699피트(213m)에 다다른다.

타지마할 Taj Mahal

위　치	아그라, 인도
건 축 가	우스타드 아메드 라하우리(Ustad Ahmad Lahauri), 우스타드 아이사 시라지(Ustad Isa Shirazi) 및 기타
건축양식	무굴 양식
건설시기	1632–48

타지마할을 생각할 때, 많은 사람들이 1992년 웨일즈의 공주 다이애나 비가 벤치에 앉아 있는 모습과 2016년 그녀의 아들 윌리엄 왕자가 그의 부인 캐서린과 함께 같은 장소의 같은 벤치에 앉아 있는 모습을 떠올린다. 왜냐하면, 이 장소는 영국 국왕이 여왕을 위해 지은 건물로써, 사람들에게 비슷한 낭만을 촉발시키기 때문이다.

타지마할은 17세기 무굴 황제 샤하 자한(Shah Jahan)이 출산 중 사망한 그의 가장 사랑하는 아내 뭄타즈 마할(Mumtaz Mahal)을 위해 건설한 그녀의 사후 궁전으로써, 대리석으로 건설된 무덤(1632–48)이다. 이 황제는 무굴 제국의 예술 및 건축의 황금기를 가져온 것으로 알려져 있는데, 이 중 타지마할이 대표적 사례이다. 특히 타지마할은 단순히 하나의 건물이 아니라, 42에이커(17ha) 이상의 규모의 벽으로 둘러싸인 단지의 중심 건물로서, 정교한 대문과 작은 무덤들, 정원, 그리고 모스크 등이 포함되어 있다. 역사학자들은 전체 단지가 모듈 방식으로 계획되었다고 추측하며, 성벽 도시인 아그라(Agra)의 가장자리에 있는 야무나(Yamuna)강에 자리잡고 있다. 타지마할 묘는 벽돌 및 돌무더기 기초 위에, 조적

식 벽체에 흰 대리석 외장재로 건설되었으며, 정문 및 성벽, 모스크의 붉은 사암과 뚜렷하게 대조된다. 무굴 시인들은 이 거대한 하얀 건물을 구름에 비유하곤 했다.

이 단지 내에 있는 좀 더 작은 무덤들은 황후가 가장 좋아했던 하인들뿐만 아니라 황제의 다른 부인들을 위해 만들어졌다. 4개 부분으로 이루어진 정원은 페르시아의 '낙원 정원(paradise gardens)'에서 유래되었으며, 삶(과일나무)과 죽음(상록수)을 상징하는 나무들로 구성되어 있다. 타지마할 안의 묘는 다층 형태의 볼트 구조로 되어 있으며, 황제와 황후

의 석관이 안치되어 있으며, 무덤은 가장 아래층에 배치되었다. 외관은 많은 이슬람 건축물과 같이 추상적이고 서예적인 패턴들로 장식되어 있다. 타지마할은 높이 144피트(44m)의 피니얼(finial)로 장식된 거대한 돔으로 구성되어 있으며, 현재는 청동이지만, 원래는 금으로 만들어졌다. 돔 꼭대기 장식인 피니얼은 타그마(tagma) 및 무굴 제국의 표식을 상징한다. 샤하 자한(Shah Jahan) 황제는 단지 건설을 위해 건축팀을 구성했지만, 단 한명의 건축가도 확인되지 않고 있다. 하지만 우스타드 아메드 라하우리(Ustad Ahmad Lahauri,

1580 – 1649)와 우스타드 아이사 시라지(Ustad Isa Shirazi)가 메인 건축가로 알려져 있고, 미르 압둘 카림(Mir Abdul Karim) 및 마크아만 칸(Makramat Khan)과 2만여 명의 건설 인력을 통해 건설되었다고 추정된다. 총공사비는 3천 200만 달러로 추산되는데, 이는 오늘날 8억 2천 700만 달러에 상당하는 액수이다.

샤하 자한 황제의 아들은 그를 폐위시켰고, 황제가 죽은 후 그가 가장 사랑했던 아내 옆에 묻었다. 18세기 침략 동안 타지마할은 폭격으로 인해 약간의 손상을 입었고, 영국령 기간

동안 수리 및 정비가 이루어졌지만, 19세기 및 20세기에 더욱 악화되어 갔다. 최근에는 오염에 의한 대리석 변색과 기초를 위협하는 지반 침하 현상들이 나타나고 있다.

타지마할은 역사적, 관광적으로 중요한 유네스코 세계 문화유산이다. 매년 80만 명 가량의 관광객들이 타지마할을 방문하고 있으며, 기념품에서부터 테마파크, 카지노에 이르기까지 수백만 개의 복제품들이 전 세계에서 판매되고 있다. 특히 오래전부터 타지마할은 이국적 건축 기념물로써 대중적인 인기를 구가하고 있다.

상단 왼쪽
타지마할의 외부와 내부에서 발견된 희미한 비문과 추상적인 꽃무늬.

상단 오른쪽
돔 아래의 다각형 회랑은 황제와 황후를 위한 기념물로 둘러싸여 있지만, 그들의 실제 무덤은 지하실 아래에 있다.

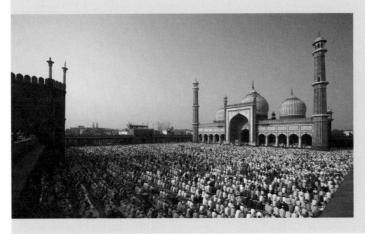

인도의 이슬람

인도는 힌두교, 이슬람교, 불교, 기독교를 포함한 다양한 종교를 가지고 있다. 해안을 따라 전파된 이슬람 문화는 아랍 무역 노선 및 특히 7세기와 8세기에 발생한 파키스탄과 아프가니스탄의 군사 활동으로 거슬러 올라간다. 많은 사람이 이슬람 영향력의 황금 시대는 터키 정복자인 타멜라인(Tamerlane)과 징기스칸의 후손인 16세기 무굴 황제 바부르(Babur)를 통해 왔다고 생각한다. 무굴 왕조는 1526년부터 18세기 영향력이 약화될 때까지 인도 대부분을 지배했다.

1 돔

타지마할의 이중 쉘 구조의 돔은 높이가 지반에서 213
피트(65m)에 다다른다. 전체 형태는 14세기와 15세기의
티무리드(Timurid) 돔에서 유래되었다. 이러한 돔들 중 가
장 초기의 것은 우즈베키스탄 사마르칸트에 있는 타멜라인
의 무덤(Tamerlane's tomb)인 구어 아미르(Gur–e Amir,
1408)이다. 인도 최초의 이중 쉘 구조의 돔은 뉴델리 로
디 가든에 있는 시칸다르 로디(Sikander Lodi, 1518)의
무덤으로 알려져 있다.

2 첨탑(MINARET)

이슬람 건축 양식은 1206년 이후에 이 지역에 도입되
었다. 주요 걸작 중 하나는 델리에 있는 쿠트브 미나르
(Qutub Minar of the Qutb complex, 1192–1220)로써
240피트(73m) 높이의 첨탑이다. 타지마할에 있는 네 개
의 첨탑들은 전형적인 이슬람 건축물 양식을 따르고 있
다. 첨탑의 주요 기능은 무에진(기도 시간을 알리는 사람)
을 위한 거처이다.

3 피슈타크

피슈타크(Pishtaq)는 오목하게 들어간 아치 공간을 의미
하며, 단면도의 두 개의 입면에서 나타난다. 각각의 높이
는 108피트(33m)이며 장식과 코란이 벽면에 새겨져 있
다. 메인 입구의 피슈타크에는 이렇게 적혀 있다. '알라와
함께 주께 돌아가라. 알라는 너와 함께 한다.'

4 차하트리스

차하트리스(Chhatris)는 타지마할의 메인 돔을 가로지르
는 네 개의 작은 파빌리온 형태의 돔 구조물이다. 차하
트리스는 캐노피라는 단어에서 유래되었는데, 무굴 시대
에 힌두교 건축물로 변형되었으며, 힌두 문화 기념관으
로 사용되었다.

황제와 황후의 기념비는 기준층 중앙홀에 있지만, 그들의 무덤은 지하실 아래에 매장되어 있으며, 얼굴이 메카 방향으로 향하게 안치되어 있다. 이 단면도에서는 커다란 이중으로 된 돔을 살펴볼 수 있다. 하부의 내부 돔은 시각적 왜곡을 방지함과 동시에 상부 돔을 지지하고 있으며, 외부의 돔은 뚜렷한 외형을 형성하고 있다.

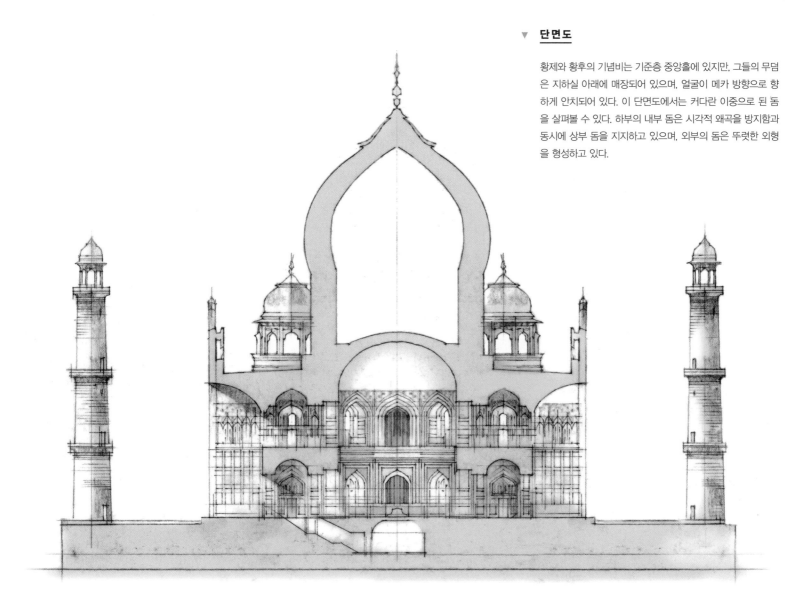

▶ **단지 계획**

42에이커(17ha) 규모의 성벽으로 둘러싸인 부지에는 페르시아 상징 시설 및 모스크, 매장 시설, 경비대 등이 정원과 함께 계획되었다. 2만 명 이상의 노동자들이 타지마할과 주요 건축물들을 건설하였으며, 강 건너 벽으로 둘러싸인 정원은 마타 바흐(Mahtab Bagh)라 불리는 황제의 달빛 정원으로 11개의 무굴 정원 중 하나이다.

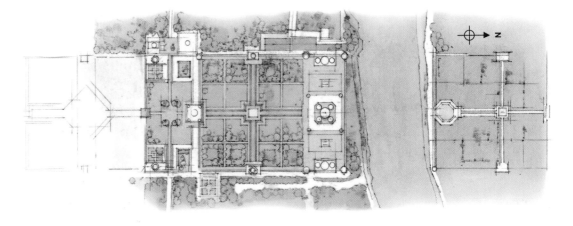

베르사유 궁전 Palace of Versailles

위　　치　　베르사유, 프랑스

건 축 가　　루이 르보(Luise Le Vau), 쥘 아르두앙 망사르(Jules Hardouin Mansart) 및 기타

건축양식　　바로크 양식

건설시기　　1624–1770

사람들은 마리 앙투아네트(Marie Antoinette, 1938; 2006)에 관한 영화 및 베르사유에 관한 TV쇼 왕의 꿈(The Dream of a King, 2008)이나 베르사유(Versailles, 2015–) 등을 통해 17세기와 18세기 베르사유 궁전의 사치와 타락을 느낄 수 있다. 거대한 대리석 궁전 및 정원, 다양한 별채들이 약 1,977 에이커(800ha) 면적의 공간을 자리 잡고 있으며, 1789년 혁명 이전의 프랑스 군주제의 영광과 풍요를 상징하고 있다. 오늘날 베르사유는 파리 남서쪽 교외 지역이지만, 17세기 초

루이 13세는 1624년 이곳 시골 숲에 사냥 별장을 건설하였으며, 그의 아들 루이 14세가 1661년에서 1680년 사이에 별장을 궁전으로 확장하였다. 건축가 루이 르보(Louis Le Vau, 1612–70)는 프랑수아 드오르베이(François d'Orbay, 1634–97)와 함께 건축 설계를 담당했으며, 예술가 샤를 르브룅(Charles Le Brun)이 인테리어를 담당하였고, 조경가인 앙드레 르 노트르(André Le Nôtre)가 정원을 계획하였다. 베르사유 궁전 건설은 초기 사냥 별장을 중심으로 U자형 형태로 확

장하여 개발되었으며, 왕실을 위한 숙박 시설 및 북쪽으로는 왕을 위한 스위트 룸, 남쪽으로는 여왕을 위한 공간을 만들었고, 각각 7개의 방이 연속적으로 구성된 형태였다. 베르사유 궁이 완성되었을 때, 루이 14세는 1682년 왕궁을 파리에서 베르사유로 옮겼고, 확장 계획을 지속적으로 추진하였다. 1699년부터 1710년까지 다음 확장 계획이 추진되었는데, 쥘 아르두앙 망사르(Jules Hardouin-Mansart, 1646–1708)가 설계한 왕립 예배당(the Royal Chapel) 건축에 집중되었다.

또한 망사르는 북쪽과 남쪽으로 두 개의 별관을 건설하였으며, 두 개의 왕실 아파트 사이의 테라스에 239피트(73m) 길이의 거울의 방(Galerie des Glaces)을 만들었다. 그리고 망사르는 왕의 정부(情婦)인 몽테스팡(Françoise-Athénaïs de Rochechouart, Marquise de Montespan)을 위한 궁전인 그랑 트리아농(Grand Trianon, 1688)을 설계했다.

1715년 루이 14세의 죽음으로 소년 루이 15세가 왕위에 오르면서 다시 파리로 돌아갔다. 하지만 1722년 루이 15세는 다시 베르사유 궁으로 돌아와 확장 공사를 완료하였고 새로운 프로젝트를 시행했다. 왕실 가족의 거주 공간을 위한 리노베이션이 계속되었고, 왕실 오페라 극장(the Royal Opera, 1770)과 오페라 하우스가 건설되었다. 이 작품은 건축가 앙게 자크 가브리엘(Ange-Jacques Gabriel, 1698-1782)에 의해 완성되었으며, 또한 왕의 정부(情婦)인 마담 퐁파두르(Jeanne Antoinette Poisson, Marquise de Pompadour)를 위해 프티 트리아농(Château of the Petit Trianon, 1762-68)을 설계하였다.

차기 통치자인 루이 16세는 조경가이자 화가인 위베르 로베르(Hubert Robert)에게 정원의 재설계 및 정비, 그리고 실내 인테리어를 명령하였다. 여기에는 프티 트리아농 근처 정원에서 일했던 리샤르 미크(Richard Mique, 1728-94)가 설계한 마리 앙투아네트 여왕(Queen Marie Antoinette)을 위한 아파트가 포함되어 있다. 프랑스 혁명 후에 베르사유 궁전은 다양한 목적으로 사용되었다. 1837년에 박물관으로 개조되었으며, 다양한 정부 기능을 위해 사용되었다. 오늘날에는 매년 750만 명의 사람들이 이곳을 방문하고 있다.

상단 왼쪽
베르사유 궁전의 웅장한 규모와 화려함은 루이 9세가 의뢰한 유명한 고딕 성당인 파리의 생트 샤펠 성당(Sainte-Chapelle, 1248)과 비교된다.

상단 오른쪽
왕실 건축가 앙게 자크 가브리엘(Ange-Jacques Gabriel)은 18세기 유럽 전역에 퍼지고 있던 신고전주의 운동(그리스 로마 양식)의 상징물로써 프티 트리아농(Petit Trianon)을 참조했다.

거울의 방(Hall of Mirrors)

거울의 방은 정원이 내려다보이는 궁전 2층에 있다. 이 방은 길이가 239피트(73m)이며 거울로 반사된 유리창 357개로 구성되어 있다. 정교한 천장 장식은 샤를 르브룅(Charles Le Brun)이 1680년도에 그린 루이 14세의 업적과 군사적 승리를 묘사한 30개의 벽화로 구성되어 있다. 필라스터(pilaster, 벽기둥)의 주두는 코린트와 이오니아 양식이 혼합된(Composite Order) 형태를 띠고 있으며, 이러한 양식은 신 프랑스 양식(new French order)으로 불렸다. 이 방은 국가의 상징인 수탉과 플뢰르 드 리스(fleur-de-lis), 태양왕 루이 14세의 상징물로 장식되어 있으며, 이러한 모든 것들은 샤를 르브룅이 디자인하였다.

전경

전체 전경을 통해 거의 2,000에이커(809ha)에 달하는 궁전의 넓은 땅을 볼 수 있다. 비교하자면, 미국 국회 의사당(1792–1891, p.31 참조) 부지는 59에이커(24ha) 미만이며, 캘리포니아의 초기 디즈니랜드 면적은 85에이커(34.4 ha)에 불과했다. 오른쪽 하단에 보이는 궁전은 712,182평방 피트(67,000㎡)로 세계에서 가장 큰 궁전 중 하나이다.

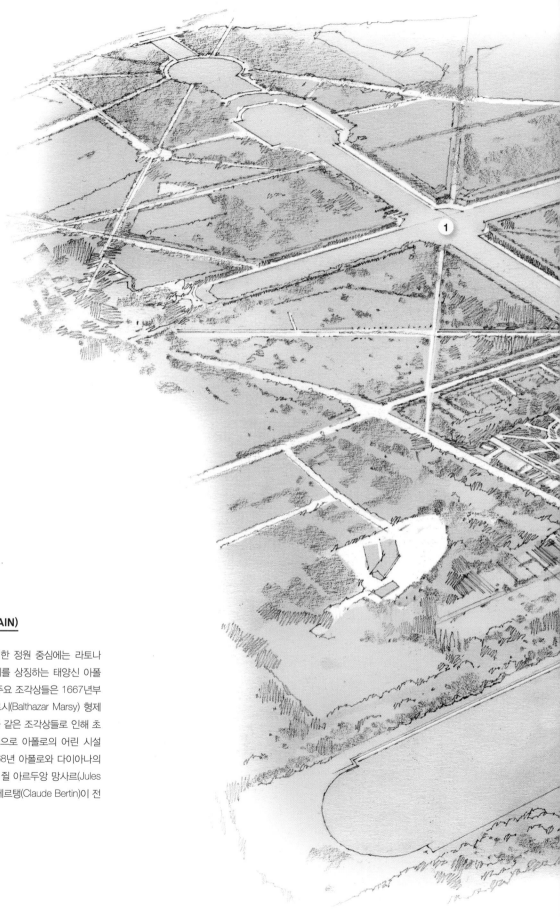

1 대운하

전체 부지에는 11개의 분수와 대운하 등 다양한 수상시설이 설치되어 있다. 중심 물길은 궁전의 동서축을 따라 약 1마일(1.6km)에 다다르며, 폭은 약 200피트(61m)가 넘었고, 북쪽의 트리아농(Trianon)과 연계하여 운하와 십자로 교차되었다. 루이 14세 임기 동안, 왕은 운하에서 곤돌라를 타곤 했으며, 오늘날 방문객들은 동쪽에 설치된 정박지에서 작은 배를 타고 노를 저음으로써 과거 왕족의 활동을 체험할 수 있게 되었다.

2 라토나 분수(LATONA FOUNTAIN)

궁전 서쪽의 르 노틀(Le Nôtre)이 설계한 정원 중심에는 라토나 분수가 있다. 분수는 태양왕 루이 14세를 상징하는 태양신 아폴로 신화의 이야기로 장식되어 있으며, 주요 조각상들은 1667년부터 가스파르(Gaspard)와 발사자르 마르시(Balthazar Marsy) 형제에 의해 만들어졌다. 거북이와 도마뱀과 같은 조각상들로 인해 초기에는 '개구리 분수'로 불렸다. 기본적으로 아폴로의 어린 시설 이야기를 주로 표현하고 있었지만, 1668년 아폴로와 다이아나의 엄마인 라토나 조각상이 첨부되었으며, 쥘 아르두앙 망사르(Jules Hardouin–Mansart) 및 예술가 클로드 베르탱(Claude Bertin)이 전체를 재구성했다.

3 트리아농

궁전 북동쪽 지역, 트리아농(Trianon)은 왕실의 정부(情婦)들을 위한 대저택들이 주로 있던 곳이다. 쥘 아르두앙 망사르(Jules Hard-ouin–Mansart)는 루이 14세의 정부인 몽테스팡(the Marquise de Montespan)을 위해 그랑 트리아농(Grand Trianon)을 설계했으며, 앙게 자크 가브리엘(Ange–Jacques Gabriel)은 루이 15세의 정부인 마담 퐁파두르(the Marquise de Pompadour)를 위해 프티 트리아농(Petit Trianon)을 설계했다. 특히 프티 트리아농은 20세기 초 파빌리온과 같은 용도의 주요 건축물 입면에 지대한 영향을 미쳤다. 예로, 마샬 & 폭스 건축사사무소(Marshall and Fox)가 설계한 뉴욕의 맥신 엘리엇 극장(the Maxine Elliott Theatre, 1908; 철거)과 에드워드 맥스웰(Edward Maxwell, 1867 – 1923)과 윌리엄(William Maxwell, 1874–1952) 형제가 설계한 몬트리올 미술관(the Montreal Museum of Fine Arts, 1912) 등이 대표적 사례이다.

궁전은 맨 위에 거울의 방(A)이 있고, 이어 대리석 홀(the Marble Court; B)을 중심부 근처에 배치하였다. 바로 아래에는 넓은 왕실 홀(Royal Court; C)이 배치되어 있고, 전면으로 확장되어 있다. 왕의 숙소(The king's chambers; D)는 북쪽 면 오른쪽에 있고, 여왕의 숙소(E)는 왼쪽에 배치되었다. 오른쪽의 굽은 공간은 왕립 예배당(the Royal Chapel, 1710; F)이며, 저 멀리 로열 오페라 극장(the Royal Opera, 1720; G)이 있다.

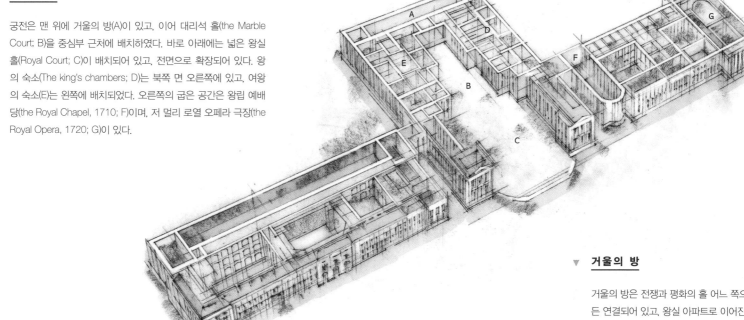

▼ **거울의 방**

거울의 방은 전쟁과 평화의 홀 어느 쪽으로든 연결되어 있고, 왕실 아파트로 이어진다. 거울의 방 아래는 갤러리 공간이다.

▲ **왕실 아파트**

왕의 개인 숙소는 2층 북쪽 대리석 홀에 인접해 있으며, 근처 실들은
왕실 아파트로 사용되었다. 1701년부터 식당 및 경비실, 회의실, 대기
실, 내부 중정 등 다양한 시설들이 주변으로 설치되었다. 여왕의 경우,
궁전 반대편 끝에 있는 거울의 방과 연결될 수 있도록 확장 공사가 진
행되었다.

▲ **망사르 지붕(MANSARD)**

궁전 오른쪽의 대리석 홀(the Marble Court)의 입면을 묘사한 개념도이다.
홀 위쪽의 지붕 형태는 바로크 건축가 프랑수아 망사르(François Mansart,
1588-1666)의 이름을 따서 망사르 지붕이라고 부른다. 그는 종종 2단 박공
(gambrel-style) 형태의 지붕 디자인을 사용했는데, 이를 통해 지붕 안쪽으
로 여분의 공간을 만들어 낼 수 있었다. 프랑수아의 증조부인 쥘(Jules)은 거
울의 방을 설계한 사람이다.

몬티셀로 Monticello

위　치　샬러츠빌, 버지니아, 미국
건 축 가　토마스 제퍼슨(Thomas Jefferson)
건축양식　신고전주의
건설시기　1796–1809

토마스 제퍼슨(Thomas Jefferson, 1743 – 1826)처럼 많은 관심을 받은 미국 대통령은 거의 없을 것이다. 버지니아 태생인 제퍼슨은 윌리엄 앤 메리 대학(College of William and Mary)에서 교육을 받았다. 그는 1776년 독립 선언서의 주요 저자였고, 1785년부터 1789년까지 프랑스 공사를 역임했으며, 1790년부터 1793년까지 초대 국무장관을 지냈다. 그는 1797년에 부통령으로 선출되었고, 1801년에 미국의 세 번째 대통령으로 선출되었다. 아마도 그가 미국의 미래에 가장 크게 기여한 바는 1803년 프랑스로부터 루이지애나주를 사들

인 것이었다. 1,500만 달러를 들여 미국의 영토를 남쪽과 서쪽으로 827,987제곱 마일(2,144,480㎢)만큼 넓혔다. 대통령으로 두 번의 임기를 마친 후 1809년 몬티셀로로 은퇴한 제퍼슨은 자신을 '사슬에서 풀려난 죄수'라고 말했다.

제퍼슨은 1768년 5,000에이커(2,023ha)의 땅에 벽돌, 목재, 돌 등 지역 자재를 사용하여 그의 꿈인 자택을 짓기 시작했다. 오늘날 우리가 볼 수 있는 본관은 1796년에서 1809년 사이에 지어졌으며, 10,660평방 피트(990㎡) 면적에 33개의 방으로 조성되었다. 저택의 길이는 110피트에 너비는 88피트

인 것이었다.
(33.5×26.8m)였으며, 높이는 45피트(13.7m)이고 오큘러스 형태의 돔을 가지고 있었다.

건축 설계안은 제퍼슨이 프랑스에서 공사로 일한 경험에서 영감을 얻었다. 그곳에서 프랑스 건축과 로마 유적, 특히 니스에 있는 메종 카레(Maison Carrée, 2–7)에서 많은 아이디어를 얻었다. 이 건물은 이후 프랑스 건축가 샤를 루이 클레리시우(Charles-Louis Clérisseau 1721–1820)와 함께 디자인한, 버지니아 주의회 의사당(the Virginia State Capitol, 1788)의 모델로 사용되었다. 제퍼슨의 건축 양식

은 이탈리아 건축가 안드레아 팔라디오(Andrea Palladio, 1508–80, p.118 참조)에게도 영향을 받았다. 제퍼슨이 디자인한 버지니아 대학 로툰다(the Rotunda, 1822–26)는 팔라디오가 출판한 로마 판테온(bc 118~128)에서 영감을 얻었다. 몬티셀로 설계를 위해 제퍼슨은 팔라디오의 건축(The Architecture of A. Palladio, 1721) 영어 번역본을 참조했다. 또한 제퍼슨의 저서(Memorandum Books, 1767–1826)에서는 팔라디오의 책은 물론 팔라디오에게 영향을 받은 제임스 깁스(James Gibbs, 1682–1754)의 책(A Book of Architecture, 1728)도 언급하고 있다. 제퍼슨이 그린 도면들을 보면, 팔라디오 양식의 주택을 짓기 위한 그의 노력을 알 수 있다. 실제로 많은 사람들이 이 작품을 윌리엄 켄트(William Kent, 1685–1748)가 설계한 런던의 치즈윅 주택(Chiswick House, 1729)과 비교한다. 제퍼슨은 현재 몬티셀로 공동묘지에 묻혀 있다.

건축을 넘어 제퍼슨의 재능은 그의 발명품에도 반영되었다. 그는 최초의 회전의자, 암호 해독을 위한 바퀴 시스템, 쟁기, 구형 해시계 등을 발명한 것으로도 유명했다. 또한 제퍼슨은 몬티셀로에 회전식 옷 수납장과 도르래를 이용해 와인을 지하실에서 식당으로 가져오는 식품 승강기, 부엌에서 접시를 쉽게 옮길 수 있는 선반 및 회전식 문, 문이 열리면 자동으로 다른 문이 열리는 2중 도어, 회전식 서가 등 혁신적인 장치도 개발, 설치하였다. 몬티셀로 저택은 1923년부터 대중에게 공개되고 있다.

상단
양쪽으로 열린 알코브 침대는 제퍼슨의 침실과 그의 사무실을 연결한다. 경첩이 달린 이중 도어를 통해, 2개의 방을 분리, 연결할 수 있다.

오른쪽
팔라디오에 의해 영감을 받아 2개의 세트로 이루어진 창문은 거실을 잘 보온해 준다. 또한 당 거실은 13개의 천창을 특징으로 한다.

버지니아 대학

제퍼슨이 설계한 다른 건축물에는 버지니아주 의회 의사당(the Virginia State Capitol)과 버지니아 대학교(the University of Virginia)가 있는데, 후자의 경우, 몬티셀로에서 북서쪽으로 약 5마일(8km) 떨어져 있다. 그의 건축 양식은 도서관으로 사용된 팔라디오 양식의 로툰다에서 뚜렷하게 나타나는데, 콜로네이드로 연결된 고전적 벽돌 건물로 이루어진 U자 형태 캠퍼스의 중심부에 자리 잡고 있다. 제퍼슨은 미국 국회 의사당(the United States Capitol, 1792–1891; p. 34 참조)을 설계한 윌리엄 손튼(William Thornton)과 벤자민 헨리 라트로브(Benjamin Henry Latrobe)로부터 조언을 받아 1817년에 설계하였다.

▶ 돔

건물은 돔으로 인해, 특히 서쪽과 정원 쪽에서 시각적으로 눈에 띈다. 맨 위에 있는 돔은 둥근 창이 뚫려 있으며, 이를 통해 전체 건물에 공기를 순환시킬 수 있었다. 아래 공간은 제퍼슨의 거실로써, 정원 쪽으로 난 포르티코로 인해 차양이 이루어졌다. 돔 아래의 공간은 종종 사용되었으며, 제퍼슨 시대의 유행했던 노란색 및 흰색 벽체와 녹색 바닥으로 현재 복원되어 있다.

▶ 포르티코

서양에서 포르티코는 정원 쪽으로 차양이 이루어지게 한다. 비슷한 규모의 동쪽 포르티코는 건물 반대편 주 출입구를 강조하는 역할을 한다. 저택은 기본적으로 양방향의 대칭적인 선형 구조로 보이지만, 더 면밀하게 살펴보면, 북쪽과 남쪽 끝은 다각형 공간으로 구성되어 있다(p.106 참조). 남과 북쪽으로는 움푹 들어간 포치 현관이 있고 소광장으로 둘러싸여 있다. 몬티셀로의 고전적인 포르티코는 이탈리아 시골의 빌라를 연상시킨다.

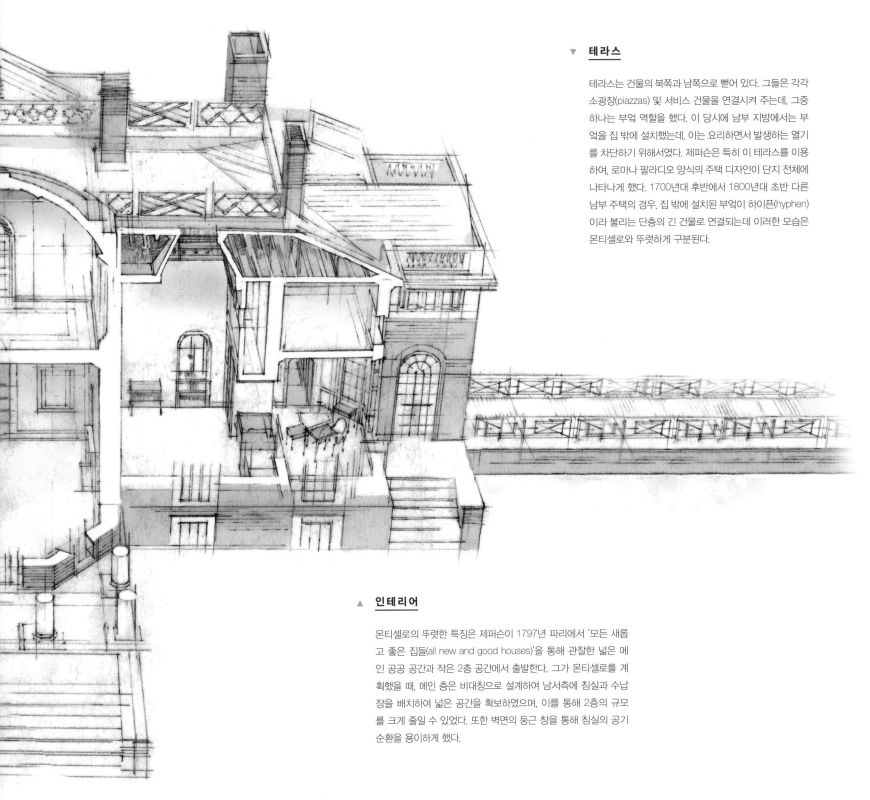

테라스는 건물의 북쪽과 남쪽으로 뻗어 있다. 그들은 각각 소광장(piazzas) 및 서비스 건물을 연결시켜 주는데, 그중 하나는 부엌 역할을 했다. 이 당시에 남부 지방에서는 부엌을 집 밖에 설치했는데, 이는 요리하면서 발생하는 열기를 차단하기 위해서였다. 제퍼슨은 특히 이 테라스를 이용하여, 로마나 팔라디오 양식의 주택 디자인이 단지 전체에 나타나게 했다. 1700년대 후반에서 1800년대 초반 다른 남부 주택의 경우, 집 밖에 설치된 부엌이 하이픈(hyphen)이라 불리는 단층의 긴 건물로 연결되는데 이러한 모습은 몬티셀로와 뚜렷하게 구분된다.

▲ **인테리어**

몬티셀로의 뚜렷한 특징은 제퍼슨이 1797년 파리에서 '모든 새롭고 좋은 집들(all new and good houses)'을 통해 관찰한 넓은 메인 공공 공간과 작은 2층 공간에서 출발한다. 그가 몬티셀로를 계획했을 때, 메인 층은 비대칭으로 설계하여 남서측에 침실과 수납장을 배치하여 넓은 공간을 확보하였으며, 이를 통해 2층의 규모를 크게 줄일 수 있었다. 또한 벽면의 둥근 창을 통해 침실의 공기 순환을 용이하게 했다.

▼ 평면도

평면도에는 북쪽에 있는 팔각형의 게스트룸이 포함되어 있는데, 이곳은 몬티셀로를 자주 방문했던 제임스 매디슨(James Madison) 대통령과 그의 부인 돌리(Dolley)를 위한 비공식적인 공간이었다. 제퍼슨 서재 근처의 작은 사각형 방은 딸 마샤 랜돌프(Martha Randolph)가 아이들을 교육하기 위해 사용한 가족용 거실이었다.

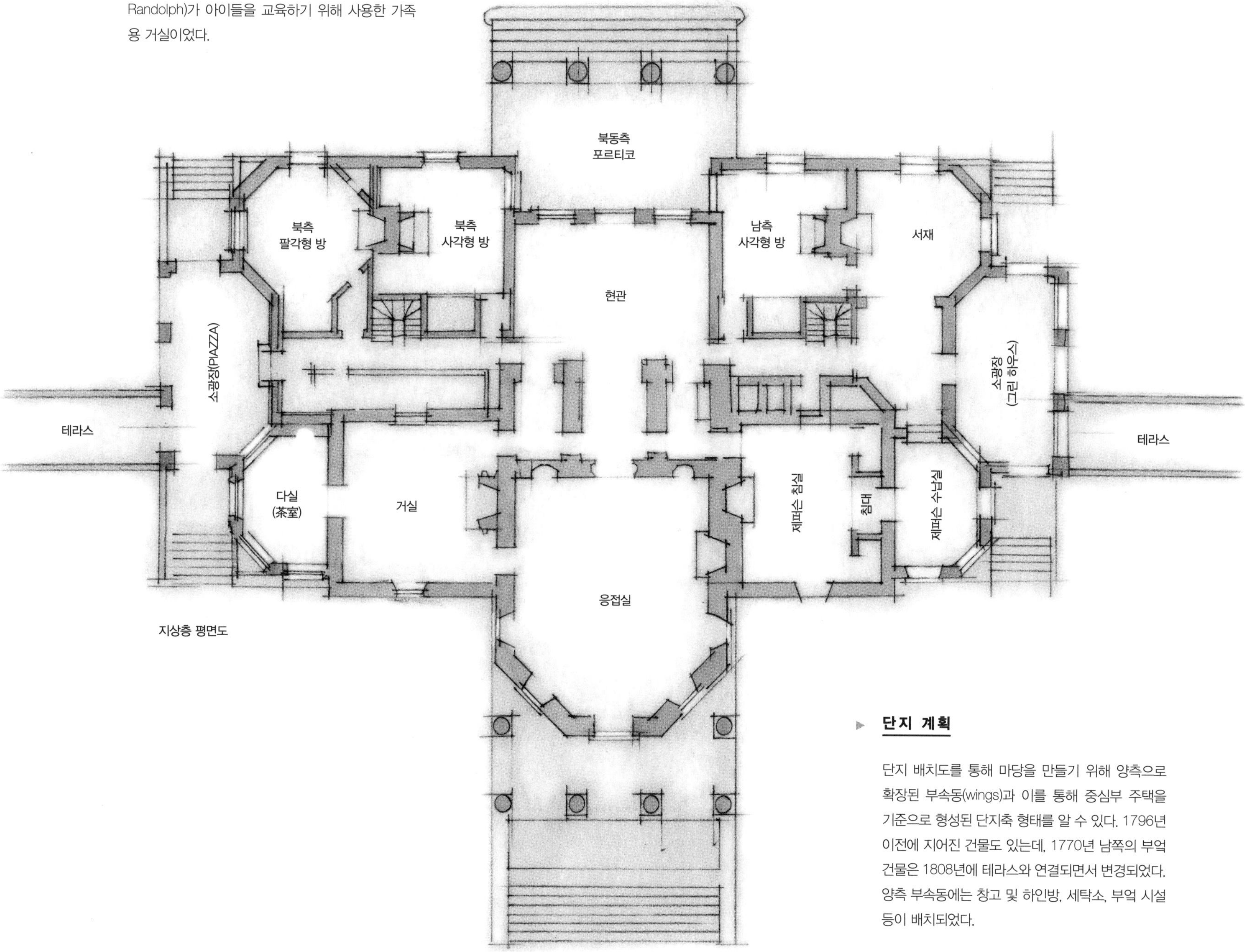

북동측
포르티코

북측
팔각형 방

북측
사각형 방

남측
사각형 방

서재

소광정(PIAZZA)

현관

소광정
(그린 하우스)

테라스

테라스

다실
(茶室)

거실

제퍼슨 침실

침대

제퍼슨 수납장

응접실

지상층 평면도

▶ 단지 계획

단지 배치도를 통해 마당을 만들기 위해 양측으로 확장된 부속동(wings)과 이를 통해 중심부 주택을 기준으로 형성된 단지축 형태를 알 수 있다. 1796년 이전에 지어진 건물도 있는데, 1770년 남쪽의 부엌 건물은 1808년에 테라스와 연결되면서 변경되었다. 양측 부속동에는 창고 및 하인방, 세탁소, 부엌 시설 등이 배치되었다.

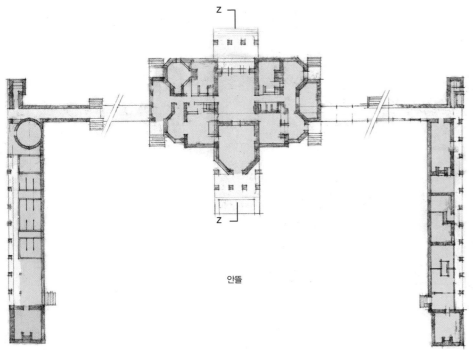

Z ┐
│
Z ┘

안뜰

▲ **가로 단면도**

위 단면도(절단선 Z)를 통해 입구와 정원 쪽 포르티코 사이의 공간을 뚜렷하게 볼 수 있다. 팔각형 형태의 드럼 위돔은 큰 둥근 창(오컬리) 및 돔 꼭대기의 창문을 통해 빛이 유입되게 계획되었다. 지하실에는 와인과 맥주 저장고가 있었는데, 거실 양 측면에 설치된 식품 승강기를 통해 연계되었다. 여기서 제퍼슨의 부인 마사는 맥주와 사이다를 만들곤 했는데, 1782년 마사가 죽은 후, 1812년 전쟁 중 미국에서 고립된 영국 선장 조셉 밀러(Joseph Miller)를 위해 그의 직원 중 한명에게 양조 기법을 가르쳐 주기도 하였다.

아인슈타인 타워 <small>Einstein Tower</small>

위 치	바벨스베르크, 독일
건 축 가	에리히 멘델슨(Erich Mendelsohn)
건축양식	표현주의 양식
건설시기	1919–21

물리학자 알버트 아인슈타인에 의해 개발된 상대성 이론인 'E=mc²'는 이 건물과 무슨 관계가 있을까? 많은 사람이 당 건물이 상대성 이론의 구체적이고 구조적인 표현이라고 이 야기한다. 상대성 이론은 질량과 에너지가 서로 바뀔 수 있 다는 사실을 나타낸다. 따라서, 당 건물은 한 구조물에 존재 하는 질량과 에너지를 역동적으로 연계하여 시각적으로 전 달하기 위한 것이었다. 이 탑의 건축주인 천문학자 어윈 핀 레이 프룬디치(Erwin Finlay-Freundlich)는 천문학적인 실험 을 통해 상대성 이론을 실험했던 아인슈타인의 동료였다. 그런데도 불구하고, 이 건물에 대한 이야기는 좀 더 복잡 하며, 이 탑의 건축가인 에리히 멘델슨(Erich Mendelsohn, 1887 – 1953)의 초기 비전부터 살펴볼 필요가 있다.

멘델슨은 독일의 가장 유명한 건축가 중 한 명이다. 러시아 동부에서 태어난 그는 1912년 뮌헨 공과 대학에서 건축가 테어도르 피셔(Theodor Fischer, 1862 – 1938) 밑에서 공부 했다. 1차 세계 대전(1914–18)에 복무한 뒤, 아인슈타인 타 워의 극적인 디자인 및 베를린 모세하우스(the Mossehaus, 1923)의 리노베이션 작업을 포함, 향후 10년간의 역동적인 표현주의적 기법의 설계 작업을 시작했으며, 특히 백화점 을 비롯하여 다양한 건물에 곡선적 디자인을 적용하였다. 그 예로 뉘른베르크의 쇼켄 백화점(the Schocken Depart-ment Stores. 1926), 슈투트가르트(Stuttgart, 1928), 켐니츠 (Chemnitz, 1930) 등이 있으며, 이들은 모두 나중에 다른 기 능에 맞게 개조되었다.

1933년 국가 사회주의의 도래와 함께, 유대인 건축가인 멘 델슨은 영국으로 도피하였다. 러시아 태생의 건축가 세르 게 체마이프(Serge Chermayeff, 1900–96)와 함께 드라워 파빌리온(the De La Warr Pavilion in Bexhill-on-Sea, East Sussex) 등 여러 채의 주택을 설계하였으며, 또한 다양한 프 로젝트를 위해 팔레스타인(현재의 이스라엘)에서 일하기 도 했다. 1941년에 미국으로 이주하였고, 제2차 세계 대전 (1939–1945) 당시 그는 미 육군과 스탠더드 석유 회사에 폭발물의 영향을 실험하기 위해 유타의 더그웨이에 독일식 마을(German Village)을 건설해 실험하라고 조언한 근대주 의자 중 한 명이기도 했다. 전쟁이 끝난 후 유대계에서 지 원을 받아 다양한 건물을 설계하였으며, 그의 마지막 작품

으로는 오하이오주 클리블랜드 하이츠의 유대교 회당(Park Synagogue, Cleveland Heights) 및 샌프란시스코의 메이모니즈 병원(Maimonides Hospital) 등이 있다.

포츠담 근처 바벨스베르크(Babelsberg)에 있는 아인슈타인 타워(Einsteinturm, 1921)는, 1917년부터 1918년까지 1차 세계 대전 동안 다양한 스케치 및 석고 모형(1919년) 제작을 통해 발전되어 1921년 건설되었다. 이 타워는 6층에 65.6피트(20m) 높이의 아주 작은 탑이었다. 그 건물은 지상에서 보이는 것보다 더 큰 면적을 가지고 있었다. 지하실에는 실험실 및 분광기실이 배치되어 있었으며, 동쪽 곡선 끝에는 작업실과 침실이 배치되었고 이곳의 가구 등은 모두 멘델슨이 직접 디자인했다. 그 외 나머지 공간은 대부분 나선형 계단으로 된 구조체였으며, 꼭대기 전망대 돔에는 일광반사장치(heliostat)가 설치돼 있었다.

멘델슨은 천체물리학자이자 첼리스트였던 아내 루이스 마스(Luise Maas)를 통해 핀레이 프룬디치(Finlay−Freundlich)를 만나게 되었다. 핀레이 프룬디치는 1910년 베를린 천문대에서 일하다가, 1913년 바벨스베르크 교외의 새로운 시설로 옮겨 갔다. 1차 세계 대전 때에는 러시아에 억류되었다가, 아인슈타인 연구소에서 일하기 위해 베를린으로 돌아와 1920년부터 1924년까지 포츠담에 있는 천문대의 천문학자가 되었다. 그와의 우정과 역동적 디자인을 통해, 아인슈타인의 상대성 이론을 건축적 형태로 해석하여 제안하게 되었다. 구조물이 완성된 직후 멘델슨은 이를 '유기체'라고 묘사했으며, 아인슈타인의 생각과 관련이 있다고 주장하였다. 멘델슨은 상부의 태양 관측소를 콘크리트로 만들고 싶었지만, 실제 건설에는 벽돌과 치장 벽토(stucco)가 사용되었다. 비록 재료의 한계로 인해 1927년까지 지속해서 유지보수가 필요했고, 1999년에 복원되어 라이프치히 천체 물리학 연구소(the Leibniz Institute for Astrophysics)의 부속 태양 관측소로 현재 사용되고 있다.

상단
1920년대의 작업실. 멘델슨은 사무실 가구 및 비품까지도 디자인했다. 각이 있는 창문은 유선형의 벽감(niche)에 배치되어 있는데, 특히 건물의 곡선 코너에 배치되었다.

왼쪽
1921년 아인슈타인 타워의 알버트 아인슈타인

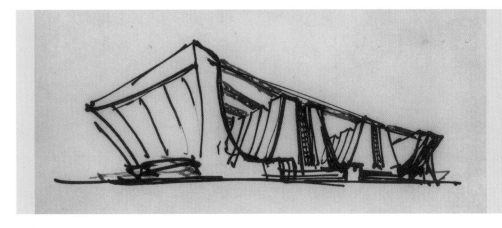

멘델슨과 1차 세계 대전

1차 세계 대전 당시 군 복무 중이었던 젊은 멘델슨은 새로운 세기의 역동성을 반영한 건축물을 꿈꿨고, 그의 그림은 그가 꿈꾸었던 미래에 대한 심리적 탈출구 역할을 했다. 전쟁이 끝난 후, 그림들을 모아 전시했고, '건축가의 창조물(Das Gesamtschaffen des Architekten)'이란 책으로 출판했다. 그의 건축적 꿈은 전후(戰後)에 현실화되었다. 멘델슨의 표현주의적 디자인은 그 당시의 역동성과 현대성을 제시하였고, 유사한 이론을 주장하는 사람들도 있었는데, 특히 안토니오 산텔리아(Antonio Sant'Elia, 1888−1916) 같은 이탈리아 미래 학자들이 대표적이다.

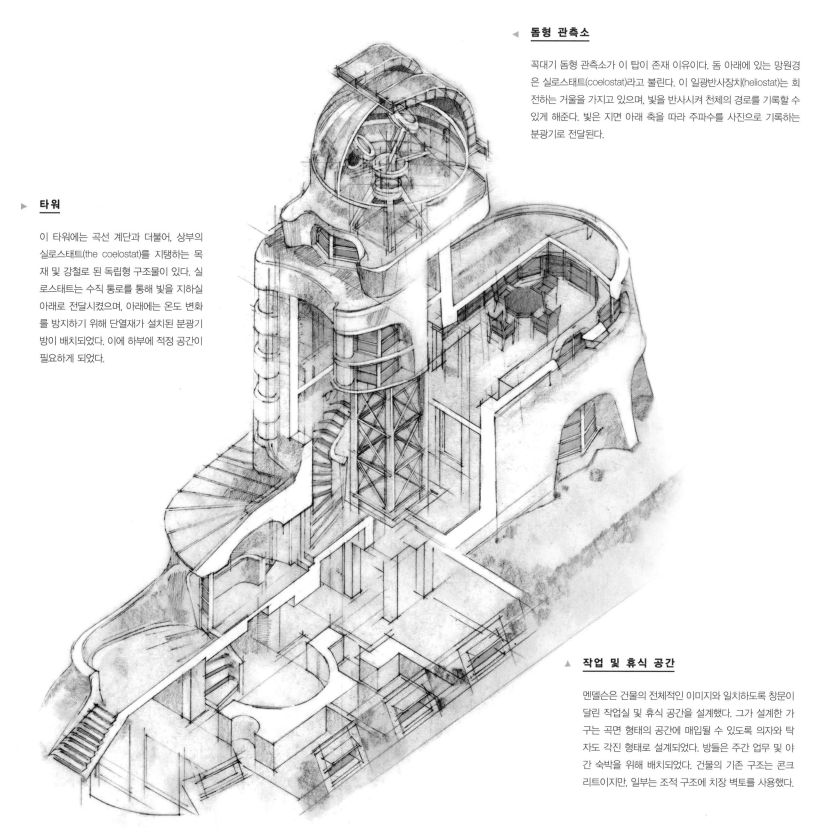

▶ 돔형 관측소

꼭대기 돔형 관측소가 이 탑이 존재 이유이다. 돔 아래에 있는 망원경은 실로스태트(coelostat)라고 불린다. 이 일광반사장치(heliostat)는 회전하는 거울을 가지고 있으며, 빛을 반사시켜 천체의 경로를 기록할 수 있게 해준다. 빛은 지면 아래 축을 따라 주파수를 사진으로 기록하는 분광기로 전달된다.

▶ 타워

이 타워에는 곡선 계단과 더불어, 상부의 실로스태트(the coelostat)를 지탱하는 목재 및 강철로 된 독립형 구조물이 있다. 실로스태트는 수직 통로를 통해 빛을 지하실 아래로 전달시켰으며, 아래에는 온도 변화를 방지하기 위해 단열재가 설치된 분광기 방이 배치되었다. 이에 하부에 적정 공간이 필요하게 되었다.

▲ 작업 및 휴식 공간

멘델슨은 건물의 전체적인 이미지와 일치하도록 창문이 달린 작업실 및 휴식 공간을 설계했다. 그가 설계한 가구는 곡면 형태의 공간에 매입될 수 있도록 의자와 탁자도 각진 형태로 설계되었다. 방들은 주간 업무 및 야간 숙박을 위해 배치되었다. 건물의 기존 구조는 콘크리트이지만, 일부는 조적 구조에 치장 벽토를 사용했다.

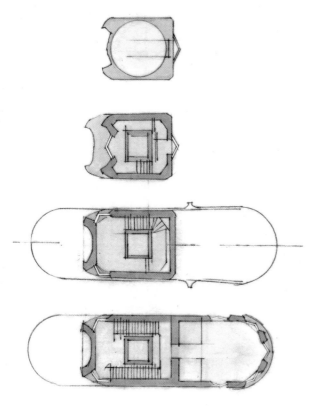

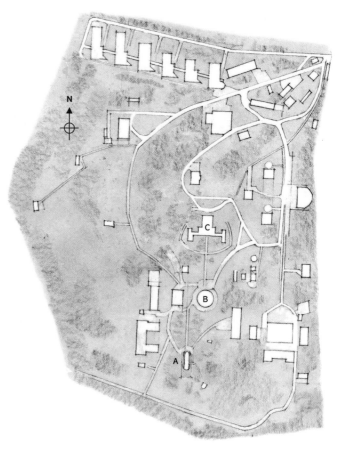

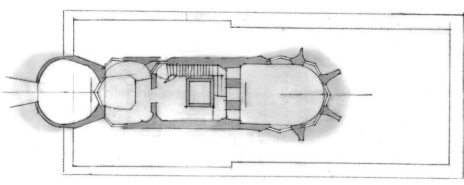

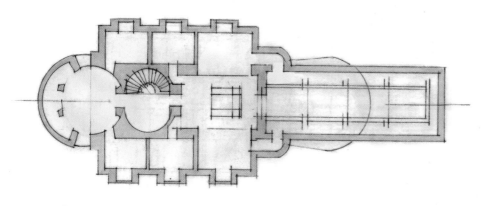

▲ **단지 계획**

알버트 아인슈타인 과학 공원의 단지 배치도에서 텔레그라펜버그 언덕(Telegraphenberg Hill; A)에는 아인슈타인 타워가 위치하고 있다. 그 언덕에는 1870년대 이래로 천문 관측소가 위치하고 있다. 세 개의 돔으로 구성된 미켈슨하우스(Michelsonhaus, 1879; C)와 커다란 돔으로 된 그로서 렉프락토(Grosser Refraktor, 1899; B)가 인근에 있다. 후자는 세계에서 가장 큰 망원경 중 하나이다. 여기에 있는 다양한 건물들은 기후, 극지방, 해양학을 연구하는 기관들을 위한 시설들이다.

◀ **평면도**

다양한 평면들을 통해 지하층에서 꼭대기 원형 전망대 돔까지 건축 구성을 살펴볼 수 있다. 작고 시각적인 구조체로 이루어졌기 때문에, 과학적 목적에서 보면 다소 기만적인 건물이다.

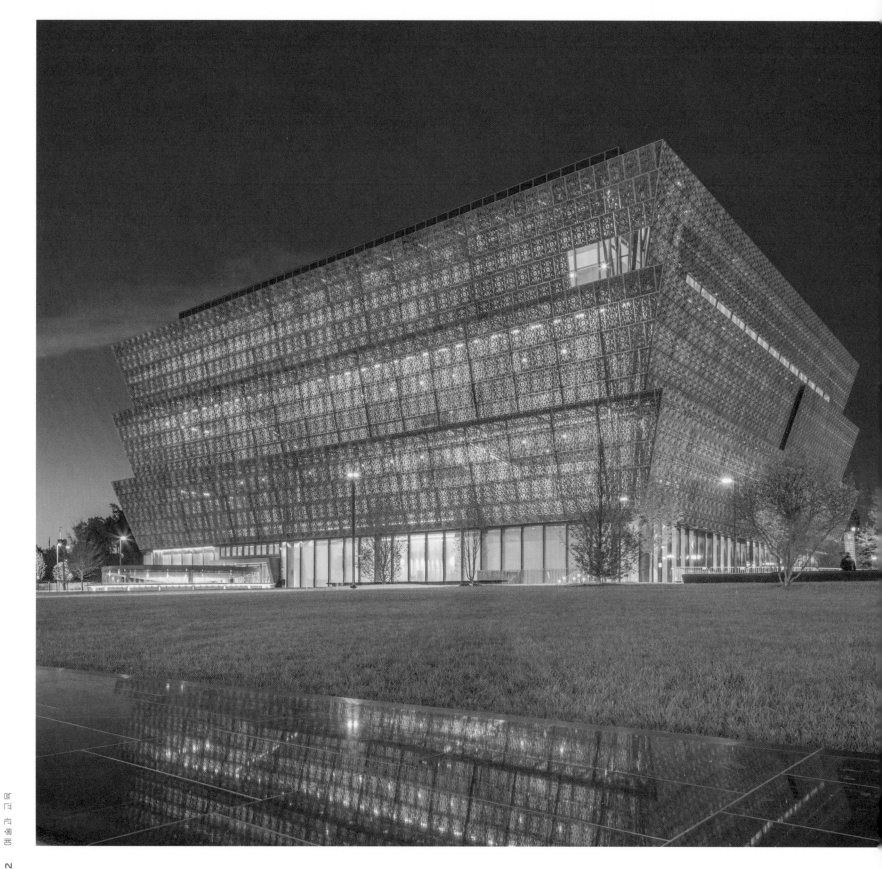

예술과 교육 Arts and Education

예술과 교육이라는 주제는 매우 포괄적이다. 예술 학교와 박물관을 포함하지만 또한 공연장도 이 범주에 포함된다. 사실 도서관, 대학, 학교, 기술 전문학교 등 공식적이고 비공식적인 모든 교육시설은 이 범주에 포함될 수 있다. 사실, 사람들은 평생 학생이고 항상 새로운 무언가를 배워야 한다. 공식적인 교육시설 및 비공식적 교육시설 모두 고대로 거슬러 올라가 살펴볼 수 있다. 오늘날 이와 관련된 건축 양식의 계보는 상당히 길다. 먼저 에피다우루스(Epidaurus)에 있는 그리스 야외극장을 예로 들 수 있다. 또는 유럽 중세 대학으로 특히 영국 캠브리지 대학에 있는 후기 고딕 양식의 킹스 칼리지 예배당(King's College Chapel, 1446–1515)과 세인트 존 대학의 퍼스트 코트(the First Court of St. John's College, 1511–20) 등을 예로 들 수 있다. 음악과 예술을 관장하는 여신 뮤즈를 의미하는 그리스어 'mouseion'에서 어원이 온 박물관은 아마도 플라톤의 박물관과 도서관으로 거슬러 올라가야 할 것이다. 그곳은 처음에는 호기심의 장이었다. 현존하는 가장 오래된 건물은 옥스퍼드 대학의 애슈몰린 박물관(the Ashmolean Museum, 1683)일 것이다. 18세기, 특히 19세기에 공공 박물관들이 많이 건설되었다.

오늘날 박물관은 교육적 기능뿐만 아니라 오락적 기능도 제공할 만큼 중요한 영향력을 가지고 있다. 1946년 설립된 국제 박물관 협의회(International Council of Museums; ICOM)와 더불어 다양한 국가 및 지역 박물관 협회가 존재한다. ICOM은 전 세계 20,000개 이상의 박물관을 대표하고 있다. 게다가, 박물관은 엄청난 경제적 영향력을 미친다. 미국 박물관 협회는 40만 명 이상의 사람들을 고용하고 있으며, 매년 국가 경제에 210억 달러 규모의 기여를 하고 있다. 이러한 통계들에 문화 관광 측면은 포함되지도 않았다. 마찬가지로 영국 협회 역시 박물관과 미술관 부문이 국가 경제의 1,000파운드 당 1파운드의 직접적 영향을 주고 있다고 예측하고 있으며, 박물관에서 고용한 3만 8천 명의 사람들이 영국 경제에 연간

26억 4천만 파운드의 공헌을 하고 있다고 조사되고 있다. 이 장에서 소개하는 12개의 건물 중에는 두 개의 예술 학교와 두 개의 공연 예술 센터가 있지만, 여덟 개는 박물관이다.

저명한 건축가에 의해 설계된 박물관의 사례로는 루이스 칸이 설계한 텍사스 포트워스의 킴벨 미술관(the Kimbell Art Museum, 1966–72; p. 146 참조)이 있다. 하지만, 이러한 건물들은 20세기 후반과 21세기 초에 전면적으로 등장하게 되었는데, 소위 말하는 스타 건축가들에 의해 설계된 세속적인 문화 대성당이 되어 버렸다. 특히 아래 설명할 두 건물의 국제적 관심과 인기에 힘입어 위와 같은 현상이 뚜렷하게 나타나고 있다. 첫 번째는 파리에 있는 퐁피두 센터(the Centre Georges Pompidou, 1971–77; p.156 참조)이고, 다른 하나는 빌바오의 구겐하임 미술관(the Guggenheim Museum Bilbao, 1991–97; p.168 참조)이다. 이후 전 세계적으로 예술 박물관 건설의 물결이 이어졌다. 나중에 눈에 띄는 사례로는 데이비드 치퍼필드(David Chipperfield, b.1953)가 설계한 베를린의 신 박물관(the Neues Museum, 2009) 및 포럼 박물관(Forum Museumsinsel, 2016), 렌초 피아노가 설계한 시카고 현대 미술관(the Modern Wing of the Art Institute of Chicago, 2009) 및 킴벨 미술관 증축(the addition to the Kimbell Art Museum, 2013), 포스터 & 파트너스가 설계한 보스턴 미술관(the Museum of Fine Arts, Boston, 2010), 반 시게루가 설계한 아스펜 미술관(the Aspen Art Museum, 2014), 딜러 스코피디오 렌프로(Diller Scofidio + Renfro)가 설계한 LA의 더 브로드(The Broad, 2015) 등이 있다.

미술관 외에도, 역사 박물관 및 과학 센터가 독특한 디자인을 만들기 위해 스타 건축가들을 이용하여 시설을 개선하려고 시도했다. 빌바오 효과로 인해, 20세기 후반 혁신적인 건물 디자인은 미디어의 관심과 대중들의 인기를 끄는 중요 요소였다. 앙드레 파인버(Adrien Fainsilber,

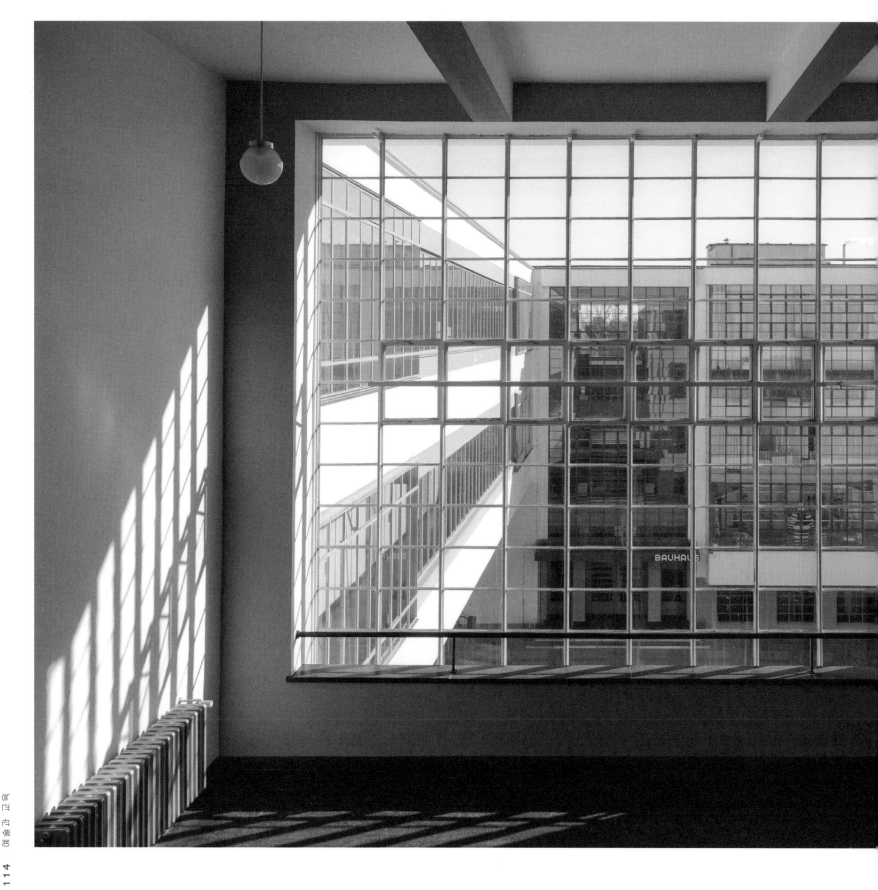

b.1932)가 설계한 파리의 과학 기술 산업 문화 센터(the Cité des sciences et de l'industrie, 1986), 포스터 & 파트너스가 설계한 임페리얼 전쟁 박물관의 미국 항공 박물관(the American Air Museum of the Imperial War Museum, Amiens Cathedral 1998), 아라타 이소자키가 설계한 미국 오하이오의 과학 산업 센터(the Center for Science and Industry, 1999), 다니엘 리베스킨트(b.1946)가 설계한 베를린의 유대인 박물관(the Jewish Museum, 2001) 등이 대표적이다. 주요 역사 박물관 역시 최첨단 디자인으로 재탄생하고 있는데, 데이비드 아디아예(David Adjaye, b.1966)가 설계한 워싱턴 DC의 국립 아프리카계 미국인 역사 문화 박물관(the National Museum of African American History and Culture, 2016; p.174 참조)이 대표적이다.

이러한 큰 기관들 외에도, 중소규모의 박물관들 역시 최근 들어 1940년대 설립된 미국 역사 협회(the American Association for State and Local History) 등과 같은 단체들의 초점이 되고 있다. 이러한 작은 박물관들은 자생력이 떨어지는 곳들 중 하나이다. 건물이 특별하지 않은 경우, 특히 1930년대에서 1940년대의 일부 주택(p.206 참조)과 같이 설계상 특별하거나, 몬티셀로처럼 주택 거주자가 유명한 경우를 제외하고는 자생력을 가지는 것은 매우 어려운 일이다. 결국, 건물을 좋은 상태로 유지하기 위해 무엇이 필요한지, 그리고 매년 수천 명이 방문할 경우의 복잡다단한 일들을 생각해 볼 필요가 있다. 대형 기관들과 마찬가지로, 중소규모 기관들 역시 계속해서 창의적인 임대 방법 및 특별 행사, 효과적인 수입과 기부를 위한 관광 전략을 지속해서 고민한다. 이 장의 박물관 중에서 두 개는 이러한 범주에 속한다. 존 손 경 박물관(Sir John Soane's Museum (1792 – 1824; p.116 참조)과 바르셀로나 파빌리온(the Barcelona Pavilion, 19299; p.130 참조) 등이 대표적 예이다. 학교로 디자인된 역사적인 건축물 역시 비슷한 사례들이다. 독일 데사우에 있는 글래스고 예술 학교(the Glasgow School of Art, 1897 – 1909; p.122 참조)와 바우하우스(the Bauhaus, 1925 – 26; p.126 참조)는 둘 다 본질적으로 실용적인 구조이면서, 내부에 스튜디오 라운지와 작업장 공간을 배치하고 있다. 이러한 역사적인 학교들은 역사적 주택들과 같이 외부 방문객들의 눈길을 끌기도 하지만, 주로 학교를 다닌 학생들에게서 관심을 유발한다. 일부는 학비로 관리될 수도 있고, 적어도 글래스고 사례의 경우에는 동창생들에 의한 기부로 운영되고 있다. 두 건물은 아주 흥미로운 생존 이야기가 있는데, 글래스고 예술 학교는 2014년 화재에서 살아남았고, 바우하우스는 제2차 세계 대전 당시 폭탄 피해 후 복원을 통해 살아남았다.

마지막으로, 두 개의 콘서트 시설이 이 장에 포함되었는데, 베를린 필하모닉(the Berliner Philharmonie, 1956 – 63; p.140 참조)과 시드니 오페라 하우스(the Sydney Opera House, 1957 – 73; p.150 참조)가 그들이다. 두 건축물 모두 전후 시대 역동적으로 설계된 표현주의 공간을 특징으로 하고 있으며, 대형 박물관들이 그러하듯이 상당한 지지를 받고 있다. 또한 두 건물 역시 국가 및 지역 경제와 문화에 크게 기여하고 있다. 하지만 이러한 개인주의적 성향은 결국 건축물 스스로 전면에 나서 그 장소의 중심이자, 하나의 상징물이 되었다.

존손경박물관

Sir John Soane's Museum

위 치	런던, 영국
건 축 가	존 손(John Soane)
건축양식	신고전주의
건설시기	1792–1824

니콜라스 혹스무어(Nicholas Hawksmoor, 1661–1736) 및 존 손(John Soane, 1753–1837), 에드윈 루티언스(Edwin Lutyens, 1869–1944), 퀸란 테리(Quinlan Terry, 1937–)와 같은 영국 건축가들은 아주 개성이 강한 사람들로 여겨졌는데, 건축에 대한 특별한 시각 및 고전주의 양식에 기반한 비례 감성 때문이었다. 손의 경우, 역사상 가장 처음으로 건축 수집품을 그의 집 전체에 전시한 어떻게 보면 별난 공로가 언급되는데, 많은 사람들은 이를 건축 박물관의 시작이라고 생각한다. 손은 건축가 집안에서 태어나 1771년부터 1778년까지 런던 왕립 아카데미에서 수학했다. 1778년 그는 첫 번째 책인 '건축 디자인(Designs in Architecture)'을 저술했고, 1778년부터 1780년까지 장학금을 받고 해외여행을 다녔다. 그는 프랑스와 이탈리아를 여행하면서 베르사유 궁전(Versailles, 1624–1770; p.96 참조) 및 콜로세움(Colosseum, 72–80; p.16 참조) 등 위대한 건축물들을 답사했고, 오스트리아 및 벨기에, 독일, 스위스 등을 두루 둘러보았다.

영국으로 돌아온 후, 1780년대 중반부터 후반까지 그의 설계 활동은 순탄하지 않았다. 1788년, 영국 은행(the Bank of England)의 건축가로 임명된 후, 1827년까지 주로 은행을 설계했다. 은행을 안정적인 주 고객으로 삼으면서, 그는 덜위치 미술관(Dulwich Picture Gallery, 1817) 및 신 법원 건물(the New Law Courts, 1825; 철거) 설계를 맡았으며, 1791년 왕실 건축물에 대한 현장 감독관으로 임명되기도 했다. 이 외에, 런던에 있는 그의 집인 피츠헤어 저택(Pitzhanger Manor, 1800–10) 및 모거행거 주택(Moggerhanger House, 1790–1812) 리노베이션, 세인트 존 교회(St. John on Bethnal Green Church, 1826–28) 등의 작업 등도 수행했다.

그는 1792년 런던 홀본에 첫 집을 구입했다. 1806년 왕립 아카데미(the Royal Academy)에서 교편을 잡은 이후, 1807년에 인근 부지(13 Lincoln's Inn Fields)도 매입하여 자신만의

주택 설계 작업을 시작했다. 1824년 후면으로도 확장할 수 있도록 인근 14번지의 임대 건물도 추가로 매입하였으며, 이곳은 후에 그의 그림 전시실로 사용되었다. 오늘날 전체 단지가 존 손 경 박물관(Sir John Soane's Museum)으로서 13번지 부지가 중심이며, 입면은 흰색 노픽 벽돌(Norfolk brick)로 디자인되었다. 그는 여러 주택들이 하나의 결합된 공간이 되기를 바랐으며, 특히 그가 광범위하게 수집한 그림 및 건축 모델, 고대 건축 조각들을 위해 아뜰리에 및 관련 교육기관으로 만들고자 했다. 역사가들은 종종 혼란스러운 내부 공간 및 그 안의 공예품들로 그를 기이하게 보았지만, 전시실(the Picture Room) 내 움직이는 패널 디자인이나 난방 및 배관 설계 등은 매우 혁신적인 것이었다. 특히 후자의 경우, 욕실 및 부엌, 화장실에 수도 공급을 원활하게 하였다.

1833년 손 경은 자신이 죽고 난 이후에도 집과 소장품이 보전되도록 의회와 관련 법을 협상하였으며, 또한 교육적 목적 및 새로운 영감을 주기 위해 주택을 개방하였다. 오늘날 박물관에는 45,000점의 공예품과 30,000점의 그림을 수장하고 있으며, 매년 100,000명 이상이 방문하고 있다. 또한 위층의 개인 침실도 복원하여 일반에 개방하였는데, 이곳은 원래 손 경이 죽은 아내의 침실을 개조하여 전시 공간으로 활용했으며, 욕실(bathtub)은 개인 유물 보관 장소로 사용했다. 그의 다소 기이한 창의적 공간들의 복원을 통해, 우리는 건축 교육 센터를 만들기 위한 그의 접근법을 경험할 수 있게 되었다.

오른쪽
그림 전시실(the Picture Room)은 가장 기발한 공간 중 하나인데, 존 경이 건물을 구입했을 때에는 아주 열악하여, 1824년 새롭게 정비되었다. 주요 그림들은 도어 같은 곳에 전시되는데, 이를 통해 수납 공간을 극대화했으며, 또한 공간 자체를 다채롭게 하였다. 이와 같은 시스템은 현대 박물관 수장고의 이동식 철제 선반(movable steel racks)과 유사했다.

하단
돔 모양의 전시 공간(Sepulchral Chamber)은 1811년 손 경이 수집한 바티칸 미술관의 벨베데레의 아폴로(Apollo Belvedere) 석고 주형을 포함해 주요 건축 유물들이 전시되어 있다. 손 경은 평생 강박적으로 공예품들을 수집하고 전시하였다.

건축 박물관

국제 건축 박물관 협회(The International Confederation of Architectural Museums)는 1979년에 설립되었으며 주요 박물관이 참석하는 회의를 개최한다. 이곳에서는 손 경과 같은 19세기 건축가들의 수집품을 통해 주요 건축 문화 유산들을 추적하고 있다. 특히 전시되어 있는 유럽의 조각상 및 건물 조각들은 교육적으로 전시 효과가 높다. 실제 이러한 조형물들은 얼마 남아 있지 않은데, 일부는 1873년 개장한 런던 빅토리아 알버트 박물관(London's Victoria and Albert Museum)의 조형관(the Cast Court)에 전시되어 있다(왼쪽). 이곳에서는 북유럽과 스페인, 이탈리아로 구분하여 전시하고 있다.

▼ 살아있는 공간

어떤 면에서 존 손 경 박물관은 궁극적으로 살아 숨 쉬는 박물관이었다. 왜냐하면 원래 건축 교육을 위한 박물관으로 의도했지만, 또한 거주하는 환경이기 때문이다. 손 경은 거의 40년 이상 이곳에서 살면서, 수집하고, 재설계하고, 설치하고, 일하면서 살았다. 폼 페이의 붉은색으로 칠해진 도서관(거실)에는 1829년 토마스 로렌스(Thomas Lawrence)가 그린 손 경의 초상화가 걸려 있다.

전시 공간들

좀 더 중요한 전시 공간들은 전체 단지 뒤의 북쪽과 남쪽 축에 배치되어 있다. 위에서 보면, 그림 전시실(the Picture Room) 왼쪽 아래(반대편 페이지 참조)에 있는 서펄크롤 챔버(Sepulchral Chamber)와 같은 실은 돔과 연계되어 채광이 가능했으며, 박물관이라기 보다는 지역 내 공원(Lincoln's Inn Fields)과 면한 거주 공간의 느낌을 주었다.

응접실

단지의 중심인 13번지에 있는 손 경의 응접실 공간은 인근 12번지 부지의 큰 식당과 구별된다. 응접실은 채광창 아래에 가볍게 떠 있는 것처럼 보이며, 거울이 있는 노란색 돔 형태로 더 잘 알려져 있다. 이 돔 형태는 손 경이 설계한 영국 은행(the Bank of England)의 원형이었다.

▶ 평면도

평면도를 통해 당 박물관을 위해 구입한 3개의 부지(12–14번지, Lincoln's Inn Fields)를 알 수 있다. 주요 실 명칭은 범례를 통해 확인할 수 있으며, 평면의 방위는 하단의 주 출입구가 남쪽을 향하게 되어 있다.

범례

A 전면 홀
B 도서관
C 거실
D 서펄크롤 챔버
   (Sepulchral Chamber)
   (지하층)
E 아침 식사 응접실
F 대기실
G 뉴코트(New Court)
H 신규 그림 전시실

I 중앙 돔
J 콜로네이드
K 드레스룸
L 작은 공부방
M 수도자 응접실
   (Monk's Parlor)
N 오목한 방
O 그림 전시실(Picture Room)
P 지하층 계단
Q 식사 식당

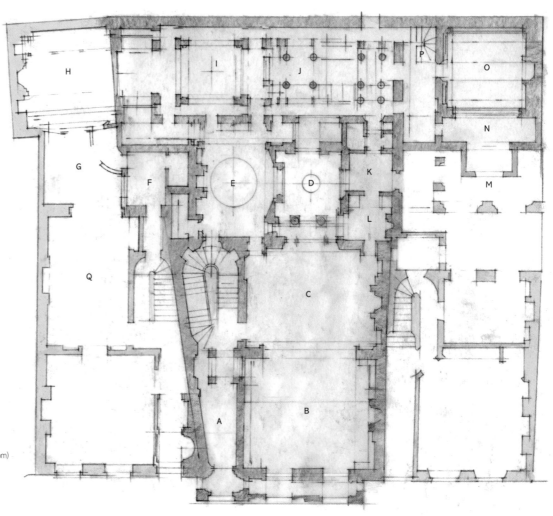

단면도

이 단면도는 당시에 그려진 주요 도면들을 변경하여 그린 것이다. 단면도를 통해 과도하게 장식된 각 방들이 어떤 순서로 배치되었는지를 시각적으로 알 수 있으며, 특히 박물관에서 가장 중요한 시설들만 중점적으로 표현되어 있다.

1 서펄크롤 챔버(SEPULCHRAL CHAMBER)

당 공간은 고대 건축 조각품들로 가득 차 있다. 이 중 핵심은 이집트 파라오 세티 1세의 석관을 석고로 본뜬 조각품인데, 1824년 수집한 것이다. 그는 공간 전체에 조각품들을 전시했으며, 각 조각품들은 마치 지하 공동묘지(카타콤)처럼 연결되어 있다.

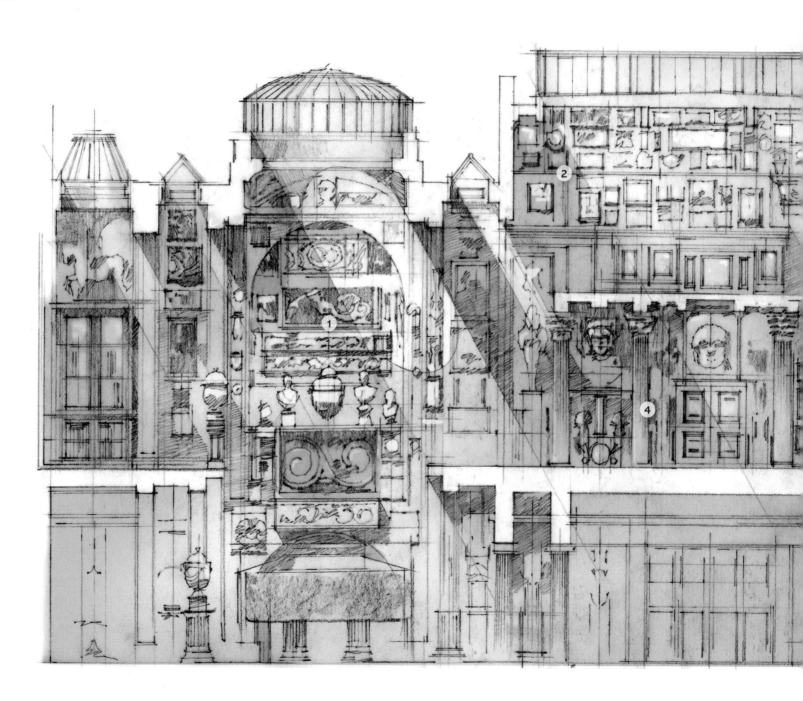

2 화실

콜로네이드형 전시 공간 위로 채광을 받을 수 있게
설계된 이 다층 형태의 화실은 손 경의 작업실로써,
견습생들이 사용하는 공간이었다. 도면에서 보는 바
와 같이, 돔 아래로 다양하게 채광이 이루어지도록
설계되었으며, 그림 전시실 역시 마찬가지였다.

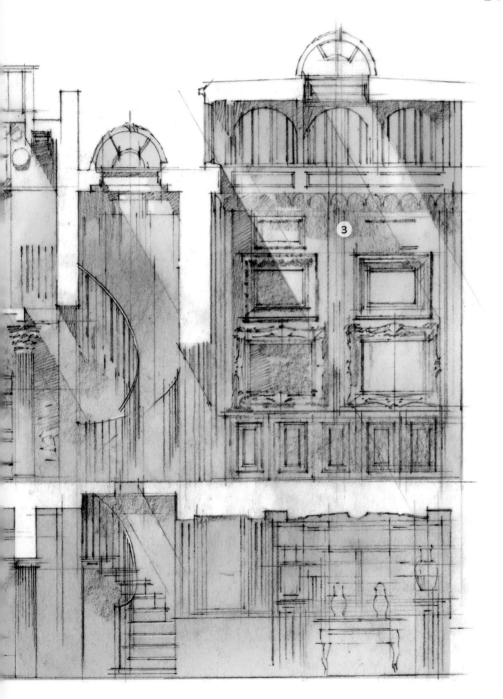

3 그림 전시실(PICTURE ROOM)

1824년 14번지 건물의 보수 작업이 완료된 후,
공간을 확장하여 윌리엄 호가스(William Hogarth)
의 '레이크의 삶(A Rake's Progress, 1732 – 33)'
과 같은 8개의 연작을 전시할 수 있게 되었다. 특
히 수납형 도어에 여러 그림을 겹칠 수 있게 전
시하여, 일반적인 형태의 전시 공간보다 더 효율
적이었다.

4 콜로네이드

이 콜로네이드 공간의 8개 기둥은 코린트식 주
두(柱頭) 형태를 가지고 있다. 복도를 통해 그
림 전시실 및 돔으로 된 서펄크롭 챔버, 외부
와도 연결된다. 인접한 계단은 지하층의 수도
자 응접실(Monk's Parlor) 및 그 위의 제도실
을 연결한다.

글래스고 예술 학교
Glasgow School of Art

위 치 글래스고, 영국
건 축 가 찰스 레니 매킨토시(Charles Rennie Mackintosh)

건축양식 모더니즘, 아르누보
건설시기 1897–1909

찰스 레니 매킨토시(Charles Rennie Mackintosh, 1868 – 1928)의 작품들은 글래스고와 밀접하게 연결되어 있는데, 이는 시카고의 루이스 설리번(Louis H. Sullivan, 1856 – 1924)이나 비엔나의 오토 바그너(Otto Wagner, 1841 – 1918) 등과 같다고 할 수 있다. 글래스고를 방문하는 건축가라면 누구나 글래스고 예술 학교(Glasgow School of Art)를 방문한다. 이 공업 도시에서 태어나고 자란 매킨토시는 전문 기술 학교(polytechnic)라 할 수 있는 앨런 글렌 학원(the Allan Glen's Institution)에서 공부했다. 1890년 장학금을 통해

건축 여행을 한 후, 1889년 허니만 & 케피(Honeyman and Keppie) 건축사사무소에서 일을 시작했으며, 1904년에 파트너가 되었다. 1913년 회사가 문을 닫은 후 자신의 사무실을 시작했지만, 화가로서의 삶을 더 선호했다.

매킨토시는 지역 특성을 살린 장식에 일본식 우아함이 가미된 단순화되고 산업화된 현대식 석조 건축물을 만들기 위해 노력했다. 특히 19세기 후반 'Japonisme'의 유행으로 일본식 디자인은 인기가 있었다. 허니만 & 케피에 있는 동안에는 다양한 규모의 건물들을 설계하였다. 대표적으로 글래스고

에 있는 윌로우 찻집(the Willow Tearooms, 1903) 및 스코틀랜드 남작 스타일의 힐 하우스(the Scottish Baronial style Hill House, 1902 – 04), 데일리 레코드 신문사 인쇄소(the commercial Daily Record Printing Works, 1904) 등이 있다. 프랭크 로이드 라이트(1867–1959)를 포함한 동시대의 많은 현대 건축가들처럼 매킨토시는 건물만큼이나 가구 디자인으로 유명했다. 아가일 거리의 찻집(the Argyle Street Tea Rooms, 1898) 및 윌로우 찻집을 위해 디자인한 아가일 의자(Argyle Chair, 1897)나 힐 하우스를 위해 디자인한 격자 패

턴의 레더 백 의자(Ladderback Chair, 1902)는 클래식 반열에 올랐으며, 현재도 생산 중에 있다.

그의 아내 마가렛 맥도널드(Margaret MacDonald)와 그녀의 언니 프랜시스(Frances), 프랜시스의 남편 허버트 맥네어(Herbert MacNair, 1868 – 1955), 그리고 허니만 & 케피 시절의 동료와 함께 여러분도 잘 아는 '4인 그룹(the Four)'을 결성하여 활동했으며, 런던 및 비엔나뿐만 아니라 여러 도시에서 미술 전시회를 개최하였다. 그들은 1888년부터 1895년까지 글래스고 예술 학교의 미술 수업에서 만났고, 이후 매킨토시는 1896년에 당 학교의 새로운 교사신축 공모전에 응모하여 당선했다.

매킨토시의 우승 설계안은 학교 교장이었던 화가 프란시스 헨리 뉴베리(Francis Henry Newbery)의 전폭적인 지지를 받았지만, 이사회는 당시 기준으로 '평범한 건물'을 원했다. 이에 매킨토시는 스코틀랜드 지역성과 일본식 감수성을 혼합한 내외부 디자인을 한정적으로 적용하여 설계하였다. 글래스고 남쪽 기프녁(Giffnock)에서 채굴한 거칠게 다듬은 사암으로 건설된 5층 건물은 2단계로 건설되었다. 1단계 공사로 1897년부터 1899년까지 중앙 공간과 동쪽 별동(east wing) 건설이 진행되었고, 1907년부터 1909년까지 2단계 공사로 서쪽 별동 및 도서관 공사를 진행하여 건물을 완성했다. 공사 일지에 따르면, 건설 비용은 47,416파운드였다. 전체 건물의 규모는 245피트(74.7m) 길이에 폭은 93피트(28.3m)였으며, 높이는 80피트(24.4 m)였다. 렌프루 거리(the Renfrew Street)를 맞대고 있는 건물 입면에는 교실과 스튜디오를 비추는 큰 창문들이 계획되었으며, 2층으로 계획된 도서관 내부는 가장 유명한 공간으로 착색한 오크 나무로 마감되었다. 2014년 스티븐 홀(Steven Holl, b.1947)이 설계한 121,094 평방 피트(11,250㎡) 규모의 유리로 된 건물은 본관 바로 맞은 편에 건설되었다. 아래 그림과 같이, 2014년 5월 23일 발생한 참사로 건물의 많은 부분이 파손되었지만, 2016년 말 3,500만 파운드의 비용으로 재건축이 시작되었다. 글래스고 캠퍼스는 본관에서 4블록 떨어진 스토우 캠퍼스(Stow College) 및 저 멀리 싱가포르 디자인 캠퍼스를 아우르는 전체 학교 네트워크의 본부가 될 예정이다.

상단 왼쪽
2층으로 된 도서관은 당 건물의 중심으로 매킨토시가 디자인한 가구로 마감되었다. 현재 원래 건물은 2014년 화재로 소실되었다.

상단 오른쪽
스티븐 홀이 설계한 세오나 리드 빌딩(The Seona Reid Building, 2014)은 매킨토시의 랜드마크 건물 바로 맞은 편에 건설되었다. 학생 수는 1,900명이고, 전문 기술 학교 학생들을 위해 싱가포르에 분교도 설치하였다.

2014년 대화재

2014년 학교 지하실에서 발생한 폭발로 인해 발생한 화재는 건물 전체로 급속히 번져 건물 지붕까지 큰 피해를 입혔다. 다행스럽게도 화재로 사망한 사람은 없었지만, 건물 일부는 도서관을 포함하여 완전히 파괴되었다. 현재 진행 중인 건물 복원 공사가 완료되면, 세오나 리드 빌딩과 함께 전체 학교 단지가 완성된다.

▼ 단면도

이 단면도를 통해 1909년 건물을 완성하기 위해 계획된 서쪽 확장 영역을 볼 수 있다. 건물 지하실에는 강의실이 있었고, 그 위 1층은 건축 스튜디오, 2층에는 도서관이 배치되었다. 목제 지붕 트러스 구조는 스코틀랜드 양식으로 되어 있다. 스튜디오 왼쪽의 큰 창문은 북쪽을 향하며, 예술가들을 위한 공간으로써 매우 이상적이었다.

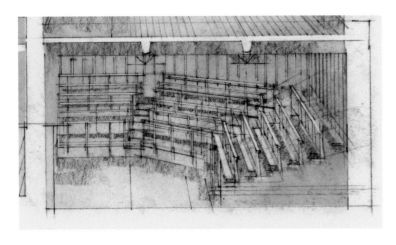

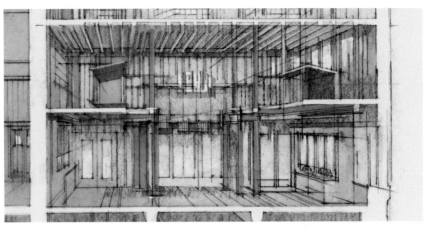

강의실

지하 강의실은 가끔 극장이라고 불린다. 남서쪽 모퉁이에는 별도의 지하 출입구가 설치되어 있어서 공개 강연도 가능했다. 계단식 좌석이 배치되었으며, 창이 없는 벽면에는 강의 및 프레젠테이션을 위한 커다란 곡선 강연대가 설치되었다. 또한 근처에 있는 세오나 리드 빌딩에도 새 강의실이 보강되었다. 당 도면에는 강의실 하부의 창고 및 기계실 등을 위한 덕트 공간은 표시되지 않았다.

도서관

2층으로 된 도서관은 커다란 채광창을 가진 스튜디오 공간이었다. 2014년 화재로 인해 구조체는 거의 온전하게 보존되었지만, 기타 모든 시설은 완전히 파괴되었다. 도서관 재건축에는 기존 화재에서 남은 자재를 최대한 사용하였다. 재건축 과정에서 가장 중요한 자재는 튤립 목재로써 목재의 질감이 살 수 있도록 얇게 채색되었다. 새로운 목재의 색상은 이전 목재보다 상당히 밝았는데, 이는 원래 목재가 세월이 가면서 어두워졌기 때문이다.

▶ **철재 장식품(IRONWORK) 상세**

육중한 건물 입면은 산업 시대의 모습을 투영하고 있으며, 중간마다 커다란 채광창이 설치되었다. 석재 장식은 주 출입구에만 한정되어 사용되었으며, 반면 커다란 스튜디오 창문에는 아르누보 양식의 철재 장식품이 다량 사용되었다. 이는 산업 생산품이 아닌 예술의 창조가 이 안에서 일어난다는 것을 보여 준다.

바우하우스 Bauhaus

위 치 데사우, 독일
건 축 가 발터 그로피우스(Walter Gropius)
건축양식 기능주의 모더니즘
건설시기 1925–26

독일 정부는 중요 모더니즘 건축물의 50주년을 기념하여 바우하우스 빌딩(the Bauhaus, 1925–26)을 복원하였다. 외부에서는 복원 과정을 매우 인상적으로 바라보았으며, 또한 당 건물이 소련군 주택 단지 한가운데에 있었다는 사실에 매우 놀라기도 했다. 1989년 베를린 장벽이 무너지고 독일이 통일되면서, 이곳에 거주하던 러시아 병사들이 본국으로 귀환하면서 모든 상황이 바뀌었다. 이에 바우하우스 데사우 재단(The Bauhaus Dessau Foundation)은 1996년부터 2006년까지 인프라 복구와 시설 복구에 대한 포괄적인 복원 사업을 진행하게 되었다.

바우하우스의 건축가는 발터 그로피우스(Walter Gropius, 1883–1969)이다. 그는 건축가 집안 출신으로 뮌헨과 베를린에서 공부했다. 1907년에 건축 설계 일을 시작하여, 1910년 아돌프 마이어(Adolf Meyer, 1881–1929)와 함께 자신의 회사를 설립하기 전까지는 페터 베렌스(Peter Behrens, 1888–1940)와 함께 일했다. 그들은 유럽의 기능주의 모더니즘의 초기 사례인 알페트의 파구스 공장(the Fagus Factory, 1910)을 함께 설계하면서 역사를 만들어나갔다. 제1차 세계 대전에서 군 복무를 마친 후, 그로피우스는 1919년 바이마르 예술 공예 학교(the School of Arts and Crafts in Weimar)의 교장으로 초청을 받고 이 학교를 바우하우스로 개조하였다. 그는 바이마르 당국이 1924년 자금 조달 이유로 학교를 폐쇄한 후, 학교를 데사우(Dessau)로 옮기는 데 중요한 역할을 했다.

융커스 항공기 회사(the Junkers aircraft company)의 본사

가 있는 데사우(Dessau)는 대량 생산 디자인을 수용할 수 있는 큰 산업 기반을 갖춘 도시였다. 그로피우스는 1925년부터 1965년까지 새로운 시대의 미니멀리스트를 위한 시설로써, 바우하우스 교사들을 위한 마스터스 주택(the Masters' Houses, 1925) 및 기타 별동, 노동자들에게 저렴한 주택을 공급하기 위한 토르텐 주택 단지(the Törten Estate, 1926–28) 등을 설계하였다. 약 250,600평방 피트(23,282㎡) 대지에 건설된 바우하우스는 각기 기능을 가진 3개 동으로 설계되었는데, 각각 3층의 작업장 동과 직업 학교동, 학생 및 교수진을 위한 5층의 기숙사동으로 계획되었다. 2층으로 된 행정실이 있는 연결동은 직업 학교동과 작업장을 연계하였으며, 작업장과 스튜디오 사이의 중앙 작은 건물에는 강당 및

구내 매점이 배치되었다. 내부는 색채 담당자인 하이너크 쉐퍼(Hinnerk Scheper)의 감독 아래 밝은 색채로 칠해졌으며, 이를 통해 평면적 구조 형태가 시각적으로 강화되었다. 그로피우스는 1928년까지 바우하우스의 교장으로 재직하였으며, 이후 하네스 마이어(Hannes Meyer, 1889 – 1954)가 자리를 이었다. 마이어는 일 년밖에 근무하지 않았는데, 그의 공산주의 성향 때문이었다. 이후 루트비히 미스 반 데어 로에(Ludwig Mies van der Rohe, 1886 – 1969)가 다음 교장으로 1930년부터 1932년까지 재직하였다. 하지만 독일에 국가 사회주의가 태동하면서, 미스는 학교를 베를린으로 옮길 수밖에 없었으며, 나치 정권이 들어서기 1년 전까지 학교를 운영하였다. 1934년 그로피우스는 영국으로 이주했고, 1937

년 하버드 대학교 디자인 대학원의 학장이 되었다. 1938년 미스는 독일을 떠나 시카고로 갔고, 나중에 일리노이 공과 대학의 건축학과 학장이 되었다. 마이어는 나치가 정권을 잡기 전에 독일을 떠나, 1930년에 소비에트 연방으로, 그 후 1936년에는 고향 스위스로, 1939년에는 멕시코 시티로, 그 후 1949년 다시 고향 스위스로 돌아갔다.

당시 건축 대가들의 이러한 움직임은 유럽을 떠나 미국, 영국, 호주로 이주한 많은 바우하우스 교사들과 연관되어 있다. 더불어, 나치 치하에서 바우하우스는 여성 학교 및 행정 오피스, 융커 비행기 공장 역할을 했다. 1945년 3월 7일 폭격으로 공장 건물이 파손되었으며, 이후 1975–76년에 복구되었다.

상단 왼쪽
2개의 계단으로 구성된 메인 계단은 시각적으로 잘 구성되었으며, 또한 강당 및 상부 공간으로 연계될 수 있게 충분한 보행 공간을 제공하였다. 특히 이 계단은 오스카 슐레머(Oskar Schlemmer)의 유명한 그림인 바우하우스 계단(Bauhaus Stairway, 1932)의 주제였다.

상단 오른쪽
강당은 중앙 계단과 복도에서 떨어져 있다. 바닥에 부착된 접이식 좌석은 캔버스로 덮인 철재 강관으로 제작되었는데, 원래는 캔버스가 아닌 모두 철재 재질로 계획되었다. 그로피우스는 바우하우스가 독일 산업 디자인의 싱크 탱크가 되기를 희망했다.

데사우와 모더니즘

바우하우스는 모더니즘 운동과 깊이 연관되어 있지만, 데사우는 양대 세계 대전 기간 동안 건설된 주요 건축물들로 유명하다. 곡선 계단으로 유명한 알베츠암트(Arbeitsamt, 왼쪽), 칼 파이거(Carl Fieger, 1893–1960)의 콘하우스(the Kornhaus, 1930) 식당, 그로피우스와 마이어의 데사우–토르텐 주택 단지(housing in Dessau-Törten) 및 퀜섬 빌딩(Gropius's Konsum Building, 1928,) 등이 모두 데사우에 있다. 이처럼 바우하우스 및 다른 주요 모더니즘 건축물 때문에 데사우는 유네스코 세계 문화유산으로 지정되었다.

1 스튜디오 발코니

스튜디오나 기숙사동은 발코니를 가진 250평방 피트(23㎡) 규모의 작은 방으로 구성되었으며, 복도를 따라 공동 샤워장과 화장실이 배치되었다. 현재, 하룻밤 동안 작은 방 한 채를 빌리는 것이 가능한다.

2 작업장

거대한 철근 콘크리트 작업장은 일반적인 공장과 유사한 공간이었다. 그로피우스는 이곳을 독일의 디자인 싱크 탱크 모델로 고려하였다. 바우하우스가 독일 산업의 디자인 싱크 탱크가 될 것이라는 그로피우스의 꿈은 부분적으로만 실현되었다.

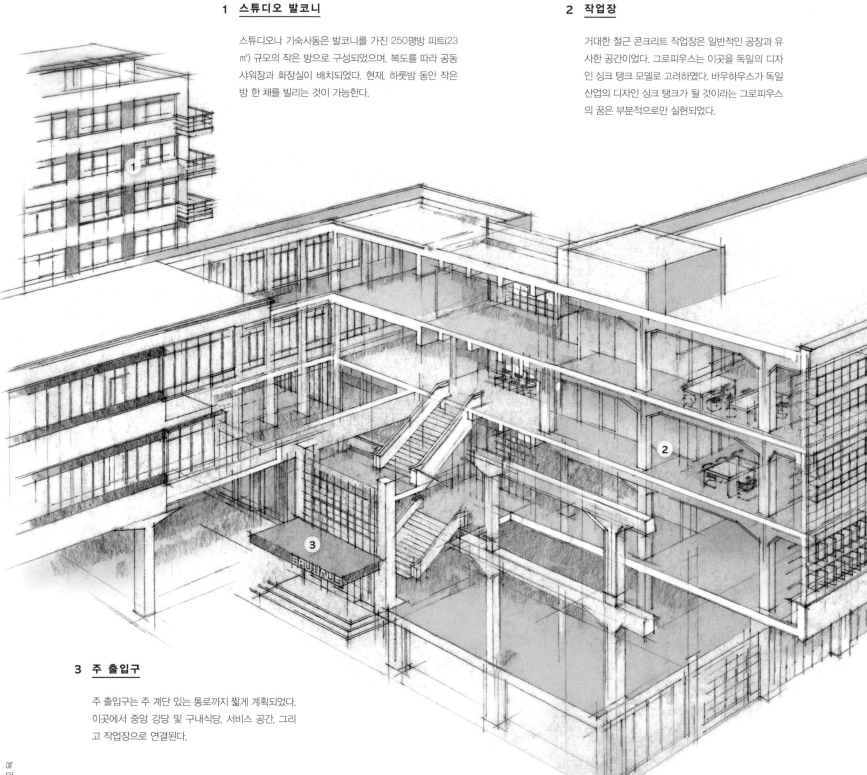

3 주 출입구

주 출입구는 주 계단 있는 통로까지 짧게 계획되었다. 이곳에서 중앙 강당 및 구내식당, 서비스 공간, 그리고 작업장으로 연결된다.

► **창문 상세**

작업장의 커튼월 벽면은 체인 도르래(chain–and–pulley) 시스템을 통한 철재 회전 창문으로 계획되었다. 이 시스템은 각 창문을 동일한 규모로 열리게 하여, 시각적 이미지를 조절하였다.

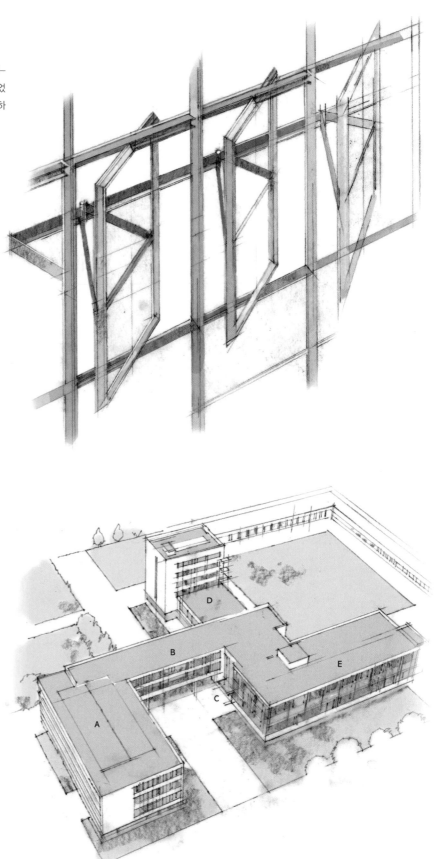

► **단지 계획도**

단지는 다섯 개의 건물로 구성되어 있다. 왼쪽에서 오른쪽으로 순서대로 직업 학교(A), 행정 사무소 연결동(B), 주 출입구(C), 학생 교수 기숙사 및 스튜디오(D), 그리고 우측 하단의 작업장(E)이 배치되어 있다.

바르셀로나 파빌리온

Barcelona Pavilion

위 치 바르셀로나, 스페인

건 축 가 루트비히 미스 반 데어 로에(Ludwig Mies van der Rohe)
이후 다른 사람이 재건축

건축양식 모더니즘, 국제 양식

건설시기 1929, 1986 재건축

'행동하라, 말하지 말고(Build, don't talk)', '간결한 게 더 풍요롭다(less is more)' 그리고 '답은 디테일에 있다(God is in the details)' 등 루트비히 미스 반 데어 로에(Ludwig Mies van der Rohe, 1886–1969)가 했던 몇 가지 격언들은 모두 중요한 건축 슬로건이 되었다. 미스는 당 시대에 가장 중요한 건축가 중 한 사람으로서 시카고의 860–880 레이크쇼어 빌딩(860–880 Lake Shore Drive, 1951) 및 뉴욕의 시그램 빌딩(the Seagram Building, 1958)과 같은 랜드마크 빌딩뿐만 아니라, 1938년에 독일에서 이민 온 후 일리노이 공과 대학 내 아머 공대(Armour Institute of Technology)의 건축 대학을 개편한 일로도 유명하다. 그가 1929년 바르셀로나 국제 박람회의 독일 전시관(the German Pavilion)을 설계했을 때, 그

는 독일의 가장 진보적인 건축가 중 한 사람이었다. 특히 이 파빌리온은 1차 세계 대전의 공포를 상징하는 독일 제국 시대의 고전주의와 결별하고, 바이마르 공화국 시설의 독일 문화를 구체적으로 표현하기 위해 제작되었다. 미스는 스페인의 알폰소 13세(King Alfonso XIII)와 독일 관리들을 위한 기념 공간으로 이 건물을 설계했으며, 또한 소위 바르셀로나 의자로 불리는 현대인의 왕좌를 상징하는 철재 및 가죽으로 된 의자도 디자인하였다.

이 건물은 두 개의 반사 풀과 함께 석회석 주춧돌 위에 건설되었으며, 네덜란드 데 스틸(De Stijl, p.196 참조)과 같은 당시 근대 건축 양식과 유사한 특징을 보여준다. 하지만 뚜렷한 차별점으로 거대한 이동식 대리석 벽체가 계획되었다. 이

와 함께 8개의 얇은 철재 반사 크롬 기둥이 지붕을 건물 위에 떠 있는 것처럼 보이게 하였다. 이 대담하면서도 평온한 건물은 아름답고 섬세하며 균형 잡힌 공간을 만드는 미스의 위대한 재능을 보여준다.

이 파빌리온은 1930년 전시회를 마치고 철거될 예정이었기 때문에, 건축적 실험이기도 했다. 특히 이 건물의 개방성은 거대한 유리창 및 벽돌과 회반죽 자재로 설계한 랑게 & 에스터스 주택(the Lange and Esters houses, 1928–30) 및 베를린의 렘케 주택(the Lemke House, 1933)과도 뚜렷하게 구분된다. 또한 바르셀로 파빌리온 이후 설계한 브르노(Brno, Czech Republic)에 있는 투젠드하트 주택(Tugendhat House, 1930)도 안쪽 정원으로는 바닥에서 천장까지 이어지는 유리창을 통해 개방적으로 설계했지만, 도로 쪽 입면은 폐쇄적으로 계획하였다. 평론가들은 그가 1937년 나치 독일을 떠나 미국으로 간후, 통유리 벽체 등을 통해 더 개방적으로 되었다고 설명하며, 판스워스 주택(the Farnsworth House, 1951) 및 맥코믹 주택(McCormick House, 1952) 등을 사례로 제시한다. 어떤 면에서 바르셀로나 파빌리온은 그의 실현되지 못한 유리 고층빌딩(the Glass Skyscraper, 1922) 및 수많은 주택 디자인들과 같이, 당시 시대상과 동떨어지게 디자인되었다. 어찌 보면 이 건물은 그렇게 미스가 부르짖었던 '거의 아무것도 없이(beinahe nichts; almost nothing)'를 형상화한 모델이라고 할 수 있다.

당 건물은 20세기뿐만 아니라 미스에게도 중요한 건물이었기 때문에, 그의 숭배자들은 당 건물의 재건축을 위해 노력했다. 이 운동을 이끈 사람들은 바르셀로나시 공무원 및 뉴욕 현대 미술관의 미스 아카이브를 담당하는 건축가 크리스티앙 시리치(Cristian Cirici, b.1941), 그리고 미스의 손자인 건축가 더크 로한(Dirk Lohan, b.1938) 이었다. 재건축 이후 미스 반 데어 로에 미술관(the Fundació Mies van der Rohe)이란 이름으로 공공에 개장하여 운영 중이다.

루트비히 미스 반 데어 로에

미스는 원래 석공이었기 때문에 디테일을 사랑했고 천부적인 비율감을 보여주었다. 피터 베렌스(Peter Behrens)와 브루노 파울(Bruno Paul, 1874–1968)과 함께 일한 후, 그는 기존과 차별화된 주택을 설계하기 위해 본인의 회사를 설립했다. 제1차 세계 대전 후, 그는 더 개방된 계획과 모더니즘 양식의 설계를 통해 세간의 이목을 끄는 건축가가 되었으며, 특히 개인 주택 설계에 집중하였다. 미국으로 이주한 후에는 더 많은 학자 및 추종자, 그리고 의뢰인들을 확보하게 되었다.

상단
파빌리온의 북쪽에는 게오르그 콜베(Georg Kolbe)의 모르겐(Der Morgen, Morning, 1925) 청동 복제품이 서 있는 수공간이 있다. 이 조각상의 원본은 베를린-프리데나우의 시실가르텐(the Ceciliengärten) 공원에 아벤트(Der Abend, Evening, 1925) 조각상과 함께 서 있다.

하단
넓은 석회암 바닥의 광장은 큰 수공간을 포함하고 있으며, 건물 반대편에는 모르겐 조각이 놓인 작은 광장을 배치하였다. 수공간의 물은 반영(反映)을 통해 건물의 창문을 활력 있게 보이게 하였으며, 그 반대의 경우도 마찬가지이다. 미스는 이후 디자인에도 이러한 방법을 자주 사용했다.

바르셀로나 의자

아마도 이 파빌리온에서 가장 유명한 것은 '바르셀로나 의자'로 알려진 넓고 균형 있게 디자인된 철재 가죽 의자일 것이다. 이 의자는 스페인 국왕 알폰소 13세와 같은 VIP를 위해 설계되었다. 또한 그림에서 보는 바와 같이, 건물에 사용된 고급스러운 재료, 로마산 석회암 및 아프리카산 오닉스, 그리스/알프스산 대리석들은 건물의 이미지를 상승시키는 효과를 제공한다.

독립적 벽 패널

다양한 자재로 만들어진 독립 벽체는 종종 비대칭적으로 놓이며, 1920년대 많은 현대적 건축물의 전형이 되었다. 미스의 작품에 나오는 이 단순한 벽체는 프랭크 로이드 라이트의 초기 작품에 응용되었으며, 이는 라이트가 1910년 베를린에서 출판, 전시한 라이트의 도면 포트폴리오(the portfolio of Wright's drawings) 및 워스머스(E. Wasmuth)의 영화에 나오는 도면집과 사진을 통해 확인할 수 있다.

물

격자 패턴으로 계획된 석회암 기단은 벽체와 반사 풀의 형태를 결정 짓는다. 풀과 이에 상응하는 오픈 스페이스는 종종 조각상과 함께 1930년대의 많은 중정형 주택 디자인에 적용되었지만, 대공황으로 인해 실현되지 못했다. 그 당시 미스는 건축 설계보다 가구 디자인에 수입을 의존했다.

부유하는 지붕

큰 지붕은 마치 벽 위에 떠 있는 것처럼 보인다. 이러한 특성은 스테인리스 스틸로 만들어진 매우 얇은 십자형 기둥의 사용을 통해 이루어졌다. 독일은 1920년대에 이러한 제품을 개발하는 데 있어 선두 주자였으며, 특히 독일산 스테인리스 스틸은 뉴욕 크라이슬러 빌딩에도 사용되었다.

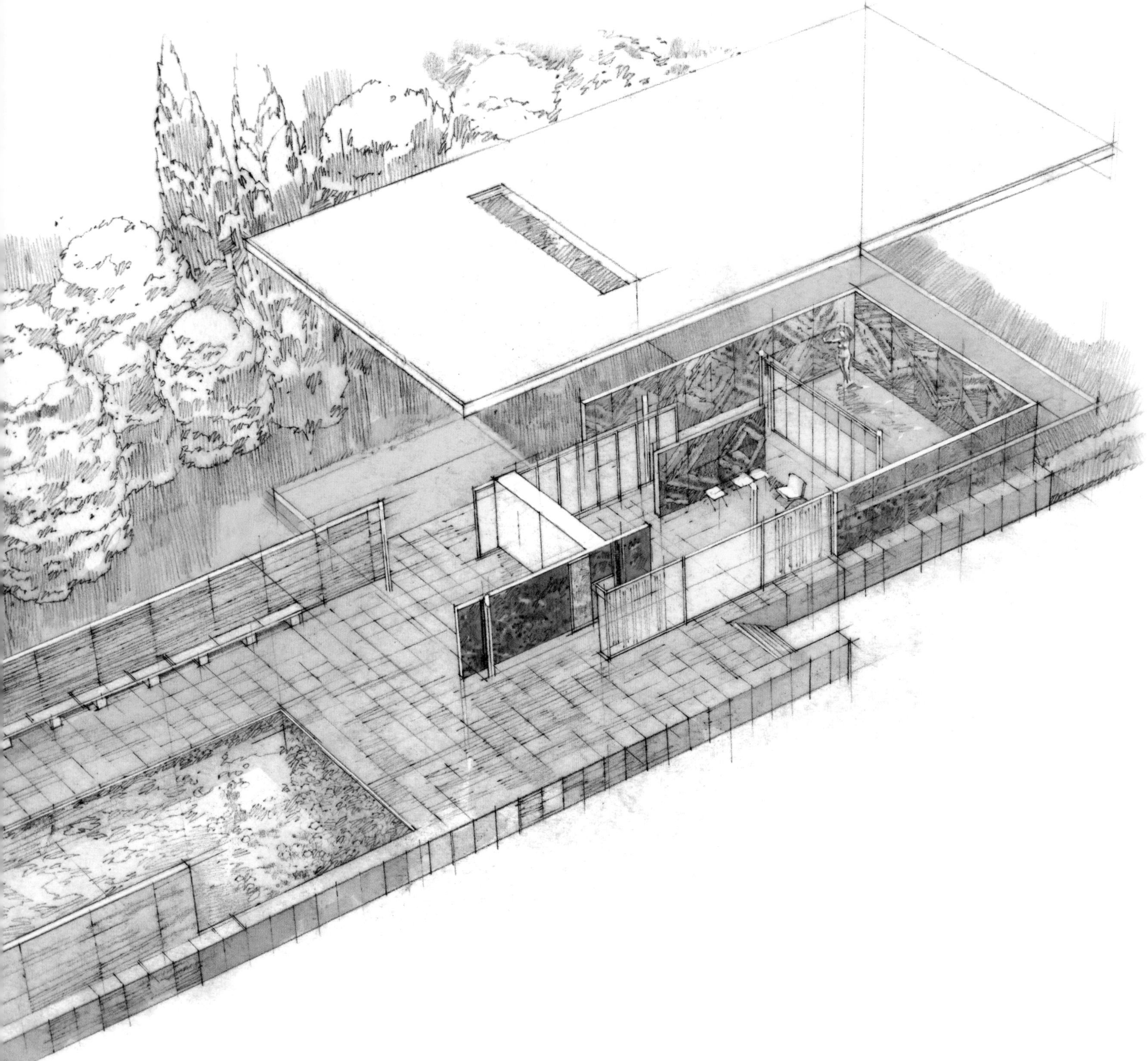

구겐하임 미술관 Solomon R. Guggenheim Museum

위 치	뉴욕, 미국
건 축 가	프랭크 로이드 라이트(Frank Lloyd Wright)
건축양식	유기적 모더니즘
건설시기	1956–59

어떻게 보면, 뉴욕의 솔로몬 R. 구겐하임 미술관(the Solomon R. Guggenheim Museum)은 독일 베를린 및 스페인 빌바오(p.168 참조), UAE의 아부다비, 이탈리아의 베니스까지 주요 국가에 건설된 현대 미술관의 본부이다. 이 성공적인 미술관 운영의 기틀은 광물 산업가이자 미술품 수집가인 솔로몬 R. 구겐하임(Solomon R. Guggenheim)으로부터 시작되었다. 그는 현대 예술을 지원하는 재단 및 관련 박물관을 만들기를 원했다. 이에 1937년 재단을 설립하고, 2년 후 뉴욕 맨하탄 중부 54번가의 자동차 전시장을 개조하여 그림을 위한 미술관(the Museum of Non-Objective Painting)

을 첫 번째로 개장하였다. 1943년, 구겐하임과 그의 고문 힐라 폰 레바이(Hilla von Rebay)는 프랭크 로이드 라이트(Frank Lloyd Wright, 1867 – 1959)에게 크고 영구적인 미술관 설계를 의뢰하였다. 이후 수많은 재설계 및 부지 변경을 거친 후, 1949년 구겐하임이 사망한 이후, 1959년에 최종 라이트의 설계안이 맨하탄 북동부 센트럴 파크 반대편 5번가에서 현실화되었다. 다양한 시민 단체들의 반대는 그의 급진적 디자인 때문이지만, 또한 5번가 근처의 건물 이미지 때문이기도 하였다.

라이트의 콘크리트로 된 나선형 디자인은 메릴랜드주 슈거

로프 산에 계획된 the Gordon Strong Automobile Objective(1924년) 계획안과 1948년 샌프란시스코의 한 상점을 위해 설계한 나선형 램프 리노베이션 작업을 토대로 하였다. 원래 라이트는 구겐하임 미술관을 석재로 건설하기를 원했으나 예산 때문에 콘크리트를 선택하였다. 하지만 이후 라이트는 콘크리트 자재의 조형성 및 창의적 '상상력'을 현실화하는 능력을 높이 평가했다. 라이트는 벽, 바닥, 천장이 함께 어우러져 예술가와 관람객 모두가 역동적 전시 체험을 할 수 있는 유동적인 공간을 원했다. 라이트는 끊김 없이 이어지는 전시 체험을 의도했지만, 많은 사람이 전시품들이 상대적으로 소외되고 또한 기존의 규격화된 전시 방법을 따르지 않았

다는 이유로 극심하게 비판했다.

약 8만 평방 피트(7,432㎡)에 달하는 구겐하임 미술관은 1956년에 착공하여 3년 후에 문을 열었다. 하지만, 중심 아트리움은 원래 의도와 달리 특별한 행사 시 대형 조각상을 배치하는 공간으로 이용되었고, 상징적인 전시 공간은 원래 의도보다 제한적으로 사용되었다. 원래 디자인은 미술품 설치를 제한하기 위해 분수를 계획했지만, 라이트는 좀 더 실용적인 강당과 서점, 카페 공간을 계획하여 변경하였다. 또한 사무실과 갤러리 확장을 위해 바로 인접하여 10층 건물을 계획했지만, 이 아이디어는 1991~92년에 과스메이 시겔 건축사사무소(Gwathmey Siegel Associates)에서 16층의 증

축안(4,738㎡ 규모의 신규 전시관 및 1,393㎡ 규모의 업무 공간)을 건설하기 전까지 실현되지 않았다. 그리고 2008년에서야 미술관의 아트리움 및 천창이 WASA Studio 및 다른 전문가들에 의해 복원되었다. 또한 라이트 레스토랑(The Wright restaurant, 2009)과 카페 3(2007)가 안드레 키코스키(Andre Kikoski, b.1967)의 설계로 추가로 리노베이션되었다. 현재 복원과 확장 이후, 매년 100만 명 이상이 방문하고 있으며, 구겐하임 미술관은 뉴욕에서 네 번째로 방문객이 많이 찾는 박물관이다.

상단 왼쪽
박물관 아트리움의 경사 램프는 다각형 천창과 마찬가지로 진입 공간의 독특한 특징 중 하나이다. 이 공간은 대규모 전시를 수용할 수 있게 계획되었다.

상단 오른쪽
박물관 내의 고급 식당은 오늘날 필수 요소이며, 내부 공간에 이를 반영해야 한다. 레스토랑과 상가 디자이너인 안드레 키코스키(Andre Kikoski)는 구겐하임을 위해 이 두 공간을 설계하였다. 특히 라이트 레스토랑은 뛰어난 디자인으로 2010년 제임스 비어드 재단상(James Beard Foundation Award)을 받았다.

140 메이든 레인, 샌프란시스코

라이트는 구겐하임 미술관을 설계하기 전부터 내부에 곡선 경사로가 있는 건물을 포함하여 원형 또는 반원형 건물들을 다수 디자인했다. 이러한 디자인은 대부분 2차 세계 대전 이후, 그의 작업 중반기에 이루어졌다. 현존하는 가장 명백한 사례는 1948년 샌프란시스코의 메이든 레인 140번지의 모리스 기프트 숍(the V. C. Morris Gift Shop) 리노베이션 작업이었다. 내부는 커다란 천창을 통해 채광이 이루어졌는데, 돔 모양의 하얀 플렉시 글라스 원형 천창(왼쪽)을 사용하여 햇빛을 분산시켰다. 이곳은 21세기 초에 복원되었다.

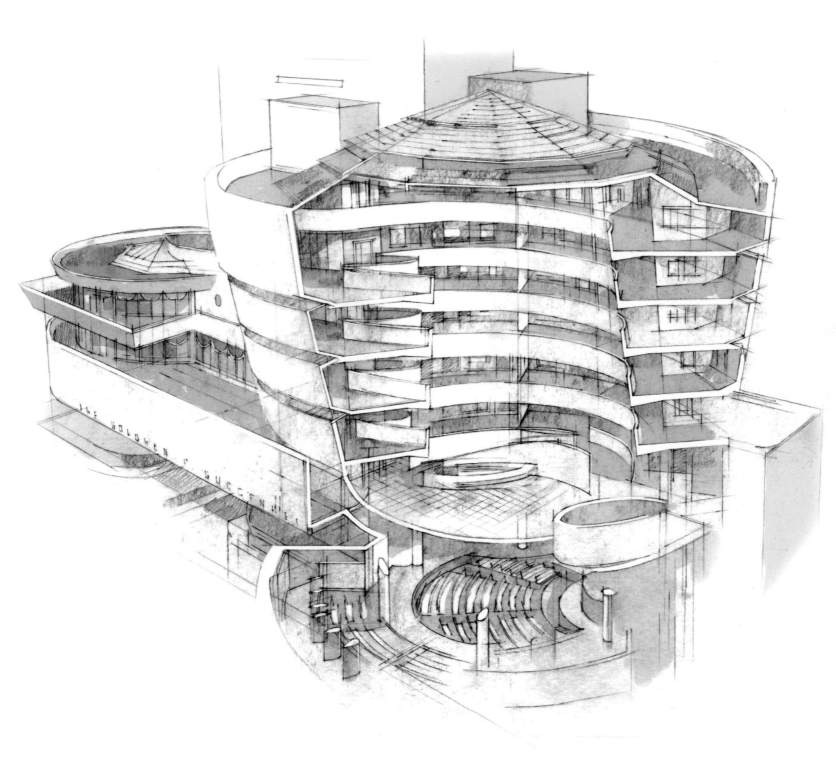

미술관 상세

테라스에 위치한 2층의 로툰다는 40명을 수용할 수 있는 850평방 피트(78.7㎡) 규모의 스낵바로 현재는 카페 3(Café 3)가 입점해 있다. 이 카페는 안드레 키코스키(Andre Kikoski)가 디자인했는데, 다른 쪽 끝에는 역시 그가 설계한 라이트 레스토랑이 있다. 이 식당은 1,600평방 피트(148.6㎡) 규모로써 미술관 반대쪽 끝에 있다.

로툰다

입구의 로널드 피렐만 로툰다(The Ronald O. Perelman Rotunda)는 92피트(28m) 높이의 공간으로, 반세기 전 돔 형식의 보자르 양식의 박물관과 유사한 형태로 되어 있다. 라이트는 원래 자연을 안으로 끌어들일 수 있도록 로툰다 아래에 분수를 디자인했지만, 이러한 시설은 비현실적인 제안이었다.

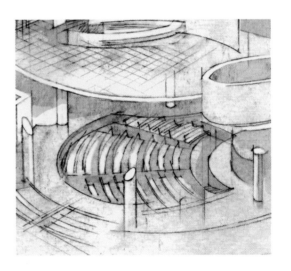

서비스 코어

거의 모든 다층 건물들과 마찬가지로 콘크리트 서비스 코어에는 엘리베이터와 같은 동선체계 및 화장실 등이 포함되어 있으며, 본관 내부의 각 층에 접근할 수 있게 하였다. 그리고 라이트는 원래 아트리움 내부를 천창을 통해 채광할 수 있도록 유리 돔으로 계획하였다.

동심원 전시실

나선형으로 된 아트리움은 당 미술관의 상징적인 공간이다. 하지만, 예술가나 큐레이터들은 이 공간이 예술품의 시선을 제한하고, 곡선의 벽은 일반적인 사각형 미술품을 걸기 어렵게 만든다고 비판하였다.

극장

피터 B. 루이스 극장(The Peter B. Lewis Theater)은 라이트가 설계했으며, 290명의 관객을 수용할 수 있었다. 관객들에게 최적의 시야를 제공하기 위해 동심원 형태의 경사형 좌석을 계획했으며, 반원형 형태는 위의 아트리움 공간을 상기시킨다.

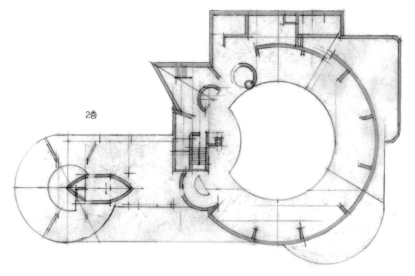

▶ 평면도

초기 라이트의 계획안은 3개 층의 전시실
과 80,000평방 피트(4,732㎡) 규모의 지하
실로 구성되어 있었으며, 대부분 1992년과
2008년, 2009년 사이에 대규모 보수 과정
을 거쳤다.

2층

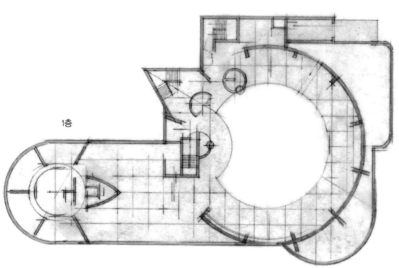

1층

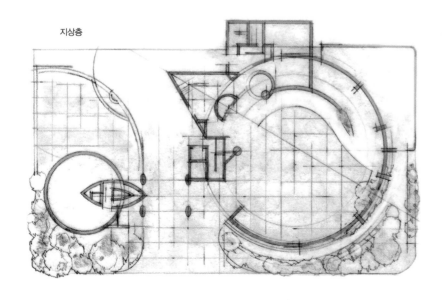

지상층

▶ 미술관 사무동

과스메이 시겔 카우프만 건축사사무소(Gwath-
mey Siegel Kaufman Architects)는 기존 미술
관과 인접하여 8층의 사무동 건물을 설계했다.
그 건물은 갤러리와 서비스 공간을 확장할 뿐만
아니라, 새로운 사무실 공간을 제공한다. 기존
건물과는 철골과 유리를 사용하여 연결하였으
며, 석회암 외장재를 사용했다.

경사 및 곡선의 전시 공간

과스메이 시겔의 확장 및 리노베이션 작업을 통해 새로운 건물로 사무실 및 서비스 공간이 이동하였다. 이에 기존 건물에 전시 공간을 더 많이 확보할 수 있게 되었다. 하지만 아래의 그림과 같이 전시 공간의 곡면 벽으로 인한 딜레마를 시각적으로 확인할 수 있다. 처음부터 예술가들은 곡선의 디자인이 작품의 감상과 설치를 방해할 것이라고 걱정했다.

베를린 필하모닉

Berliner Philharmonie

위 치	베를린, 독일
건 축 가	한스 샤로운 (Hans Scharoun)
건축양식	표현주의 모더니즘
건설시기	1956–63

1963년 10월 15일 베를린 필하모닉이 공식적으로 문을 열었을 때, 1961년 동독에서 세운 베를린 장벽에서 한 걸음 떨어진 이곳은 현대 독일의 자유의 햇불이 될 것이라고 모두에게 선언했다. 개막식 콘서트로 헤르베르트 폰 카라얀(Herbert von Karajan)이 지휘한 베토벤 교향곡 9번이 연주되었으며, 특히 그는 이 공연장의 급진적 디자인을 적극적으로 지원하였고, 1960년 9월 19일 이 건물의 주춧돌을 직접 놓았다. 이 건물은 독일의 표현주의 건축가 중 한 사람인 한스 샤로운(Hans Scharoun, 1893 – 1972)이 설계했다.

건축가 샤로운과 지휘자 카라얀은 둘 다 2차 세계 대전의 공포를 겪으며 살아왔다. 카라얀의 경력은 샤로운 만큼이나 논란이 많았지만, 그 이유는 사뭇 달랐다. 오스트리아의 지휘자였던 그는 나치 당원이었고, 전쟁 중에도 유명한 스타 지휘자였다. 1955년부터 1989년 사망할 때까지 베를린 필의 수석 지휘자로 국제적으로 알려지면서, 나치당과의 관계에 거리를 둘 수 있었다. 반면, 서부 독일 브레멘에서 태어난 샤로운은 1912년부터 1914년까지 베를린에 있는 오늘날 기술 대학(Technical University)의 전신에서 건축학을 공부한 후, 1차 세계 대전에서 군 복무를 하였다. 전쟁이 끝난 후, 독일 전위파 예술가(avant garde)들 중 한 명이 되었으며, 디 부르크(Die Brücke; The Bridge) 및 급진적인 예술가 모임인 데어 링(Der Ring; The Ring), 디 글라자네 케터(Die Gläserne Kette; The Glass Chain) 등과 같은 단체의 예술가들과 함께 활동했다. 그리고 1930년대 초 역동적인 곡선 형태를 가진 베를린 주택 단지와

왼쪽
작은 챔버 뮤직홀 역시 오케스트라와 지휘자를 무대 중앙에 놓았으며, '무대와 관객' 및 '관객과 연주자' 간에도 시선을 방해받지 않게 계획하였다.

컬쳐포럼, 베를린

컬쳐포럼(the Kulturforum)은 베를린 장벽 근처에 전후 서베를린의 근대성을 상징하기 위해 계획되었다. 이곳의 중요한 냉전 시대 건물들로는 샤로운이 설계한 필하모닉(오른쪽 위)과 주립 도서관(왼쪽 아래)이 있고, 미스의 뉴 내셔널 갤러리(New National Gallery), 마이클 윌포드(Michael Wilford, b.1938)와 제임스 스털링(James Stirling, 1926 – 92)의 베를린 사회 과학 센터(the WZB Berlin Social Science Center, 1988) 등이 있다.

유기적이지만 유선형 형태의 슈미케 주택(Schminke House, 1930-33)을 설계하면서 알려지기 시작했다.

나치 치하에서 샤로운은 몇 채의 개인 주택을 설계하였고, 폭탄 피해 복구를 도왔다. 전쟁이 끝난 후 그는 베를린 모교에서 교수로 재직하면서, 슈투트가르트의 로미오와 줄리엣 아파트 타워(the Romeo and Juliet apartment towers, 1959) 및 브라질리아의 독일 대사관(1969) 등의 설계 의뢰를 받았다. 특히 볼프스부르크 극장(Theater Wolfsburg, 1965–73) 및 베를린 주립 도서관(1967–78) 등은 그가 사망한 후에야 완공되었다. 그러나 전후 그의 대표 걸작은 베를린 필하모닉과 바로 인접해 있는 실내악 홀(Chamber Music Hall, 1987)이며, 비록 설계는 샤로운이 했지만, 최종 준공설계는 파트너인 에드가 비스니브스키(Edgar Wisniewski, b.1930)가 했다. 1956년 공모전에서 당선된 설계안은 콘크리트와 철골로 계획되었으며, 1959년에서 1964년 사이 구상된 컬쳐포럼(Kultur-forum) 예술 단지 조성 사업의 중심 건물이었다. 이 곳에는 미스 반 데어 로에의 신 국립 미술관(the New National Gallery, 1968)도 있다. 1978년에서 1981년 사이에 설치된 금색의 산화 알루미늄 패널과 지붕에 설치된 한스 울만(Hans Uhlmann)의 불사조 조각상은 전쟁 후 폐허가 된 서베를린의 부활을 상징했다. 건물의 각진 형태는 20세기 초 독일 표현주의 건축가들이 제시한 도시계획 개념 Stadtkrone(City Crown)과 연관된다. 입구 로비층은 예술가 에리히 로이터(Erich F. Reuter)가 디자인한 모자이크 패턴의 자연 석재로 조성되었다. 제일 중요한 공간은 콘서트홀인데, 중앙에 2,250석으로 둘러싸인 오케스트라 공간이 있으며, 72피트(22m) 높이의 지붕에는 유명한 음향 전문가인 로타르 크레머(Lothar Cremer)가 설계한 3개의 볼록한 형태의 텐트같이 생긴 천장 음향 장치가 설치되었다. 비슷한 형태의 챔버 뮤직 홀은 1,136명을 수용할 수 있게 설계되었다. 영화감독 빔 벤더스(Wim Wenders)는 영화 '문화의 전당(Cathedrals of Culture, 2014)'에 관한 인터뷰에서 이렇게 말했다. '카라얀이 없었으며, 이 건물은 지어지지 않았다. 오케스트라 및 지휘자 공간을 중앙에 배치한 콘셉트는 매우 혁명적인 일이었다. 아마 카라얀은 샤로운의 비전을 이해했을 것이고, 또한 나는 샤로운 자신이 카라얀을 무대 중앙에 놓는 것이 얼마나 중요한지를 이해하고 있으리라 생각한다.'

▼ 전면 홀 및 계단

관객들은 여러 겹으로 된 입구를 시작으로, 기울어진 피어 및 원통형 콘크리트 기둥을 지나 각진 계단을 통해 지정된 공연장 좌석으로 갈 수 있다. 로비 공간은 요한 제바스티안 바흐(Johann Sebastian Bach)의 작품에서 영감을 받아 제작된 로히터의 화려한 모자이크 무늬를 특징으로 한다. 또한 2층에는 알렉산더 카마로(Alexander Camaro)에 의해 만들어진 대형 스테인드글라스 창문이 설치되어 있으며, 군터 쉼마크(Günther Ssymmank)는 다각형의 조명 장치를 디자인했다. 2002년에는 칼펠트(Kahlfeldt Architekten)가 로비에 기념품점 및 서점을 설계하였다.

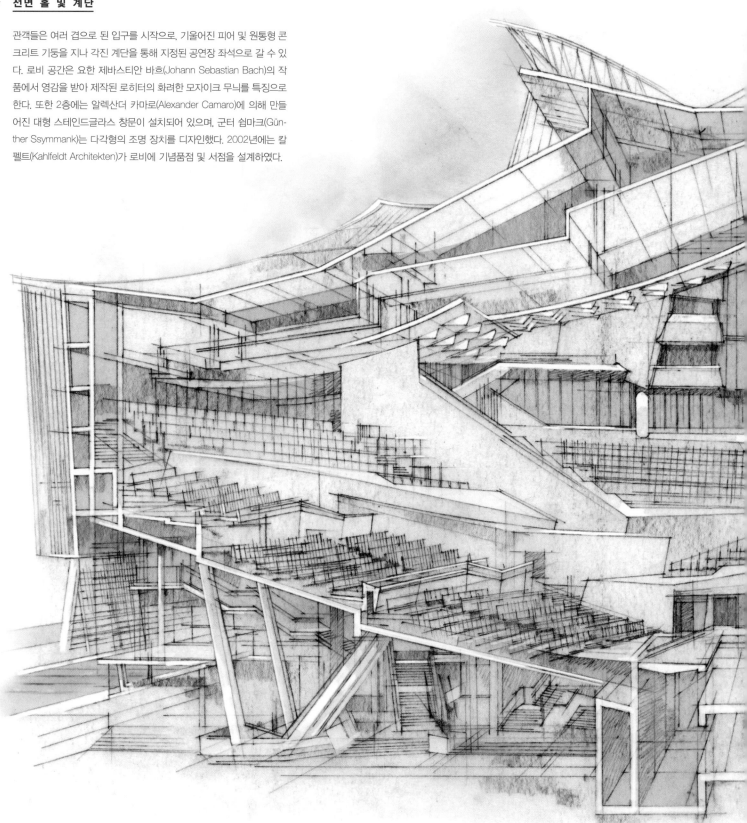

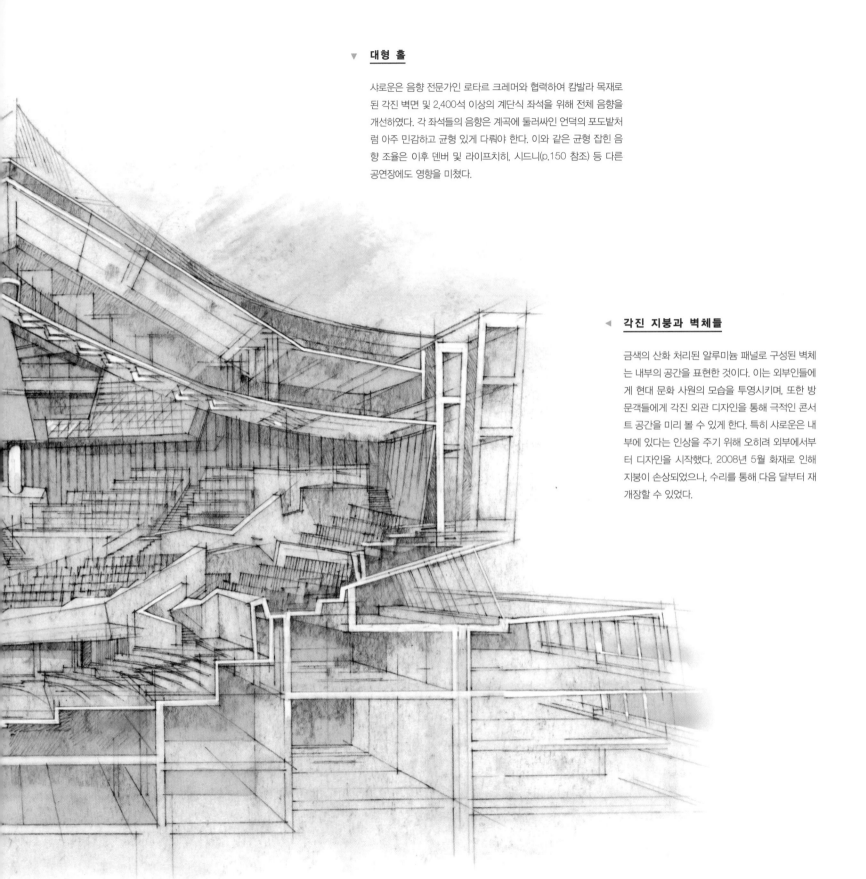

▼ **대형 홀**

샤로운은 음향 전문가인 로타르 크레머와 협력하여 캄발라 목재로
된 각진 벽면 및 2,400석 이상의 계단식 좌석을 위해 전체 음향을
개선하였다. 각 좌석들의 음향은 계곡에 둘러싸인 언덕의 포도밭처
럼 아주 민감하고 균형 있게 다뤄야 한다. 이와 같은 균형 잡힌 음
향 조율은 이후 덴버 및 라이프치히, 시드니(p.150 참조) 등 다른
공연장에도 영향을 미쳤다.

◀ **각진 지붕과 벽체들**

금색의 산화 처리된 알루미늄 패널로 구성된 벽체
는 내부의 공간을 표현한 것이다. 이는 외부인들에
게 현대 문화 사원의 모습을 투영시키며, 또한 방
문객들에게 각진 외관 디자인을 통해 극적인 콘서
트 공간을 미리 볼 수 있게 한다. 특히 샤로운은 내
부에 있다는 인상을 주기 위해 오히려 외부에서부
터 디자인을 시작했다. 2008년 5월 화재로 인해
지붕이 손상되었으나, 수리를 통해 다음 달부터 재
개장할 수 있었다.

▼ 평면도

이 두 개의 평면도는 각각 진입 공간 및 공연장 전체의 각
진 형태를 보여주며, 이러한 내부 평면이 외형을 결정지
었다. 오늘날 내부 통로를 통해 필하모닉과 챔버 뮤직홀
은 연결된다. 이 두 개의 건물은 전통적인 공연장과는 달
리, 연주자들을 중심에 두고 주위에 원형으로 관객석을
배치하여 균형적인 이미지를 주고자 했다.

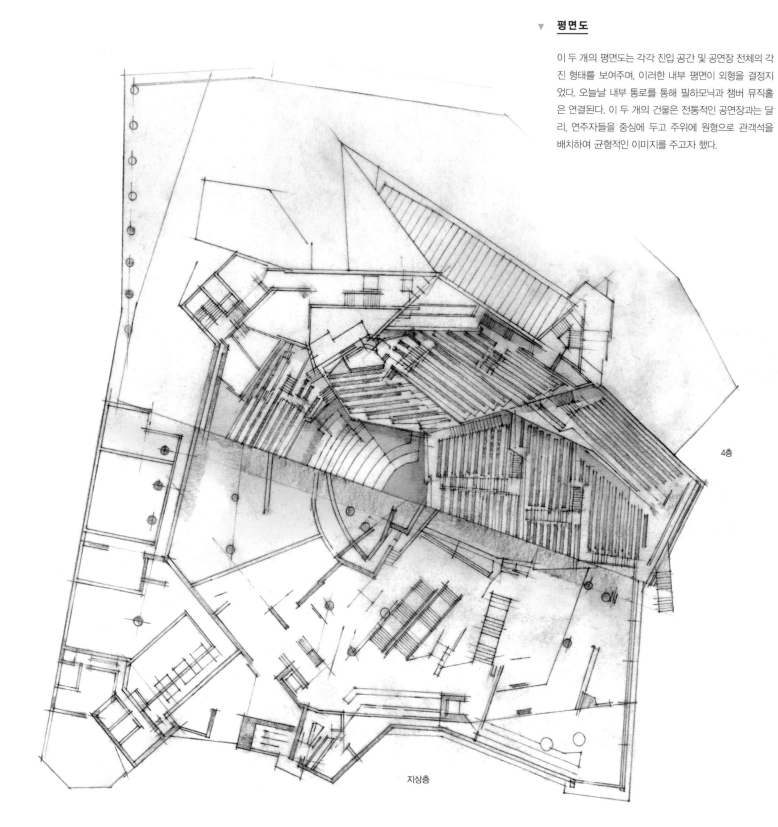

4층

지상층

범례
A 필하모닉
B 챔버 뮤직홀(Chamber Music Hall)
C 신 국립 미술관(New National Gallery)
D 베를린 주립 도서관
E 공예 미술관(Kunstgewerbemuseum)
F 성 마태 교회(St. Matthaus–Kirche)
G 예술 도서관(Kunstbibliothek)
H 컬쳐포럼(Kulturforum)
I 베를린 악기 박물관(Staatliches Institut fur
　Musikforschung and Musikinstrumenten–Museum)
J 티어가르텐(Tiergarten)
K 이베로 아메리카 연구소 도서관
J 베를린 카지노 공연 극장
　(Spielbank Berlin Performing Arts Theater)

▼ 단지 계획

컬쳐포럼(Kulturforum)의 단지 배치도를 보면, 오른쪽에 샤로운의 필하모닉을 배치하고, 왼쪽으로 챔버 뮤직홀과 베를린 주립 도서관을 계획하였다. 주립 도서관 위로는 미스의 신 국립 미술관(New National Gallery)이 배치되었다. 1960년대 건물들 대부분은 냉전 시기의 서독 문화의 보루로써, 필하모닉 바로 오른쪽에는 베를린 장벽이 자리하고 있었다. 오늘날 동독과 서독 간의 역사적 분단의 흔적은 1990년 통일과 함께 거의 남아 있지 않으며, 이후 포츠다머 플라츠(Potsdamer Platz) 공공 광장 및 환승센터가 단지 동쪽으로 재개발되었다.

킴벨 미술관 Kimbell Art Museum

위 치   포트워스, 텍사스, 미국
건 축 가   루이스 칸(Louis Kahn)
건축양식   유기적 모더니즘
건설시기   1966–72

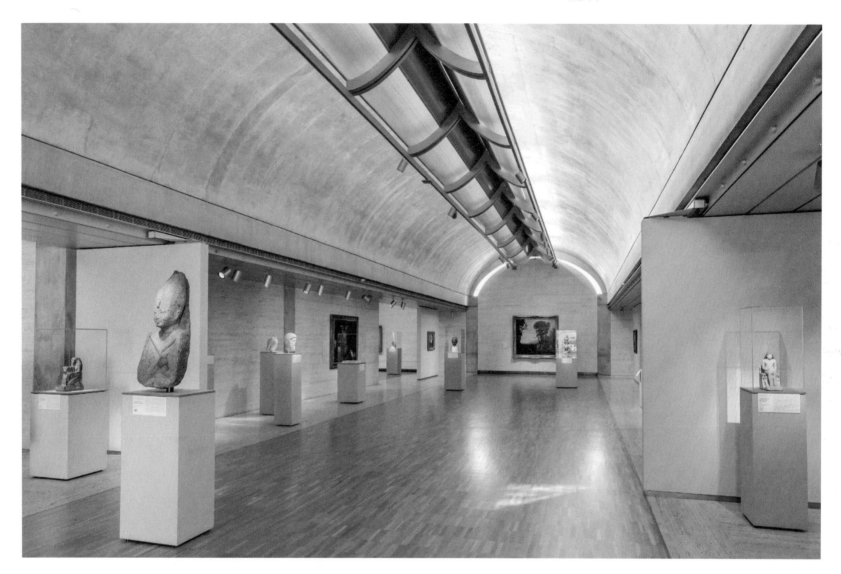

루이스 칸(Louis Kahn, 1901 – 74)은 자연광이 공간을 어떻게 비춰 주고 건축 경험에 도움을 줄 수 있는지에 대한 건축 철학으로 기억되고 있다. 칸의 자연광에 대한 집착은 결국 그가 수많은 주요 미술관을 설계할 수 있게 된 밑거름이었다. 에스토니아에서 태어난 칸은 1924년 펜실베이니아 대학을 졸업했다. 그는 1920년대 후반부터 폴 필립 크렛(Paul Philippe Cret, 1876 – 1945)과 같은 보수적인 현대 건축가 밑에서 일했고, 1930년대 대공황 및 1940년대 전시에는 근대주의자인 조지 하우(George Howe, 1886 – 1955) 및 오스카 스토노로프(Oscar Stonorov, 1905 – 70)와 같이 일했다. 1950년대 말,

독립한 후, 뉴욕 로체스터에 있는 유니테리언 교회(the First Unitarian Church, 1959 – 69) 및 캘리포니아 라호야에 있는 소크 연구소(the Salk Institute, 1959 – 65)등을 설계하였다. 둘 다 단순하고 깔끔한 석조 양식을 특징으로 하며, 공간을 관통하는 극적인 자연광을 설계에 반영하였다.

텍사스주 포트워스에 있는 킴벨 미술관은 칸이 처음으로 설계한 미술관이다. 부유한 기업가였던 벨마 킴벨(Velma Kimbell)과 미술 수집가였던 부인 케이(Kay)는 그들의 재산을 킴벨 미술 재단에 남겼고, 이 재단은 로스앤젤레스 카운티 미술관의 전 소장이었던 리차드 파고 브라운(Richard

Fargo Brown)을 첫 미술관장으로 고용했다. 브라운은 새로 짓는 미술관이 그 안에 있는 그림이나 조각만큼이나 중요한 예술적 표현이 되기를 원했다. 새 미술관은 허버트 베이어(Herbert Bayer, 1900–85)가 설계한 포트워스 커뮤니티 아트 센터(the Fort Worth Community Arts Center, 1954) 및 필립 존슨(Philip Johnson, 1906 – 2005)의 아몬 카터 뮤지엄(the Amon Carter Museum of American Art, 1961)이 입지한 약 9.5에이커(3.8ha) 부지에 건설되었다. 마르셀 브로이어(Marcel Breuer, 1902 – 81)나 루트비히 미스 반 데어 로에(Ludwig Mies van der Rohe, 1886 – 1969) 같은 당

시 여러 유명 건축가들이 고려되었지만, 최종적으로 칸이 선정되었다. 칸을 선정하게 된 배경에는 소크 연구와 같은 뛰어난 설계작품뿐만 아니라 당시 방글라데시 국회 의사당(the National Assembly Building of Bangladesh, 1962-82; p.54 참조) 설계 공모전의 당선도 큰 영향을 끼쳤다고 생각된다. 하지만 좀 더 중요한 이유는 새로운 미술관 내외로 자연광을 끌어들이려는 브라운의 관심이 칸을 선택하게 된 가장 큰 이유로 판단된다.

칸과 엔지니어인 어거스트 코멘던트(August Komendant, 1906-92)는 철근 콘크리트를 사용, 아름다운 디테일을 가진 현대적 건물을 창조했다. 16개의 얇은 쉘 구조체는 배럴 볼트 구조로 되어 있으며, 각각 100피트(30.4m) 길이와 20피트(6m)의 높이 및 폭으로 되어 있다. 2층에 있는 볼트형의 전시 시설은 천창에 알루미늄 반사판을 설치하여 자연스럽게 자연광이 비출 수 있게 계획되었으며, 전시실 끝 벽체는 석회석으로 마감되었다. 볼트 구조의 외부는 납동판으로 마감되었다. 건물 사이에 배치된 중정은 연속된 볼트형 전시 공간의 긴장을 완화시키는 역할을 하며, 조경사 해리엇 패티슨(Harriet Pattison)의 아이디어로 아치형의 개방형 포치(porch) 공간에 대한 조경 계획도 수립되었다. 아래층에는 주 출입구와 더불어 사무실 및 작업실이 배치되어 있다. 오늘날 칸의 킴벨 미술관은 350점의 예술품을 소장하고 있으며, 렌조 피아노(Renzo Piano, b.1937)가 설계한 새로운 확장 미술관(2007-13)이 기존 건물 출입구의 서쪽에 건설되었다. 새 미술관은 85,000평방 피트(7,987㎡) 규모로 특별 행사장 및 대규모 강당, 임시 전시관, 지하 주차장 등으로 구성되어 있다.

칸의 미술관

킴벨 미술관 당선 이후, 칸은 다른 박물관 작업을 할 수 있게 되었고, 아마도 이 중 가장 유명한 작품은 예일 대학교 미술관(the Yale University Art Gallery, 1953)과 예일 영국 미술 센터(the Yale Center for British Art, 1974)일 것이다. 후자의 내부(왼쪽) 격자 구조는 건물의 외형으로 이어지게 설계되었으며, 전시공간은 마치 자연채광이 이루어지는 중정처럼 계획되었다. 당 센터는 2008년부터 2013년까지 종합적인 복원 작업을 거쳤으며, 외장재는 철재 및 유리로, 실내는 석회석 및 오크, 리넨 내장재로 마감되었다.

▼ 강당

칸이 디자인한 기존 강당은 200명 정도만 수용할 수 있었지
만, 렌조 피아노가 추가 설계를 통해 299명을 수용할 수 있
게 확장하였다. 강당은 신규 무대 및 경사 좌석을 수용하기
위해 2층 아래로 내려갔다.

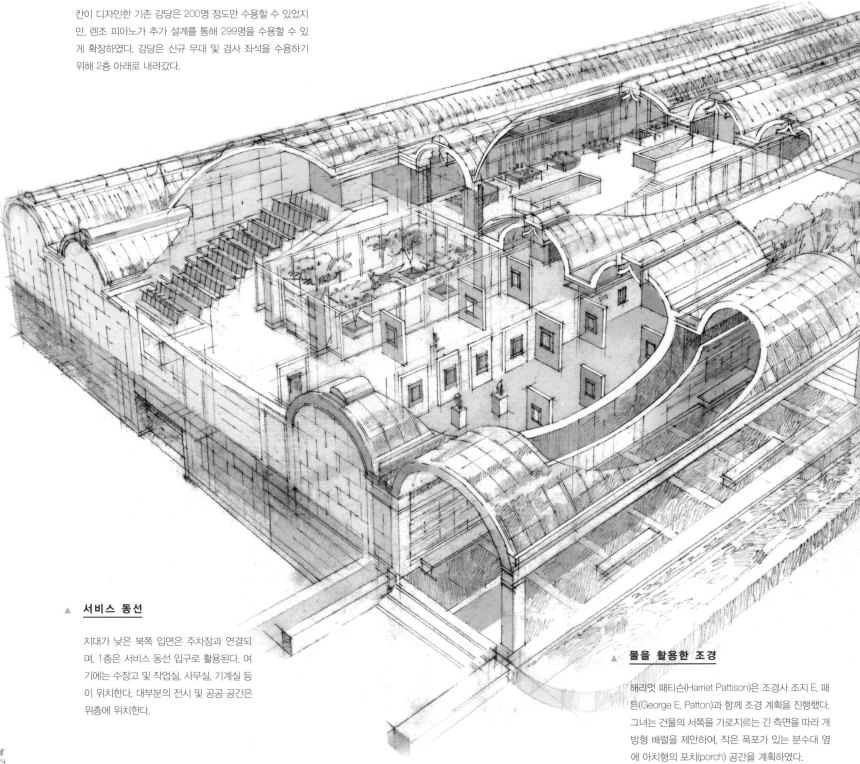

▲ 서비스 동선

지대가 낮은 북쪽 입면은 주차장과 연결되
며, 1층은 서비스 동선 입구로 활용된다. 여
기에는 수장고 및 작업실, 사무실, 기계실 등
이 위치한다. 대부분의 전시 및 공공 공간은
위층에 위치한다.

▲ 물을 활용한 조경

해리엇 패티슨(Harriet Pattison)은 조경사 조지 E. 패
튼(George E. Patton)과 함께 조경 계획을 진행했다.
그녀는 건물의 서쪽을 가로지르는 긴 측면을 따라 개
방형 배럴을 제안하여, 작은 폭포가 있는 분수대 옆
에 아치형의 포치(porch) 공간을 계획하였다.

예술과 건축

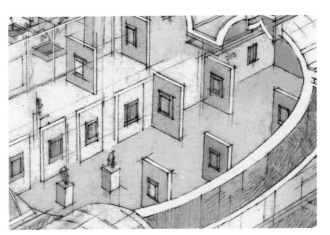

전시 벽

전시 공간 내부에는 아름답고 정교하게 설계된 콘크리트 전시 벽과 더불어 특별 전시를 위한 이동식 칸막이가 설치되었다. 내부 인테리어는 석회암 내장재 및 오크 장식으로 이루어졌다.

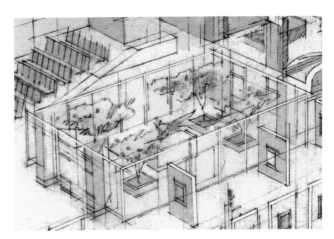

중정 공간

콘크리트 사이클로이드(Cycloid; 곡면) 전시 공간은 유리로 된 중정 공간에 의해 중간중간이 단절된다. 이 중정 공간을 통해 긴 배럴 형태 공간에 자연 채광의 오아시스를 제공한다. 이러한 중정 공간은 칸의 다음 미술관 프로젝트에서도 나타나는데, 대표적으로 예일 영국 미술 센터(the Yale Center for British Art)가 있다. 킴벨 미술관에서 이 중정 공간은 때때로 조각 전시 공간으로 사용된다.

▶ 곡면 배럴 공간(CYCLOID BARRELS)

각각 길이 100피트, 너비 및 높이 20피트(30.4×6×6m) 크기의 현장콘트리트 타설된 16개의 사이클로이드 배럴 볼트 구조체가 평행하게 배치되어 있다. 지붕 중앙을 따라서는 얇은 천창을 설치하여 전시 공간 아래로 빛이 들어오게 했다. 특히 칸은 자연채광을 벽 전체에 퍼트리기 위해 알루미늄 확산기를 계획, 설치하였다.

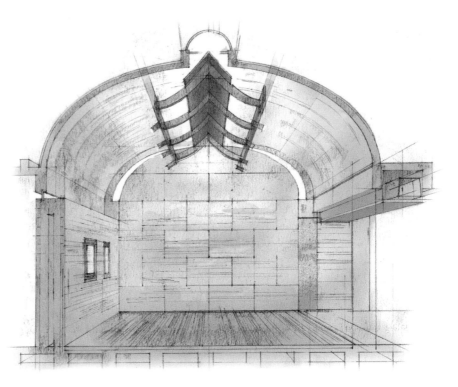

시드니
오페라 하우스

Sydney Opera House

위 치	시드니, 호주
건 축 가	예른 웃손(Jørn Utzon); 피터 홀(Peter Hall)
건축양식	유기적 모더니즘
건설시기	1957–73

많은 건물이 논란거리를 만들지만, 특히 정부 지출 및 세금을 통해 건설 자금을 충당하는 공공건물이 가장 쉽게 논쟁의 대상이 된다. 그러한 건축물 중 하나로 덴마크 건축가인 예른 웃손이 설계한 시드니 오페라 하우스(the Opera House in Sydney, 1973)가 있다. 그는 1957년 공모전에서 이 프로젝트의 설계권을 획득했고, 1959년 호주로 이주하여 설계 작업을 시작했다. 그의 원래 설계안인 타원형 쉘 형태는 심사자들에게 찬사를 받았지만, 현실적으로 건설 가능하게 절개된 구형으로 변경되었으며, 마치 오렌지 껍질을 벗기는 형태처럼 보였다. 각각 반경이 약 247피트(75.2m)였고, 구조 기술자인 오브 아럽(Ove Arup)과 엔지니어들이 웃손과 협력하여 100만 개가 넘는 흰색 및 크림색 타일을 설치하여 프리캐스트 콘크리트 블록으로 된 조개껍데기를 현실화시켰다. 전체 높이는 22층 건물 높이와 같았다. 전체 단지 면적은 4.4에이커(1.8ha)였으며, 기단부는 분홍색 화강암 패널로 마감되었고 내부 마감재는 자작나무 합판을 사용하였다. 7개의 공연장이 있는데, 그 중에서 가장 큰 콘서트홀은 2,679명을 수용할 수 있는 규모였으며, 작은 공연장 중 하나(the Playhouse)는 398명을 수용할 수 있는 규모였다. 매년 120만 명이 넘는 사람들이 공연 및 행사를 보기 위해 시드니 오페

라 하우스를 방문한다.

건설 단계에서, 정부 관계자들은 웃손이 제출한 구조 및 일정, 지붕 디자인, 내부 마감 재료 변경 등, 예산 조정에 대한 보고서에 동의하지 않았으며, 이로 인해 1966년 웃손은 건축 설계직을 사임했다. 지역 건축가였던 피터 홀(Peter Hall, 1931-95)이 자리를 대신하여 커튼월 및 인테리어 디자인 변경을 통해 준공되었으며, 특히 관현악 및 오페라를 위한 공연장 2개의 변경이 이루어졌다. 1973년에 완공되었을 때, 건축 비용은 호주화폐로 1억 2백만 달러였는데, 1963년 당초 예상했던 건축 비용은 호주 화폐 700만 달러로 추정된다.

웃손은 1973년 10월 20일 준공 행사에 참석하지 않았지만, 준공 후 30년이 지난 뒤, 시드니 오페라 하우스 기금 협회(the Sydney Opera House Trust) 간에 대화가 재개되어, 향후 건물의 미래, 특히 확장 및 정비에 대한 방향이 설정되었다. 이러한 변화의 첫 단추로 다기능 엔터테인먼트 또는 이벤트 공간으로 웃손의 방(Utzon Room, 2004)이 설치되었는데, 단지 내에 유일하게 웃손이 전체를 설계한 공간이었다. 그 밖의 변화로는 2006년 신체적 장애가 있는 고객들의 출입 공간이 확장되었으며, 또한 항구를 바라보는 방향으로 극장 로비 공간이 설치되었다. 웃손은 이러한 변경 작업을 수행하

던 중, 2003년 프리츠커상(Pritzker Architecture Prize)을 수상했으며, 이를 통해 마침내 시드니 및 건축 분야에 기여한 공로를 공식적으로 인정받게 되었다. 그가 죽기 불과 몇 년 전, 시드니 오페라 하우스의 향후 디자인 지침을 수립하는 와중에 그는 다음과 같이 말했다. '저의 일은 부지 및 건물 형태, 내부 공간에 대한 전반적인 비전과 상세한 설계 원칙을 설정하는 것입니다. 저는 시드니 오페라 하우스가 악기와 같다고 생각합니다. 다른 훌륭한 악기들처럼 연주를 계속하려면 때때로 약간의 정비와 미세 조정이 필요합니다. 특히 최고 수준의 연주를 위해서라면 말이죠.'

웃손 빌딩

만약 건설과정 중의 험난한 여정이 없었다면, 예른 웃손은 시드니 오페라 하우스 설계를 통해 국제적 스타 건축가 반열에 오를 수 있었을 것이다. 그가 설계한 다른 건물들, 특히 덴마크 코펜하겐의 박스베르 성당(The Bagsvaerd Church, 1976)과 쿠웨이트의 국회 의사당(the National Assembly, 1985) 등은 그의 주요 작품으로 남아 있다. 덜 알려진 보석 같은 작품으로는 영국 하르팬던에 있는 암 주택(Ahm House, 1962; 왼쪽)이다. 이 주택은 시드니 오페라 하우스의 엔지니어 설계를 담당했던 오브 아럽(Ove Arup)의 파트너이자 나중에 의장이 되었던 동료 폴 암(Povl Ahm)를 위해 설계한 주택이었다.

상단 왼쪽

조안 서덜랜드 극장(The Joan Sutherland Theatre)은 이 건물에서 1,500석 이상을 수용할 수 있는 두 번째로 큰 공연장이다. 오케스트라 피트는 70명의 음악가를 수용할 수 있다.

상단 오른쪽

웃손이 사임한 후, 피터 홀이 대부분 인테리어를 책임져야 했다. 사진의 활 모양의 전면 테라스는 항구의 뛰어난 전망을 제공한다.

콘크리트 쉘

공모전의 심사자들은 웃손의 아치형 포물선 모양인 타원형 콘크리트 쉘 디자인을 좋아했지만, 현재의 오렌지 껍질을 벗긴 것과 같은 절개된 구형 형태로 변경되었다. 캔틸레버식 지붕은 시드니의 절벽과 항구의 범선을 연상시킨다. 이 아치들 중 가장 높은 것은 22층짜리 건물 높이와 비슷하다. 여기 보이는 상세도는 조안 서덜랜드 극장(the Joan Sutherland Theatre)의 지붕 선형을 보여준다.

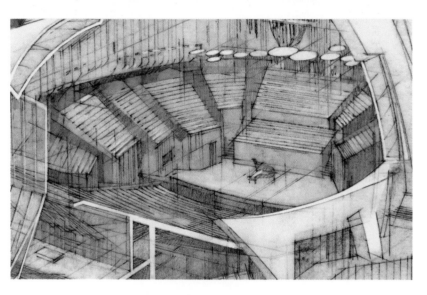

메인 콘서트홀

메인 콘서트홀은 2,000명이 훨씬 넘는 사람들을 수용할 수 있다. 중앙 집중형 계층적 설계는 베를린 필하모닉(Berliner Philharmonie, 1956–63; p. 140 참조)에서 영향을 받았을 것이라 추정된다. 이 홀은 시드니 심포니 오케스트라(the Sydney Symphony Orchestra)와 호주 챔버 오케스트라(the Australian Chamber Orchestra)의 상주 공연장(home)이다. 실내 마감은 호주 자작나무를 사용했으며, 예행 연습실과 544석 규모의 드라마 극장이 본관 아래에 있다.

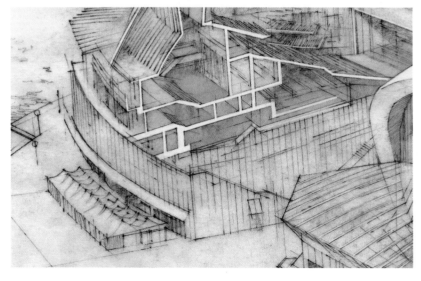

활모양 기단부

본관의 유리 기단부에는 관리사무실이 있으며, 그 너머로 아름다운 항구가 보이며, 바로 인접하여 조안 서덜랜드 극장 기단부의 식당에서도 비슷한 멋진 전망을 볼 수 있다. 두 개의 유리 구조물이 기단부 위에 놓여 있으며, 700개의 철근으로 이루어진 콘크리트 기초 위해 세워졌다.

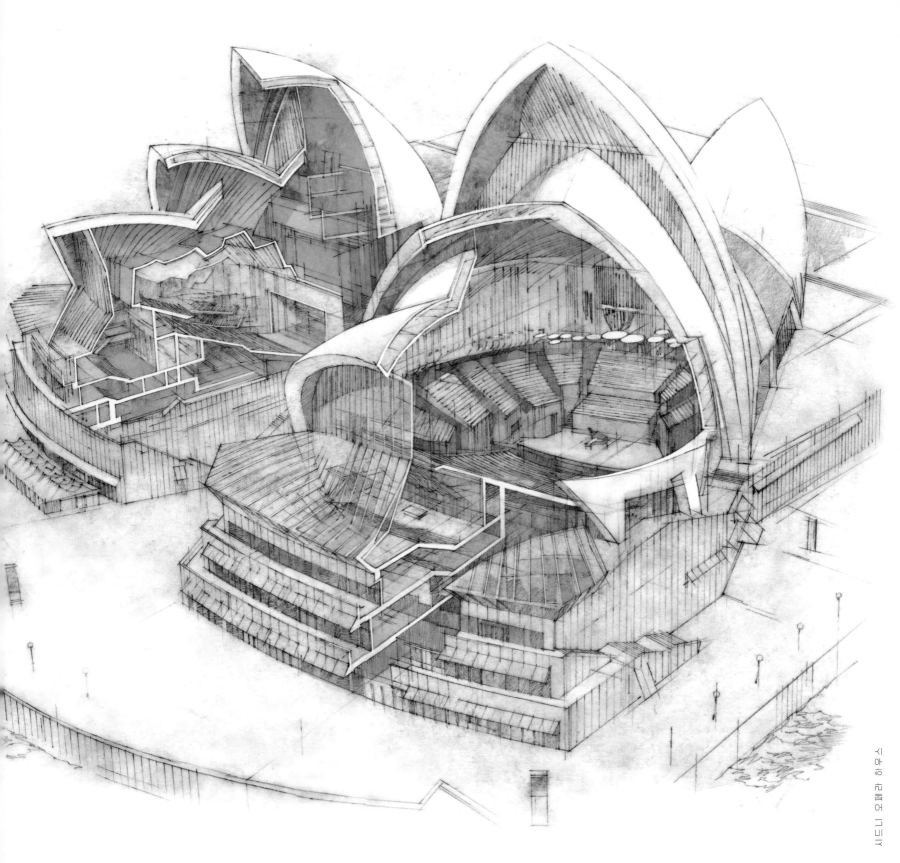

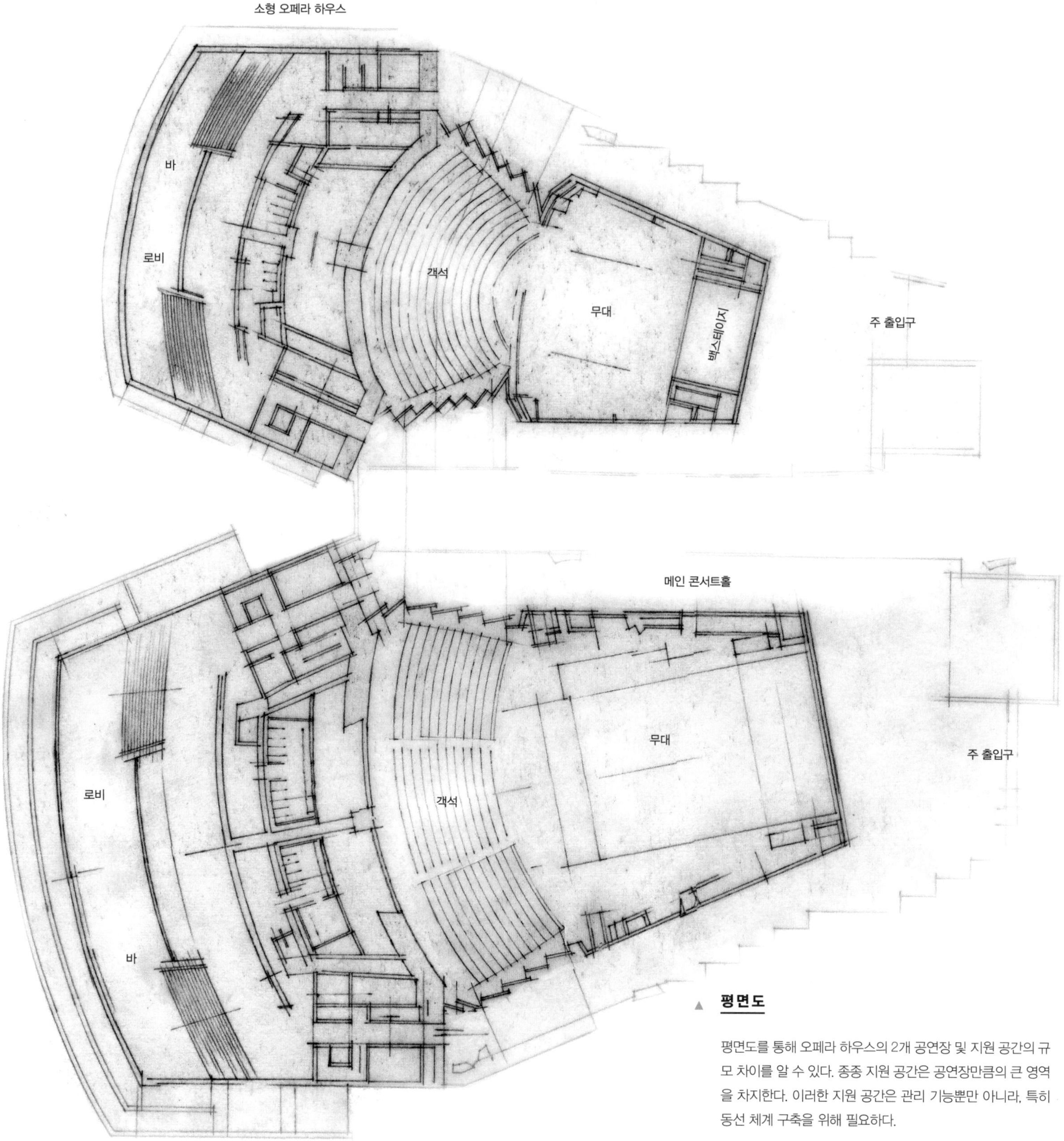

소형 오페라 하우스

바

로비

객석

무대

백스테이지

주 출입구

메인 콘서트홀

로비

바

객석

무대

주 출입구

▲ **평면도**

평면도를 통해 오페라 하우스의 2개 공연장 및 지원 공간의 규모 차이를 알 수 있다. 종종 지원 공간은 공연장만큼의 큰 영역을 차지한다. 이러한 지원 공간은 관리 기능뿐만 아니라, 특히 동선 체계 구축을 위해 필요하다.

▼ 타일형 지붕 프레임

콘크리트 지붕 구조물은 최고 높이 213피트(65m)의 구조체에 2,194개의 정밀한 프리캐스트 콘크리트 패널로 구성되어 있다. 또한 지붕은 100만 개가 넘는 크림색 세라믹 타일로 덮여 있는데. 스웨덴에서 생산된 이 타일은 정사각형의 약 4.7인치(120mm) 크기로 제작되었다. 웃손은 지붕이 '새벽부터 해가 질 무렵까지 다양한 불빛으로 하늘을 비추고 반사한다.'고 말했다. 건축가 루이스 칸은 지붕을 보고 이렇게 말했다. '태양이 이 건물에 반사되기 전까지는 그 빛이 얼마나 아름다운지 몰랐어요.'

퐁피두 센터 Centre Georges Pompidou

위　치　　파리, 프랑스
건 축 가　　렌조 피아노(Renzo Piano)와 리차드 로저스(Richard Rogers)
건축양식　　하이테크
건설시기　　1971–77

퐁피두 센터(the Centre Georges Pompidou)가 1977년에 문을 열었을 때, 파리뿐만 아니라 전 세계적으로 예술 및 건축 분야에 큰 관심을 불러일으켰다. 1971년 렌조 피아노(Renzo Piano, b.1937) 및 지안프랑코 프란치니(Gianfranco Franchini, 1938–2009), 리차드 로저스(Richard Rogers, b.1933)는 당 프로젝트의 당선을 통해, 특히 피아노와 로저스는 본인들의 본격적인 건축 설계를 시작하게 되었다. 도심 활성화를 위한 퐁피두 센터 프로젝트의 성공은 근처의 끌로드 바스코니(Claude Vasconi, 1940-2009)와 장 빌레발(Jean Willerval, 1924–96)이 설계한 레알 쇼핑센터(the Forum des Halles shopping center, 1986) 개발과 함께 레알 시장(Les Halles market) 및 환승 지구 정비를 촉진시켰다. 또한 이를 넘어, 프랑수아 미테랑(François Mitterrand) 프랑스 대통령은 1982년 그랑 프로제(the Grands Projets)를 추진하여, 선도적인 건축가들을 통해 1980년대 및 1990년대에 파리의 얼굴을 바꿀 8개의 현대적 랜드마크 건축 프로젝트를 시작하였다(p.157 참조). 기존 파리의 경계를 넘어, 퐁피두 센터는 1970년대와 1980년대의 하이 테크 건축 분야에 큰 영향을 끼쳤을 뿐만 아니라, 당시의 박물관 및 문화 시설 디자인에도 큰 영향을 미쳤다.

퐁피두 센터의 건설은 1960년대 후반으로 거슬러 올라간다. 당시 앙드레 말로(André Malraux) 문화부 장관 및 샤를 드 골(Charles de Gaull) 대통령은 레알 시장 근처에 문화 센터 및 공공 도서관, 아트 센터를 만들기 위해 주요 계획가 및 시공무원과 본격적인 업무를 시작했다. 이후 국제 공모전을 통해 선

정된 결과물이 바로 퐁피두 센터였으며, 특히 독특한 첨단 기술로 구성된 디자인으로써 주요 기계 순환 설비를 색깔별로 구분하여 건물 밖에 설치하는 계획안을 제안하였다. 먼저 녹색은 위생 설비를 의미하며, 파란색은 냉난방 설비(HVAC), 노란색은 전기 설비, 빨간색은 응급 제어시설로 구분된다. 이 중 대부분은 건물의 지붕 및 건물 동쪽 면에 배치됐으며, 외부에 노출함으로써 반대로 내부 전시 공간을 개방할 수 있게 되었다. 광장을 바라보는 서쪽 면이나 정면으로는 공공 에스컬레이터를 대각선 방향으로 입면을 따라 설치하여, 방문객 및 광장에 있는 사람들에게 역동적인 건축 경험을 하게 만들었다. 건축물

은 콘크리트 슬래브에 철골 및 유리로 건설되었으며, 7층 광장 쪽 기준으로 높이는 149피트(45.5m)이며, 길이는 약 545피트(166m)에 너비는 197피트(60m)의 직사각형 형태였다. 1977년 1월 31일 공식적으로 개관하여 2월 2일 대중에게 공개되었을 때, 1969년부터 1974년까지 프랑스의 대통령이었던 조르주 퐁피두(Georges Pompidou)의 이름으로 명명되었다.

개관 후 세계적인 명성과 대중성을 얻기 위해, 개관 첫해에 1900년대부터 1930년대까지 파리의 예술과 건축물을 베를린, 모스크바, 뉴욕과 같은 도시들과 비교한 국제적 전시회를 주최했다. 이와 같은 유명 전시회를 통해 엄청난 방문객

을 끌어냈고, 그 후 20년 동안 퐁피두 센터의 누적 방문객은 1억 5천만 명을 넘어섰다. 하지만 과도한 운영으로 인해 1997년부터 1999년까지 광범위한 보수 및 재정비를 추진하게 되었다. 이후 2000년 재개장하여 그 해 매일 16,000명 이상이 방문하게 되었고, 매년 평균 350만 명 이상이 퐁피두 센터를 방문하고 있다. 처음 건설 시 총 건축 비용은 9억 9천 3백만 프랑이었고, 반면 2000년 재정비 비용은 5억 6천 6백만 프랑이었다. 퐁피두 센터의 국립 현대 미술관(Musee National d'Art Moderne)은 그 후 파리 외곽 및 프랑스 메스(Metz), 그리고 스페인 말라가(Malaga)에 분관을 열었다.

상단 왼쪽
광장에 면해 있는 주 출입구로 향한 외부 유리 에스컬레이터는 방문객들에게 역동적인 경관을 제공한다.

상단 오른쪽
건축물 둘레에 주요 구조 및 공조, 기계 설비를 배치함으로써, 내부에 큰 전시 공간을 확보할 수 있었다.

그랑 프로제

퐁피두 센터의 성공 이후, 1989년 미테랑 대통령은 프랑스 혁명 200주년을 기념하여 그랑 프로제(the Grands Projets)를 추진했으며, A급 건축가들을 통해 주요 문화 시설들이 건립하였다. 이 중에는 철도 역사를 재개발한 가에 아울렌티(Gae Aulenti, 1927–2012)의 오르세 미술관(the Musée d'Orsay, 1986), 이오 밍 페이(I. M. Pei , b.1917)의 루브르 박물관 재정비(the Grand Louvre, 1984–89; p.162 참조), 요한 오토 폰 스프렉켈센(Johan Otto von Spreckelsen, 1929–87) 및 폴 앤드류(Paul Andreu, b.1938)의 라 데팡스(the Grande Arche de La Défense, 1989) 프로젝트 등이 있다. 이 중 초기에 진행된 프로젝트 중 하나가 장 누벨(Jean Nouvel, b.1945)의 아랍 문화원(the Arab World Institute, 1987; 왼쪽)이다. 철재 및 유리로 된 입면에는 기계적 브리즈 솔레이(brise-soleil, 차양장치)를 설치하여 건물로 들어오는 햇빛을 조절하였다.

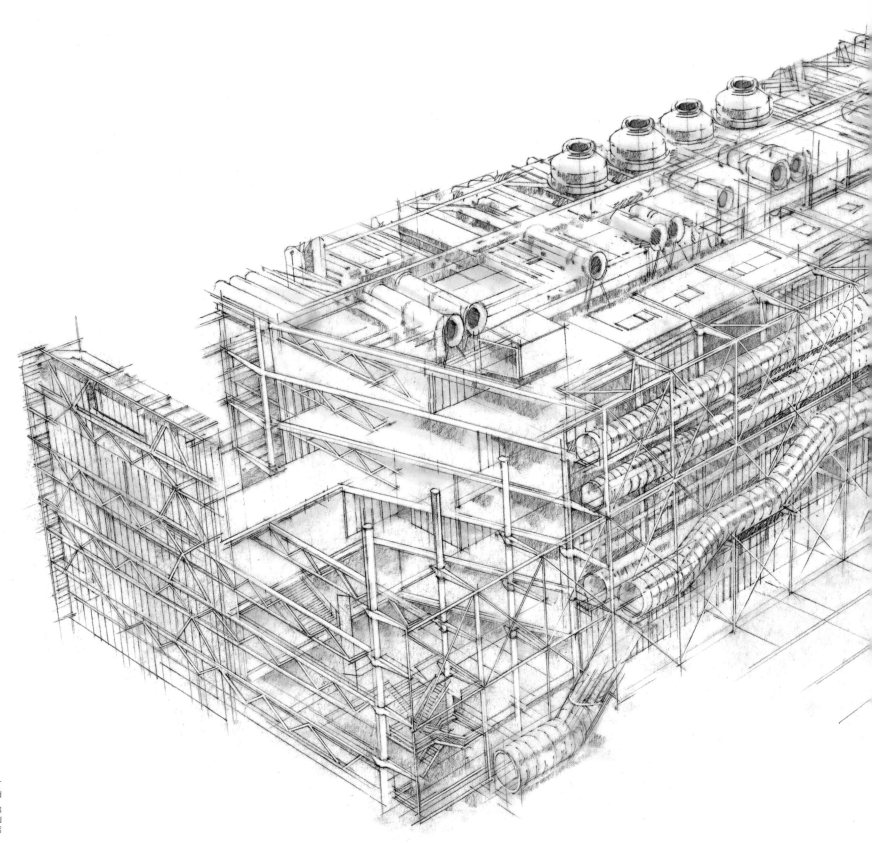

외부에 노출된 건축 설비

당 건물은 노출된 구조 및 설비 시스템 때문에 첨단 기술 작품으로 여겨진다. 로저스의 이러한 설계 양식은, 특히 런던 로이드 빌딩(the Lloyd's building, 1986)의 서비스 타워 및 화장실 모듈, 외부 엘리베이터 계획에서 뚜렷하게 나타난다. 특히 퐁피두 센터의 외관은 전 세계적으로 영향을 미쳤다. 이러한 모든 노력은 1950년대와 1960년대의 영국의 브루탈리즘(Brutalism) 및 일본의 메타볼리즘(Metabolism, p.224 참조), 영국의 아방가르드 건축 그룹인 아키그램(Archigram)의 이론적 활동에서 출발했다.

기계 설비 시스템

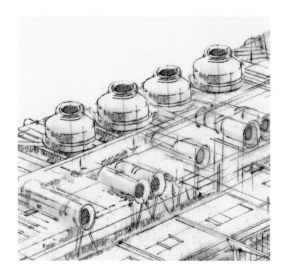

기계 설비를 건물 밖에 설치함에 따라, 천장에 내부 공간을 더 확보할 수 있게 되었다. 지붕 위에서 루 뒤 레나드(the Rue du Renard) 거리 방향으로 내려오는 기계 설비들은 색상으로 구분되며, 심지어 내부에서도 볼 수 있다. 녹색은 위생 설비에 사용되며, 파란색은 공조 설비로, 노란색은 전기 설비, 빨간색은 화재 안전과 같은 비상 기능 설비로 사용된다. 이러한 기계 설비들은 대부분 가로변 쪽에 설치됨에 따라, 반대편 광장 입면은 자유롭게 계획할 수 있었고, 그 덕분에 역동적인 에스컬레이터가 만들어졌다.

에스컬레이터

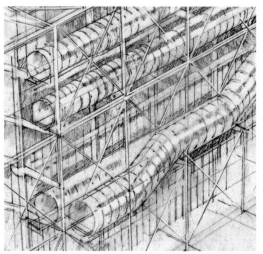

유리로 된 에스컬레이터를 통해 방문객들은 파리 도시의 경관 및 광장 활동을 바라볼 수 있게 되었다. 튜브 형태로 된 에스컬레이터는 광장에서 약 150피트(45m) 높이로 건물을 올라간다. 매일 8,000명의 방문객을 수용할 수 있게 설계되었지만, 대중적 인기로 인해 실제 이용객은 5배를 넘는다.

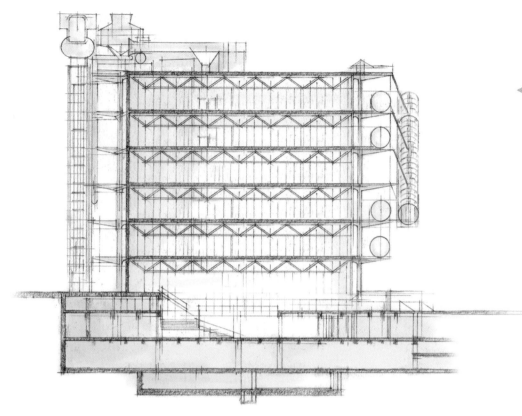

단면 계획

단면도를 통해, 왼쪽의 루 뒤 레나드(the Rue du
Renard) 가로 및 오른쪽 광장 변으로 주요 기계
설비 및 에스컬레이터가 설치됨에 따라, 내부 공
간을 크게 확보한 아이디어를 확인할 수 있다.
이 건물은 예술을 위한 기계로써, 삶을 위한 기
계를 주창했던 르 코르뷔지에와 같은 1920년
모더니즘 건축가의 이상을 보여준다.

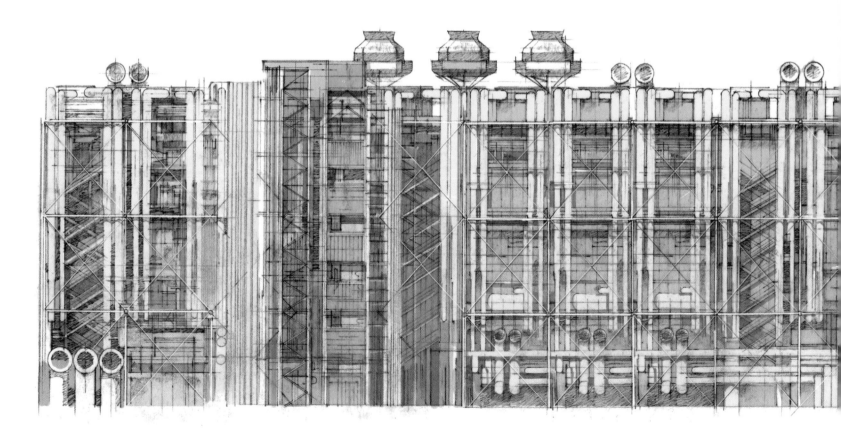

거버레트(GERBERETTES)

거버레트는 건물 전면의 기둥과 보가 만나는 지점에 설치된 캔틸레버 구조체로써, 유리 커튼월 바로 앞에 설치되었다. 이 구조체는 건물 내 트러스 구조체와 연결되어 계단식 에스컬레이터를 지탱하는 역할을 한다.

가로 입면

루 뒤 레나드(the Rue du Renard) 가로에 면한 동쪽 입면은 색상별로 구분된 건물 설비를 통해 다양한 패턴으로 구성되었다. 이는 바로 뒤에 있는 철골 구조물에 기계적 특성을 투영시킴과 동시에, 내부의 전시 공간이 확장됨을 분명하게 보여준다.

퐁피두 센터

그랑 루브르 Grand Louvre

위　치　파리, 프랑스
건 축 가　이오 밍 페이(I. M. Pei)

건축양식　후기 모더니즘
건설시기　1984-89

이오 밍 페이(b.1917)는 그가 설계한 강한 기하학적 형태의 건물들처럼, 눈에 띄는 몇몇 박물관들을 설계한 것으로 유명하다. 예를 들어 뉴욕 시라큐스의 에버슨 미술관(the Everson Museum of Art, 1968) 및 코넬 대학 내 허버트 존슨 미술관(he Herbert F. Johnson Museum of Art, 1973), 워싱턴 DC의 국립 미술관 동관(the East Building of the National Gallery of Art, 1978) 등이 대표적 사례들이다. 특히 국립 미술관 동관의 경우, 사다리꼴 대지에 두 개의 인접한 삼각형 형태의 건물을 디자인함으로써 독특한 아트리움을 창조해냈고, 이를 통해 페이를 미국을 넘어 전 세계 박물관 설계

의 선두로 끌어 올렸다. 그가 루브르 박물관 설계를 위탁받을 때쯤, 1983년 프리츠커상을 수상하면서 건축 설계 분야의 대가로 인정받게 되었다.

중국 태생의 페이는 1940년 매사추세츠 공과 대학을 졸업하였고 1946년 하버드 디자인 대학원의 발터 그로피우스(Walter Gropius) 밑에서 건축학 석사 학위를 받았다. 여러 번의 장학금을 받은 그는 뉴욕의 부동산 개발업자 윌리엄 제켄도프(William Zeckendorf)의 지원을 받았고, 이후 1955년에 헨리 N. 코브(Henry N. Cobb, b.1926)와 이슨 H. 레너드(Eason H. Leonard, 1920 – 2003)와 함께 건축사무소를 차

렸다. 페이는 1990년 은퇴할 때까지 당 회사의 파트너로 남아 있었다. 그의 회사는 보스턴의 존 F. 케네디 대통령 도서관(the John F. Kennedy Presidential Library, 1979) 및 홍콩의 중국 은행 타워(the Bank of China Tower, 1989), 싱가포르의 게이트웨이 쌍둥이 빌딩(The Gateway twin-tower skyscraper complex, 1990)을 포함한 전 세계의 주요 건물을 설계하였다.

강력한 기하학적 형태를 토대로 아름다운 박물관을 설계하는 페이는 루브르 박물관 재정비 프로젝트에 자연스럽게 선택되었다. 이 프로젝트는 퐁피두 센터의 성공을 토대

로, 1980년대 프랑수아 미테랑 대통령이 추진한 그랑 프로제(Grands Projets) 중 하나였으며, 1989년 프랑스 혁명 200주년을 기념하기 위한 주요 문화적 기념물 건립의 일환이었다. 이 밖에 베르나르 추미(Bernard Tschumi, b.1944)의 라빌레트 공원(the Parc de la Villette, 1987), 폴 체메토프(Paul Chemetov, b.1928)의 재경부 청사(the Ministry for the Economy and Finance, 1988), 카를로스 오트(Carlos Ott, b.1946)의 바스티유 오페라 극장(the Opéra Bastille, 1989), 도미니그 페로(Dominique Perrault, b.1953)의 프랑스 국립 도서관(the National Library of France, 1996) 등이 있다. 페이는 중앙 나폴레옹 광장(the Cour Napoléon) 주변의 여러 건물들을 연결함으로써 박물관의 동선 문제를 해결하고자 했다. 방문객들이 합리적으로 접근할 수 있도록 페이는 '루브르'라는 브랜드에 영원히 연결될 수 있는 놀라운 건축 기호를 제공했다. 바로 지하에서 연속적으로 공간을 연결할 수 있게 설계된 스테인리스 스틸과 유리로 된 피라미드였다. 방문객들의 주 출입구로써, 지하 통로를 통해 주변 박물관을 연결하는 중심 허브 공간의 역할을 하며, 또한 기념품점 등 방문객 서비스를 제공해 주었다. 그리고 원래 중세 시대의 성이었던 기존 건물의 기초를 노출하여 과거를 엿볼 수 있게 해 주었다. 비평가들은 새로운 진입 공간이 주변 고전주의 건물 및 광장과 어울리지 않는다고 비판했다. 또한 피라미드 형태가 죽음을 연상시킨다고 했으며, 666개의 유리 패널이 사탄을 상징한다고 공격했다. 하지만, 실제 패널은 다이아몬드 형태가 675개, 삼각형 형태는 118개였다.

이러한 비판에도 불구하고, 그랑 루브르 박물관은 개관 당시 400만 명이 방문할 정도로 큰 성공을 거두었다. 또한 연간 700만에서 930만 명을 수용할 수 있게 일부 수정이 이루어졌다. 2017년 루브르 박물관은 미국 건축가 협회로부터 '프랑스의 가장 인정받는 건축 아이콘인 에펠탑'과 겨룰 수 있는 건축물로서 영예스러운 25년 상(the Twenty-five Year Award)을 수여받았다.

상단 왼쪽
페이가 재정비한 리슐리에동(Richelieu Wing)에는 유리 천장으로 된 중정인 마를리 코트(Cour Marly)가 있다. 여기에 전시된 조각품들은 1789년 프랑스 혁명 이후에 파리로 옮겨졌는데, 대부분 파리 서쪽 루이 14세의 성(King Louis XIV's Château du Marly)에서 가져온 것이다.

상단 오른쪽
루브르 박물관은 필립 2세(King Philip II)가 1190년 파리를 요새화하기 위해 건설한 성으로 거슬러 올라간다. 페이의 재정비를 통해 성의 유적과 해자가 다시 한번 대중에게 드러났다.

워싱턴 DC 국립 미술관

페이의 초기 박물관 걸작은 워싱턴 DC에 있는 국립 미술관 동관(the East Building of the National Gallery of Art)으로서, 삼각형 형태를 구성하여 각진 아트리움을 창조했다. 이 새로운 별관은 1941년 존 러셀 포프(John Russell Pope, 1874–1937)의 지하 통로를 통해 기존 고전주의 형태의 미술관과 연결되며, 현대 미술 및 특별 전시 공간으로 활용된다. 또한 사무실 및 연구 시설도 제공되며, 기념품점 및 카페 등 방문객 서비스 시설은 지하 통로에 통합되었다. 이후 3년간의 보수 공사 및 조각 공원 건설을 거쳐 2016년에 다시 문을 열었다.

1 까레 중정(COUR CARRÉE)

까레 중정(the Cour Carrée)은 16세기와 17세기에 지어진 궁의 안뜰로써 원래 성에서 확장된 공간이었다. 이 정원은 1546년 및 프란시스 1세(King Francis I)의 통치 기간으로 거슬러 올라간다. 이 궁전은 피에르 레스코(Pierre Lescot, 1515 – 78)의 작품으로, 다음 세기에 걸쳐 중정 주변으로 작업이 계속되었고, 루이 14세 및 베르사유 궁전을 계획한 건축가들에 의해 완성되었다. 바로 오른쪽에 보이는 것이 망사르 형태의 지붕을 가진 시계 파빌리온(Pavillon de l'Horloge)이다. Pavillon Sully라고 불리기도 하는데, 중정의 입구이며 자크 르메르시에(Jacques Lemercier, 1585 – 1654)의 작품이다.

2 지하 쇼핑몰

페이의 새로운 피라미드 입구의 일부로써. 1993년 이후 루브르 카루셀 광장 아래에 계획되었다. 주차장을 포함하여 방문객 및 일반 관광객들을 위한 기념품점 및 부티크 몰. 상점. 그리고 루브르 카루셀(the Carrousel du Louvre)이라 불리는 식당 등 주요 서비스 시설이 설치되었다. 페이는 후배 건축가인 미셸 마카리(Michel Macary, b.1936)에게 이 프로젝트를 맡겼으며, 엔지니어인 피터 라이스(Peter Rice)와 함께 페이의 디자인을 거꾸로 눕힌 역피라미드를 계획하여 지하층에 자연채광을 유입시켰다.

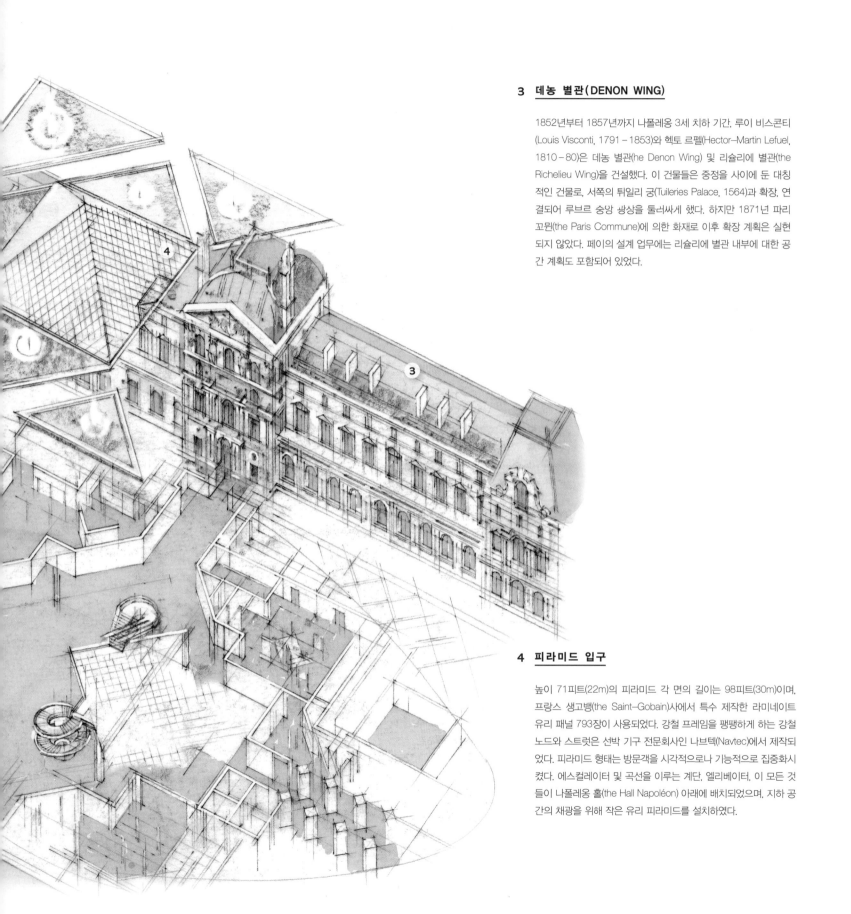

3 데농 별관(DENON WING)

1852년부터 1857년까지 나폴레옹 3세 치하 기간, 루이 비스콘티
(Louis Visconti, 1791 – 1853)와 헥토 르펠(Hector–Martin Lefuel,
1810 – 80)은 데농 별관(he Denon Wing) 및 리슐리에 별관(the
Richelieu Wing)을 건설했다. 이 건물들은 중정을 사이에 둔 대칭
적인 건물로, 서쪽의 튀일리 궁(Tuileries Palace, 1564)과 확장, 연
결되어 루브르 숭앙 광상을 둘러싸게 했다. 하지만 1871년 파리
꼬뮌(the Paris Commune)에 의한 화재로 이후 확장 계획은 실현
되지 않았다. 페이의 설계 업무에는 리슐리에 별관 내부에 대한 공
간 계획도 포함되어 있었다.

4 피라미드 입구

높이 71피트(22m)의 피라미드 각 면의 길이는 98피트(30m)이며,
프랑스 생고뱅(the Saint–Gobain)사에서 특수 제작한 라미네이트
유리 패널 793장이 사용되었다. 강철 프레임을 팽팽하게 하는 강철
노드와 스트럿은 선박 기구 전문회사인 나브텍(Navtec)에서 제작되
었다. 피라미드 형태는 방문객을 시각적으로나 기능적으로 집중화시
켰다. 에스컬레이터 및 곡선을 이루는 계단, 엘리베이터, 이 모든 것
들이 나폴레옹 홀(the Hall Napoléon) 아래에 배치되었으며, 지하 공
간의 채광을 위해 작은 유리 피라미드를 설치하였다.

평면 계획

동쪽 안뜰인 까레 중정(the Cour Carrée)
을 중심으로 평면 계획이 이루어졌으며,
오늘날의 U자형 계획 현황을 볼 수 있다.
건설 과정에서 중세 유물 및 초기 건물 기
초, 벽 등이 출토되었는데, 그중 상당수가
내부에 전시되어 있다.

범례
A 리슐리에 별관(Richelieu Wing)
B 카루셀 개선문(Arc Du Carousel)
C 데농 별관(Denon Wing)
D 나폴레옹 광장(Cour Napoleon)
E 까레 중정(Cour Carree)

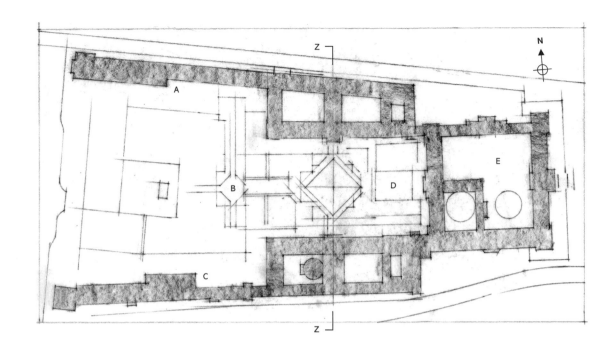

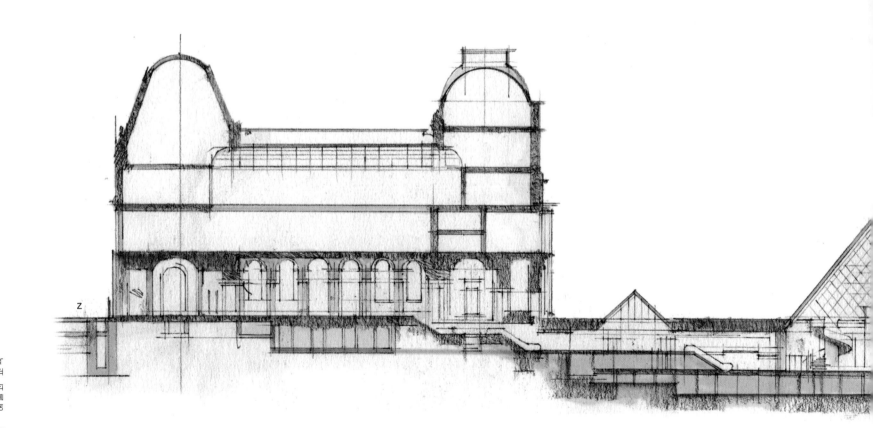

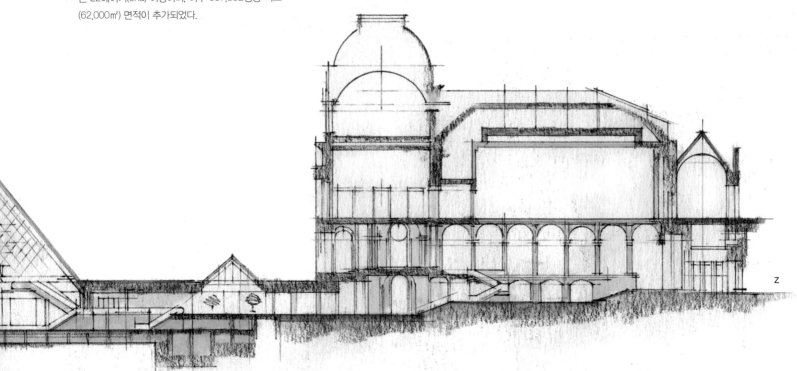

► **계단 상세**

나폴레옹 홀(the Hall Napoléon)로 내려가는 나선형 계단 안쪽으로는 원통형의 유압식 엘리베이터 및 샤프트 공간이 계획되었다. 계단은 철제 난간에 유리 패널 형식으로 단순하게 설계되었다.

▼ **단면 계획**

단면도(평면도의 절단선 Z 참조)를 통해 페이의 피라미드 입구 및 서쪽을 향한 지하 공간, 오른쪽의 리슐리에 별관(the Richelieu Wing), 왼쪽의 데농 별관(the Denon Wing)을 볼 수 있다. 당 공사는 1984년 계획이 시작된 후, 15년 이상이 걸렸다. 전체 계획 부지는 22에이커(9ha) 이상이며, 이후 667,362평방 피트(62,000㎡) 면적이 추가되었다.

빌바오 구겐하임 미술관 Guggenheim Museum Bilbao

위　치　빌바오, 스페인
건 축 가　프랭크 게리(Frank Gehry)
건축양식　해체주의
건설시기　1991-97

구겐하임 재단은 당 건물이 매우 특별하다는 것을 알고 있었기 때문에, 미술관 이미지의 상업적 사용을 통제했다. 그렇다고 관광객들의 건물 촬영마저 차단한 것이 아니라, 미술관에 대한 기념품 제작 및 판매 등 허가받지 않은 상업적 사용을 금지했다. 이 독특한 유기적 형태의 건물을 설계한 사람이 바로 프랭크 게리(Frank Gehry, b.1929)다. 캐나다에서 태어난 게리는 1947년부터 캘리포니아에서 살고 있다. 1960년 후반 골판지로 만든 가구 및 1978년 산타 모니카의 본인의 집 설계로 건축계에 파장을 불러일으켰다. 특히 후자의 게리 하우스는 철망 및 함석판 등 일반적인 재료를 사용하

여 초기 해체주의 프로젝트를 예고하였으며, 각진 비정형의 평면을 창조해 냈다. 이를 토대로 게리는 LA에 있는 캘리포니아 항공 우주 박물관(the California Aerospace Museum, 1984)과 같은 거대한 규모의 해체주의 건축 실험을 시작할 수 있었다. 컴퓨터 설계 프로그램을 이용한 그의 실험, 특히 1977년에 다쏘 시스템(Dassault Systèmes)에서 개발한 항공공학 소프트웨어 CATIA를 개조하여 활용함으로써 본인의 주요 설계 작품들을 현실화시켰다. 그는 본인의 디자인 꿈을 실현하기 위해, 당 소프트웨어를 사용하여 프라하의 춤추는 집(the Dancing House, 1996)을 설계했다. 이와 같은 형태는

이후 뉴욕 스프루스 스트리트 8번지(8 Spruce Street)에 있는 동적인 고층 빌딩과 시애틀의 뮤직 프로젝트(the Experience Music Project, 2000) 및 LA의 월트 디즈니 콘서트홀(the Walt Disney Concert Hall, 2003) 등에 영향을 미쳤다. 특히 빌바오 구겐하임 미술관은 이와 같은 방법을 통해 설계된 최초의 박물관 프로젝트로서, 그의 일련의 설계 과정 중에 중요한 한 부분을 차지하고 있다.
1991년 이 사업이 시작되었을 때, 스페인 바스크 정부는 구겐하임 미술관과의 합작 사업으로 건설 자금 1억 달러 및 미술관 운영과 예술 작품 구입 기금도 지원했다. 이에 구겐하

임 재단은 역동적인 모양의 티타늄, 강철, 유리, 석회석으로 설계된 게리의 안을 선택했다. 특히 19개의 전시 공간으로 둘러싸여 있는 유기적 형태의 아트리움을 특징으로 하며, 이 중 10개의 전시 공간은 기존의 전통적인 형태로 설계되었다. 총면적은 258,334평방 피트(24,000㎡)이며, 전시 공간은 그 절반도 차지하지 않았다. 나머지는 레스토랑, 도서관, 기념품점과 같은 행정 및 방문객 서비스 공간이다. 외관상으로, 재료의 특성이 내부 기능을 나타내게 설계되었다. 전시 공간은 티타늄 외장재로, 서비스 공간은 석재로 설계되었다. 러

시아에서 가져온 티타늄 재료는 가장 독특한 외관 특성을 보여준다. 두께가 0.01인치(0.38mm)에 불과하기 때문에 방수막과 아연 도금 강판에 쉽게 설치할 수 있었다. 또한 원래 의도했던 스테인리스 스틸 패널보다 가격도 저렴했다.

박물관은 1997년에 개장하였고 전 세계적 언론으로부터 스포트라이트를 받았다. 또한 1995년에서 2012년 사이 스페인 바스트 정부는 산티아고 칼라트라바(Santiago Calatrava, b.1951) 및 포스터 & 파트너스(Foster and Partners), 아라타 이소자키(Arata Isozaki, b.1931), 알바로 시자(Álvaro Siza,

b.1933) 등과 재생 사업을 추진하여 스페인 산업 도시의 부활을 지원하였다. 특히 빌바오 구겐하임 뮤지엄은 이러한 도시 재생 사업의 중요한 선봉장이었다. 빌바오는 사업 첫해에 1억 6천만 달러의 경제 성장을 이룬 것으로 추정되었다. 또한 초기 3년간 관광객이 400만 명에 이르러, 관광 산업을 통해 거둬들인 세금이 초기 건설 비용을 넘어서게 되었다. 소위 빌바오 효과로 인해, 2000년 초반 10년 동안 전 세계의 다른 미술관들도 A급 건축가들을 통해 단기간의 성공을 거두려는 노력을 기울였다.

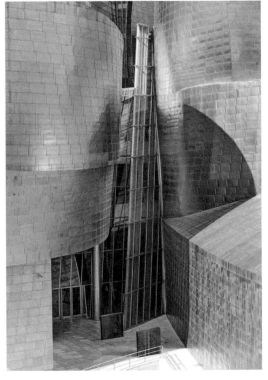

상단 왼쪽
예술가 리차드 세라(Richard Serra)의 뱀(Snake, 1994–97)은 세 개의 거대한 열연 강판 리본으로 이루어져 있으며, 미술관의 물고기 갤러리(Fish Gallery)에 영구 설치되어 있다.

상단 오른쪽
구겐하임 미술관의 내부나 외부는 매력적인 곡선과 사선으로 가득 차 있으며, 이 자체가 하나의 예술 작품이 되었다.

프랭크 게리

게리는 1954년에 서던 캘리포니아 대학교의 건축학과를 졸업하고, 그 후 곧 하버드 디자인 대학원에서 공부했다. 그는 1970년대 산타 모니카에 있는 자신의 집을 평범한 재료로 색다르게 설계하는 등 주거 및 가구 디자인으로 첫발을 내디뎠다. 1980년대와 1990년대에 더 많은 설계료를 받을 수 있게 되었지만, 오히려 그는 새로운 컴퓨터 프로그램에 적응하면서 20대 초반 및 후반을 훨씬 더 모험적인 디자인을 하면서 보냈다.

티타늄 외장

구겐하임 미술관의 33,000개의 티타늄 패널은 스테인리스 스틸보다 좀 더 저렴했다. 종이처럼 얇았기 때문에 건물의 외형을 만들기 쉬웠고, 또한 반사하는 특성을 보여줬다. 이후 티타늄 외장재는 중국 북경의 폴 앤드류 국립 극장(Paul Andreu's National Grand Theater, 2007) 및 구로카와 키쇼(Kisho Kurokawa, 1934 – 2007)의 오이타 은행 돔(the Oita Bank Dome, 2010) 등 전 세계적으로 사용되었다.

카티아 프로그램에 의한 형태

게리는 CATIA라는 항공 엔지니어링 소프트웨어를 사용함으로써, 내부와 연계된 곡선 및 사선으로 얽혀 있는 형태를 설계할 수 있게 되었다. 이를 위해 전문 회사인 게리 테크놀로지스(Gehry Technologies)를 2002년 설립하였으며, LA에 본사를 두고 전 세계에 지역 사무실이 있다. 이 회사에서는 건축가 및 건축주에게 다양한 컴퓨터 모델링 및 기술 정보 서비스를 제공한다.

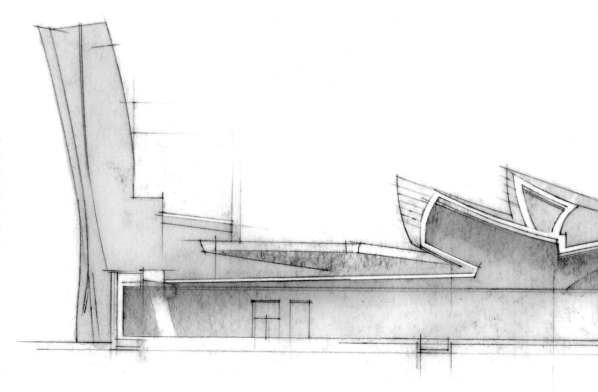

현대 건축의 역사

직선의 공간

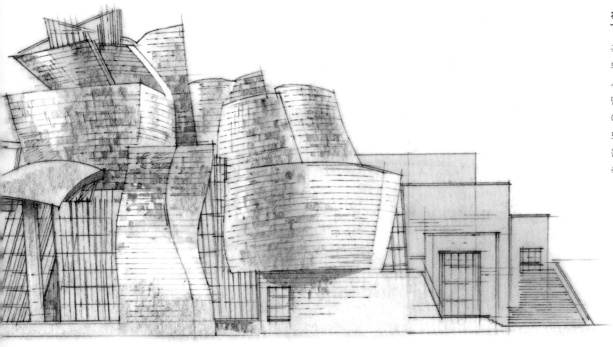

곡선 형태의 외관으로 인해 항상 그런 것은 아니지만 내부 공간 역시 곡선 형태로 계획되었다. 대부분 공간은 전시 시설 및 중앙 내부의 아트리움으로 구성되었다. 하지만, 일부 직선형 외관이 내부 공간을 구분하게 만드는데, 이곳은 사무실 및 방문객 서비스 공간으로 계획되었다. 또한 여기는 티타늄 외장재가 아닌 석회암 외장재를 사용하였으며, 입면 및 단면(위와 아래)에서 건물의 북쪽 및 측면에 나타난다.

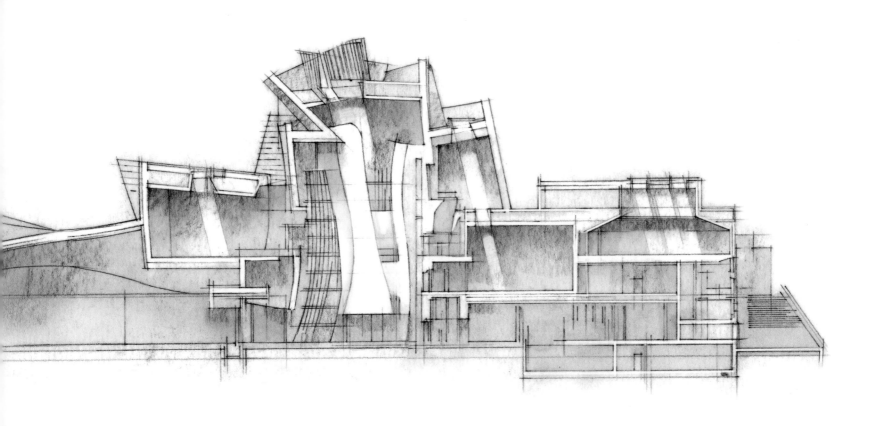

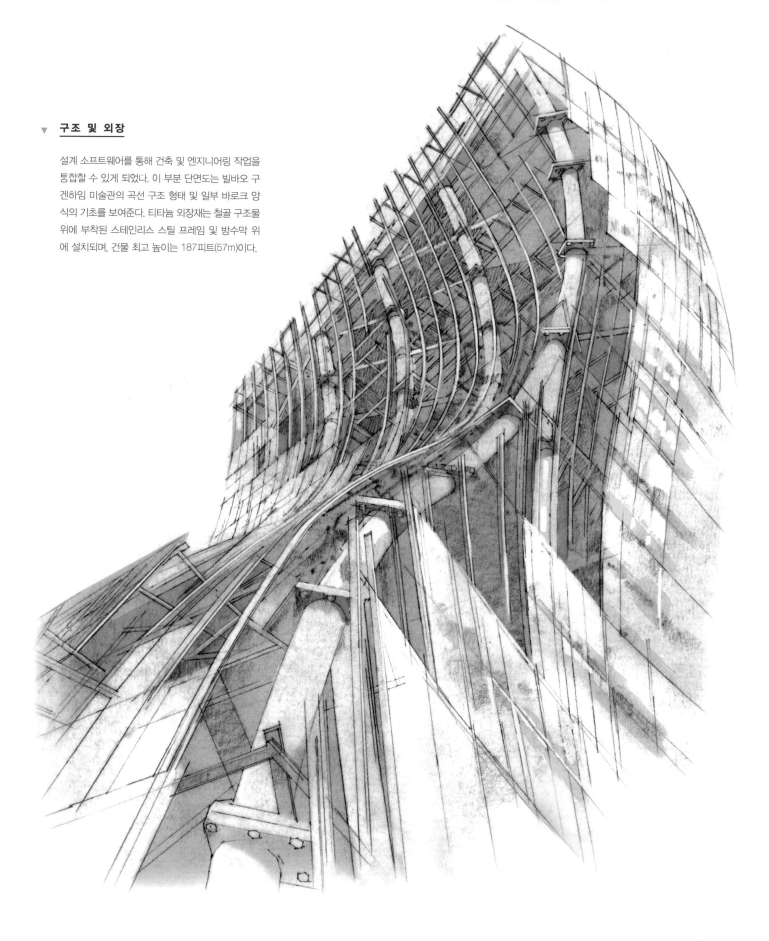

▼ 구조 및 외장

설계 소프트웨어를 통해 건축 및 엔지니어링 작업을
통합할 수 있게 되었다. 이 부분 단면도는 빌바오 구
겐하임 미술관의 곡선 구조 형태 및 일부 바로크 양
식의 기초를 보여준다. 티타늄 외장재는 철골 구조물
위에 부착된 스테인리스 스틸 프레임 및 방수막 위
에 설치되며, 건물 최고 높이는 187피트(57m)이다.

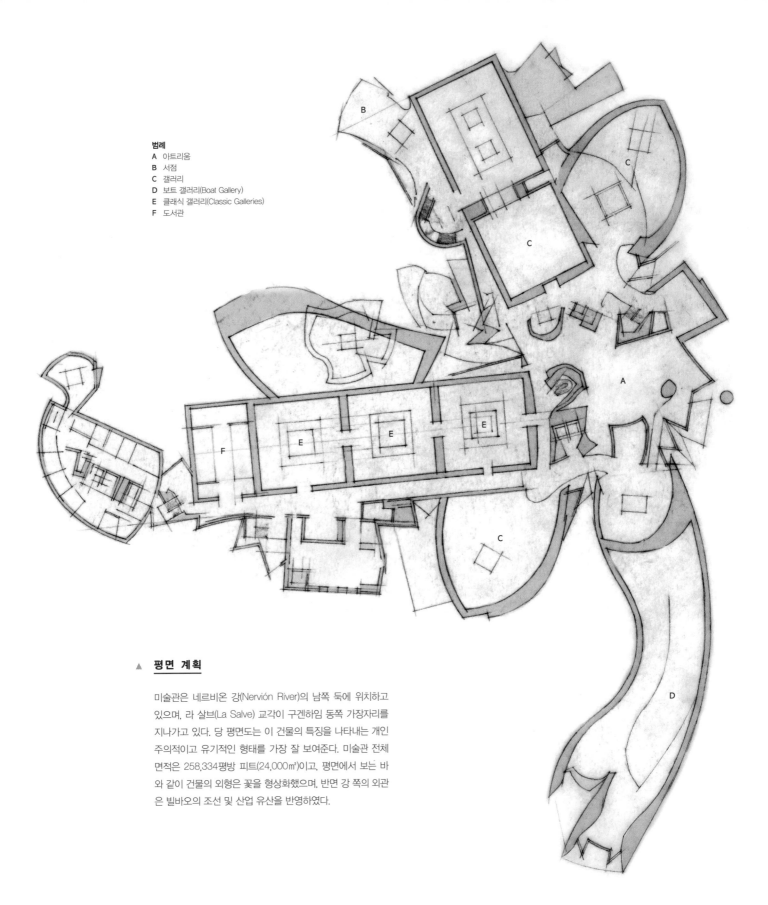

범례
A 아트리움
B 서점
C 갤러리
D 보트 갤러리(Boat Gallery)
E 클래식 갤러리(Classic Galleries)
F 도서관

▲ **평면 계획**

미술관은 네르비온 강(Nervión River)의 남쪽 둑에 위치하고
있으며, 라 살브(La Salve) 교각이 구겐하임 동쪽 가장자리를
지나가고 있다. 당 평면도는 이 건물의 특징을 나타내는 개인
주의적이고 유기적인 형태를 가장 잘 보여준다. 미술관 전체
면적은 258,334평방 피트(24,000㎡)이고, 평면에서 보는 바
와 같이 건물의 외형은 꽃을 형상화했으며, 반면 강 쪽의 외관
은 빌바오의 조선 및 산업 유산을 반영하였다.

국립 아프리카계 미국인 역사 문화 박물관

National Museum of African American History and Culture

위 치   워싱턴 DC, 미국

건 축 가   데이비드 아디아예(David Adjaye)

건축양식   현대건축

건설시기   2009–16

워싱턴 DC에 있는 내셔널 몰(the National Mall)은 동서로 뻗은 1.2마일(1.9km) 길이의 경관녹지 축으로써, 미 국회 의사당(the United States Capitol steps, 1792–1891; p.34 참조)과 워싱턴 기념비(the Washington Monument, 1885) 사이를 연결한다. 특히 이 경관녹지 축은 역사적으로 1791년 피에르 샤를 랑팡(Pierre Charles L'Enfant, 1754–1825)의 수도 개발 계획의 일부였던 '그랜드 에비뉴(grand avenue)'로 거슬러 올라간다. 비록 초기 계획은 실행되지 않았지만, 이후 1901년에서 1902년 맥밀란 계획(McMillan Plan)으로 이어졌다. 이를 통해 300피트(91m) 폭의 경관녹지 축이 만들

어졌으며 두 주요 문화시설들이 주변으로 건설되었다. 이것이 오늘날 우리가 볼 수 있는 워싱턴 DC 내셔널 몰(the National Mall)이다.

남북 양측의 몰을 따라 14개의 스미스소니언 협회(Smithsonian Institution) 건물 및 기타 국립 박물관들이 줄지어 서 있다. 고든 번샤프트(1909–90)의 허시온 미술관 및 조각공원(Hirshhorn Gallery and Sculpture Garden, 1974), 이오 밍 페이의 국립 미술관 동관(the East Building of the National Gallery of Art, 1978), 제임스 잉고 프리드(1930–2005)의 미국 홀로코스트 추모관(the United States Holocaust Me-

morial Museum, 1993), 더글라스 카디날(b.1934)의 국립 인디언 박물관(the National Museum of the American Indian, 2004) 등이 이곳 워싱턴 몰에 있다. 국립 아프리카계 미국인 역사 문화 박물관(the National Museum of African American History and Culture; NMAAHC)은 2003년 관련 근거법이 제정된 후, 2016년에 개관하였다. 설계는 2009년 국제설계공모에서 당선한 데이비드 아디아예(David Adjaye, b.1966)와 프리온 그룹(Freelon Group) 및 데이비스 브로디 본드(Davis Brody Bond), 스미스 그룹(the Smith Group JJR)이 공동으로 맡았다. 그는 탄자니아에서 가나 외교관의

아들로 태어났다. 런던에서 교육을 받은 그는 1993년에 왕립 미술 대학에서 석사 학위를 받았다. 그는 런던 및 뉴욕을 기반으로 다양한 작품활동을 시작했는데, 런던의 화이트채플 도서관(the Idea Store Whitechapel, 2005)부터 오슬로에 있는 노벨 평화상 센터(the Nobel Peace Center, 2005), 덴버의 현대 미술관(the Museum of Contemporary Art, 2007)에 이르기까지 전 세계적으로 다양하게 활동했다.

NMAAHC는 아프리카 요루바족의 여인상(Yoruban caryatids)에서 영감을 받아, 3단 형태의 입면으로 계획되었다. 코로나(Corona)로 부르는 입면은 3,600개의 갈색 알루미늄 패널로 구성되었는데, 각 패널의 레이스 격자 패턴은 19세기 뉴올리언스로 끌려온 아프리카 노예들의 노동 착취 현장을 상징한다. 박물관은 조경사 구스타프손 오클리 니콜이 설계한 워싱턴 기념비 근처의 부지에 2012년부터 건설이 시작되었다. 박물관의 전체 면적은 40만 평방 피트(37,161㎡)이며, 건설 비용은 5억 4000만 달러였다. 내부에는 랄프 아펠바움(Ralph Appelbaum Associates)이 설계한 전시 공간이 포함되어 있다. 주요 전시 품목으로는 1800년대 노예 숙소부터 1920년대의 철도 차량, 1973년산 척 베리(Chuck Berry)의 캐딜락까지 다양했다. 박물관은 총 5층으로 계획되었으며, 꼭대기 층은 사무 공간으로 쓰이고, 지상 3, 4층 및 지하 홀(콘코스)은 전시 공간으로 사용하고 있다. 극장 및 교육시설, 방문객 서비스 시설은 입구 및 2층에 배치되었다. 건물 에너지 절약을 위해 태양열 패널이 설치되었다. 2016년 9월 24일 공식 개막식에 3만여 명이 방문했으며, 운영 첫 5개월 동안 주말을 포함하여 백만 명이 넘는 방문객이 찾았다.

상단 왼쪽
세 개의 층으로 된 반전된 피라미드 형태를 가진 박물관 외형은 요루바족의 여인상(Yoruban caryatid)에서 영감을 받았다. 여인상은 전통적인 나무 조각상으로 왕관과 코로나가 특징이다.

상단 오른쪽
철제 계단을 통해 로비에서 지하 콘코스(중앙홀)까지 연결되며, 방문객들은 평화로운 명상의 마당(the Contemplative Court) 및 350석 규모의 오프라 윈프리 쇼에 방문할 수 있다.

워싱턴 DC 내셔널 몰(National Mall)

내셔널 몰에는 제임스 렌윅 주니어(James Renwick Jr., 1818-95)가 설계한 신로마네스크 양식의 스미스소니언 재단 건물이 있다. '성'이라는 별명으로 불리는 이 박물관은 최근에 건설된 국립 아프리카계 미국인 역사 문화 박물관을 포함한 14개 주요 박물관 중 첫 번째로 건설된 건축물이다. 대부분 박물관들이 정부 기금을 지원받는 시설이며, 추가 지원을 위해 공공-민간 파트너십을 구축하고 있다. 이와 함께, 해외 스미스소니언 지점들에서 매년 3천만 명이 넘는 방문객들을 유치하고 있다.

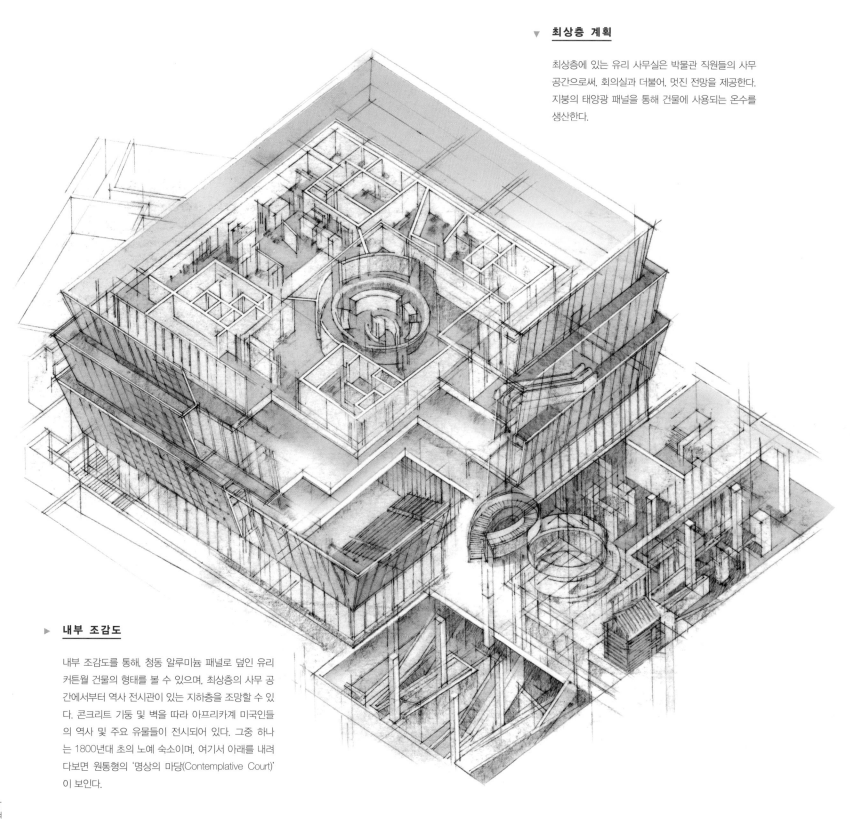

▼ 최상층 계획

최상층에 있는 유리 사무실은 박물관 직원들의 사무
공간으로써, 회의실과 더불어, 멋진 전망을 제공한다.
지붕의 태양광 패널을 통해 건물에 사용되는 온수를
생산한다.

▶ 내부 조감도

내부 조감도를 통해, 청동 알루미늄 패널로 덮인 유리
커튼월 건물의 형태를 볼 수 있으며, 최상층의 사무 공
간에서부터 역사 전시관이 있는 지하층을 조망할 수 있
다. 콘크리트 기둥 및 벽을 따라 아프리카계 미국인들
의 역사 및 주요 유물들이 전시되어 있다. 그중 하나
는 1800년대 초의 노예 숙소이며, 여기서 아래를 내려
다보면 원통형의 '명상의 마당(Contemplative Court)'
이 보인다.

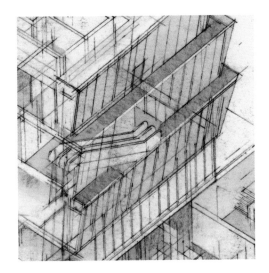

입면(SCREEN FACADE)

레이스(lacy)로 된 금색의 입면은 뒤에 있는 유리로 된 건물 구조를 더욱 아름답게 만든다. 또한 인접하여 배치된 에스컬레이터를 통해, 방문객은 바깥세상을 격자 패턴으로 투영하여 바라볼 수 있게 된다. 이러한 코로나 입면은 야간 조명을 통해 내셔널 몰(National Mall)의 문화적 등물 역할을 한다.

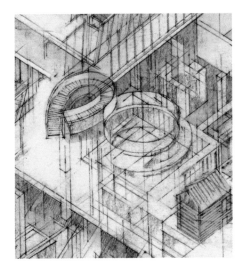

중앙홀(콘코스, CONCOURS)

곡선 계단을 통해 중앙홀(콘코스) 및 오프라 윈프리 극장으로 이동할 수 있다. 극장 내부의 벽 패널은 건물의 입면 패널과 동일한 패턴으로 계획되었다. 사색의 마당에는 중앙 사각형 분수 주변으로 좌석을 배치했으며, 주변 벽에는 마틴 루터 킹 주니어(Martin Luther King Jr)의 인용문을 새겨 놓았다.

'우리는 굳게 결심했습니다. 정의(justice)가 물처럼 흐를 때까지, 공정(righteousness)이 거대한 흐름이 될 때까지, 함께 일하고 싸우십시오.'

▶ 입면 상세

이 입면 상세를 통해, 유리 커튼월 건물 내부로 빛을 차단하고 산란시키는 역할을 하는 3,600개의 청동 패널을 살펴볼 수 있다. 패턴은 남부, 특히 뉴올리언스의 노예 장인이 만든 철제 부품의 모습을 재현한 것이다. 또한 각 패널은 태양에 의한 열과 빛을 적절하게 차단할 수 있도록 배치되었다.

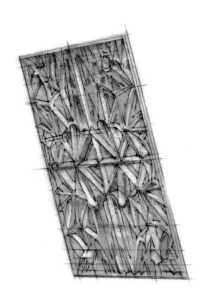

국립 아프리카 아메리칸 역사 문화 박물관

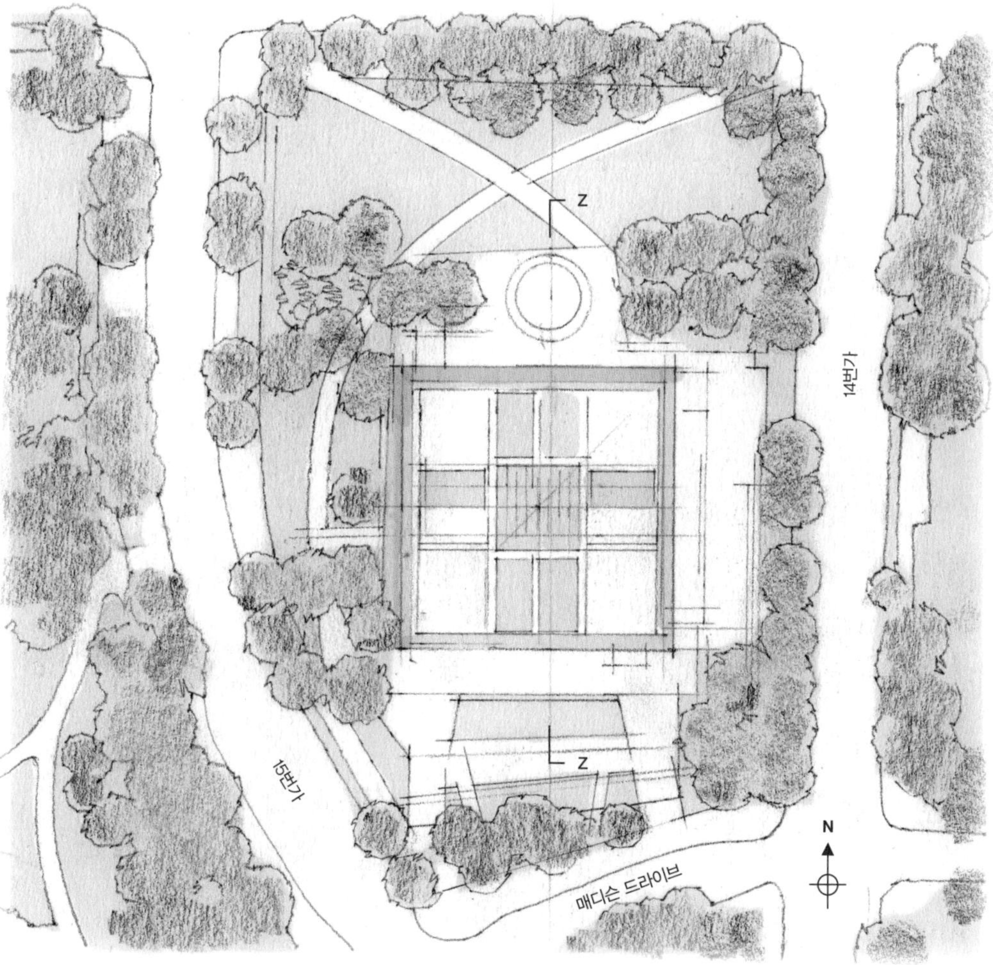

조경

연면적 420,000평방 피트(39,019㎡)의 박물관은 5
에이커(2ha) 대지에 건설되었다. 구스타프손 오클리
니콜(Gustafson Guthrie Nichol)이 조경 계획을 진행
했는데, 미국 남부 지방이 원산지인 오크 및 목련, 니
도밤나무 등으로 사용했으며, 구불구불하게 배치하
였다. 남쪽 입구의 반사 수면풀은 조용한 전망을 제
공하기 위한 것이다.

14번가

15번가

매디슨 드라이브

N

Z

Z

A

Z

지하층

▼ 단면 계획

단면도(반대쪽 배치도의 Z)는 내부 공간에 대한 주요 정보를 제공한다. 메인 로비 위층에는 교육 센터가 있는데, 전시 공간의 기획 및 변경을 원활하게 할 수 있도록 바로 아래층에 위치하고 있다. 최상층에는 직원들을 위한 사무 공간을 배치하였다. 지하층은 극장 및 식당, 명상 공간으로 사용되고 있다.

범례
A 사무실
B 전시실
C 자원 시설(Resource Gallery)
D 로비/중앙홀
E 극장
F 명상 공간

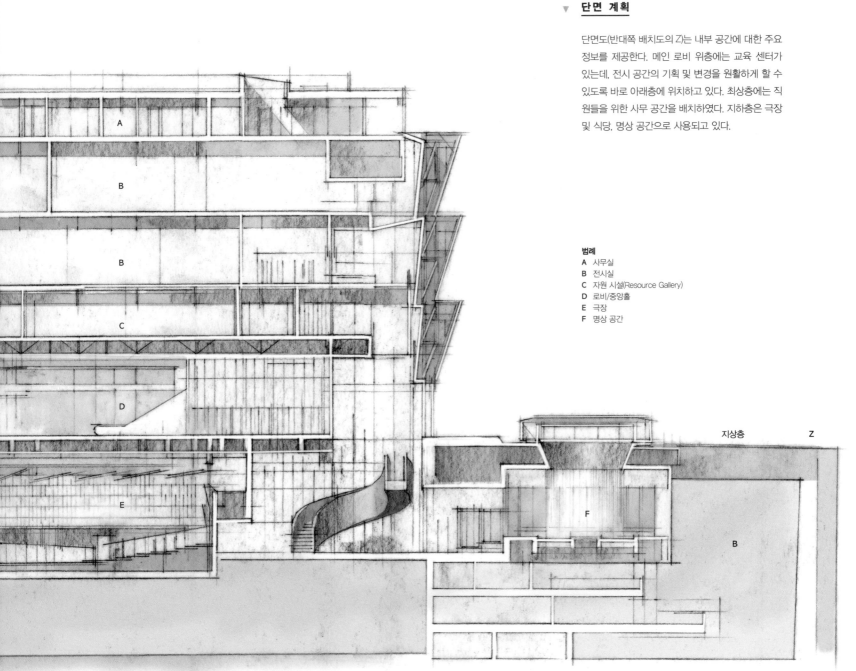

지상층   Z

주거 Living

'잘 사세요!', '풍요로운 삶을 사세요.', '잘 사는 것이 최고의 복수입니다.'
어떤 의미에서 이러한 격언들은 호화롭고 사치스러운 생활 양식을 가리
킬 수 있다. 이에 이 장의 일부 주택들은 '거주(Shelter)'라는 일상적 단어
의 의미를 넘어서는 부지 및 공간, 전망을 가지고 있다. 하지만 반대로,
노숙자 쉼터나 진료소 또는 효율적으로 저렴하게 지어진 작은 현대식 주
택들도 이 장에서 살펴볼 것이다.

이 장의 11개의 사례 중에 8개는 개인 주택, 즉 단독 주택이다. 여기에
는 이탈리아 비첸차에 있는 은퇴 별장인 빌라 로툰다(Villa La Rotonda,
1566 – 1606, p.188 참조)나 핀란드의 여름 휴가 별장인 빌라 마이레아
(Villa Mairea, 1939; p.210 참조) 등의 사례가 포함되어 있다. 또한 이
장의 주거 건축물들은 당 시대의 창조적 디자인 활동을 대표한다. 빌라
로툰다와 같이 로마 양식 건축물에 매혹되었던 안드레아 팔라디오(An-
drea Palladio)의 열정뿐만 아니라, 브루쉘의 타셀 호텔(the Hôtel Tassel,
1893 – 94; p.192 참조)과 같은 복잡한 아르누보 양식의 열정적인 집착,
또한 1920년에서 1940년대까지 모더니즘 건축물들이 추구했던 지역성
의 혼종 등은 당 시대의 창조적 활동을 뚜렷하게 보여준다. 특히 후자
의 경우에는 네덜란드 위트레흐트에 있는 슈뢰더 하우스(the Schröder
House, 1924; p.196 참조) 및 건축가 본인의 집인 멕시코의 루이스 바
라간 주택(the Casa Luis Barragán, 1948; P.214 참조), 찰스와 레이 임
스(Charles and Ray Eames)를 위한 LA 교외의 임스 하우스(the Eames
House, 1949 – 50; p.220 참조) 등이 대표적 사례이다.

현대의 건축 운동은 사회 디자인 운동으로서, 보편적인 디자인 해법을 제
시하여 사회를 개혁하려는 의도를 갖고 있었다. 특히 값싼 재료를 통해
건축 비용을 낮추려는 시도는 지속해서 이루어지고 있다. 특히 주택공급
이 시급히 필요했던 두 차례의 세계 대전(1914–18년 및 1939–45년) 이
후 이와 같은 운동이 활발했다. 1920년대와 1940년대 중반까지 전후 주
택공급을 위한 많은 노력이 있었고, 모더니즘 양식은 급격히 기존 전통
적 주거 디자인 속으로 혼합되어 갔다. 예를 들어 시카고 트리뷴(Chica-
go Tribune)이 후원한 주택 설계 경기(the House Design Competition,
1927) 및 시카고 상품 하우스 경연 대회(Chicagoland Prize Homes Com-
petition, 1945), 슈투트가르트의 유명한 바이센호프 주거 단지(1927)와
같은 유럽의 다양한 주택 전시회, 그리고 LA의 시범 주택 단지(the Case
Study Houses, 1945–) 등이 대표적 사례이다. 이와 같이 혁신적이지만
비싸지 않은 모더니즘 양식의 단독 주택의 사례로는 슈뢰더 하우스 및 임
스 하우스 등이 있다. 그리고 이 장에 포함된 모든 현대 주택 중에서, 아
마도 알바 알토(Alvar Aalto, 1898 – 1976)의 빌라 마이레아는 프랭크 로
이드 라이트의 낙수장(Falling water, 1936 – 39; p.206 참조)에 대한 존경

임스 하우스(p.220 참조)

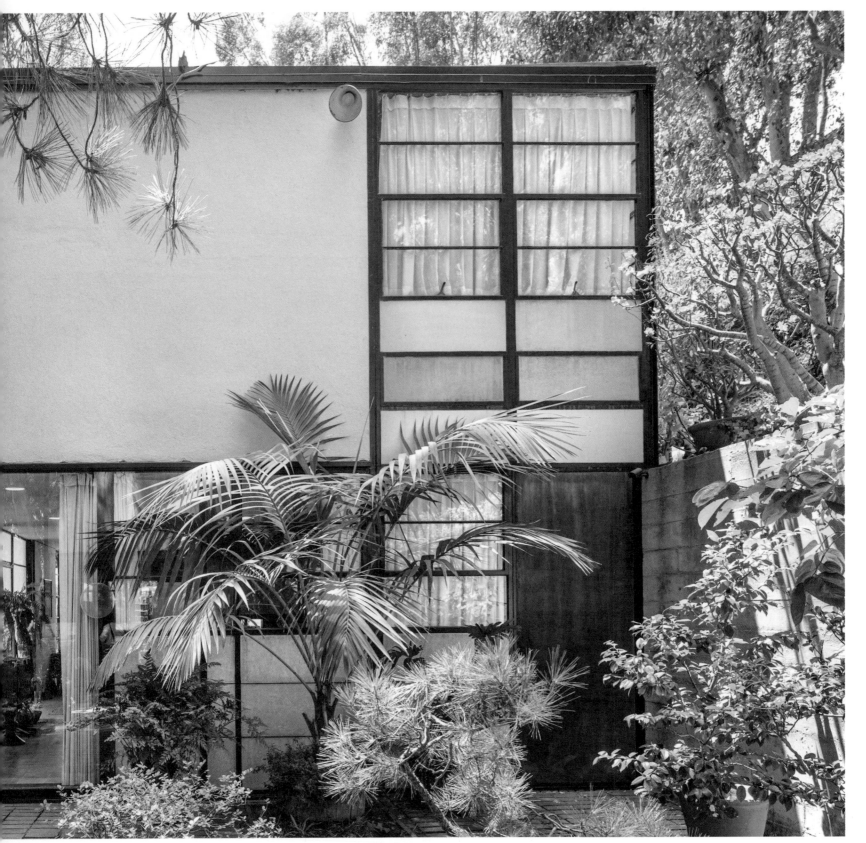

을 보여줌과 동시에, 건축물이 주변 자연환경과 어우러지게 했던 두 건축가의 열정을 보여준다.

그러나 지금까지 단독 주택 중심으로 논의하고 있지만, 이 장에서는 서로 다른 시대 그리고 경제 수준에서 개발된 공동주택 사례 세 가지를 보여주고자 한다. 프랑스 본의 하나님의 호텔(The Hôtel-Dieu de Beaune, 1443-52; p.184 참조)은 기본적으로 진료소와 저소득층 주택이 결합된 형태로서 대형 거주 공간 및 공동 식당 등이 설치되어 있다. 구로가와 키쇼(Kisho Kurokawa, 1934-2007)가 설계한 일본 도쿄의 나카긴 캡슐 빌딩(the Nakagin Capsule Building, 1971-72; p.224 참조)은 독립적 단위 주거 모듈을 통한 건식 고층 빌딩 건설을 통해, 창의적이고 저렴한 주택 개발 전략을 보여준다. 이와 반대되는 사례로는 MAD Architects가 설계한 최고급 콘도미니엄인 토론토의 앱솔루트 타워(Absolute Towers, 2007-12; p.230 참조)가 있다.

또한 이 장에서는 넓은 의미의 삶과 주택을 고려하여, 주택 단지 프로젝트 등도 살펴볼 필요가 있다. 대표적으로 브루노 타우트(Bruno Taut, 1880-1938) 및 마틴 와그너(Martin Wagner, 1885-1957)가 설계한 베를린의 후프자인젠둥(Hufeisensiedlung; Horseshoe Estate, 1925-33)이 있다. 그리고 좀 더 공동체적인 주택으로써, 모이세이 긴즈부르그(Moisei Ginzburg, 1892-1946)의 나르코핀 빌딩(the Narkomfin Building, 1928-30) 및 이반 니콜라에프(Ivan Nikolaev, 1901-790)의 텍스타일 협회 공동 주택 중 학생 기숙사 건물(the student dormitory at the Communal House of the Textile Institute, 1930)이 있다.

이 장에서 우리는 무엇을 짓고 어떻게 살아야 하는지를 보여주고자 했다. 그러나 이야기는 여기서 끝나지 않는다. 왜냐하면 다른 장에도 삶과 주택이 있기 때문이다. 공공 생활의 장에서 베네치아 궁전(Venetian palace, 1340-1614; p.28 참조) 내에 있는 도제를 위한 아파트나 크라이슬러 빌딩(Chrysler Building, 1929-30; p.38 참조)은 기본적으로 주택을 포함하고 있다. 또한 기념물 장에서 베르사유 궁전(the Palace of Versailles, 1770; p. 96 참조)을 통해 왕실 생활 양식 및 사치스러운 주거의 형태를 볼 수 있으며, 유명한 대통령 주택인 몬티셀로(Monticello, 1796-1809; p.102 참조)는 전형적인 주택 사례이다. 특히 후자의 경우 팔라디아 양식의 빌라 로툰다와도 비교된다. 마찬가지로 예술과 교육에 관한 장에서 소개한 런던의 존 손 경(John Soane, 1792-1824; p.116 참조) 박물관도 개인 주택이며, 독일 데사우의 바우하우스도 학생들을 위한 작은 스튜디오 아파트를 포함하고 있다. 또한 파리 루브르 박물관(The Louvre, 1793, 1984-89; p.162 참조) 역시 박물관이 되기 전에는 왕궁이자 성이었다. 마지막 장인 예배에서는 그 기능을 넘어 말 그대로 '하나님의 집(House of God)'을 살펴볼 것이다. 여기에는 종종 성직자들 및 주교들, 수도사들, 이슬람교도들을 위한 숙소들이 포함된다. 예를 들어 교토에 있는 금각사(1397년 이후, 1955년 재건축; p.256 참조)는 불교 사찰로써 스님들을 위한 주거 공간으로 계획되었다. 이에 거주 공간, 곧 주택은 인간의 기본적인 기능으로서 시대나 지역에 상관없이 우리 주변에서 살펴볼 수 있는 유형이다.

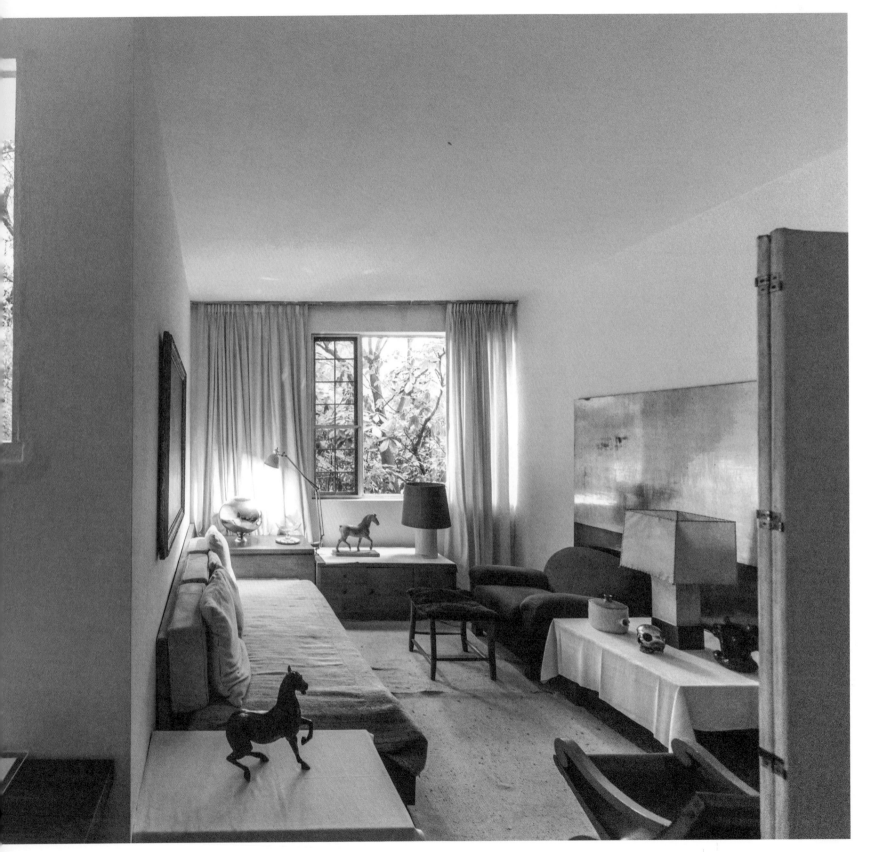

하나님의 호텔
Hotel-Dieu de Beaune

위 치	본, 프랑스
건 축 가	자크 위끄레(Jacques Wiscrère)
건축양식	후기 고딕양식
건설시기	1443–52

중세시대의 '호텔'의 개념인 호스피스 또는 병원은 오늘날 민간 또는 공공, 교회에서 운영하는 노숙자 쉼터와 비슷한 시설이다. 기본적으로 가난한 사람들을 위한 빈민 구호소로써, 의학적인 치료 및 정신 수양을 위한 장소를 제공했다. 특히 최근 들어 시카고에 있는 노숙인 쉼터(the Pacific Garden Mission, 2007)는 도시 내 중요한 시설로 여겨지고 있다. 건축가 스탠리 티거만(Stanley Tigerman, b.1930)이 설계한 당 시설은 900명 이상의 남녀 기숙사 및 600석 이상의 식당, 워크숍, 의무실, 온실, 그리고 교회로 구성되어 있다. 마찬가지로, 본에 있는 하나님의 호텔(the Hôtel-Dieu de Beaune) 또는 하나님 호스피스(Hospices de Beaune)는 바로 이러한 기능을 수행하는 공간이었다.

하나님의 호텔은 니콜라스 롤린(Nicolas Rolin)과 그의 세 번째 부인 기고네 살린스(Guigone de Salins)가 프랑스와 영국 간의 백년 전쟁(the Hundred Years' War, 1337 – 1453)으로 피폐해진 지역 주민들의 의료 및 정신적 치료를 위해 1443년 설립했다. 롤랭은 필립 3세 시대의 재상이었고 부르고뉴의 공작으로서 프랑스 동부 및 플랑드르, 네덜란드 지방의 영주였다. 특히 롤랭은 현재 파리 루브르 박물관에 있는 얀 반 에이크(Jan van Eyck)의 '재상 롤랭의 성모(the Madonna of Chancellor Rolin, 1435)라는 르네상스 시대의 작품에서 성모 마리아와 아기 예수에게 기도하는 인물로 유명하다. 당 건물은 자크 위끄레(Jacques Wiscrère)가 설계와 건축을 담당했다고 여겨진다. 1452년에 하나님에게 봉헌(준공)되고 1971년 박물관으로 전환될 때까지 빈민 구호소 및 병원으로 사용되었다. 직선으로 된 2층 건물은 중앙 마당 주변으로 배치되어 있으며, 건물 동쪽의 작은 주 출입구는 상부에 고딕 양식의 피니얼(the Gothic finial)로 장식되어 있다. 건물 내

부는 부엌 및 수녀실, 예배당, 약국, 기숙사 등으로 구성되어 있었다. 건물 내 예배당에는 르네상스 화가인 로히어르 판 데르 베이던(Rogier van der Weyden)이 그린 최후의 심판(the spectacular Last Judgment, 1445−50)이 걸려 있었는데, 지금은 박물관에서 전시하고 있다.

건축학적으로 가장 중요한 방은 첨두형 아치 천장 및 채색된 보로 구성된 '가난한 사람들을 위한 홀(the Grande Salle des Pôvres)'로서, 길이 164피트에 폭은 46피트, 높이는 52피트 규모(50×14×16m)였씬. 길이 방향으로 둘레에 침대가 배치되어 있었고, 그 가운데는 식사를 위한 공간으로 사용되었다. 복원된 캐노피 형태의 침대는 원래 2명을 수용했으며, 현재 주요 가구들은 약 3/4가 19세기부터 전해져 내려온 것들이다. 내부 바닥 타일에는 'seulle'라고 새겨져 있는데 이는 롤린이 아내를 부를 때 쓴 '오직 하나'란 의미이다. 마당에서 가장 눈에 띄는 것은 박공지붕의 유리 타일로써, 1900년대 초에 수리되고 교체되었다. 현재는 비영리단체에서 박물관으로 변경하여 운영하고 있는데, 특히 매년 11월에는 포도원에서 와인 경매를 열고 있으며, 지하실에는 이를 위한 와인을 저장하고 있다. 그리고 크리스티(Christie's) 경매가 2005년부터 와인 경매를 운영, 관리하고 있다.

하단 왼쪽
현재 '가난한 사람들을 위한 홀'에는 2명 수용이 가능한 캐노피 침대의 19세기 복제품이 줄지어 배치되어 있다.

하단 오른쪽
남동쪽에서 바라본 전경을 통해, 당 건물의 상징적인 타일 지붕이 건설되었을 때 얼마나 장관이었는지 알 수 있다. 아마 지금보다 훨씬 더 화려했을 것으로 추정된다.

본의 제단(BEAUNE ALTARPIECE)

지붕보다 더 인상적인 것은 '본의 제단'이란 그림으로, 르네상스 화가 로히어르 판 데르 베이던(Rogier van der Weyden)이 그렸다. 이 그림은 원래 홀 끝에 있는 예배당에 걸려 있어, 사람들이 제단 위에서 쉽게 볼 수 있었다. 원래 15개의 오크 나무 패널 위에 유화로 그려진 폴립티크(polyptych) 형태 그림이었는데, 일부는 나중에 캔버스로 옮겨졌으며, 현재 크기는 87×215인치(220×546cm)이다. 로히어르의 가장 위대한 작품으로 여겨지는 이 그림은 홀에 있는 환자들에게 최후의 심판 전에 삶의 위안과 후회를 제공해 주었다. 최후의 심판은 당 작품의 제2의 명칭이다.

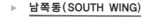

▶ 남쪽동(SOUTH WING)

동쪽에 있는 예배당과 홀과 비교되는 이 짧은 동에는 성 앤의 방(the Salle Sainte-Anne)과 성 듀그의 방(the Salle Saint-Hugues)이 있다. 성 앤의 방은 부유한 환자들을 위해 사용되었으며, 성 듀그의 방은 원래 의무실이었는데, 17세기 중반 유게스 베투(Hugues Bétault)에 의해 설치됐다. 이 방들은 남서쪽 모퉁이의 성 니콜라스 방(the Salle Saint Nicolas)으로 이어져 서쪽동(WEST WING)과 연결된다. 이곳은 죽어 가는 환자들이 마지막으로 수용된 곳이었다. 모든 방은 코너 계단을 통해 뜰의 중정 및 전시 공간과 연결되며, 전시 공간은 서쪽동에 의해 둘려싸여 있다.

▼ 예배당

남쪽 끝에 보이는 예배당은 죽음에 가까워지고 있는 사람들에게 믿음을 일깨워주기 위한 장소였디. 유명한 '본의 제단, 또는 최후의 심판'은 예배당에 걸려 있었지만, 상태가 악화되면서 성 루이스 방(the Salle Saint–Louis)이 있는 단지 북쪽 끝의 전시 공간으로 이동되었다.

타일 지붕

남쪽동의 박공지붕은 화려한 타일로 건설되었는데, 중세 후반 중부 유럽의 전형적인 타일 형태에서 영감을 받았을 것으로 추정된다. 중심에 배치된 자갈로 된 중정에는 고딕 양식 철물로 장식된 분수가 배치되었다. 타일로 된 박공지붕 입면은 홀의 수수한 외관과 중정 왼편의 건물과도 뚜렷하게 대비된다.

서쪽동(WEST WING)

아래 그림의 오른쪽에 있는 서쪽동 단면은 건물 남서쪽 구석의 성 니콜라스의 방(the Salle Saint-Nicolas)을 보여준다. 여기는 환자들이 죽기 전에 마지막으로 들르는 장소였다. 1658년 루이 14세가 방문했을 때, 이곳에 너무 많은 남자 여자가 함께 있는 것에 놀라서, 여성을 위한 방을 따로 만들어 주었다. 현재 이곳은 호스피스에 관한 전시 공간으로 사용된다.

빌라 로툰다 Villa Almerico-Capra

위 치	비첸차, 이탈리아
건 축 가	안드레아 팔라디오(Andrea Palladio), 빈센초 스카모치(Vincenzo Scamozzi) 및 기타
건축양식	르네상스, 신로마 양식
건설시기	1566–1606

빌라 알메리코 카프라(The Villa Almerico-Capra) 또는 빌라 로툰다(Villa La Rotonda)는 교황의 조언자였던 성직자(캐논) 파올로 알메리코(Canon Paolo Almerico)가 은퇴 후 고향 비첸차에서 거주하기 위해 지은 주택으로서, 안드레아 팔라디오(Andrea Palladio, 1508–80)가 설계했으며 건축사적으로도 가장 화려한 주택으로 여겨진다. 건설은 1566년 시작되었지만, 팔라디오와 알메리코가 죽은 후, 팔라디오의 제자 빈센초 스카모치(Vincenzo Scamozzi, 1548–1616)에 의해 준공되었다. 스카모치는 1591년부터 프로젝트에 참여했으며, 1606년 주택의 다음 주인인 오도리코와 마리아 카프라(Odorico and Maria Capra)를 위해 최종 완공되었다.

이 빌라는 팔라디오의 저서 '건축사서(I quattro libri dell'architettura; The Four Books of Architecture, 1570)로도 유명하며, 또한 로마 건축의 열렬한 신봉자였고 로마의 건축가이자 엔지니어였던 비트루비우스(Vitruvius, bc 15–80)의 건축십서(De Architectura; On Architecture) 전문가였던 팔라디오가 설계한 수많은 주택 중 하나였다. 팔라디오는 이탈리아 비첸차에서 석공으로 훈련을 받으며 본인의 일을 시작했다. 그가 설계한 건물 중에는 로마 시대의 건축 유형에 기댄 주택들이 다수 포함되어 있는데, 여기에는 빌라 사라체노(Villa Saraceno, 1540s) 및 빌라 포야나(Villa Pojana, 1549), 빌라 가초티 그리마니(Villa Gazzotti Grimani, Bertesina,

188 주거

1550), 빌라 키에리카티(Villa Chiericati, 1550-80) 등이 있다. 건축주의 '그의 즐거움을 위해'란 말로부터 건설된 로툰다(La Rotonda)는, 이미 농지의 기능을 상실한 대지에 지어졌다. 1591년 별장의 건설이 스카모치에게 넘어간 후, 소박한 아케이드형 농장 건물들이 먼저 지어졌다.

빌라 로툰다의 그리스 십자 평면 계획은 4개의 동일한 고전적인 입면을 특징으로 한다. 각각의 입면은 6개의 이오니아 기둥으로 이루어진 포르티코(portico)로 되어 있으며, 고전적 신들의 조각상이 맨 위에 장식돼 있다. 로마 신전을 토대로 한 이러한 입면은 로마 시대 건축의 정교함과 단순함을 표현하려는 노력의 일환이었다. 팔라디아의 많은 별장들처럼 빌라 로툰다도 석재와 함께 벽돌 및 치장 벽토(스투코, stucco)로 지어졌다. 바닥의 일부는 석회석과 대리석을 사용했는데, 이 지역의 전형적인 모습이었다. 중앙에는 팔라디오가 높게 의도했던 돔 형태의 중앙홀이 계획되었지만, 스카모치가 좀 더 낮게 재설계했다. 각 모서리의 계단은 3층으로 올라가며, 모서리의 돔은 18세기에 수리되었다. 각 층의 면적은 1,445평방 피트(134㎡)이며, 전체 연면적은 5,995평방 피트(557㎡)에 달했다. 1층(피아노 노빌레; piano nobile)의 주요 방들과 돔 아래의 원형 공간은 카프라 가족이 의뢰한 프레스코화로 덮여 있으며, 대리석 벽난로 선반과 장식물들이 곳곳에서 발견된다. 그리고 1725년에서 1750년 사이에 일부 내부 장식들이 수정되었다. 전체적인 대칭 평면과 외관은 팔라디오가 지은 별장 중에서도 독특하지만, 건축사서에 실린 멜레도의 빌라 트리시노(Villa Trissino)의 디자인과 직접적인 관계가 있다. 현재 소유주인 발마라나 가족(the Valmarana family)은 1976년 복원 프로그램을 시작했고, 현재는 일반에게 개방된 박물관으로 운영 중이다.

상단 왼쪽
중앙 공간에 들어서면 방문객들은 이 건물의 별명인 빌라 라 로툰다를 떠올리게 되고, 그 너머에 있는 멋진 트롱프뢰유(trompe-l'oeil) 프레스코화를 엿볼 수 있다.

상단 오른쪽
이오니아식 기둥으로 된 포르티코 양식은 건물 중앙부 각 면에 투영되어 로마 사원의 모습을 연상시킨다.

팔라디오의 영향

팔라디오의 영향은 특히 18세기와 19세기의 영미권에서 두드러진다. 런던에 있는 치즈윅 하우스(Chiswick House, 1727; 왼쪽)는 가장 잘 알려 팔라디오 영향을 받은 건축물 사례 중 하나이다. 몇몇 저명한 건축가들의 조언으로 버링톤의 백작이었던 리처드 보일(Richard Boyle)이 설계한 이 건물은 중앙의 포르티코 및 돔, 셀리안 창문 모두 팔라디오의 영향을 받았다.

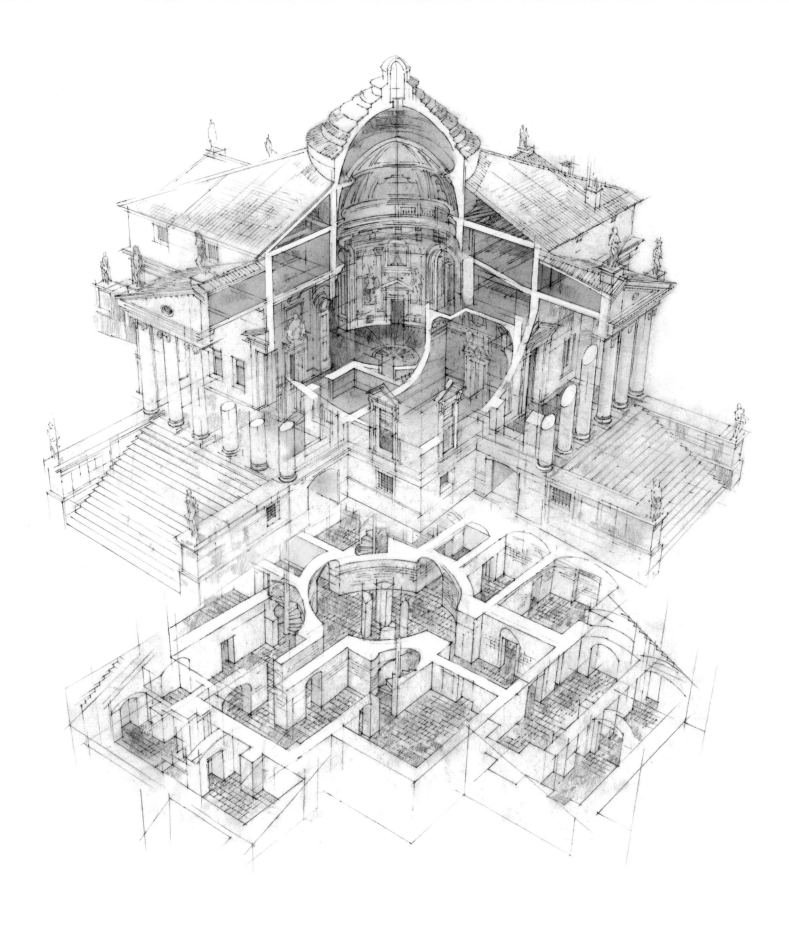

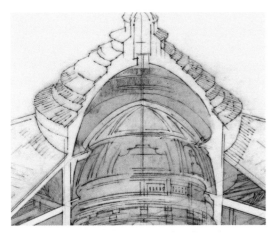

돔

팔라디오는 돔을 더 높게 설계했고 반구는 등불로 장식했다. 하지만 스카모치는 로마의 판테온(the Pantheon, 126)에서 영감을 받아 높이를 좀 더 낮추었다. 빌라 로툰다에서는 이를 베레모(skull-cap)에서 따와 캐롯(calotte)이라고 부르는데, 타일로 된 지붕을 가진 돔을 가리킨다.

포르티코

대칭적으로 배치된 네 개의 포르티코는 각각 이오니아 양식의 열주로 구성되어 중심의 육면체 매스와 연결, 고대 로마의 공공 건축물과 같이 간결하지만 위엄있는 모습을 보여준다. 페디먼트(pediment)의 모서리 및 꼭짓점에는 로마 신들의 조각상을 놓아 입면의 이미지를 강화시킨다.

드럼

팔라디오는 원과 정사각형 같은 단순한 기하학적 형태의 시각적 힘을 믿었다. 중앙에 있는 원통형 드럼은 돔을 받치고 있으며, 화가이자 공예가인 알레산드로 마간차(Alessandro Maganza)의 프레스코화가 그려져 있다.

▶ 평면 계획

건물의 강박적인 4각형 배열처럼, 원과 사각형의 형태가 빌라 로툰다 평면 계획에서 분명하게 나타난다. 중앙 드럼의 모서리에 있는 타원형의 나선형 계단이 각 층을 연결한다. 강하지만 단순한 기하학적 구조는 팔라디오 양식의 특징이다. 이러한 축선 상의 계획은 논리적이고 질서정연하다.

◀ 바닥층

1층은 위층과 같은 평면 형태를 가지고 있으며, 낮은 천장의 작은 방들과 연결된 큰 4개의 방으로 구성되어 있다. 이곳은 서비스 시설 및 하인들 공간으로, 부엌도 포함돼 있다. 직간접적으로 햇빛은 내부로 스며들게 계획되었다. 빌라 로툰다는 아트막한 언덕에 세워졌으며, 이로 인해 1층이 주변 대지보다 다소 높았다.

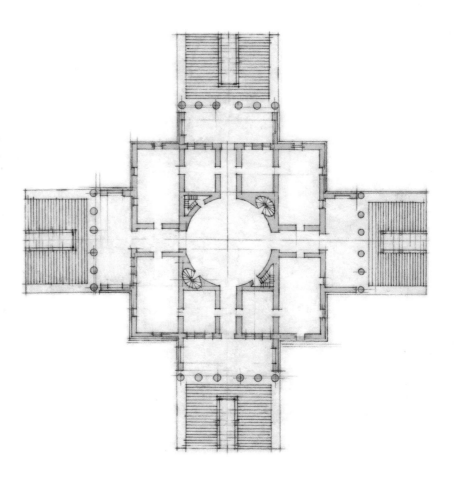

타셀 호텔 Hotel Tassel

위 치 　 브뤼셀 벨기에

건 축 가 　 빅토르 오르타(Victor Horta)

건축양식 　 아르누보

건설시기 　 1893–94

이 책에서 표기하는 각 건축 양식들의 명칭은 국가 및 지역별로 다르게 해석, 변형되어 사용된다. 대표적으로 19세기 후반과 20세기 초반의 아르누보 양식의 경우, 영국 및 캐나다, 미국에서 사용되는 명칭이다. 반면 독일에서는 유겐트스틸(Jugendstil)이라고 명칭하며, 오스트리아(특히 비엔나)의 경우엔 세제션(Secession), 이탈리아는 리버티 양식(Liberty Style)으로 불린다. 유럽과 북미 지역의 아르누보 건축가로는 미국의 루이스 설리번(Louis Sullivan, 1856 – 1924), 프랑스의 엑토르 기마르(Hector Guimard, 1867 – 1942), 오스트리아의 요제프 마리아 올브리히(Joseph Maria Olbrich, 1867 – 1908) 및 오토 바그너(Otto Wagner, 1841 – 1918), 독일의 페터 베렌스(Peter Behrens, 1868 – 1940), 이탈리아의 주세페 소마루가(Giuseppe Sommaruga, 1867 – 1917) 등 소수에 불과했다. 벨기에의 아르누보 건축가로는 앙리 반 데 벨데(Henry van de Velde, 1863 – 1957)와 빅토르 오르타(Victor Horta, 1861 – 1947)가 있다.

오르타는 벨기에 겐트에서 태어났고, 음악과 건축에 일찍 매료되었다. 그는 1873년부터 1877년까지 겐트에서, 1881년 1884년까지는 브뤼셀에서 수학했고, 이 사이 1878년부터 1980년 기간에는 건축가인 줄 드베송(Jules Debuysson)과 함께 파리에서 일했다. 특히 파리에서 보낸 2년은 공식적인 건축 수학 기간보다 더 영향력이 있었다고 이야기된다. 오르타는 이 기간을 다음과 같이 표현했다. '파리의 거리를 걸으며 기념물 및 박물관을 보면서 내 예술적 영혼의 창을 활짝 열었다.' 1880년 아버지의 죽음과 함께, 오르타는 고향에서 연구하고 일하기 위해 다시 브뤼셀로 돌아갔다. 하지만 1889년 파리에서 개최된 세계 박람회를 방문하여 새로 지어진 에펠탑을 보게 된다. 1892년부터 1911년까지 브뤼셀 자유 대학(Université Libre de Bruxelles)에서 건축을 가르쳤으며, 이 기간에 타셀 호텔(Hôtel Tassel)을 포함한 그의 아르누보 걸작들이 설계됐다. 특히 타셀 호텔로 인해, 호텔 솔베이(he Hôtel Solvay, 1895 – 1900) 및 벨기에 노동당 사람

의 집(Volkshuis, 1899; 철거)과 같은 주요 작품들을 설계할 수 있게 되었다.

타셀 호텔은 오르타와 같은 대학에서 가르쳤던 에밀 타셀(Emile Tassel) 교수와 타셀의 어머니를 위해 설계된 작품으로, 유기적이고 화려한 철재 계단을 처음 사용한 작품이었다. 특히 이 철재 계단 디자인은 오르타의 아르누보 디자인 특징인 의인화된 선형을 통한 '생체 형태적 선형(biomorphic whiplash)'의 전형을 보여주며, 기마르(Guimard) 등 이후 건축가에게 영향을 미쳤다. 가로 25.5피트, 세로 95피트(7.8×29m)의 대지 위에, 벽돌과 유빌(Euville) 및 사보니에흐(Savonniares) 지방의 석회석을 사용해 건설된 타운

하우스로, 채광을 위해 계단실 및 윈터 가든 내에 철재 천창을 배치했다. 특히 이 화려한 공간은 철재 계단 바로 맞은 편에 있다. 계단 장식에는 조각가 코드프라드 드브리스(Godefroid Devreese)의 페르세우스 동상 및 화가 헨리 바스(Henry Baes)의 아라베스크 벽화가 포함되어 있었다. 다른 아르누보 건축가들과 마찬가지로 오르타의 디자인은 문고리부터 모자이크 바닥, 주두(柱頭), 스테인드글라스 창문, 입면의 외장 철물 등 규모나 유형에 상관없이 곡선미로 가득 차 있었다.

지하실은 보일러 룸, 찬장, 부엌, 와인 저장고, 세탁소 같은 실용적인 공간으로 구성되었다. 전체 건물은 최상층에 다락

방을 포함하여 3층으로 되어 있다. 1층에는 입구 및 거실, 식당 등으로 구성되었으며, 또한 곡선으로 된 창문 안으로 복층 구조(메자닌; mezzanine)의 흡연실을 배치하여 타셀의 여행 사진을 볼 수 있는 극장으로 사용했다. 위층들은 침실 및 서재, 사무 공간으로 사용되었다. 타셀 호텔은 이후 다양한 용도로 사용되었으며, 1976년 오르타와 함께 연구했던 건축가 장 델하에(Jean Delhaye, 1908-93)에게로 넘어갔다. 그는 1982년부터 1985년까지 호텔을 완전히 복구했으며, 1969년 브뤼셀에 있는 오르타의 자택과 스튜디오(1898-1901) 내에 박물관을 세운 선구적인 인물 중 한 명이기도 했다. 오늘날, 타셀 호텔은 예약을 통해서만 방문이 가능한다.

상단 왼쪽
저택으로 들어가는 주 출입구에는 현관 계단참과 마찬가지로 정교한 모자이크 문양이 있는데, 이것은 계단 바닥에 있는 패턴과 같다.

상단 오른쪽
저택의 중심부는 유기적으로 양식화된 계단에 의해 시각적으로 상쇄되어, 중앙 계단 공간보다 주요 내부 공간이 더 넓어 보인다.

아르누보의 화려함

브뤼셀과 파리는 유럽 아르누보의 수도다. 후자의 경우, 일반적으로 날씬하고 양식화된 자연 형태를 통해 고도로 장식된 구조물을 풍부하게 사용했다. 하지만, 파리 전철의 역사 진입구를 설계한 엑토르 기마르(Hector Guimard)의 경우, 좀 더 단순하지만 유혹적인 디자인을 추구했다. 이후, 쇼핑을 위한 판테온인 라파예트 백화점(the Galeries Lafayette, 1912, 왼쪽) 중앙 홀 돔을 설계한 조르지오 세다나(Georges Chedanne, 1861-1940)와 페르디난드 샤넛(Ferdinand Chanut, 1872-1961)은 좀 더 화려한 디자인을 보여준다.

▼ 단면 계획

단면의 우측은 가로 정면이고 좌측이 저택 후면이다. 가로 쪽 지하실에는 석탄 저장고가 있고, 뒤는 부엌과 세탁소 같은 서비스 공간이었다. 전면 가로에서 현관(porch) 및 전실(vestibule)을 지나면 중심 계단 공간이 나타난다. 공용 공간은 계단 왼쪽으로 계획했으며, 대부분 침실인 사적 공간은 1층 위 계단실 왼쪽에 배치되었다. 가로에 면한 2-3층 공간은 메자닌으로 된 흡연실 및 서재와 사무실로 구성되었다.

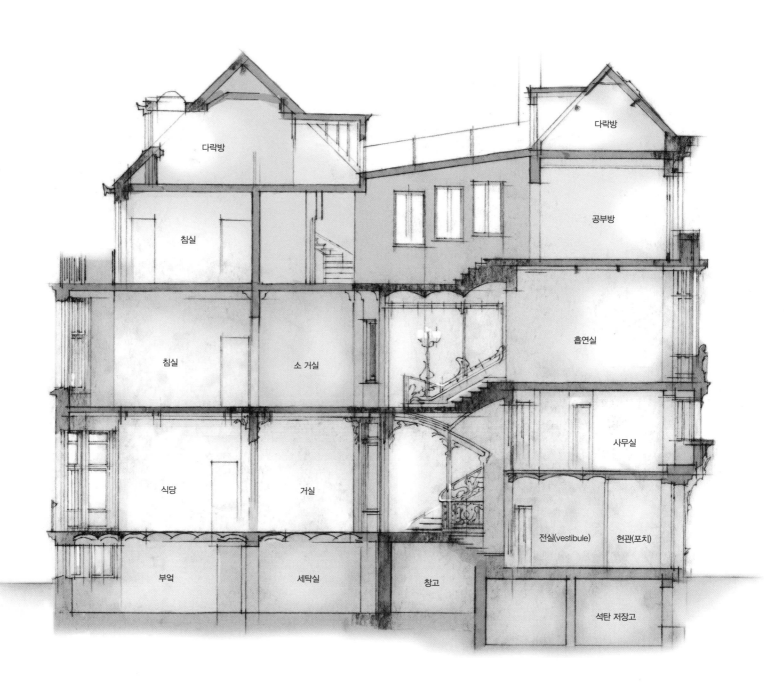

이국적인 특성

계단과 인접한 겨울 정원 및 계단참, 전실, 현관은 아르누보 양식의 걸작 중 하나이다. 특히 이러한 유기적인 형태는 전체 건물의 바닥 및 벽, 장식적인 철물들과 결합되어 저택을 다소 퇴폐적인 세기말(the fin de siècle)적인 공간으로 만들었다. 이는 마치 19세기 전환기의 프랑스 포스터와 같았다.

아르누보 양식의 상세

마이애미 호텔 건축가 모리스 라피두스(Morris Lapidus, 1920~2001)는 1950년대 그의 화려한 디자인에 관해 '과도한 것은 결코 충분하지 않다.'는 말로 설명했다. 특히 이 문구는 아르누보 양식에서 나타나는 꽃무늬 등에 똑같이 적용된다. 당 상세 스케치는 전면 유리창에 있는 철물 장식을 표현한 것이다.

슈뢰더 하우스

Schroder House

위 치 위트레흐트, 네덜란드

건 축 가 게리트 리트벨트(Gerrit Rietveld)

건축양식 데 스틸 양식

건설시기 1924

1924년에 이 주택이 지어졌을 때, 전통적인 로하우스(row house)에 사는 이웃들이 어떤 생각을 했는지 상상해 보라. 슈뢰더 하우스(The Schröder House)가 기존 주택 단지 끝의 작은 부지에 지어졌을 때, 디자인과 외관 면에서 거의 혁명적이었다. 이 급진적인 디자인은 건축가 게리트 리트벨트(Gerrit Rietveld, 1888–1964)에 의해 창조되었다. 목수로 교육받고 건축을 독학한 리트벨트는 1917년 가구공장을 설립했다. 같은 해에 제작된 그의 유명한 레드블루 체어(Red-Blue Chair)는 당 시대의 가장 유명한 작품 중 하나이다. 리트벨트와 현대 예술운동인 데 스틸(The Style; 1917–31)과의 관계는 바우하우스(the Bauhaus, 1925–26; p.126 참조)를 설계한 독일 건축가 발터 그로피우스(Walter Gropius)와 같은 모더니즘 건축가들과도 밀접하게 연계된다. 리트벨트 본인의 랜드마크 작품인 슈뢰더 하우스의 원색 양식은 1920년대 후반과 1930년대 모더니즘의 영향을 받아 좀 더 단색적인 형태로 전환된다. 위트레흐트의 이라스무스란 공동 주택(Erasmuslaan, 1931–34) 및 전후 건설된 반 슬로버 주택(Van Slobbe House, 1961) 등이 대표적 사례이다. 또한 그는 가구 제작 일을 결코 떠나지 않았고, 우터팝 의자(the Wouter Paap Armchair, 1928–30) 및 지그재그 의자(the Zig-Zag Chair, 1932–34)와 같은 현대적인 작품들도 계속해서 발표했다.

슈뢰더 하우스(Schröder House, 1924)는 평면의 3차원적 재배치 실험을 통해 설계된 주택이었다. 사회주의자였던 트루우스 슈뢰더(Truus Schröder)를 위한 주택으로서, 그녀는 자신과 세명의 아이들을 위한 주택으로 '살았던(lived)' 집이 아니라 '살(live)' 집이 되기를 원했다. 이에 이 작은 구조물은 생기 넘치는 외관을 가지게 되었다. 역동적인 벽체와 원색의 공간은 내부를 생기 넘치게 만들었고, 또한 각 공간은 다용도로 사용되었으며 때로는 움직이는 벽에 의해 분리되거나 심지어 변경되었다. 그리고 붙박이 가구는 기존 가구들과 같은 색상으로 디자인되었다.

건물은 대부분 벽돌과 나무로 지어졌으며, 기초와 2층 발코니는 철근 콘크리트, 발코니 난간은 용접 철물로 제작되었다. 대부분의 방은 고무수지 및 코르크 바닥재를 사용하였

다. 리트벨트는 아주 작은 예산으로 1,200평방 피트(111.5㎡) 규모의 집을 지었는데, 현재 기준으로 약 65,000유로(73,200 달러) 정도였다. 완성되었을 때, 리트벨트는 1층에 작은 건축사무실을 차렸으며, 1925년부터 1933년까지 이곳에서 근무했다. 그리고 그의 아내가 죽은 후, 슈뢰더 하우스로 이사해, 죽을 때까지 트루우스 슈뢰더와 함께 살았다. 1985년 트루우스가 사망한 후, 집을 재단에 기증했고, 현지 건축가 베르투스 뮐더르(Bertus Mulder, b.1929)가 복원하였다.

오늘날 슈뢰더 하우스는 위트레흐트의 중앙 박물관에서 운영하고 있다. 어떻게 보면, 주인이 단 한 명이어서 1920년대 모더니즘 및 데 스틸 운동 가운데에서 살아남게 되었고, 또한 동시대 화가인 테오 반 되스버그(Theo van Doesburg)나 피에트 몬드리안(Piet Mondrian)의 추상적인 직선 회화 작품만큼이나 독특한 예술 작품으로 남게 되었다.

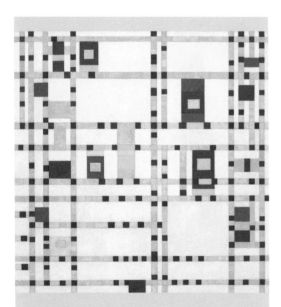

데 스틸

데 스틸(De Stijl) 운동의 예술가들은 작품에 추상적이고 기하학적인 형태와 과감한 원색들을 결합시켰다. 몬드리안(Mondrian)은 특히 제1차 세계 대전 이후 이러한 미학적 원칙들과 가장 많이 연관되어 있다. 1920년대와 1930년대에 그는 원색을 활용한 격자 패턴의 작품들을 그렸다. 2차 세계 대전이 시작된 첫해에 그는 유럽을 떠나 뉴욕으로 갔다. 브로드웨이 부기우기(Broadway Boogie Woogie, 1942-43; 상단)는 뉴욕의 건축과 재즈의 리듬에 영감을 받아 그린 작품이다.

상단
슈뢰더 하우스는 데 스틸 양식의 회화를 3차원적으로 표현한 작품으로 여겨지고 있으며, 심지어 오늘날에도 주택을 넘어 하나의 조각품으로 인식되고 있다.

왼쪽
내부의 슬라이딩 컬러 패널은 외부의 입면을 반영하며, 붙박이 수납장 및 유연하고 다기능적인 방들 모두 계획된 것들이다.

▶ 직선의 승리

직사각형의 구조와 벽면을 통해 건축 형태 및 색을 표현함으로써 건축적 성취를 일구어냈다. 또한 조감도의 메인 층 다기능 공간 내의 리트벨트의 레드 블루 의자(Red – Blue Chairs, 1917)는 이러한 직선의 승리의 축소된 표현이라고 할 수 있다. 건물 모서리에 배치된 부엌 및 식당 역시 붙박이 형태로 계획되었다.

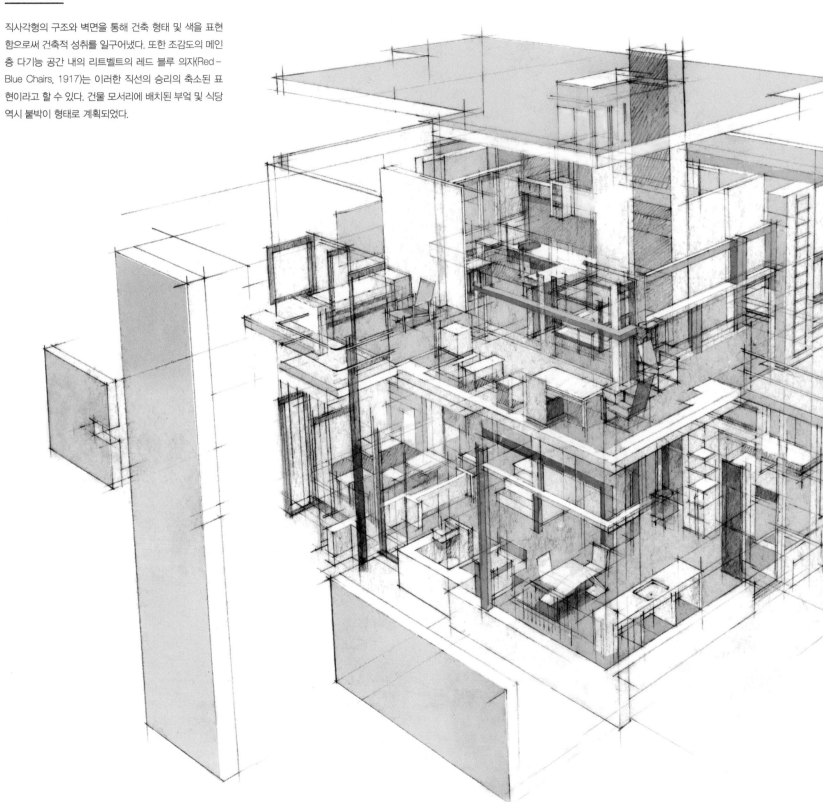

▶ 평면 계획

이동식 벽과 유연한 다기능 공간은 중앙 계단 주위에 배치되었다. 1층 스튜디오를 따라 부엌 및 식당, 거실이 배치되고, 그리고 침실이 있었다. 2층은 분할할 수 있는 큰 다기능 공간으로 계획되었다. 리트벨트와 슈뢰더가 공식적으로 함께 살기 전에도 리트벨트는 집 뒤편에 자리한 1층 스튜디오를 사용했다.

◀ 오픈 스페이스

대부분의 모더니스트처럼, 리트벨트 역시 외부를 시각적으로 안으로 끌어들이는 방법을 고민했다. 발코니는 벽 평면의 확장 요소로 사용하였고, 창문의 개폐 각도 역시 디자인되었으며, 또한 모서리를 개방하는 요소로 이용하였다. 이를 통해 외부의 자연과 직접적으로 연결될 수 있게 하였다. 이러한 방식은 프랭크 로이드 라이트(Frank Lloyd Wright)의 낙수장(Fallingwater, 1936 – 39; p. 206 참조)에서도 발견된다. 특히 이러한 디자인은 그 당시의 폐결핵 치료 방법이나 전반적인 건강한 환경에 대한 인식과도 연결된다.

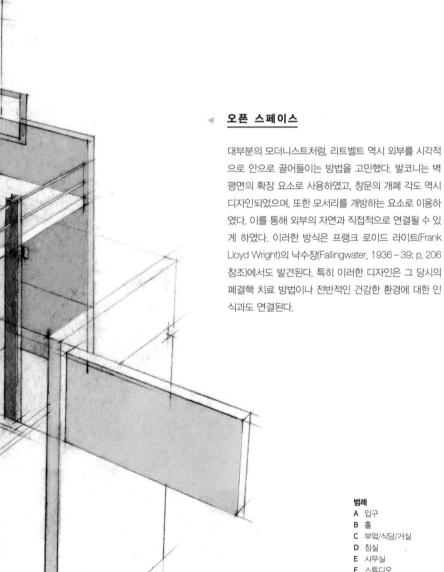

범례
A 입구
B 홀
C 부엌/식당/거실
D 침실
E 사무실
F 스튜디오
G 서재
H 화장실
I 발코니
J 거실/식당
K 욕실
L 사무실/침실

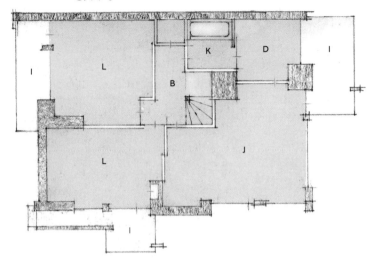

1층(폐쇄 시)

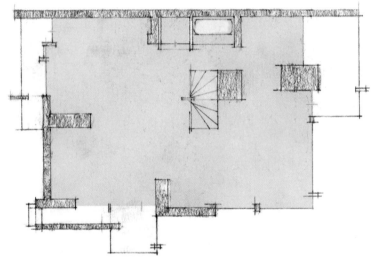

1층(개방 시)

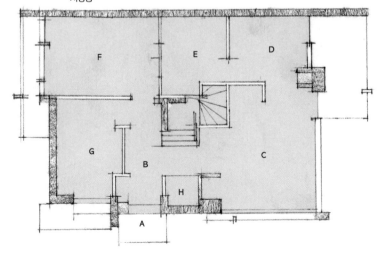

지상층

메종 드 베르

Maison de Verre

위　치	파리, 프랑스
건축가	피에르 샤로(Pierre Chareau), 버나드 베부트(Bernard Bijvoet)
건축양식	모더니즘
건설시기	1928–32

파리에 있는 메종 드 베르(the Maison de Verre; Glass House, 1928 – 32)는 1–2차 세계 대전 사이에 건설된 가장 흥미롭고 매력적인 모더니즘 주택 중 하나이다. 하지만, 르 코르뷔지에(Le Corbusier, 1887 – 1965)나 미스 반 데어 로에(Ludwig Mies van der Rohe, 1886 – 1969), 발터 그로피우스(Walter Gropius, 1883 – 1969), 프랭크 로이드 라이트(Frank Lloyd Wright, 1867 – 1959) 등의 작품에 밀려 잘 눈에 띄지 못했다. 비록 버나드 베부트(Bernard Bijvoet, 1889 – 1979)와 같은 오랜 경력의 건축가와 협업했지만, 이는 아마도 피에르 샤로(Pierre Chareau, 1883 – 1950)가 건축보다는 인테리어나 가구 디자인으로 더 유명하기 때문일 것이다. 베부트는 네덜란드 건축가인 얀 듀이커(Jan Duiker, 1890 – 1935)와 함께 작업한 힐베르쉼에 있는 고이랜드 호텔(the Grand Hotel Gooiland, 1936)로 가장 잘 알려져 있다. 또 다른 이유는 샤루가 1939년 뉴욕으로 떠나 자살할 때까지 그곳에 머물렀기 때문일 것이다.

샤로는 1900년부터 1908년까지 국립 미술 학교(the École nationale supérieure des Beaux-Arts)에서 공부했으며, 이후

1908년에서 1913년까지 영국계 가구 회사인 워링 & 길로우(Waring and Gillow)에서 근무했다. 1차 세계 대전에 참전 후, 파리에서 인테리어와 가구 디자인을 연습한 뒤, 철재와 유리를 사용한 슬라이딩 패널로 유명해졌다. 특히 프랑스 대사관의 사무실 및 도서관 디자인이 1925년 아르데코 전시회(국제 현대 미술 및 산업 전시회; the Exposition internationale des arts décoratifs et industriels modernes)에서 수상한 뒤 주목을 받기 시작했다. 이후 여러 좋은 작품과 힘께, 징 달사스(Dr. Jean Dalsace)와 광적인 미술 애호가인 아내 애니(Annie)의 의뢰로 그의 인생에서 가장 중요한 설계

를 하게 된 것이 바로 메종 드 베르(the Maison de Verre)다. 생 기욤 거리(the Rue Saint-Guillaume)에서 다소 떨어져 있는 이 3층짜리 주택은 1층에 개인 의사 사무실과 병실을 포함하고 있으며, 위 2개 층은 사적인 공간으로 사용되었다. 특히 철재와 유리로 된 이 걸작품은 한적한 안뜰 근처에 있다. 유리 블록 및 기계적 개폐 장치가 설치된 창문은 모듈형 패턴을 통해 입면 특성을 강화시켜 준다. 기존 석조 건물 최상층 위에 건설됨에 따라, 기존 입주자들을 이주시킬 수는 없었다. 샤로는 철공 장인인 루이스 달버트(Louis Dalbert)를 고용하여, 건물 대부분의 철제 부품을 세밀하게 다듬었다. 이

에 슬라이딩 벽체 및 접는 계단, 부엌과 식당 사이에 설치된 음식 이동장치(overhead trolley) 등은 샤로의 기계적 감성이 묻어나는 인테리어를 보여준다.

2006년 이후, 메종 드 베르는 미국의 사업가이자 수집가인 로버트 루빈(Robert Rubin)이 소유하고 있는데, 그는 건물을 천천히 복원하여 학생들과 학자들에게 개방했다. 근대 걸작 건축물 중에서도 아주 독특한 이 주택은 다른 건축가들, 특히 철과 유리를 잘 사용했던 리차드 로저스(Richard Rogers, b.1933)나 장 누벨(Jean Nouvel, b.1945)에게 큰 영향을 미쳤다.

상단 왼쪽
거대한 책장이 있는 2층 높이의 거실 공간은 애니 달서스(Annie Dalsace)의 사교 모임(the salons) 공간으로서 완벽했다.

상단 오른쪽
철과 유리로 된 이 구조물은 내부 조명으로 인해 밤에는 빛나 보였고, 이에 생 기욤 거리 밖 안뜰에서 보았을 때 근대주의자들의 등불로 보였을 것이다.

샤로의 가구들

샤로는 가구 디자이너로 교육을 받았고, 동시대의 동료들이 디자인한 가구와 마찬가지로, 그의 작품들은 오늘날 매우 가치 있는 전시물이 되었다. 샤로의 가구는 두 가지 색상의 부품과 면으로 구성되며, 때때로 기하학적 형태로 제작되었다. 종종 그의 작품들은 화려한 색깔의 목재와 검은색 페인트 칠을 한 철재로 구성되었는데, 그의 유명한 네스팅 테이블(nesting tables)과 같이 윤이 나는 목재에 기하학적 형태로 만들어졌다. 아직 메종 드 베르에는 샤로가 디자인한 가구들(왼쪽)이 남아 있는데, 곡선으로 된 철제 의자 및 철과 목재로 만든 붙박이 가구들이 그 예이다.

▼ 1층 평면

건물 전면 사다리 사이로 의사 사무실 및 대기실로 연
결되는 출입구가 있다. 환자 진료실은 주택 뒤편에 자
리하고 있으며, 1층 대부분은 달사스의 의료 공간으
로 활용되었다. 작은 검은색 철제 계단을 통해서는 개
인 연구실로 이어진다. 대기실 앞에는 철제 유리문이
설치되었다.

범례
1층
A 전면 로비   G 대기실
B 중앙 복도   H 상담실
C 정원 복도   I 검사실
D 휴게실   J 접견실
E 직원 출입구   K 보조 계단(연구실행)
F 접수실   L 계단(식당행)
                    M 주 계단(살롱행)

▲ 유리 블록

일부 벽에 설치된 길게 늘어선 개폐 창문
뿐만 아니라, 철제 구조물 내에 질감을 살
린 유리 블록이 이 주택의 가장 큰 특징이
다. 특히 실내 공간으로 산업 시대의 모습
을 투영시킨다.

◀ 진입 동선

지붕으로 연결되는 철제 사다리는 주 입면을 가
리키며, 오래된 건물에서 볼 수 있는 기둥이나
필라스터(붙임 기둥)의 역할을 한다. 사다리 사
이 주 출입구를 통해 병원 로비뿐만 아니라 위
층으로 연결되는 주 계단으로 이어진다. 안뜰은
생 기욤 거리(Rue Saint–Guillaume)로 가는 입
구로 연결된다.

사적인 공간

사적인 공간은 도서실–거실–방으로 된 살롱과 그 위층의 침실과 화장실로 구성되어 있다. 실내는 전반적으로 철제 스크린과 목재 패널을 사용했다. 욕실 내부는 작은 사각형 타일로 되어 있으며, 붙박이 샤워대 및 유리 캐비닛, 원형 수전이 설치되어 있다.

범례
2–3층

A 메일 살롱
B 식당
C 휴게실
D 연구실
E 현관 위
F 상담실 위
G 부엌
H 소형 승강기
I 창고
J 승객 엘리베이터

K 보조 계단(연구실행)
L 계단(부엌행)
M 주침실
N 침실
O 목욕실
P 샤워실
Q 화장실
R 손님 침실
S 작업실
T 하인 침실

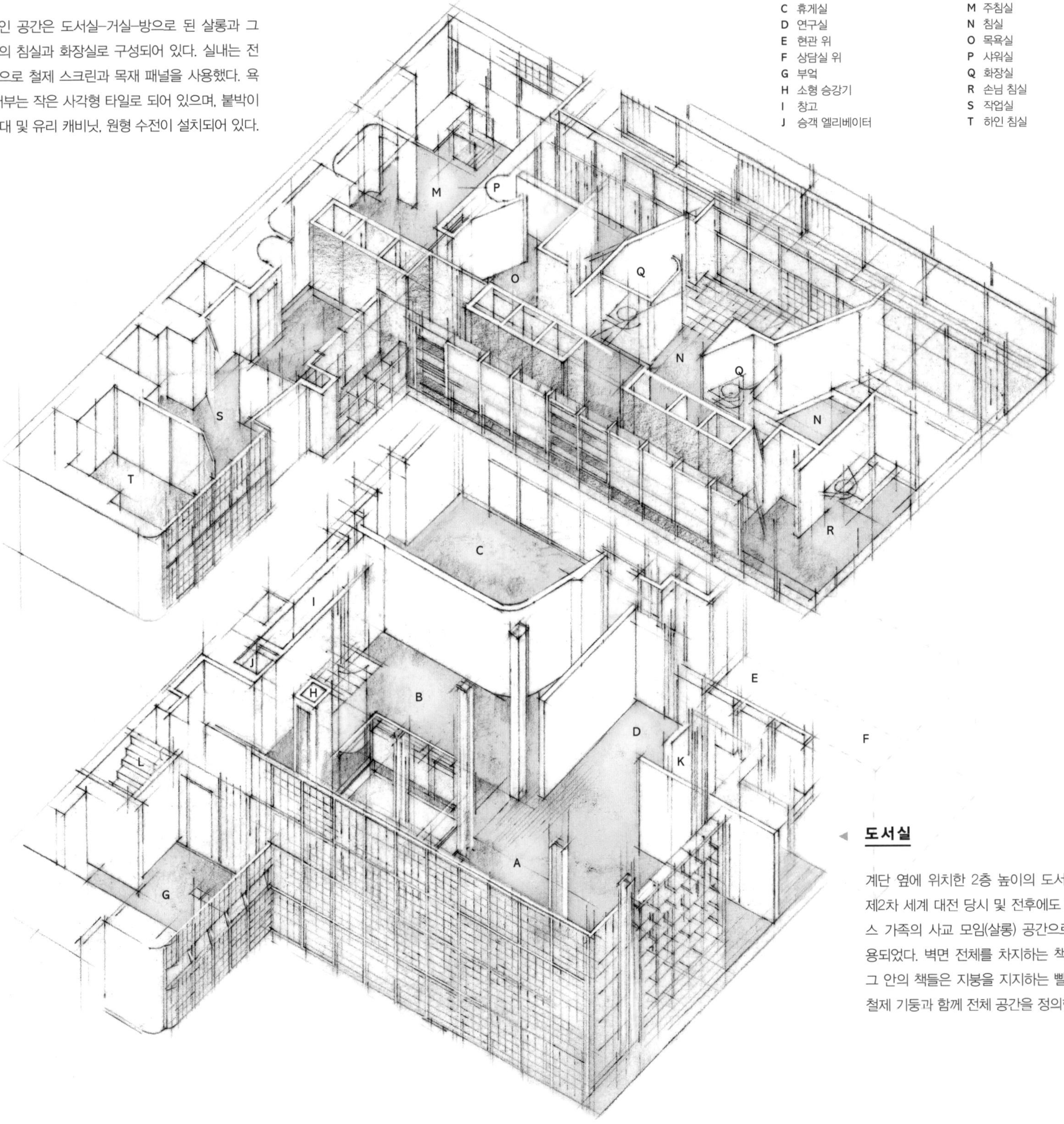

도서실

계단 옆에 위치한 2층 높이의 도서관은 제2차 세계 대전 당시 및 전후에도 달사스 가족의 사교 모임(살롱) 공간으로 사용되었다. 벽면 전체를 차지하는 책장과 그 안의 책들은 지붕을 지지하는 빨간색 철제 기둥과 함께 전체 공간을 정의한다.

◀ 배 치 계 획

배치 계획을 통해, 18세기 파리의 전형적인 길
게 늘어선 주거 형태를 살펴볼 수 있다.

자갈로 된
플레이코트

정원

잔디 및 관목

범례
A 출입구 통로
B 앞마당
C 차고
D 기존 18세기 건물
E 현관 입구
F 위층 입구
G 서비스동
H 안뜰 출입구

H

E

F

G

B

C

A

D

생 기욤 거리

▲ 계 단 상 세

우아한 주 계단(p.202 평면 참조) 및 애니
달사스가 침실에서 사용했던 접는 계단에
이르기까지 주요 계단들이 계획되었다. 여
기 스케치된 작은 철제 계단은 의사가 1층
사무실에서 개인 연구실로 올라가기 위해
사용한 계단이다.

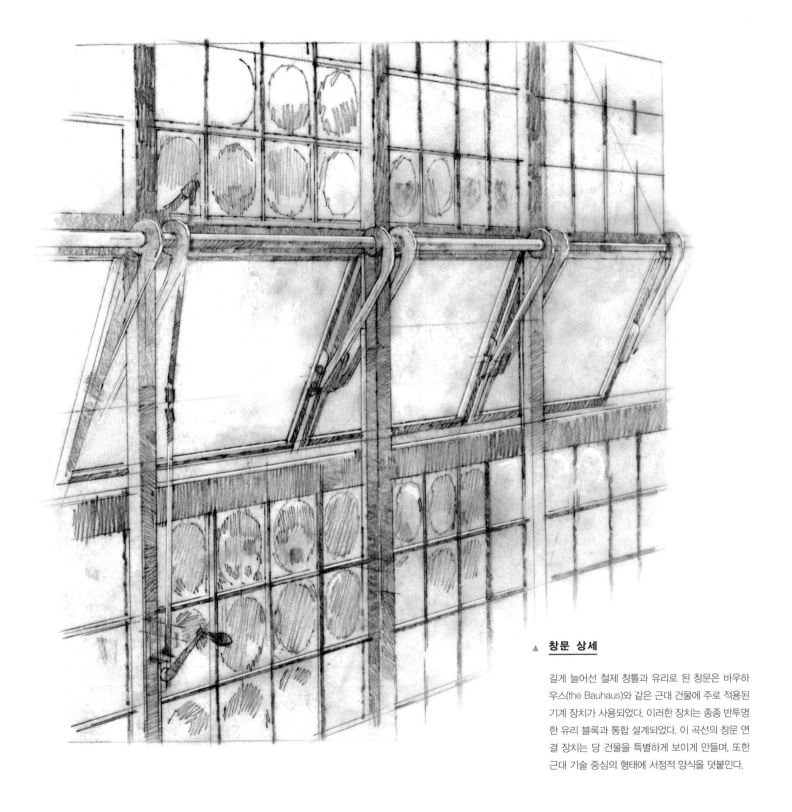

▲ **창문 상세**

길게 늘어선 철제 창틀과 유리로 된 창문은 바우하
우스(the Bauhaus)와 같은 근대 건물에 주로 적용된
기계 장치가 사용되었다. 이러한 장치는 종종 반투명
한 유리 블록과 통합 설계되었다. 이 곡선의 창문 연
결 장치는 당 건물을 특별하게 보이게 만들며, 또한
근대 기술 중심의 형태에 서정적 양식을 덧붙인다.

낙수장 Fallingwater

위 치	밀 런, 펜실베이니아, 미국
건 축 가	프랭크 로이드 라이트(Frank Lloyd Wright)
건축양식	모더니즘
건설시기	1936–39

프랭크 로이드 라이트(Frank Lloyd Wright, 1867 – 1959)는 거의 틀림없이 미국에서 가장 유명한 건축가이며, 낙수장(Fallingwater)은 그의 가장 잘 알려진 작품이다. 이 주택은 에드가(Edgar) 및 릴리안 카우프만(Liliane Kaufmann) 부부와 아들 에드가 주니어(Edgar Jr.)를 위해 설계되었으며, 1936년에서 1939년 사이에 지어졌다. 카우프만 부부는 피츠버그에 살았지만, 이곳 펜실베이니아 남서부 앨러게니 산맥(the Allegheny Mountains)에 있는 밀 런(Mill Run)은 그들이 휴가를 보내는 장소였다.

부지에는 작은 폭포가 있어 더할 나위 없이 극적이었다. 카우프만 가족은 처음에 별장이 폭포 아래에 있을 것이라 예상했지만, 실제 별장은 캔틸레버 형태로 폭포와 함께 계획되어, 별장 내부에서 폭포를 내려다볼 수 있게 설계되었다. 라이트는 가족들이 항상 물과 함께 있도록 계획했다. 핵심 설계 방향은 별장을 자연과 통합하여, 궁극적으로 별장을 풍요롭게 하고자 했다. 유리창과 석재 벽 사이에는 금속 프레임은 없으며, 대신 유리창은 벽 안쪽으로 오목하게 배치하였다.

이 주택의 또 다른 컨셉은 사회적이어야 한다는 것이었다. 그래서 큰 거실과 여러 개의 캔틸레버 형태의 발코니를 계획하였다. 그리고 침실은 일부러 작게 설계하여, 가족들이 실외나 거실로 이동하게 만들었으며, 또한 천장고도 낮게 설계하여 시선이 외부로 향하게 만들었다. 그리고 통로는 어둡게 만들어 가족들의 시선을 압박시킴으로써, 외부로 나갔을 때 편안함을 느낄 수 있게 계획하였다.

대부분의 모더니즘 건축가들처럼, 라이트는 자연과 시각적으로 소통하는 방법을 계속해서 찾았다. 낙수장의 경우, 건물이 자연에 떠 있다는 느낌이 드는데, 특히 석재와 콘크리트를 사용하여 이룬 업적이라 할 수 있다. 라이트의 또 다른

신념은 난로가 집안 중심에 있어야 한다는 것이었고, 이에 거실에 기존에 있던 큰 바위들과 연계하여 커다란 벽난로를 디자인했다. 그는 심지어 벽난로에 놓을 오렌지색 주전자도 디자인했다. 또한 숙박 공간이 자연스럽게 늘어날 것을 고려하여, 전체 단지를 멋지게 보완하는 게스트 하우스를 사전에 설계했다.

실제 건설 비용은 초기 예산의 5배를 훨씬 초과했는데, 당시 기준으로 총 15만 5천 달러였고, 현재 기준으로 보면 약 250만 달러로 추정된다. 낙수장은 완공되자마자 국제적으로 유명해졌다. 1938년에 타임지 표지에 실렸으며, 1991년

미국 건축가 협회 회원들은 '미국 건축의 최고의 작품'이라고 명명했다.

하지만 이 건물에 문제가 없지는 않았다. 엄청난 야망을 담은 작품이었고, 야망이 항상 성공적인 것은 아니었다. 라이트는 건설 과정 중에 건축주와 사이가 틀어졌는데, 디자인을 좀 더 강화하고 구조적 안정성을 향상시키기 위해 기술자들이 동원되어야 했기 때문이다. 건물은 처음부터 누수가 발생했고, 발코니에서도 문제가 있었다. 1963년 카우프만 부부는 유지비에 지쳐 서부 펜실베이니아 관리 센터(the Western Pennsylvania Conservancy)에 낙수장을 기증했다. 그리고

1년 후 낙수장은 박물관으로 변경되어 일반에 공개되었다. 이를 위해 구조물에 대한 일련의 보수가 있었지만, 추가 보강을 하더라도 구조적 안전성은 여전히 미흡했다. 추가 보수 작업이 2002년에 실시되었으며, 내·외관의 변경을 막기 위해 포스트 텐션 콘크리트(post-tensioning the concrete)를 적용하는 방법이 사용됐다. 비록 여러 문제가 있었지만 낙수장은 건축 분야의 중요한 업적으로 남아 있다.

왼쪽
대담한 규모 및 길이의 캔틸레버 발코니는 시각적으로 건물이 자연환경 속에 있는 것처럼 보이며, 마치 깊은 골짜기 너머로 벽이 없는 것처럼 느껴진다.

하단
라이트는 건물의 수평성을 강화하기 위해 스트립 및 긴 수평 창(ribbon window)을 이용했다. 또한 건물 일부의 모서리는 멀리언이나 수직 지지대 없이 개방되어 구조를 시각적으로 비물질화시키고 외부 환경이 유입되게 하였다.

프랭크 로이드 라이트(FRANK LLOYD WRIGHT)

라이트는 시카고에서 견습 생활을 통해 건축을 독학했다. 건축에 대한 그의 접근법은 몇 가지 창의적 단계로 진화하였다. 1900년대 초반에는 프레리 양식(the Prairie House)에 초점을 맞추었는데, 고향 위스콘신의 넓은 초원과 언덕이 많은 풍경을 표현한 것이었다. 1905년 라이트의 첫 일본 여행은 그의 프레리 양식에 큰 영향을 끼쳤다. 1920년대에는 두 번째 단계로 미국 원주민 및 마야 문명의 패턴을 토대로 아르데코의 지그재그 양식에 영향을 받았다. 세 번째 단계로 1930년 대공황 및 2차 세계대전을 거치면서 유기적 형태가 나타나기 시작했다. 마지막 단계에서는 작품에서 기하학적 추상성이 표현되었다. 하지만 기본적으로 라이트는 자연에 대한 사랑을 그의 모든 건물에 표현하고자 했다.

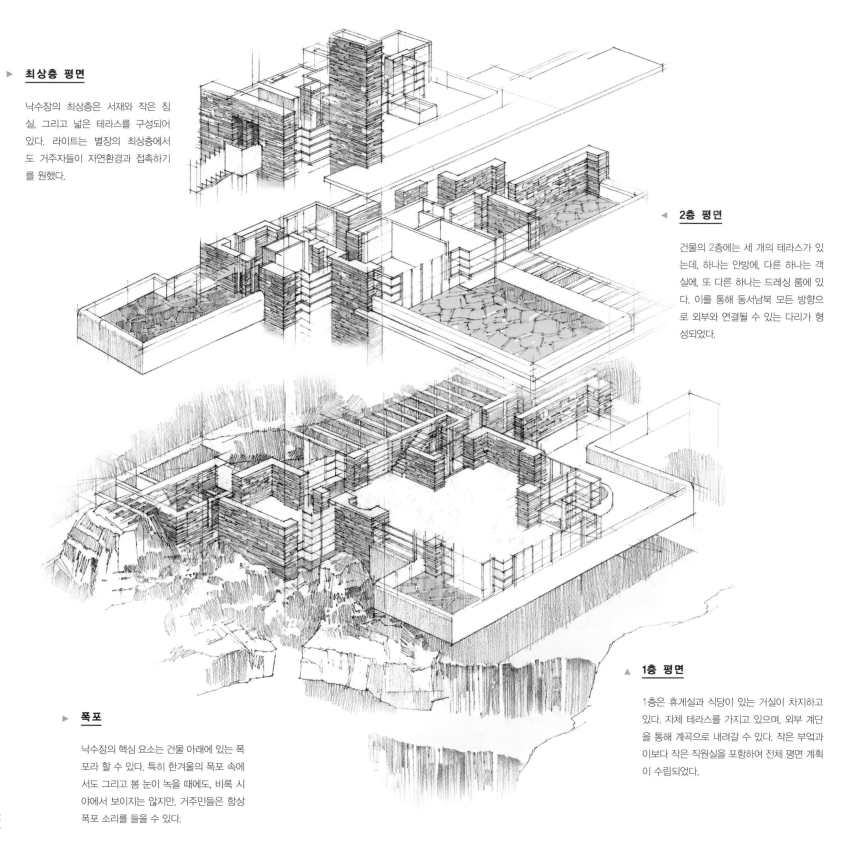

▶ **최상층 평면**

낙수장의 최상층은 서재와 작은 침
실, 그리고 넓은 테라스를 구성되어
있다. 라이트는 별장의 최상층에서
도 거주자들이 자연환경과 접촉하기
를 원했다.

◀ **2층 평면**

건물의 2층에는 세 개의 테라스가 있
는데, 하나는 안방에, 다른 하나는 객
실에, 또 다른 하나는 드레싱 룸에 있
다. 이를 통해 동서남북 모든 방향으
로 외부와 연결될 수 있는 다리가 형
성되었다.

▲ **1층 평면**

1층은 휴게실과 식당이 있는 거실이 차지하고
있다. 자체 테라스를 가지고 있으며, 외부 계단
을 통해 계곡으로 내려갈 수 있다. 작은 부엌과
이보다 작은 직원실을 포함하여 전체 평면 계획
이 수립되었다.

▶ **폭포**

낙수장의 핵심 요소는 건물 아래에 있는 폭
포라 할 수 있다. 특히 한겨울의 폭포 속에
서도 그리고 봄 눈이 녹을 때에도, 비록 시
야에서 보이지는 않지만, 거주민들은 항상
폭포 소리를 들을 수 있다.

◀ 배치 계획

배치 계획상, 카우프만 가족의 별장은 오른쪽(A)에, 그리고 왼쪽에는 1년 후에 지은 게스트 하우스(B)가 배치되어 있으며, 강을 가로지르는 다리로 연결되어 있다. 주택 계획만큼이나 흥미로운 것은 건물들이 어떻게 바위가 많은 풍경 속에 유입되었는지를 보여주는 지형이다. 총면적은 5,330평방 피트(495㎡)이며, 내부 공간의 면적은 2,885평방 피트(268㎡)이다. 게스트하우스의 면적은 1,700평방 피트(158㎡)이다.

▼ 투시 단면도

아래의 단면도를 통해 어떻게 대지와 물이 건물 아래로 연계되는지 볼 수 있다. 별장은 주변 경관을 최대한 활용하는 방향으로 계획된 것처럼 야외 공간의 넉넉함도 느껴진다. 야심 많고 외골수인 때때로 무모한 이 천재 건축가는 건물의 결점을 자연과 함께함으로써 바로잡으려고 했으며, 이를 통해 자연을 즐길 수 있게 했다. 낙수장은 1964년 이후로 약 5백만 명 이상이 방문했으며, 현재도 연간 167,000명이 넘게 찾아오고 있다.

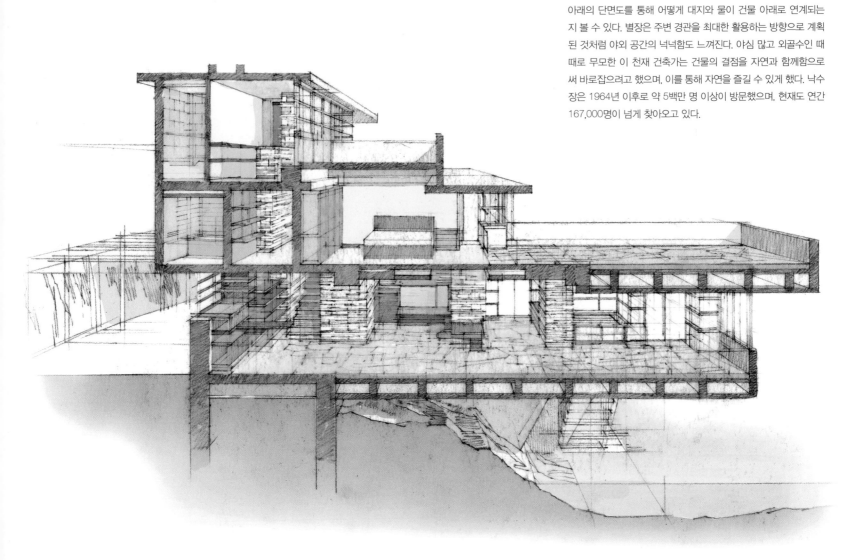

빌라 마이레아 Villa Mairea

위 치 노르마르쿠, 필란드
건 축 가 알바 알토(Alvar Aalto)
건축양식 유기적 모더니즘
건설시기 1939

여러 가지 측면에서, 알바 알토(Alvar Aalto, 1898 – 1976)는 핀란드의 프랭크 로이드 라이트이다. 둘 다 일본 요소들을 디자인에 통합시켰으며, 또한 큰 규모에서 작은 규모로, 건물에서 가구까지, 통합된 경험으로 설계했다. 그리고 둘 다 자연 환경에 대한 유기적인 반응을 설계안으로 창조했으며, 건축 분야에서의 그들의 뚜렷한 기여로 인해 일생 동안 국제적으로 인정받았다.

게다가, 알토의 빌라 마이레아(Villa Mairea, 1939)와 라이트의 낙수장(Fallingwater, 1936 – 39; p.206 참조)은 그들의 주요 작품 중에서도 비교 가능한 작품이다. 특히 자연 재료의 사용과 자연 환경을 고려한 유기적인 형태는 서로 유사한 특성을 보여주고 있다. 또한 둘 다 미국 및 핀란드 모더니즘 건축에 의심할 여지가 없는 영향을 끼쳤다. 그래서 알바 알토는 낙수장을 매우 칭찬했으며, 여러 측면에서 빌라 마이레아 설계의 출발점으로 활용했다.

핀란드 태생인 알토는 핀란드 근대 건축가로 가장 잘 알려져 있다. 하지만 그의 초기 작품인 유바스큘라 노동자 클럽(the Jyväskylä Workers' Club, 1925) 등은 고전 및 근대 건축이 혼용된 형태를 보여주었다. 이는 아마도 그가 이탈리아와 특히 스웨덴을 여행하면서 에릭 군나르 아스푸룬드(Gunnar Asplund, 1885 – 1940)의 영향을 받았기 때문일 것이다.

그러나 이후 그의 디자인은 모더니즘 양식으로 전환되며, 특히 자연 재료를 활용한 곡선 형태를 띄우게 된다. 대표적으로 파미오 사나토리움(the Paimio Sanatorium, 1929 – 33) 및

그의 첫 번째 아내 아이노(Aino, 1894–1949)를 위해 디자인한 동명의 의자, 그리고 현재는 러시아에 있는 비푸리 도서관(the Viipuri Library, 1927–35) 등이 있다. 1934년부터 1935년동안 그는 헬싱키에 자신의 집(현재는 알바 알토 박물관)을 지었는데, 또 하나의 혼용된 모더니즘 건축물이 되어 석재 및 나무, 벽돌 등을 다양하게 사용하면서, 또한 치장 벽토(stucco)와 같은 모더니즘 재료를 잘 활용하였다. 결국 이 작품은 이후 빌라 마이레아 등의 작품에서 나타나는 다양한 재료들을 혼용을 예시하게 된다.

빌라 마이레아는 기업가인 해리 굴리센(Harry Gullichsen)과 그의 아내 마이레(Maire)를 위한 별장이었다. 특히 마이레는 가구와 유리 제품을 판매하는 가정용 가구회사인 알토스 아르텍(Aaltos Artek)의 공동 창업자 중 한 명이다. 주택은 핀란드 서부의 숲이 우거진 노르마르쿠에 지어졌는데,

그 곳은 마이레의 아버지 발터 알스트롬(Walter Ahlström)이 CEO 겸 이사장으로 재직 중인 알스트롬 회사(the Ahlström company)의 본사가 있는 곳이다. 알토는 이 회사와 1930년대 후반까지 여러 프로젝트를 진행했다.

여름 별장인 빌라 마이레아는 기존 건물의 딱딱한 면을 곡선 형태로 부드럽게 하고, 목재와 석재를 광범위하게 사용하는 알토의 인간적이고 또는 유기적인 모더니즘 건축의 전형을 보여준다. 또한 일본 디자인 특징이 부분마다 나타나고 있다. 전체 평면은 중앙 마당 및 내부 정원을 중심으로 계획되었으며, 또한 유기적 모양의 수영장을 배치하여 알바 알토의 유명한 꽃병의 확장된 형태를 보여주고 있다. 전체 계획은 일련의 재설계 및 면적 조정의 과정을 거쳐 방의 일부가 재배치되었고, 수영장 근처의 전시 공간은 사우나실로 교체되었다. 오늘날 주택과 부지는 마이레아 재단이 관리하고 있으

며 사전 예약을 통해 대중에게 공개된다.

또한 그녀로부터 알토는 여러 작품의 의뢰를 받게 된다. 대표적으로 뉴욕 세계 박람회(the New York World's Fair, 1939–40)의 핀란드 전시관(the Finnish Pavilion) 및 보스톤 MIT의 베이커 하우스(Baker House, 1941–48), 그리고 전후에는 헬싱키 공과 대학(the Helsinki University of Technology (1950–)의 신규 건물과 대학 서점(the Academic Bookstore, 1962–69) 및 핀란디아 홈(Finlandia Hall, 1967–71) 등이 있다.

1949년 아내 아이노가 세상을 떠난 후, 알토는 그의 두 번째 부인 엘리사(Elissa, née Elsa Kaisa Mäkiniemi, 1922–94)와 결혼했다. 건축가였던 그녀는 알토의 사망 후 진행 중이던 프로젝트들을 관리하였다.

엘리사 알토

알토의 두 번째 부인은 건축가 엘리사(Elissa, née Elsa Kaisa Mäkiniemi)였다. 그녀는 1952년 건축학과를 졸업한 후 알바 알토와 결혼했다. 엘리사는 알바의 건물들의 설계와 복원 및 사무실 관리에 관여했다. 엘리사는 1976년 알바가 세상을 떠난 뒤, 독일 에센의 오페라 하우스(Essen Opera House)를 비롯해 올보르의 덴마크 미술관, 스위스 루체른의 주택 단지, 이탈리아 그리짜나의 리오라 교회(the Riola Church, 1978; 상단) 등 남편의 주요 프로젝트의 준공을 관리했다.

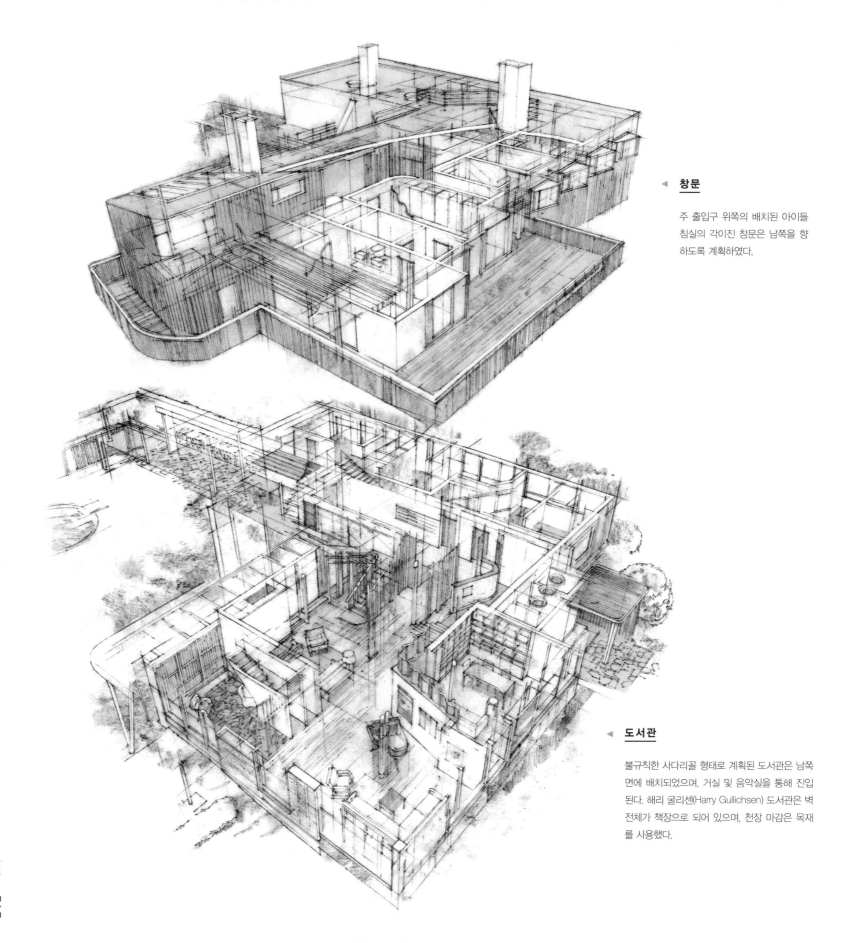

◀ 창문

주 출입구 위쪽의 배치된 아이들
침실의 각이진 창문은 남쪽을 향
하도록 계획하였다.

◀ 도서관

불규칙한 사다리꼴 형태로 계획된 도서관은 남쪽
면에 배치되었으며, 거실 및 음악실을 통해 진입
된다. 해리 굴리센(Harry Gullichsen) 도서관은 벽
전체가 책장으로 되어 있으며, 천장 마감은 목재
를 사용했다.

주 출입구

다소 절제된 형태의 주 출입구는 그의 많은 디자인, 예를 들어 유명한 꽃병 및 별장의 수영장, 그리고 1939년 뉴욕 설계 박람회 때의 핀란드 전시관에서 나타나는 알토의 곡선 디자인이 적용되었다. 또 다른 특징은 현관의 목재 장식인데, 일본식 건축 구성과 비슷하다.

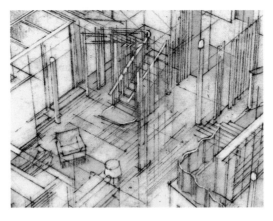

일본의 영향

가늘고 불규칙한 수직 목재 부재는 주택의 계단실 주변의 공간을 정의하며, 일본의 목재 및 대나무 구조 형태를 참조한 것으로 보인다. 이를 통해 계단은 1층의 중심 공간이 되며, 공공 공간 및 위층의 사적인 공간을 연계하는 역할을 한다.

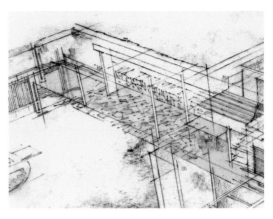

핀란드 주택 양식

알토는 사우나실과 캐노피 위에 잔디 지붕을 사용하여 핀란드의 전통적 건축 요소를 적용하였다. 또한 거실의 오픈 플랜 디자인은 핀란드 농가의 커다란 거실인 투파(Finnish tupa)를 연상시키는데, 투파에서는 서로 다른 활동 영역을 구분하기 위해 장대를 사용하였다.

▶ 실 배 치 계 획

이 평면도는 2층의 주요 실들의 배치를 보여준다. 우측 하단에 있는 곡선 공간은 마이레의 스튜디오(A)이며, 1층 남측에 위치한 해리의 도서관과 뚜렷하게 구분된다. 해리와 마이레의 침실(B)은 큰 테라스에 면해 있다. ㄴ자 모양의 평면 서쪽 끝에는 손님들을 위한 방(C)이 있고, 1층의 수영장 옆에는 사우나(D)실을 배치하였다. 알토는 '주택 내에 인공적인 건축 리듬을 피하려고 했다'고 설명한다.

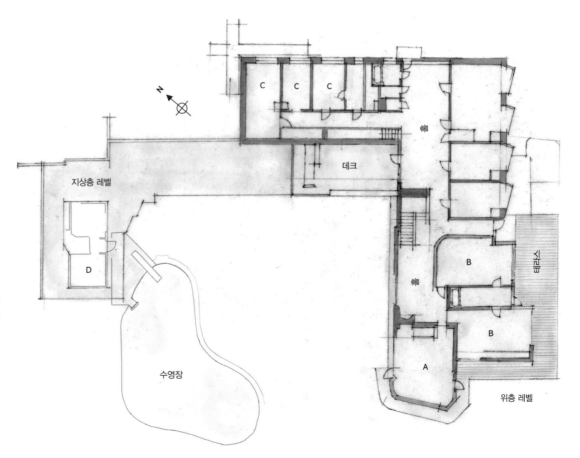

루이스 바라간 주택

Casa Luis Barragan

위 치	멕시코 시티, 멕시코
건 축 가	루이스 바라간(Luis Barragan)
건축양식	모더니즘
건설시기	1948

리카르도 레고레타(Ricardo Legorreta, 1919–2011)는 멕시코를 넘어 캘리포니아와 한국에도 영향을 미친, 원색의 단순한 벽 평면과 기하학적 형태를 추구한 멕시코의 위대한 현대 건축가 중 한 명이다. 하지만 강한 기하학적인 패턴과 색채로 멕시코 모더니즘 건축의 길잡이 역할을 했던 루이스 바라간(Luis Barragán, 1902–88)이 없어더라면, 레고레타는 현재의 국제적 명성을 얻지는 못했을 것이다.

바라간은 과달라하라의 기술 대학(the Escuela Libre de Ingenieros)에서 공학을 전공했으며, 1923년에 졸업했다. 그리고 1920년부터 1930년 초까지 뉴욕뿐만 아니라 스페인, 프랑스를 여행하면서, 르 코르뷔지에(Le Corbusier, 1887–1965)를 만나고, 화가 페르디난드 바크(Ferdinand Bac)가 디자인한 정원도 방문했다. 특히 프랑스 망통(Menton)에 있는 르 콜롬비에르(Les Colombières, 1918–27) 및 바크의 작품집 황홀한 정원(Jardins enchantés, 1925) 등, 바크의 주요 정원 작품에서 나타나는 대담한 색채에 큰 영향을 받았다. 이후 바라간은 1927년에서 1936년까지 과달라하라에서 건축 설계일을 하며 그리스도의 집(Casa Cristo, 1929)과 같은 주택을 디자인했다. 특히 지중해나 멕시코보다는 아랍의 양식으로 보이는 질감이 풍부한 벽체와 현관 및 실내의 선명한 색상과 디테일들은 바크의 작품들과 유사했다. 1936년 바라간이 멕시코 시티로 작업 공간을 옮기고 난 후부터는 르 코르뷔지에의 영향이 좀 더 뚜렷하게 나타나기 시작한다. 게다가, 단순한 벽체와 고도로 채색된 형태를 멕시코 주택 양식과 결합시키면서 전후 시대의 그의 건축 양식을 형성하게 된다. 1948년 멕시코 시티의 타쿠바야에 있는 본인의 주택은 르 꼬르뷔지에의 모더니즘 양식과 밝게 채색된 벽체가 결합된 최초의 작품이라고 할 수 있다. 또한 초현실주의 화가 조르조 데 키리코(Giorgio de Chirico)의 그림에서 나타나는 건축적 구성과 비슷한 인상을 주기도 한다. 특히 키리코의 그림에서 투영되는 고립된 이미지는 바라간이 건축가가 아닌 엔지니어로 교육받았기 때문에 느꼈던 개인적 체험을 느끼게 한다.

멕시코 색상

멕시코의 디자인은 장식적일 뿐만 아니라 종종 매우 화려하다고 여겨진다. 건축에서 밝은색의 벽체는 바라간의 특징이지만, 리카르도 레고레타(Ricardo Legorreta)는 더 높은 가시성을 보여주며 20세기 말 멕시코의 가장 유명한 건축가가 되었다. 그의 작품으로는 멕시코 시티의 카미노 호텔(the Camino Real Hotel, 1968; 아래) 및 과달라하라의 IBM 공장(the IBM Factory, 1975), LA의 펄싱 광장(Pershing Square, 1994), 텍사스의 샌 안토니오 공공 도서관(San Antonio Public Library, 1995) 등이 있다.

바라간의 주택과 스튜디오는 멕시코 시티의 미구엘 히달고 지역 내 Colonia Ampliación Daniel Garza에 있다. 콘크리트 위에 회반죽으로 건설되었으며, 정원을 포함하여 전체 면적은 12,497평방 피트(1,161㎡)이다. 북쪽 12번지에는 그의 스튜디오가 자리하고 있고, 남쪽 14번지에는 주택이 배치되었다. 자연광에 의해 강한 색상이 1층부터 옥상 테라스(patio)에 이르는 일부 벽체를 강조하며, 특히 옥상 테라스는 붉은색과 보라색 벽을 가지고 있고, 바닥은 불그스름한 갈색 타일로 계획되었다. 거리에 면한 콘크리트 입면은 소박하게 계획되어 그 안의 우아한 비율과 역동적으로 채색된 벽체를 숨긴다. 내부 바닥재는 입구의 화산석에서부터 거실의 목재까지 다양하게 사용되었으며, 거실과 식당, 주방은 모두 정원에 접근할 수 있다. 당 주택과 스튜디오를 발판으로 바라간은 카사 길라디(Casa Gilardi, 1977)를 포함하여 단순한 벽체와 화려한 색상으로 이루어진 주요 작품들을 설계하게 되었다.

바라간이 죽은 후, 그의 집과 스튜디오는 1993년 할리스코주(the state of Jalisco) 및 바라간 재단(the Barragán Foundation)이 구입하여 이 다음 해 박물관으로 문을 열었으며, 그의 가구 및 주요 기록물, 예술 수집품들이 전시되고 있다. 이후 1995년 단지는 복원 작업을 거쳤고, 건축가 및 건축 애호가들에게 답사 순례지가 되었다.

바라간의 견고하고 단순한 벽체는 종종 그 뒷공간의 복잡성과 색채를 감춘다. 아래 조감도의 왼쪽 상단 모서리의 경우, 저층은 차고로 위층은 손님방으로 사용되고 있다. 또한 바로 계단 뒤에는 바라간의 침실, 휴게실, 드레싱룸이 배치되며, 바로 위 공간은 대부분 지붕 테라스로 사용되며 작은 서비스 공간 및 세탁실이 일부 자리하고 있다.

차고

가로 쪽의 노란 크림색 문은 차고를 가리킨다. 침실은 바로 위에 있고, 바로 뒤에는 부엌이 있으며, 차고는 문 및 계단으로 분리돼 있다. 부엌과 인접하여 복도와 연결된 곳에는 식당이 있다. 차고는 차량 진입을 위해 4개의 문이 있으며, 반면 주택으로 들어가는 문은 한 개이다.

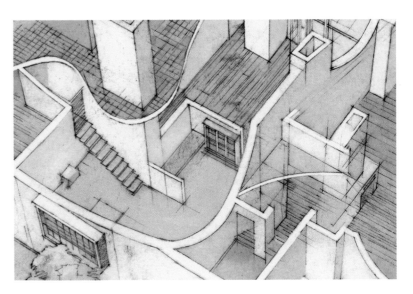

계단 및 주변 공간

가로 쪽의 커다란 창문 뒤로는 도서관이 있다. 반대쪽 벽의 계단은 조각상처럼 측면 패널이나 난간 없이 계단으로만 이루어져 있으며, 작은 메자닌 방으로 이어진다. 계단 및 천장의 목재 질감은 노란색 바닥과 대조를 이룬다. 도서관 뒤로는 거실이 배치되며, 천장과 바닥의 목재 방향은 정원을 내려다보는 커다란 유리벽이 시각적으로 이끈다.

도시 정원

벽으로 둘러싸인 정원의 규모는 집과 스튜디오를 합친 것과 비슷하다. 이는 확실히 어떤 도시에서도 사치스러운 일이다. 집 뒤편을 가로지르는 타일로 된 테라스(patio) 공간은 'Patio de Las Ollas'라는 분수가 있는 작은 울타리로 이어진다. 올라(olla)는 점토 항아리를 의미하는데, 풀이 무성하게 자란 옹벽 아래로 주전자 및 항아리들이 많이 있었기 때문이다.

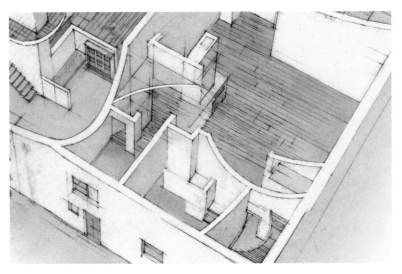

스튜디오

가로변에 작은 창문이 있는 출입구는 바라간 스튜디오로 들어가는 입구이다. 입구 오른쪽은 비서실이며 그다음에 바라간 개인 사무실로 이어진다. 그리고 그 위층에도 작은 사무실이 있다. 현관을 축으로 작은 계단을 통해 스튜디오로 이어지며, 그 뒤로 정원이 계획되었다. 방향을 왼쪽으로 틀면 거실과 도서관으로 연결된다. 건물 외관상으로는 이 부분이 1층이다.

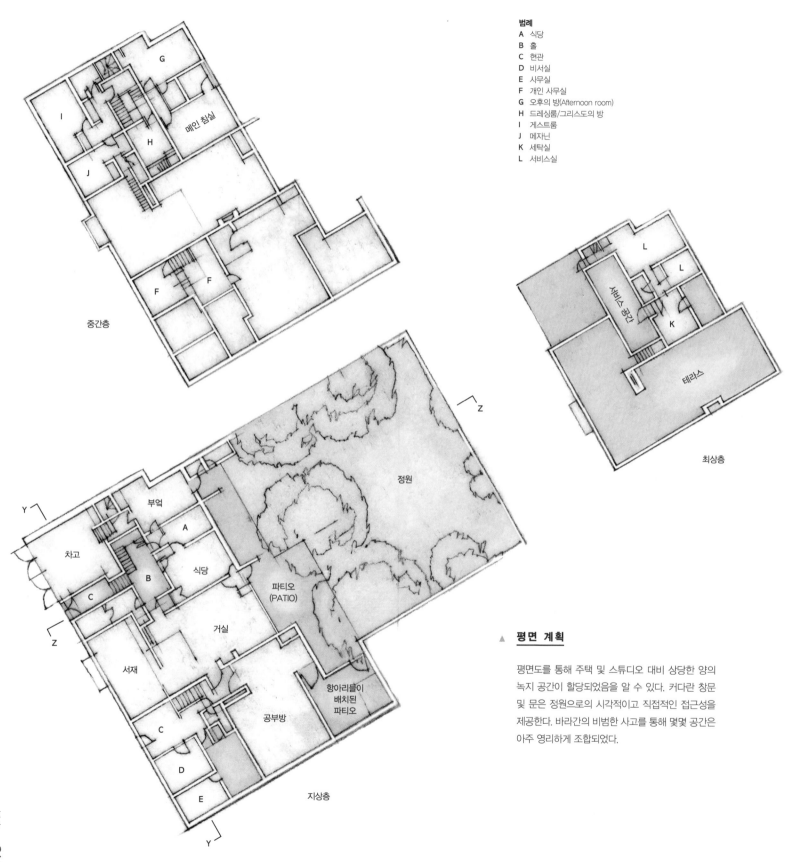

범례
A 식당
B 홀
C 현관
D 비서실
E 사무실
F 개인 사무실
G 오후의 방(Afternoon room)
H 드레싱룸/그리스도의 방
I 게스트룸
J 메자닌
K 세탁실
L 서비스실

G

I

H

메인 침실

J

F   F

중간층

L

L

서비스 공간

K

테라스

최상층

부엌

A

Y

차고

식당

B

정원

C

파티오
(PATIO)

Z

거실

서재

공부방

항아리들이
배치된
파티오

C

D

E

지상층

Y

▲ **평면 계획**

평면도를 통해 주택 및 스튜디오 대비 상당한 양의
녹지 공간이 할당되었음을 알 수 있다. 커다란 창문
및 문은 정원으로의 시각적이고 직접적인 접근성을
제공한다. 바라간의 비범한 사고를 통해 몇몇 공간은
아주 영리하게 조합되었다.

▽ 단면 계획

두 개의 단면도(평면도의 절단선 Y, Z 참조)를 통해 각 업무 공간 및 개인 공간에 대한 층고 및 연계 체계를 알 수 있다. 개인 공간과 업무 공간 사이에 위치한 도서관은 전체 계획의 중심 역할을 하며 커다란 창문 뒤에 배치되었다.

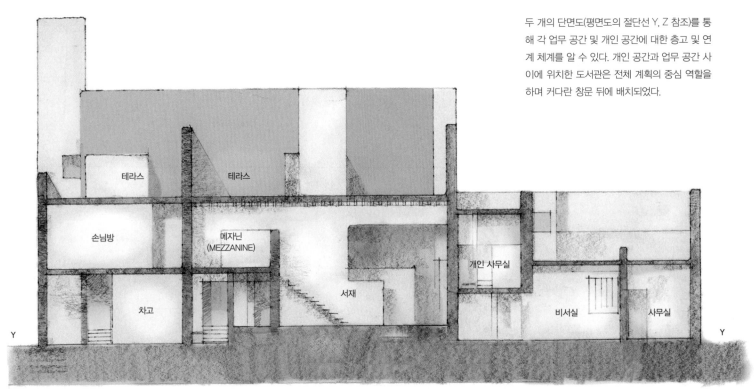

가로 단면 (Y)

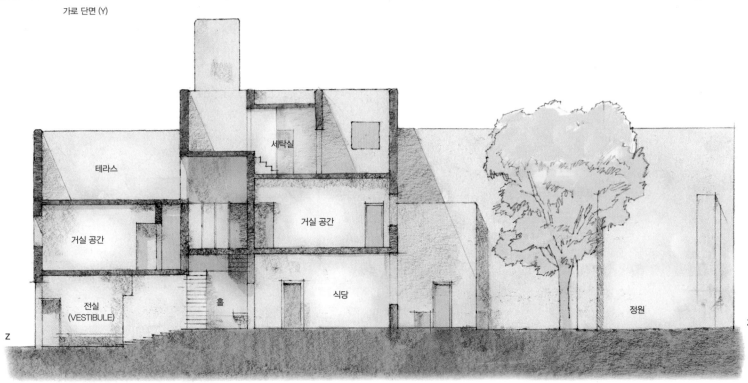

세로 단면 (Z)

임스 하우스 The Eames House

위　치　퍼시픽팰리세이즈, 캘리포니아, 미국
건 축 가　찰스 임스와 레이 임스(Charles and Ray Eames)

건축양식　국제 양식, 모더니즘
건설시기　1949–50

찰스 임스(Charles Eames, 1907–78)와 레이 임스(Ray Eames, 1912–88)는 부부팀으로서 20세기 후반 미국 디자인에 중요한 공헌을 했다. 찰스 임스는 세인트 루이스에 있는 워싱턴 대학에서 잠시 공부한 후, 1930년부터 건축 작업을 시작했다. 1938년 첫 번째 아내 캐서린 및 딸들과 함께 미시간으로 이주하여 크랜브룩 예술 학교(the Cranbrook Academy of Art)에서 엘리엘 사리넨(Eliel Saarinen, 1873–1950)과 함께 공부할 수 있었으며, 거기서 미래의 건축 및 디자인 공동 작업자인 엘리엘의 아들 에로 사리넨(Eero Saarinen)과 그의 두 번째 부인 레이를 만났다. 1941년 캐서린과 이혼한 후, 찰스는 레이와 결혼하여 그녀의 고향 캘리포니아로 이사했다. 이후 함께 작업하며, 가구 및 인테리어 디자인뿐만 아니라 전시 디자인, 그래픽 디자인, 교육용 영화에 이르기

까지 다양한 디자인 분야에서 중요한 역할을 하게 되었다. 1950년대 초반에는 유리 섬유 의자 및 모듈형 수납장으로 유명해졌고, 특히 허먼 밀러(Herman Miller)에서 제작, 판매된 합판 및 가죽으로 만든 임스 라운지 의자(Eames Lounge Chair and Ottoman, 1956)는 클래식 반열에 올라 있다. 또한 1962년 에로 사리넨의 요청에 따라 덜레스 국제공항(Dulles International Airport, 1958–62; p.44 참조)을 위해 설계된 2열 공항 좌석은 여전히 전 세계 공공 공간에서 볼 수 있는 디자인이 되었다. 또한 전 세계에 미국의 디자인을 알리는 수많은 전시회에 참여했다. 예를 들어, 모스크바의 미국 국제 전시회(the American National Exhibition in Moscow)에서 멀티미디어 전시(Glimpses of the USA, 1959)를 했으며, 뉴욕 세계 박람회(the New York World's Fair, 1964–65)

에서는 IBM 전시관, 미국 비엔날레의 여행 박람회에서는 '프랭클린과 제퍼슨의 세계(The World of Franklin and Jefferson, 1975–76)'를 전시하기도 했다. 또한 덜레스 공항을 홍보하기 위해 제작된 '공항의 확장(the Expanding Airport, 1958)' 및 부르쉘 세계 박람회를 위해 제작된 IBM의 '정보 머신(The Information Machine, 1958)', 본인들의 실험적인 작품인 '열 개의 힘(The Powers of Ten, 1977) 등과 같은 영화로 기업 및 교육, 홍보 영화 시장에 큰 영향을 미쳤다. 이들 부부는 가구 및 영화 디자인 분야뿐만 아니라, 건축 분야에서도 상당한 영향력을 보여주었다. 아마도 이들 중 가장 중요한 작품은 '주요 모더니즘 양식의 시범 주택 단지(the landmark Modernist Case Study Houses)'에 포함된 본인들의 주택, 임스 하우스(the Eames House)일 것이다.

'모더니즘 주택 연구집' 출판의 아이디어는 예술 및 건축 분야 출판사였던 존 엔텐자(John Entenza, 1905-84)가 창안한 것이다. 이 잡지는 전후(戰後) 주택 시범 모델로 근대 주택을 짓기 위해 LA 외곽에 5에이커(2ha)의 부지를 확보했고, 1945년부터 1966년까지 크레이그 엘우드(Craig Ellwood, 1922-92) 및 리차드 노이트라(Richard Neutra, 1892-1970), 랄프 랩슨(Ralph Rapson, 1914-2008), 라파엘 소리아노(Raphael Soriano, 1904-88), 사리넨 등의 저명한 건축가의 설계로 운영되었다. 임스 하우스(the Eames House)는 초기 10개 중 하나의 주택이었으며, 1949년 퍼시픽 팰리세이즈의 슈타쿠아 불바드(Chautauqua Boulevard) 203번지에 건설되었다. 근처 205번지에는 1950년 사리넨이 설계한 엔텐자 주택(the Entenza House)이 있다. 임스 하우스 또는 시범 주택 8번(Case Study House Number 8)은 개방형 계획 및 검은색 철골, 그리고 반투명 합판에 컬러 회반죽으로 조합된 유리 공간 디자인으로 잘 알려져 있다. 그들의 디자인 의도는 아이들이 없는 예술과 디자인 분야의 부부를 위한 주택을 짓는 것이었다. 또한, 업무와 주거 공간을 분리하면서 2층으로 된 큰 공간을 창출하기 위해 최소한의 재료만을 사용하기를 원했다. 존 엔텐자는 이 집을 '고정된 건축 양식이 아닌 아이디어(an idea rather than a fixed architectural pattern)'라고 묘사했는데, 단순한 재료를 사용해 주변 경관 속에서 역동적인 구조를 만든 것을 의미했다. 찰스와 레이는 그들의 여생을 이곳에서 살았다. 2004년 찰스의 딸 루시아(Lucia)는 비영리 단체인 임스 재단(Eames Foundation)을 설립하여 이 집을 관리하고 대중에게 개방했다.

상단
2층 높이의 커다란 거실 공간에서 태평양 해안 도로(the Pacific Coast Highway) 및 바다를 내려다볼 수 있다. 발코니 아래의 알코브에는 아늑한 소파가 배치되어 있다. 위층 발코니는 침실, 욕실, 드레싱룸 등 개인 공간으로 사용되었다.

찰스와 레이 임스

찰스와 레이 임스(Charles and Ray Eames)는 20세기 중반 미국 디자인의 진정한 리더였다. 이 사진은 1950년 캘리포니아 퍼시픽팰리세이즈의 주택 내 거실 소파에서 찍은 사진이다. 이들이 디자인한 가구들은 전 세계의 박물관 및 공공 장소, 개인 주택에서 쉽게 볼 수 있다. 가장 유명한 것들로는 자작나무 합판으로 간단하게 제작된 플라이우드 의자(Plywood Chair, 1946), 철재와 합판으로 제작된 ESU 수납 책장(ESU Storage Unit bookcase, 1949), 유리 섬유로 만든 쉘 의자(Fiberglass Shell Chair, 1950), 그리고 합판과 가죽으로 만든 라운지 의자(Lounge Chair and Ottoman, 1956) 등이 있다. 가구 외에도, 상업적이고 이론적인 영화들을 제작하여 국제적인 명성을 얻었다.

▼ 구조

단순한 철골 구조물은 이틀도 안 되어 건설되었다. 포치(현관)를 포함해 전체 주택은 8개의 모듈로 구성되어 있으며, 5개의 모듈은 작업실과 스튜디오로 활용되었다. 각 모듈은 높이 20피트에 가로 20피트, 세로 7피트 4인치(6×6×2.2m)로 구성되며, 천장고는 17피트(5.2m)다. 거실 바깥의 외부 공간은 포치(현관)로 사용되었다. 거실 뒤편 알코브 공간으로 소파가 보이며, 부엌과 식당이 바로 맞은편에 배치되었다. 철재와 유리로 구성된 입면에는 양쪽으로 회전 가능한 창문이 달려있다.

▼ 2층

원형 계단을 통해 올라갈 수 있는 2층은 개인 공간으로써 침실 2개와 화장실 2개, 커다란 드레싱룸으로 사용되었다. 2층의 실내 마감재는 주로 합판을 사용했으며, 스튜디오 및 주택 전체의 각 모듈은 석고와 합판, 석면, 유리, 그리고 파일론(Pylon)이란 명칭의 반투명 유리섬유 등을 혼용해 사용했다. 침실은 거실 공간과 슬라이딩 패널로 차단이 가능하게 계획되었다.

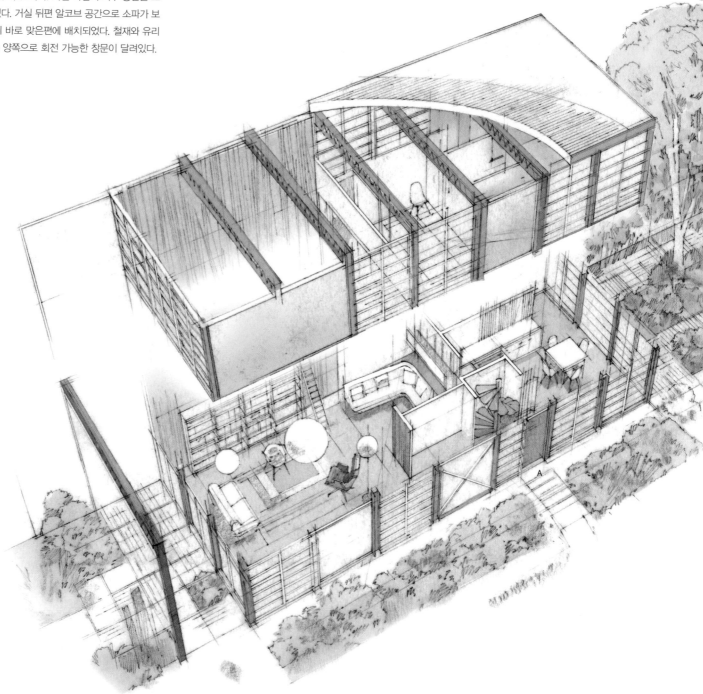

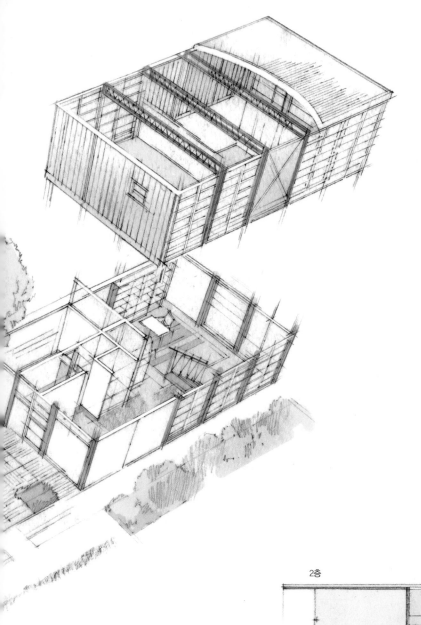

업무 공간

스튜디오 작업 공간은 2층 높이의 대공간으로 계획되었으며, 테라스(patio)에서 진입되고, 전체 규모는 30×20피트(9.1×6m)였다. 1층에는 암실(B)을 포함해 작업실과 부엌, 화장실로 구성되어 있으며, 계단을 통해 2층 창고로 연결된다. 내부 공간에는 슬라이딩 형태의 유리섬유 가림막이 설치되어 있다. 그리고 스튜디오 건물 밖에도 작업 공간이 계획되었다.

평면 계획

1.4에이커(0.5ha)의 울창한 삼림지에 입지한 주택과 스튜디오는 아주 단순한 평면 계획으로 설계되었다. 전체 면적은 1,500평방 피트(139㎡)이며, 2층은 모듈 방식으로 구성되었고, 주택과 업무 공간을 뚜렷하게 분리하여 계획했다.

입구

주 입구(A)는 나선형 철제 계단 바로 맞은편의 거실과 식당 사이에 위치한다. 계단은 콘크리트 슬래브에 3½인치(8.9cm) 지름의 수직 강관을 볼트로 고정하고, 합판으로 제작된 캔틸레버 형태의 발판을 강철 브라켓에 고정하여 제작했다.

2층

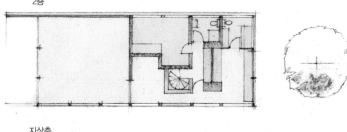
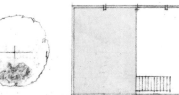

지상층

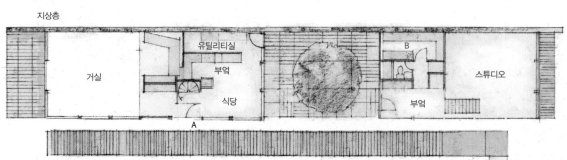

거실　식당　부엌　유틸리티실　B　부엌　스튜디오

A

나카긴 캡슐 타워

Nakagin Capsule Tower

위 치	도쿄, 일본
건 축 가	구로카와 기쇼(Kisho Kurokawa)
건축양식	메타볼리즘
건설시기	1971-72

쿠로카와 기쇼(Kisho Kurokawa, 1934-2007)는 20세기 후반 일본 건축가 중 가장 학구적인 인물로서 본인만의 디자인 철학을 발전시켰다. 특히 가장 잘 알려진 이론으로 심바이오시스(Symbiosis; 공생)가 있는데, 동서양 양식의 공생을 주장했다. 그는 본인의 건축 이론을 논문으로 발표했는데, '공생 건축(Architecture of Symbiosis, 1987)' 및 '이종문화간의 건축: 공생 이론(Intercultural Architecture: The Philosophy of Symbiosis, 1991)' 등이 대표적이다. 또한 쿠로카와는 1960년대 메타볼리즘(Metabolism) 운동에 있어서도 중요한 인물이었다. 일본에 기반을 둔 도시 건축 운동으로서, 전체 도시를 기계 시스템처럼 대체 또는 확장할 수 있도록 사전제작 형태 및 대량 생산을 장려했다.

구로카와는 아시아, 미국, 유럽에서 자신의 건축 이론을 구체적으로 실현시켰다. 특히 다양한 박물관을 설계했는데, 오사카의 국립 민족학 박물관(the National Museum of Ethnology, 1977), 사이타마현 현대 미술관(Saitama Prefectural Museum of Modern Art, 1982), 히로시마 현대 미술관(the Hiroshima City Museum of Contemporary Art, 1988), 와카야마 현대 미술관(the Museum of Modern Art in Wakayama, 1994), 암스테르담의 반 고흐 미술관(the Van Gogh Museum, 1998) 등이 대표적이다. 그는 또한 고층 건물 및 경기장, 공항 등과 같은 대형 프로젝트도 다수 수행했는데, 오사카현 공공 청사(the Osaka Prefectural Government Offices, 1989) 및 파리 라데팡스의 퍼시픽 타워(Pacific Tower, 1992), 2002 월드컵을 위해 건설한 오이타 은행 돔(ita Bank Dome stadium, 2001), 쿠알라룸푸르 국제공항(Kuala Lumpur International Airport, 1998) 등이 대표적이다.

구로카와의 건축적 배경은 그가 국제적으로 성공하는데 많은 도움을 주었다. 저명한 일본 건축가였던 구로카와 미키

(Miki Kurokaw)의 아들이었던 구로카와 기쇼는 1957년 교토 대학에서 건축을 전공한 뒤, 저명한 전후 모더니즘 건축가였던 단게 겐조(Kenz Tange, 1913–2005)의 지도로 도쿄대에서 1959년 석사 학위를 받았고, 1964년에는 박사 수료를 했다. 이후 2002년에는 말레이시아 대학(the Universiti Putra Malaysia)에서 명예박사 학위를 받았다. 학생이던 1962년부터 본인의 작품 생활을 시작했고, 일본 메타볼리즘 운동의 공동 창립자 중 한 사람이었다. 특히 구로카와가 일본 메타볼리즘 운동의 극히 드문 생존자 중 한 명이기 때문에, 도쿄의 나카긴 캡슐 타워(Nakagin Capsule Tower, 1971–72)의 중요성이 부각된다.

이 주거용 타워는 1969년부터 1970년까지 설계되었으며 1971년 1월부터 1972년 3월까지 약 1년 만에 건설되었다. 두 개의 코어는 코르텐강(Corten steel)과 철근 콘크리트로 제작되었으며, 계단과 엘리베이터 샤프트는 프리케스트 콘크리트를 사용했다. 특히 엘리베이터 샤프트는 빠른 시공을 위해 철골 구조 내에 설치되었다. 140개의 사전 제작 형식의 철제 주거 캡슐은 다이마루 디자인(Daimaru Design and Engineering)에서 각각 제작되었다. 미혼 일본 직장인 남성 1명을 대상으로 설계된 이 주거 캡슐은 7피트 6인치×12피트 6인치×6피트 10인치(2.3×3.8×2.1m) 규모이며, 금형 플라스틱 공간 내에 주방 및 텔레비전, 오디오, 그리고 기차나 비행기의 야간 수면실에서 볼 수 있는 크기의 작은 욕실이 완비되어 있다. 각각의 캡슐은 크레인에 의해 들어 올려져, 건물 중심 코어에 강철 브라켓과 볼트로 부착되었으며, 저층부터 고층 순으로 순차적으로 건설이 진행되었다. 채광은 각 캡슐에 설치된 둥근 창을 통해 이루어졌으며, 각 모듈의 가격은 소형차와 거의 같았다.

구로카와는 오사카의 10층 소니 타워(the ten-story Sony Tower, 1976; 2006년 철거)를 건설할 때에도 같은 방법을 적용했다. 하지만 메타볼리즘 작가들의 주요 작품들과 마찬가지로 건축 수명이 40년 정도로 제약되었다. 나카긴 캡슐 타워의 경우에 수명은 25년 정도로 예상되었으며, 강철 브라켓과 캡슐 자체도 주기적으로 교체가 필요했다. 2007년에는 주민의 80%가 철거를 찬성했지만, 구로카와는 유닛을 교체하고 구조물을 안정시키는 계획안을 제안했다. 한편, 2010년에 건물 온수 공급이 중단되었지만, 때때로 에어 비앤비(Airbnb)를 통해 일부 캡슐 공간은 건축적 모험으로 임대가 가능하다. 현재까지도 이 세계적인 건축 랜드마크의 운명은 아직 결정되지 않았다.

메타볼리즘과 엑스포 70

구로카와는 '엑스포 70'에서 세 개의 전시관을 디자인했는데, 각각의 전시관들은 메타볼리즘 운동가로서의 자신의 디자인 철학을 표현했다. 5층의 모듈형 강관으로 설계된 타카라 파빌리온(Takara Beautilion)은 확장이 가능한 형태로 6일만에 완공되었다. 테마 파빌리온(the Theme Pavilion)의 캡슐 주택은 미래의 주거 모델을 제안하면서, 천장에 매달려 전시되었다. 2층 규모의 도시바 IHI 전시관(Toshiba IHI Pavilion; 위)은 500석 규모의 돔 극장을 갖춘 확장 가능한 모듈형 철골 구조로 설계되었다. 안타깝게도, 이들 전시관은 오사카 외곽의 엑스포 70 기념 공원(Expo 70 Commemoration Park) 내에 더 이상 존재하지 않는다.

왼쪽
각 캡슐 유닛에는 건물 외관에 독특한 패턴을 만들어 내는 개폐 가능한 큰 창문이 설치되었다. 사전 조립 제작된 주거 모듈(pod)은 당시 일본의 '샐러리맨', 즉 화이트칼라 직장인들을 위해 설계되었다.

▼ 단면 계획

단면도를 통해 어떻게 주거 캡슐들이 건물 중앙 코어를 따라 층층이 쌓였는지를 알 수 있다. 크레인은 각 모듈형 생활 공간을 들어 올려 건물에 위치시켰다. 전체 건물의 높이는 177피트 (54m), 13층이며, 단면별로 다소 차이가 있다. 기단부 2층은 타일로 마감된 콘크리트로 조성되었으며 상업시설로 사용되었다.

▶ 캡슐

140개의 캡슐은 철골 구조물에 패널 설치로 제작되었으며, 마치 자동차처럼 패널들은 페인트로 칠해졌다. 내부 시설이 전체 마감되었을 때 무게는 각각 4톤이었다. 트럭을 통해 현장으로 이송된 후, 크레인에 의해 들어 올려, 각 위치에 설치되었다. 철골 구조물 내 둥근 창문(oculus)을 통해 채광이 이루어졌다.

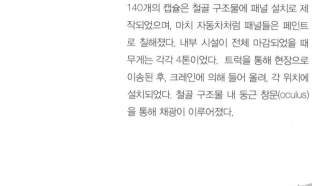

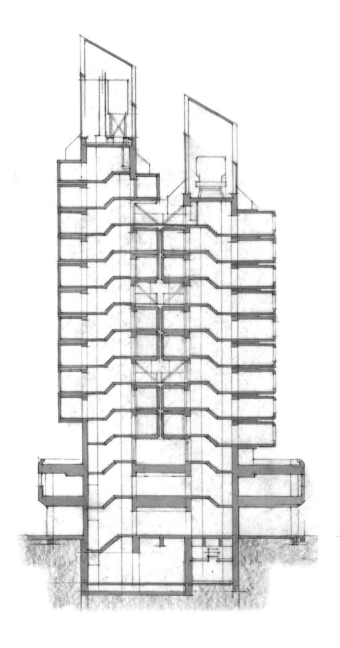

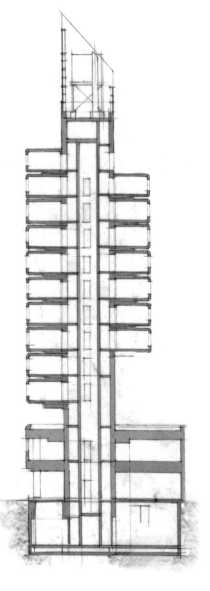

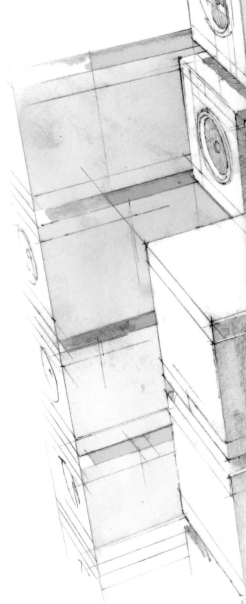

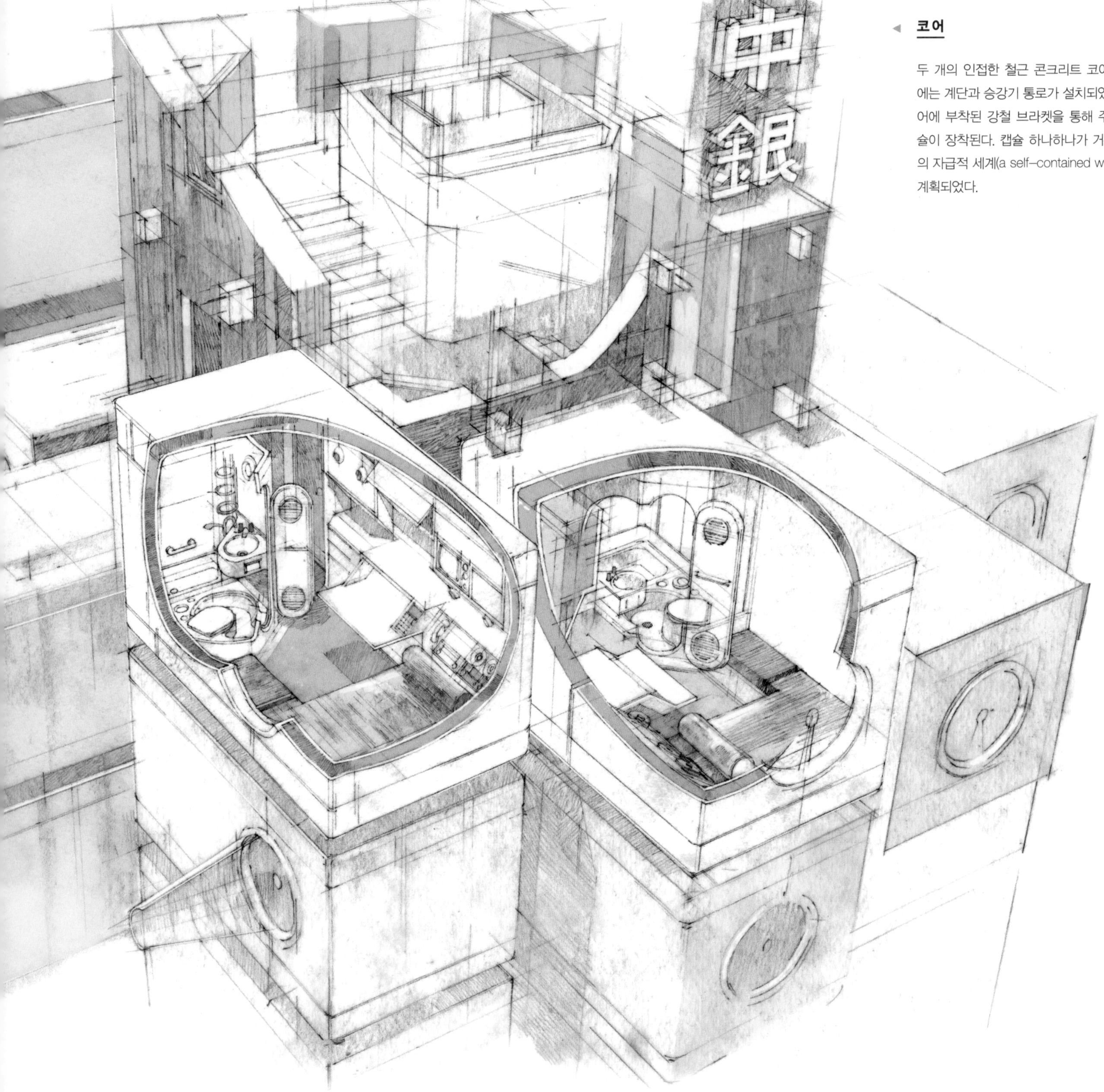

◀ 코어

두 개의 인접한 철근 콘크리트 코어 내부
에는 계단과 승강기 통로가 설치되었다. 코
어에 부착된 강철 브라켓을 통해 주거 캡
슐이 장착된다. 캡슐 하나하나가 거주민들
의 자급적 세계(a self-contained world)로
계획되었다.

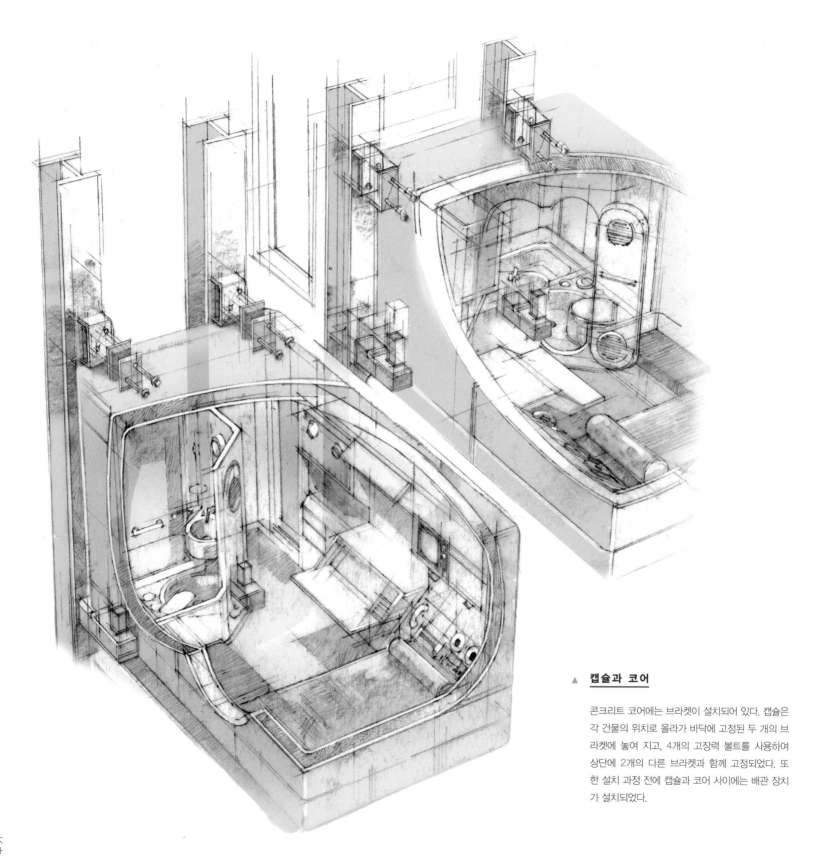

▲ 캡슐과 코어

콘크리트 코어에는 브라켓이 설치되어 있다. 캡슐은
각 건물의 위치로 올라가 바닥에 고정된 두 개의 브
라켓에 놓여 지고, 4개의 고장력 볼트를 사용하여
상단에 2개의 다른 브라켓과 함께 고정되었다. 또
한 설치 과정 전에 캡슐과 코어 사이에는 배관 장치
가 설치되었다.

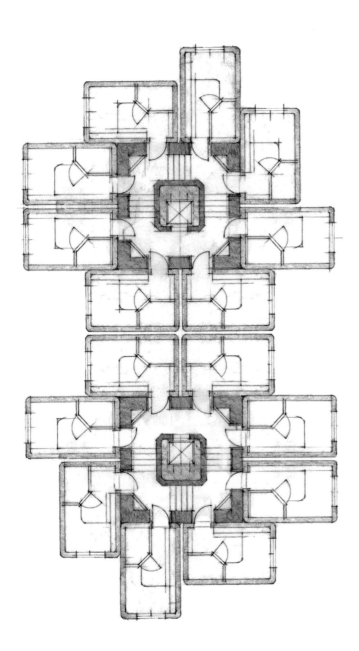

건물의 총바닥면적은 33,271평방 피트(3,091㎡)이다. 평면도를 통해 두 개의 코어에 연결된 다양한 캡슐 유형을 볼 수 있다. 각각의 코어에는 엘리베이터와 이를 둘러싼 계단이 있으며, 복층으로 된 건물 로비와 연결된다.

▶ **모듈(POD) 계획**

캡슐에는 모든 현대적인 기능들이 포함되었다. 냉장고 및 스토브, 텔레비전, 그리고 심지어 테이프 데크도 있었다. 캡슐의 전체 면적은 약 108평방 피트(10㎡)였으며, 내부에 붙박이 책상과 욕실이 효율적으로 설치되었다. 특히 욕실의 경우, 항공기와 기차 내 시설을 연상시키며 공간 절약적으로 디자인되었다.

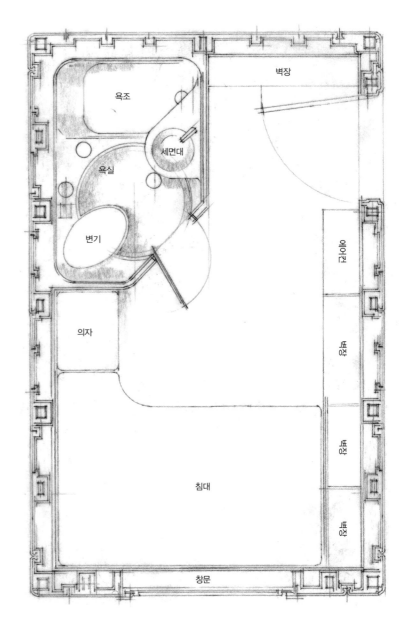

앱솔루트 타워

Absolute Tower

위 치	토론토, 캐나다
건 축 가	MAD 건축사사무소
건축양식	유기적 현대건축
건설시기	2007–12

사람들이 중국의 현대건축을 생각할 때, 본능적으로 상하이의 푸동 지구 같은 미국 및 캐나다, 유럽 건축가들에 의해 설계된 고층 도시들을 연상한다. 그러나 최근 몇 년간 유럽과 북미에서 독자적인 설계 활동을 시작하는 중국 스타 건축가들이 부상하고 있다. 대표적으로 마 양송(Ma Yansong, b.1975)이 있다. 그는 베이징에서 태어나 베이징 토목 건축 학부(the Beijing Institute of Civil Engineering and Architecture)에서 교육을 받았으며 예일대에서 건축학 석사 학위를 받았다. 그는 2004년에 설립되어 베이징과 LA에 본사를 둔 MAD 건축사사무소(MAD Architects)의 창립 파트너이다. 이 회사에는 양송과 파트너인 당 권(Dang Qun), 그리고 80명 이상의 건축가들이 있다. 누군가는 MAD가 마 양송(Ma Yansong)과 당 권(Dang Qun)의 머리글자를 따서 지어졌다고 이야기하지만, 마 양송은 다음과 같이 설명한다. '저는 MAD를 마의 디자인(MA Design)이라고 설명하지만, 형용사의 의미로 미친 건축가들(MAD Architects)로 통용되는 것을 더 좋아합니다. 이는 우리 회사의 디자인과 실무에 대한 태도를 잘 보여주기 때문입니다.' 또한, 그는 '건축가들은 사회적, 문화적 가치를 대변할 뿐만 아니라, 궁극적으로 이러한 가치들의 선구자입니다.'라고 설명한다.

MAD는 오늘날 대부분의 건축가처럼 컴퓨터 프로그램을 통해 역동적인 건축 형태를 창조하고 실현시킨다. 최근에 주요 언론을 통해 주목을 받는 작품으로는 중국 하얼빈 오페라 하우스(the Harbin Opera House, 2015)로 CNN은 이 건물을 시드니의 오페라(Sydney Opera House, 1957–73; p.150 참조)와 같은 현대건축의 랜드마크라고 평가했다. 또한 루카스 박물관(the Lucas Museum, 2016–17)이 전 세계 언론에서 주목을 받고 있는 동안, 마 양송은 고향 북경에서 연구 활동도 진행 중이다. 두 건물 다 주변 환경을 고려한 유동적인 디자인 형태를 보여주고 있는데, 이는 자하 하디드(Zaha Hadid, p.64 참조)의 프로젝트와 유사했다.

MAD는 벌카 건축사사무소(Burka Architects) 및 구조 회사인 지그문트 소닥(Sigmund, Soudack and Associates)과 협력을 통해 독특한 곡선미를 가진 고층 주거 단지, 앱솔루트 타워(Absolute Towers)를 설계하였다. 특히 전통적인 타워

의 스카이라인을 회전시켜 랜드마크를 만드는 대담한 시도를 했다. 그러나 부동산 전문가들은 이와 같은 파격적인 설계로 인해 콘도 구매가 저하되는 것을 매우 우려했다. 하지만 캐나다 미시소가(Mississauga)의 시장인 하젤 맥켈리온(Hazel McCallion)을 포함하여, 여러 사람이 MAD의 계획안을 지지하여 건설에 들어갈 수 있었다. 독특한 모양으로 인해 부동산 개발 회사의 투자 비용은 증가했지만, 다양한 주거 유닛으로 가치가 상승하여 성공적인 판매가 이루어졌다. 콘도의 분양은 성공적이었을 뿐만 아니라 빠르기도 했다. 실제 두 개의 타워가 발표된 직후 모두 매진되었다. 2006년 공모전 결과가 발표되고, 2007년 주민 투표를 통해 쌍둥이 타워 A동이 선정되고, 바로 이어서 쌍둥이 타워 B동이 선정되었다. 각각 면적은 484,376 및 430,566평방 피트(45,000㎡ 및 40,000㎡)였으며, A동은 높이 589피트(179.5 m)에 66층, 428 주거 유닛으로 구성되었으며, B동은 높이 529피트(161.2m)에 50층, 433 주거 유닛으로 구성되었다. 각 층의 바닥 면적은 거의 같지만, 회전을 통해 독특한 형태를 만들어 냈다. 철재와 유리로 된 입면은 물결 모양의 연속적인 발코니를 형성했다. 이에 지역 주민들에 마릴린 먼로(Marilyn Monroe) 타워라는 별명으로 불렀다. 이러한 고층 건물 디자인은 컴퓨터 프로그램을 통해 설계와 엔지니어링 통합되면서 이루어졌으며, 특히 프랭크 게리의 작품(Fred and Ginger Dancing House, 1996) 및 산티아고 칼라트라바의 스웨덴 말뫼의 터닝 토르소(Turning Torso, 2005) 등과 같은 작품 등으로 계속 진전되고 있다. 앱솔루트 타워는 매끄러운 유동성으로 인해, 2012년 고층 건물 협회(the Council on Tall Buildings) 및 도시 해비타트(Urban Habitat)로부터 북미 최고의 고층 빌딩으로 선정되었다.

왼쪽
부동산 중개업자들도 발코니 전망이 좋은 판매 요소라는 것을 알고 있었고, 앱솔루트 타워의 경우도 예외는 아니었다. 이에 계획안이 발표된 지 불과 며칠 만에 기록적인 매출을 올리는 데 기여했다.

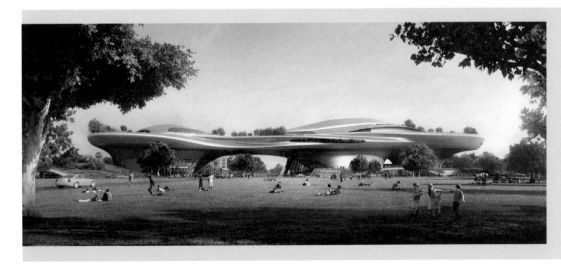

루카스 미술관(LUCAS MUSEUM)

MAD는 스타워즈 시리즈의 창시자인 조지 루카스(George Lucas)를 위한 미술관 설계 회사로 선정되었다. 거대한 민간 자본을 통해 건설되는 미국의 주요 박물관 역사는 20세기 초 벼락부자의 시대(the robber-baron era)로 거슬러 올라간다. 특히 유명 건축가들이 설계한 사례로는 프랭크 게리가 설계한 마이크로 소프트 공동 창업자인 폴 앨런(Paul Allen)을 위한 EMP 시애틀 박물관(the EMP Seattle, 2000)과 딜러 스코피디오 앤 렌프로(Diller Scofidio + Renfro)가 설계한 미국인 사업가 엘리 브로드(Eli and Edythe Broad)를 위한 브로드 박물관(the Broad, 2016) 등이 있다. 루카스 박물관의 입지로 시카고 및 샌 프란시스코 등 여러 장소가 고려되었지만, 일부 지역은 디자인과 규모 때문에 시민 단체들의 반대를 받고 있다.

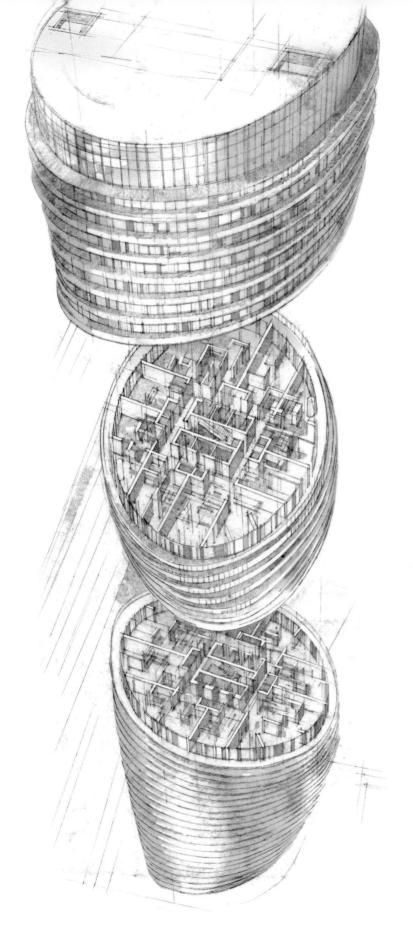

◀ 외관과 실내의 조화

물결 모양의 곡선을 통해 형성된 '비틀린' 외관은 내부의 곡선 형태를 반영한다. 주거 유닛 또한 층마다 크기와 배치가 조금씩 다르며, 전체 평면 형태도 다양하게 계획되었다. 그러나 건물의 엘리베이터와 특별 피난 계단 및 주변 순환 통로는 직선 형태를 유지함으로써, 아파트의 곡선 공간으로 들어갈 때의 놀라움을 증가시킨다.

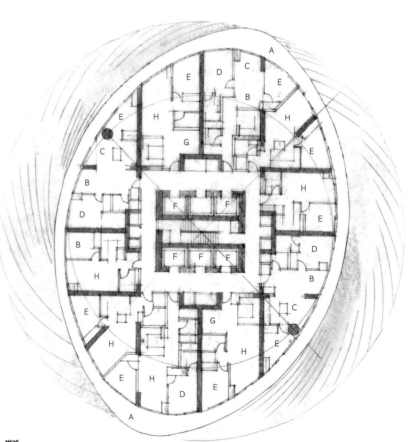

범례
A 발코니
B 거실
C 식당
D 안방
E 침실
F 엘리베이터
G 알코브
H 거실

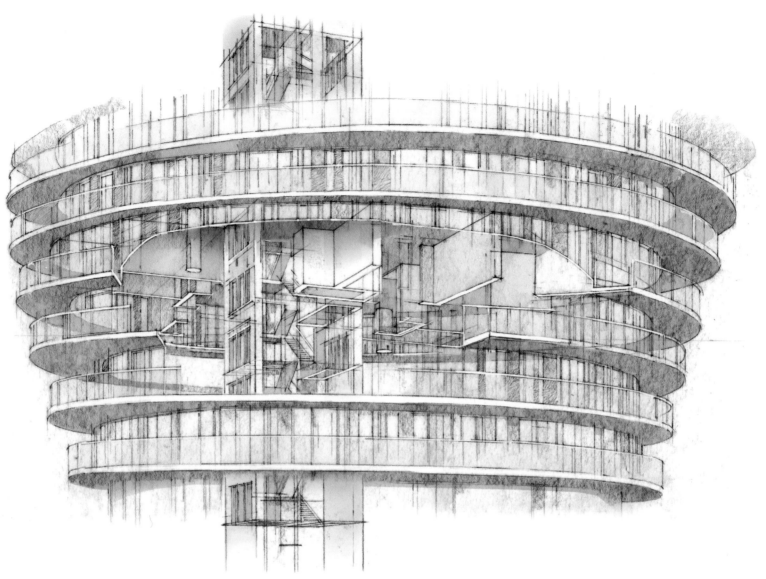

▶ 발코니 전망

모든 층을 둘러싸고 있는 발코니는 시장성을 극대화할 수 있다는 점에서 개발 업자에게는 꿈 같은 일이며, 이로 인해 단 며칠 만에 시장 가격 이상으로 타워를 매각할 수 있었다. 또한 발코니 뒤 커튼 월 공간에 차양막(brise-soleil)을 설치하여 여름 에어컨 비용을 감소시켰다. 층별 전체 타원형 평면은 기본적으로 동일하지만, 다양한 각도로 회전함에 따라 각 유닛의 형태는 약간씩 달랐다. 엔지니어들은 겨울에 열 손실을 줄이기 위해 주요 구조물과 발코니 바닥에 열차단재를 설치했다.

◀ 캐드 작업을 통한 조정

이런 건물을 실현시키기 위해서는 컴퓨터 디자인 프로그램이 필수적이다. 이들은 전체 설계를 진행하는 데 도움을 줄 뿐만 아니라, 건축 및 구조, 기계 설비 시스템을 조율하는 데 필수적이다. 특히 다차원 곡선 형태의 설계 시, 단위 계획이 변경될 때마다 주요 수직 및 수평 설비를 슬래브 위아래로 반영해야 할 때 필요하다. 하지만 곡선으로 된 방과 약간씩 변경된 계획들은 때때로 가구 배치를 까다롭게 하는 요소가 되기도 한다.

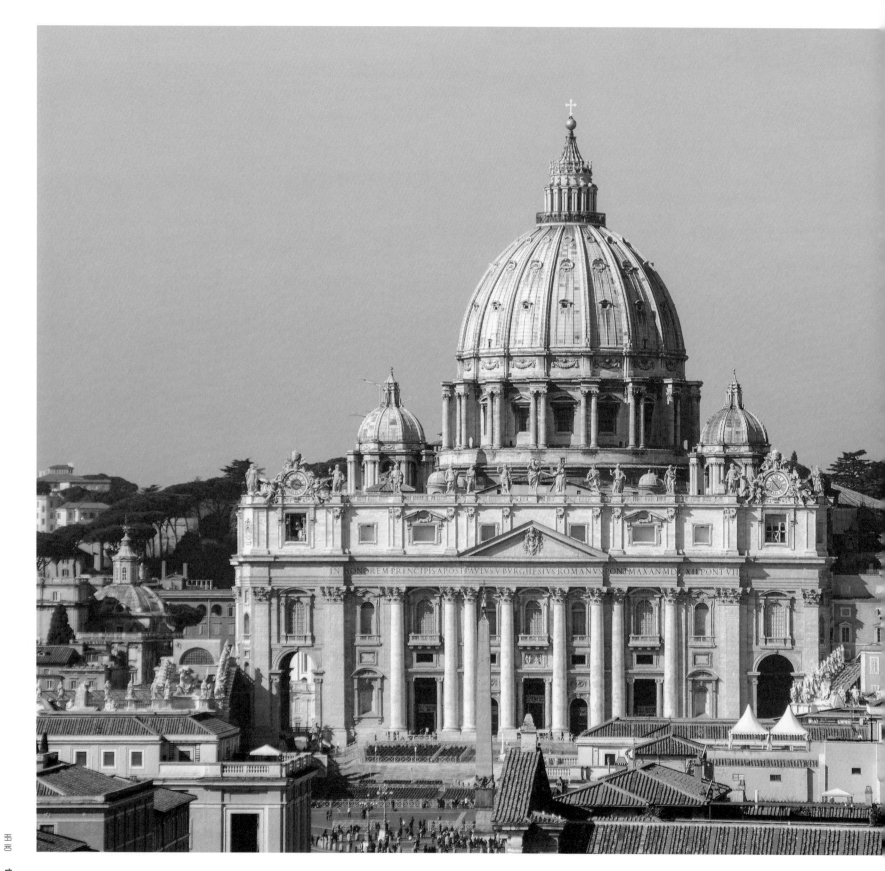

예배 Worship

주거의 장과 마찬가지로, 예배의 장에서는 선사 시대로 돌아가 인간의 삶에 대한 진실을 다루고자 한다. 아마도 이러한 유형의 현존하는 건축물 중 가장 초기의 사례는 영국 윌트셔(Wiltshire)에 있는 스톤헨지(Stonehenge, bc.3000 – 2000)일 것이다. 비록 그 기능이 어떤 신과 관련되는지는 특별히 알려진 사실은 없지만, 태양의 움직임이나 지구상의 자연 진행과 관련되었다고 생각되며 또한 현실적인 문제보다는 영적인 것과 더 연결되어 있으리라 추측한다.

다른 신석기 사원들로는 스코틀랜드 오크니 제도(Orkney)의 네스 오브 브로드가(Ness of Brodgar, bc.3500) 및 최근 발굴된 터키의 괴베클리 테페(Göbekli Tepe, bc.10,000) 등이 있다. 이집트 사원의 경우 특정 신들을 대상으로 하는데, 특히 최고의 신 아문(Amun)을 위한 신전 등이 이러한 유형의 첫 번째 사례라 할 수 있다. 예를 들어 파라오 투트모스 3세(Thutmose III)는 아몬신을 위해 아마다 신전(Amada, 기원전 15세기)을 건설했으며, 세티 1세(Seti I)도 아비도스(Abydos, bc.1279 이후)에 신전을 건설했다. 또한 테베에 있는 유명한 룩소르 사원(Luxor Temple, bc.1400)도 있다. 이 책에서 소개하는 가장 오래된 종교적 건축물은 아테네 아크로폴리스의 파르테논 신전(the Parthenon, bc.447 – 432; p.80 참조)이 있는데, 여신 아테네를 위한 신전이었다. 그다음 세기에는 교회와 회교 사원이 등장한다. 이 장의 맨 앞 2개의 건축물 사례는 특별한데, 이들은 다면적이고 순차적인 형태로 종교 건물로 이용되었다. 첫 번째는 이스탄불에 있는 거대한 돔 형태의 건축물인 아야 소피아(Hagia Sophia; p.238 참조)로, 538년에서 562년 사이에는 교회로 이용되었다가, 1453년 회교 사원으로 전환되었다. 반대로 긴 열주 형태의 회교 사원인 코르도바 성당(Cathedral of Córdoba; p.244 참조)은 785년 회교 사원으로 건설되었다가 1523년 성당

으로 개조되었다. 이러한 사례는 단순히 서로 다른 문화가 서로 다른 종교를 가지고 있다는 이유만으로 역사적 건축물을 불필요하게 파괴할 이유가 없다는 것을 보여준다.

서구의 종교적 구조를 생각하면, 종종 성당이 먼저 떠오른다. 이 장에는 몇 가지 주요 사례들이 포함되어 있다. 먼저 고딕 양식으로는 프랑스의 샤르트르 대성당(Chartres Cathedral, 1194 – 1260; p.250 참조)이 있으며, 초기 르네상스 양식으로는 피렌체 대성당(Florence Cathedral, 1296 – 1461; p.260 참조), 르네상스 전성기 및 바로크 양식을 보여주는 로마의 성 베드로 대성당(St. Peter's Basilica, 1506 – 1626; p.270 참조), 그리고 바로크 및 신고전주의 양식을 보여주는 런던의 세인트 폴 대성당(St. Paul's Cathedral, 1675 – 1720; p.276 참조)이 있다. 이 외에도 표현주의 양식의 전형을 보여주는 바르셀로나의 성가족 성당(Sagrada Familia, 1883- ; p.288 참조)과 후기 고딕 양식을 보여주는 포르투갈의 바탈랴 수도원(Monastery at Batalha, 1386 – 1533; p.266 참조)이 있다. 이 건물들 중, 성 베드로 대성당과 세인트 폴 대성당의 경우 거대한 돔 높이로 인해 장기간 관련 기록을 보유하고 있었다. 특히 그들의 실루엣은 종종 세계에서 가장 큰 건물들의 비교 그림에서 자주 인용되고 있다.

지금까지 언급된 8개의 건물을 포함하여 종교적 건축물은 스타일과 형태 면에서 예측 가능한 유형의 구조가 지배적이었다. 결국, 종교적인 건축물은 그 시대의 문화적 그리고 생태학적 기반을 두고 설계되기 때문에 일반적으로 보수적인 형태를 띠게 된다. 이는 교토에 있는 탑 형태의 목조건축물 금각사(Golden Pavilion, 1397 이후; 재건축 1955)에도 해당된다. 금각사는 화재로 소실된 후에 다시 지어졌는데, 이와 관련하여 두 가지 흥미로운 측면이 있다. 하나는 금각사가 설계될 때 플로렌스 대성당도 건

설되고 있었고, 다른 하나는 금각사가 재건축될 때 성당이나 회교 사원들도 지속적으로 수리 및 복원, 개보수 과정을 거쳤다는 사실이다. 예를 들어, 샤르트르 대성당은 중세 시대의 원래 목제 지붕 구조는 소실되었고, 현재는 산업 혁명 시대에 수리, 변경된 철골 구조의 동판 구조이다. 또한 이스탄불에서 발생하는 지진들로 인해, 초기 기독교 및 이슬람 건축가들은 아야 소피아의 돔을 강화하거나 보수하는 작업을 끊임없이 해오고 있다. 사실 오래된 집을 소유하고 있는 사람들에게는 그리 놀라운 일이 아니다. 역사적인 건물들은 지속적인 유지와 보수를 필요로 하고, 종교적인 구조물들은 종종 보수와 복원을 위해 더 높은 기준으로 관리되고 있다.

앞서 설명한 바와 같이 일반적으로 보수적인 형태로 종교 시설은 설계되지만, 디자인 측면에서 진보한 경우도 있다. 예를 들어 12세기와 13세기 새로운 고딕 양식의 성장과 가벼운 구조적 요소의 등장으로 인해 1세기 전 로마네스크 건축 양식의 두터운 벽체는 비약적인 발전을 하게 된다. 이와 마찬가지로 모더니즘과 근대 건축 양식의 종교 건축물들이 1차 세계 대전(1914–18)과 2차 세계 대전(1939–45) 사이에 처음으로 나타나게 된다. 1차 세계 대전 이후 새로운 민주주의 시대에 들어서면서 독일 제국주의에서 탈피하고자 새로운 바이마르 공화국(Weimar Republic, 1919–33)이 탄생하고, 이와 함께 몇몇 건축가들이 현대적 교회를 설계하기 시작했다. 도미니쿠스 봄(Dominikus Böhm, 1880–1955)이 설계한 쾰른의 임마쿨라타 예배당(the Immakulata-Kapelle, 1928; 철거) 및 엥겔버트 성당(St. Engelbert, 1930), 마틴 웨버(Martin Weber, 1890–1941)의 보니파스 성당(St. Boniface Frankfurt, 1926–32), 오토 바트닝(Otto Bartning, 1883–1959)의 쾰른 강철 교회(Cologne's Stahlkirche, 1928; 철거) 및 구스타프 아돌프 교회(Gustav-Adolf-Kirche, 1934; 1951 재건축) 등의 사례가 있다. 또한 2차 세계 대전 이후 독일도 에곤 아이어만(Egon Eiermann, 1904–70)의 베를린 카이저 빌헬름 기념 성당(Berlin's Kaiser Wilhelm Memorial Church, 1963)와 같은 현대 교회를 남겼다. 프랑스의 경우, 오귀스트 페레(Auguste Perret, 1874–1954)와 구스타프 페레(Gustave Perret, 1876–1952) 형제는 노트르담 항씨 교회(Notre-Dame du Raincy Church, 1923) 및 르아브르에 오귀스트 세인트 조셉 교회(Auguste's St. Joseph's Church, 1951–57) 등을 설계했다. 이러한 여러 시도들은 결국 아주 혁명적인 교회 설계의 토대를 제공하였다. 바로 르 코르뷔지에의 롱샹 성당(Notre-Dame-du-Haut Chapel, 1950–54; p.282 참조)이 바로 그것이다. 당시 많은 기독교도 건축가들은 모더니즘 건축에서 나타나는 단순한 벽체를 사용하면서도, 전체 건물 형태는 전통적 교회의 탑과 바실리카 양식을 유지했다. 하지만 이러한 건축가들, 특히 1920년대와 1930년대 초 프랑스와 독일의 모더니즘 개척자들은 전후(戰後) 이러한 양식이 꽃을 피울 수 있는 환경을 만들었다. 덜 대담하긴 하지만, 그들은 르 코르뷔지에의 모든 작품 중에서도 뚜렷이 구분되는 이 모더니즘 건축의 걸작을 위한 길을 닦았다고 볼 수 있다. 오늘날 교회 및 유대교 회당, 모스크, 그리고 심지어 불교 및 바하이 사원의 현대적 디자인은 결국 60년 전 롱샹(Ronchamp)에서 르 코르뷔지에의 대담한 선언에 빚을 지고 있다고 할 수 있다.

코르도바 모스크 대성당(p.244 참조)

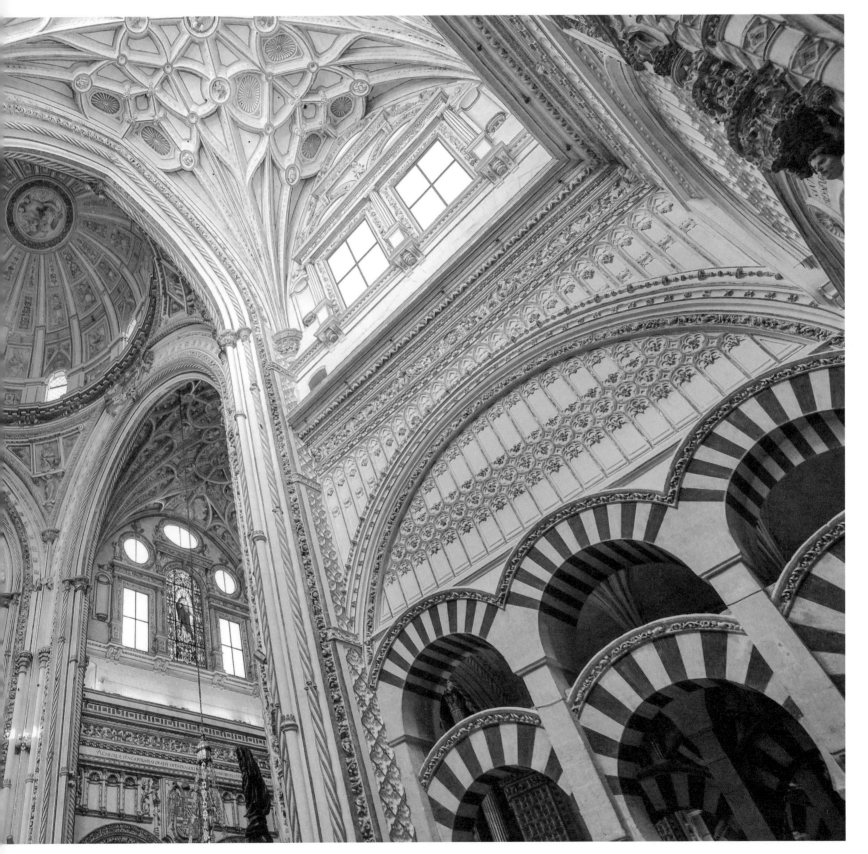

아야 소피아 Hagia Sophia

위   치   이스탄불, 터키
건 축 가   안테미오스(Anthemius of Tralles), 이시도르(Isidore of Miletus) 및 기타
건축양식   비잔틴 및 이슬람 양식
건설시기   532–62, 1453 이후 회교 사원 변경

1453년 5월 29일 로마와 비잔틴 제국은 역사적 전환점을 맞았다. 오스만 제국의 술탄 메흐메드 2세(Mehmed II)의 군대는 7주 이상의 포위 공격 끝에 콘스탄티노플을 점령했다. 콘스탄티누스 대제(Emperor Constantine the Great)의 이름을 딴 도시는 '이슬람이 풍부한 곳'이라는 의미의 이슬람불(Islambol)로 변경되었다. 그리고 1930년 공식적으로 이스탄불이 되었다.

그의 군대가 3일간 도시를 약탈한 후, 술탄은 약탈을 중단하고 시민들은 집으로 돌아가라고 선언했다. 그리고 기독교 교회(Christian Orthodox)도 공식적으로는 허용했지만, 몇몇 주요 종교 시설들은 곧 모스크로 전환되었다. 아야 소피아, 성스러운 지혜의 성당(Hagia Sophia ; Church of the Holy Wisdom)도 그들 중 하나였다. 1453년부터 1931년까지 회교 사원의 첨탑(minaret)들이 추가되는 동안, 동쪽의 앱스(apse)는 회교 사원의 미흐라브(mihrab)로 바뀌었고, 기독교 벽화들은 덮여졌으며, 여러 술탄들이 근처에 묻히게 되었다. 아이러니하게도, 이 거대한 성당은 후에 몇몇 큰 회교 사원들의 기본 계획으로 사용되었다.

앞서 성당으로 사용되었을 때에는, 두 번의 재건축 과정을 통해 거대한 석조 돔 건축물로 재건되었다. 2번의 재건 과정을 통해 아야 소피아는 길이 269피트에 너비 240피트(82×73m) 규모의 대성당이 되었으며, 돔은 직경이 108피트(33m), 높이는 약 180피트(55m)였다. 이를 위해 석재는 이집트, 시리아, 보스포루스 해협, 테살리아 등, 전 제국에서 운송되었다. 이 거대한 대성당 내부에는 약 1만여 명의 예배자가 들어갈 수 있었다고 한다. 황제 유스티아누스 1세(Justinian I)는 532년 기하학자인 안테미오스(Anthemius of Tralles)와 물리학자인 이시도르(Isidore of Miletus)를 건축가로 임명하고, 교회 재건을 명령했다. 그리고 537년 12월 27일 유스티아누스 1세와 콘스탄티노플의 총대주교 메나스(Menas)는 헌당식을 거행했다. 주요 모자이크를 포함하여 실제 완공은 유스티아누스 2세(Justinian II) 치하 말기에 이루어졌다. 하지만 557년과 558년의 지진으로 인해 메인 돔

은 붕괴되었고, 다른 구조물 역시 손상되었다. 이에 560년 이시도르의 조카 이시도루스(Isidorus the Younger)는 돔을 재건하고 지지 벽을 강화했으며, 레바논 바알베트(Baalbek)에 있던 로마 주피터 신전(the Roman Temple of Jupiter)의 거대한 화강암 기둥을 재활용하여 설치하였다. 뒤이은 지진으로 989년 서쪽 돔이 손상되었고, 바실리오스 2세(Basil II)는 994년 건축가 티리다테스(Trdat)에게 의뢰하여 돔을 재건하였다. 이때 모자이크 장식은 모두 새롭게 단장되고 수리되었다. 1204년 제4차 십자군 원정(the Fourth Crusade, 1202–04) 동안에 추가적인 피해를 입었고, 14세기 기간에 도 수차례 보수 과정을 거쳤다.

오스만 제국의 군대가 콘스탄티노플을 점령한 후, 성당은 약탈당했으며, 1453년 6월 1일 공식적으로 아야 소피아 사원(모스크)로 개종 되었다. 회교 사원 탑(Minarets)은 1481년 이후부터 건설되었지만 대부분 16세기에 완공되었으며, 건축가 미마르 시난(Mimar Sinan, 1489–1588)이 추가적인 보수 공사를 실시했다. 이 무렵 사원을 둘러싸고 있던 건물들은 술탄과 오스만 제국 왕자들을 위한 무덤으로 사용하기 위해 대부분 파괴되었다. 17세기와 18세기의 통치자들은 초기 기독교 모자이크 벽화들을 보존하기 기존 회반죽을 정비하

였다. 술탄 압뒬메지트 1세(Abdülmecid I)의 의뢰로 건축가 포사티 형제(Gaspare Fossati, 1809–83; Giuseppe Fossati, 1822–91)는 1847년부터 1849년까지 전체 복원 작업을 실시했으며, 기존 첨탑(minarets)들도 같은 높이로 조정하였다. 터키 공화국을 건국한 대통령 무스타파 케말 아타튀르크(Mustafa Kemal Atatürk)는 회교 사원을 박물관으로 전환하였는데, 비잔틴 시대의 기독교 문화와 오스만 제국 시대의 이슬람 문화 유산에 대한 헌사였다. 복원 및 수리 과정은 2006년부터 실시되었고, 매년 300만 명 이상의 사람들이 방문하고 있다.

오른쪽
1122년에 제작된 모자이크화의 왼쪽 사람은 황제 요안니스 2세 콤니노스(John II Comnenus)이다. 성모 마리아가 아기 예수를 안고 있고, 요안니스 2세의 아내인 헝가리의 이리니 황후(Irene of Hungary)가 오른쪽에 있다.

하단
사원 내부는 대부분 비잔틴 및 이슬람 양식의 모자이크와 장식으로 구성되어 있다. 특히 1800년대 중반 8개의 둥근 이슬람 문자 장식이 추가되었는데 각각 지름이 약 24피트 6인치(7.5m)에 이른다.

오스만 제국

오스만 제국은 13세기 후반부터 1차 세계 대전 후까지 존속했고 1922년 터키의 독립과 함께 역사 속으로 사라졌다. 제국의 영토는 터키와 발칸 반도를 포함하여 북아프리카 및 중동 지역에 걸쳐 있었으며, 1453년부터 수도는 이스탄불이었다. 19세기 그리스 화가 파나기오티스 조그라포스(Panagiotis Zografo)가 그린 이 삽화는 1453년 콘스탄티노플의 몰락을 그린 것으로 술탄 메흐메트 2세를 보여준다. 제국은 특히 예술 면에서 '위대한 자'로 통용되는 술레이만 1세(Suleiman I) 치하에 절정에 달했다. 아야 소피아 사원의 비잔틴 건축 양식은 이후 오스만 제국의 회교 사원에 많은 영향을 끼쳤다.

비잔틴 건축 양식

비잔틴 시대의 종교 건축 양식은 종종 모자이크로 장식된 다중 돔 구조를 특징으로 한다. 돔은 일반적으로 중앙부에 계획되며, 그릭 크로스 평면상에 배치된다. 모자이크 장식은 광범위하게 적용되며, 특히 구조재를 화려하게 장식하며 대리석 및 상감 장식을 특징으로 한다. 이러한 특성과 함께, 호화스러운 자재와 거대한 규모의 소피아 대성당(Hagia Sophia)은 동로마 제국 성당으로써 어울리는 경험을 보여주었다.

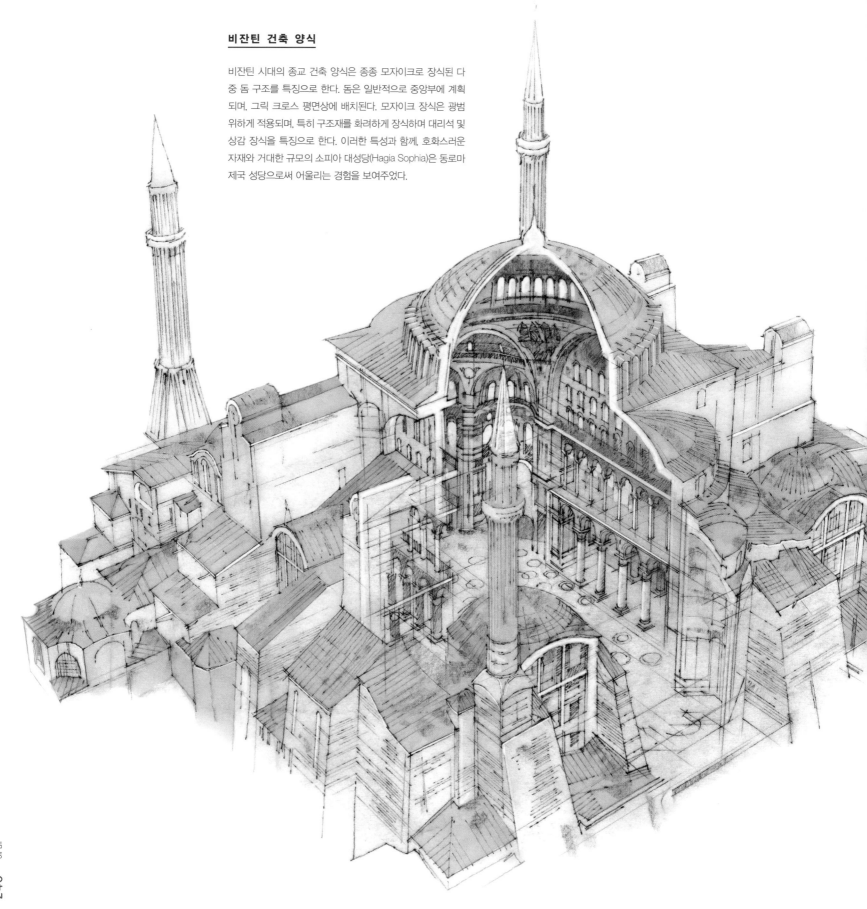

회교 사원 첨탑(MINARETS)

이슬람 사원의 첨탑(Minarets)은 예배자가 기도를 외치는 장소이다. 1453년에 콘스탄티노플 침공 이후, 이슬람 사원으로 개조된 뒤 첨탑이 추가되었다. 기독교 양식의 모자이크는 술탄 메흐메드 2세(Mehmed II) 통치 기간에 회반죽으로 덮여졌지만 오히려 회반죽이 모자이크를 보전해주어, 1935년 박물관으로 전환되면서 다시 드러나고 복원되었다.

▼ 평면 계획

반원형의 앱스(apse)를 포함하여, 평면도 상의 어두운 부분이 기존 성당이며, 후에 추가된 이슬람교의 미흐라브(miharb)는 맨 위에 배치되있다. 첨탑(minarets; A)은 모퉁이에 있으며, 옛 세례당(B)은 후에 술탄 무스타파(Mustafa)와 이브라힘(Ibrahim)의 무덤으로 사용되었다. 메타토리엄(metatorium; C)은 황제를 위한 공간이었으며, 스케오필라키온(skeuophylakion; D)은 보고(寶庫)였다. 현재 사원 주변은 무덤으로 둘러싸여 있는데, 술탄 셀림 2세(Selim II) 및 메흐메트 3세(Mehmed III), 무라트 3세(Murad III)의 묘지가 있다.

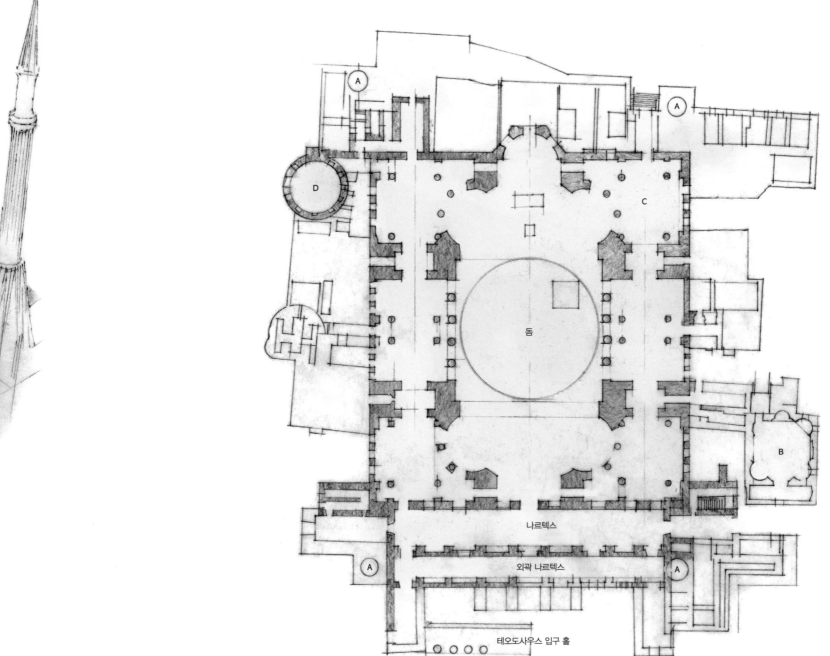

돔

나르텍스

외곽 나르텍스

테오도사우스 입구 홀

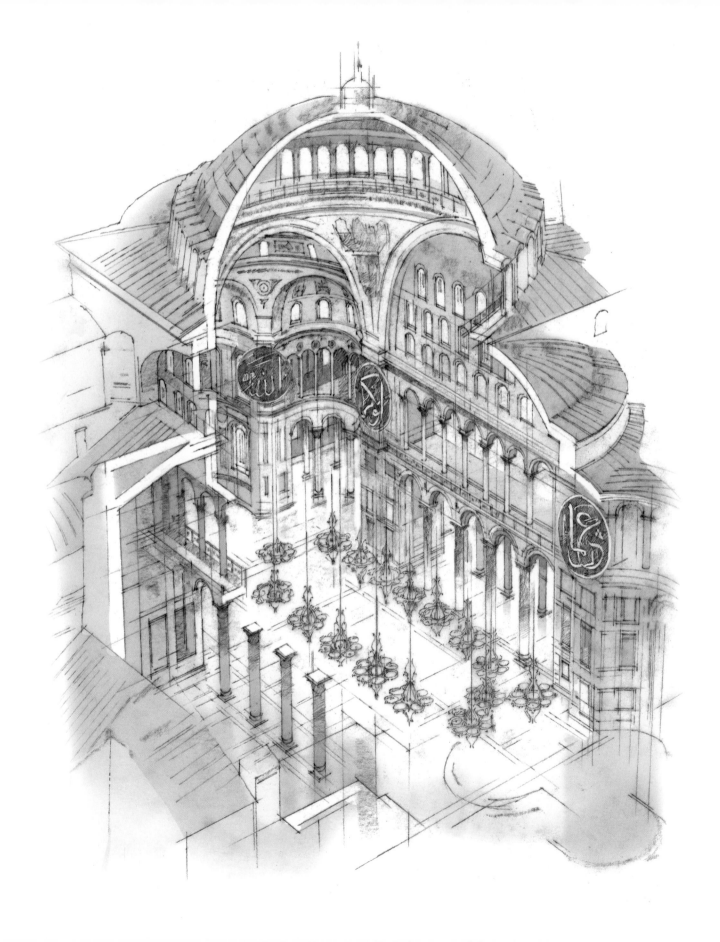

◀ 반구형 돔 공간

많은 비잔틴 건축물들의 전형적인 중앙 돔은 안쪽이 구면(球面) 삼각형을 이루는 볼트 구조의 펜덴티브(pendentive) 위에 놓여 있다. 이를 통해 더 높은 돔을 건설할 수 있었으며, 또한 일반적인 돔 구조 보다 힘을 잘 분산시킬 수 있었다. 돔은 직경이 108피트(33m)이고 높이는 약 180피트(55m)이다. 성당 신랑 주변의 대리석 기둥은 수도 이스탄불에서 남서쪽으로 약 100마일(161km) 떨어진 마르마라섬(Marmara island)의 대리석을 사용했다. 그리고 주요 상징적인 기둥의 경우, 높이는 약 56피트(17m)이고 일부는 로마의 건축물을 재활용했다는 글귀가 새겨져 있지만, 대부분은 그리스 테살리아 근처의 채석장에서 운송해 온 대리석을 사용했다.

▼ 단면 계획

이 단면도를 통해 사원의 앱스(apse) 또는 미흐라브(mihrab) 및 내부 볼트 구조를 살펴볼 수 있으며, 왼쪽으로는 보고(寶庫), 오른쪽으로는 지진대 상의 사원을 지탱해주는 거대한 대리석 버트레스(buttresse)를 보여준다. 또한 양측의 신랑 위로 이중 구조의 돔 형태를 뚜렷하게 알 수 있으며, 벽돌로 제작된 돔 내부에 사용된 40개의 리브(rib)를 보여준다.

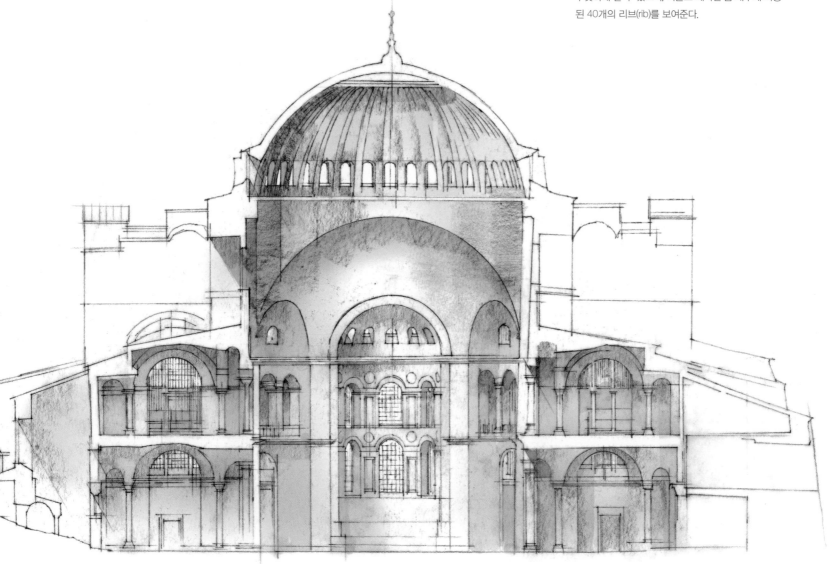

코르도바 모스크 대성당 Mosque Cathedral of Cordoba

위　　치	코르도바, 스페인	건축양식	모자라브 양식 및 르네상스 변형
건 축 가	미상(모스크), 에르난 루이즈 2세(Hernan Ruiz II) ; 성당	건설시기	735(모스크), 1523(성당)

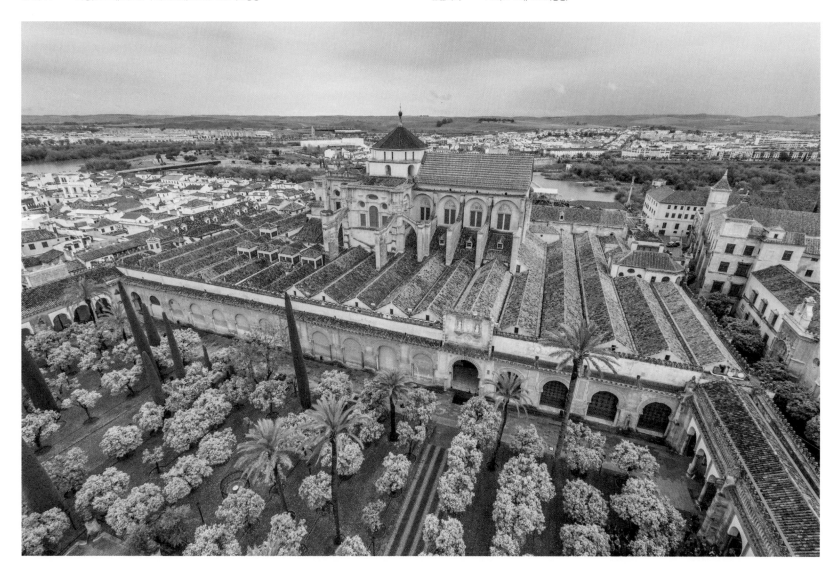

우마이야 왕조의 칼리파 알 왈리드 1세(Umayyad Caliph Al-Walid I)는 수도를 다마스커스(Damascus)로 이전하였고, 타리크 이븐 지야드(Tariq ibn-Ziyad)는 711년 북아프리카에서부터 스페인 공략을 시작하여 지브랄타 해협을 점령하였다. 이에 지브랄타는 아랍어로 타리크의 산(Jabal Ṭāriq)을 뜻하게 되었다. 타리크는 뒤이은 과달레테 전투(Battle of Guadalete, 711)에서 스페인의 서고트족(Visigothic)을 궤멸시키고 코르도바(Córdoba) 및 주요 도시들을 점령하였다. 이에

코르도바는 스페인 지방의 알 왈리드 1세의 수도로 건설되었으며, 당시에는 알 안달루스(Al-Andalus)로 알려졌다. 756년 아브드 알 라흐만 1세(Abd Al-Rahman I)는 코르도바를 독립적인 영토로 선포하였고, 929년 그의 손자 아브드 알 라흐만 3세(Abd Al-Rahman III)는 코르도바를 수도로 독자적인 왕조를 열었다. 특히 알 라흐만 3세는 코르도바를 예술, 문화, 그리고 교육의 중심지로 만들고자 하였다.

코르도바에는 3천 개 이상의 모스크가 있었다고 알려졌지

만, 중심은 지금의 대성당 위치에 있던 위대한 모스크(the Great Mosque)였다. 711년에 코르도바가 정복된 후, 기존 서고트족 교회는 기독교인들과 이슬람 교도들이 같이 사용하였다. 이후 아브드 알 라흐만 1세가 철거 후 784년 위대한 모스크를 건설하기 시작했으며, 후계자인 무하마드 이븐 아부 아미르 알 만수르(Muhammad ibn Abu Amir Al-Mansur)까지 건설은 계속되었다. 모스크는 채색된 아케이드(열주)와 함께 5개의 서로 연결된 기도실로 구성되어 있으며, 다

양한 통치자들에 의해 확장되어 갔다. 특히 정원 및 첨탑(minarets)은 아브드 알 라흐만 3세 때 건설된 것이며, 이후 르네상스 양식의 타워도 추가로 건설되었다. 아브드 알 라흐만 1세의 첫 번째 기도 홀은 11개의 신랑(nave)으로 구성되어 북서쪽과 남서쪽에 배치되었으며, 특히 110개의 기둥과 주두(柱頭)들은 화강암과 벽옥, 그리고 로마 및 서고트족의 유적에서 가져온 대리석으로 건설되었다. 내부의 말발굽 형태의 아치는 서고트족 양식으로, 높은 천장을 지탱하기 위해 독특한 이중 아치로 건설되었다. 알 만수르(Al-Mansur) 통치 시기의 사원 면적은 기도실 등이 추가되어 세 배가 넘게 되었고, 총 기둥 수는 856개가 넘었으며, 역동적인 볼트 구조의 보고(寶庫)와 미흐라브(mihrab)가 단지 남동측에 추가로 건설되었다.

알 만수르(Al-Mansur) 이후 칼리프의 위력이 약화돼, 결국 8세기 중반부터 15세기 중반까지 이른바 레콩키스타(Reconquista)라 부르는 일련의 전투의 패배로 1491년 그라나다 조약(the Treaty of Granada)을 통해 왕조는 막을 내렸다. 이후 무어인들은 스페인을 완전히 떠나게 되었고, 1236년 페르디난트 3세(King Ferdinand III)가 코르도바를 점령한 후, 회교 사원은 교회로 전환되었다. 많은 왕들에 의해 일련의 변경이 이루어졌으며, 가장 눈에 띄는 변화는 기도실 중앙에 르네상스 성당이 추가된 것과 기존 회교 사원 첨탑 둘레로 종탑이 건설된 것이다. 이러한 일련의 작업은 건축가 에르난 루이즈 2세(Hernán Ruiz II, 1514–69)가 담당했다. 종탑에 대한 개보수 작업은 17세기에도 후안 세케로 데 마틸라(Juan Sequero de Matilla)에 의해 계속되어 시계가 추가되었으며,

가스파르 드 라 페냐(Gaspar de la Peña)는 1664년 이를 다시 수리하였다. 맨 위에 있는 성 라파엘의 조각은 베르나베 고메스 델 리오(Bernabé Gómez del Río)와 페드로 데 라 파스(Pedro de la Paz)의 작품이다.

신성 로마 황제 카를 5세(Charles V)가 성당을 방문했을 때, 그는 이렇게 말했다. '무어인들은 전 세계에서도 독특한 우리 것들을 파괴한 후, 어떤 도시에나 볼 수 있는 것을 이 땅에 건설했다.' 하지만, 오늘날의 회교 사원은 성당과 비교해봐도 지역의 뚜렷한 랜드마크가 되고 있다. 이에 이슬람교 시설을 도시 내부에 허용해야 하는지에 대한 논란은 끊임없이 되풀이되고 있다. 하지만 한 가지는 확실하다. 연간 150만 명의 방문객들이 이 독특한 예배 공간을 방문함으로써 이슬람교와 기독교 문화의 중요성을 인정하고 있다는 사실이다.

상단 왼쪽
돔 내부의 기하학적 리브(ribs) 및 벽감(niche) 옆에 배치된 반원형 공간은 추상적인 형태로 정교하게 장식되어 있으며, 우마이야 왕조(the Umayyad Caliphate)의 전형적인 이슬람 건축 양식을 보여준다. 특히 이러한 공간은 이슬람의 미흐라브(mihrabs) 내부에 자주 나타난다.

상단 오른쪽
말발굽 모양의 아치 열주는 중세 초기 코르도바 사원의 특징으로, 5세기와 6세기 남부 프랑스 및 스페인 서고트족 건축의 전형적 형태이다.

스페인의 이슬람
윌리엄 셰익스피어의 오셀로(1603년) 주인공은 베네치안 군대의 북아프리카 사령관이었다. 이와 같이 아랍 양식과 관습은 711년 무어인들의 침략 이후, 약 800년 동안 스페인의 많은 지역으로 퍼져나갔다. 무어인들의 치하에서, 코르도바는 포장도로 및 야간 조명, 900개 이상의 목욕탕 등, 당시 유럽보다 훨씬 앞서 있었다. 특히 오렌지는 무어인들이 스페인에 소개한 과수 중 하나였다. 이에 왼쪽의 오렌지 나무 정원(the Patio de los Naranjos)은 오래된 회교 사원에서 자주 나타난다.

1 성당 내부 단면

건축가 에르난 루이스(Hernán Ruiz the Elder, 1547 사망)와 그의 아들 에르난 루이스 영거(Hernán Ruiz the Younger)는 1523년 이전 회교 사원 중앙에 성당을 세웠다. 고전적인 돔 형태에 고딕과 르네상스 양식으로 설계되었다. 내부의 제단(the altar)은 알론소 마티아스(Álonso Matias)가 17세기에 제작한 것이며, 연단(pulpit)들은 18세기에 조각가 미구엘 베르디게이어(Miguel Verdiguier)가 만들었다.

2 정원 내 타워

단지 북서쪽의 분수가 있는 오렌지 나무 정원(the Patio de los Naranjos)은 예배자들이 회교 사원에 들어가기 전에 하는 손과 발의 세정을 위한 전통적 공간이었다. 305피트(93m) 높이의 회교 사원 첨탑(Torre del Alminar; minaret)은 15세기 중반에 제작된 것으로, 이후 기존 첨탑(minaret)을 덮어서 현재의 타워가 되었다. 공사는 10세기 아브드 알 라흐만 3세(Abd Al-Rahman III) 통치 기간 중에 열주형 정원과 함께 시작되었다. 둘 다 후임자인 히샴 알 레다(Hisham Al-Reda)에 의해 완성되었으며, 13세기에는 야자나무가 심어졌고, 15세기에는 오렌지 나무, 그리고 이후 사이프러스 나무가 추가로 식수 되었다.

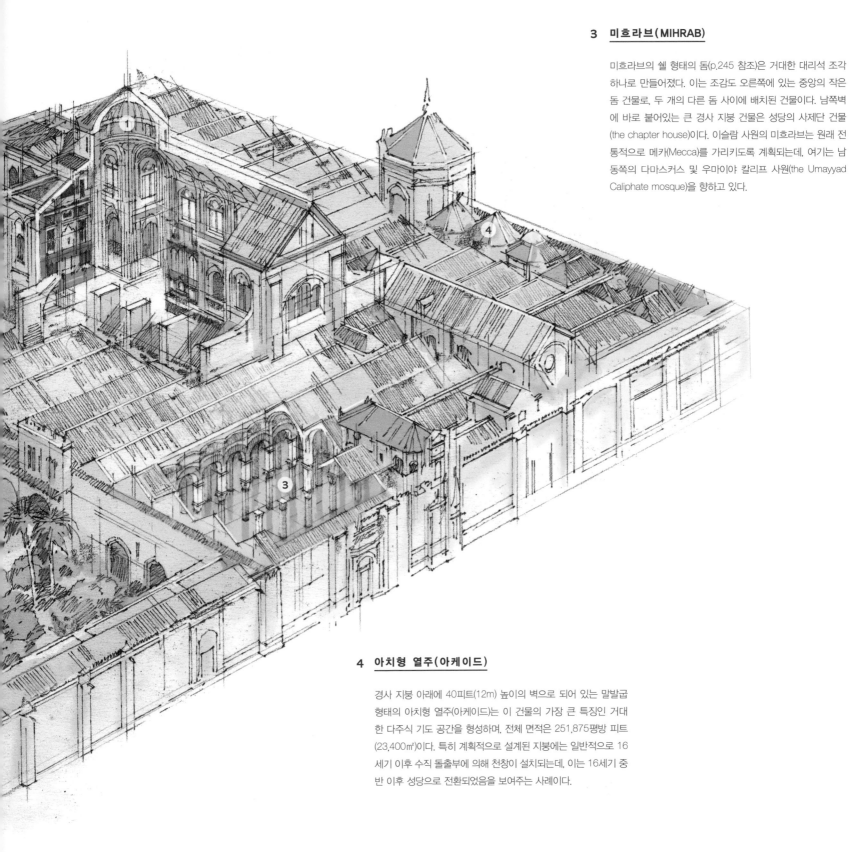

3 미흐라브(MIHRAB)

미흐라브의 쉘 형태의 돔(p.245 참조)은 거대한 대리석 조각
하나로 만들어졌다. 이는 조감도 오른쪽에 있는 중앙의 작은
돔 건물로, 두 개의 다른 돔 사이에 배치된 건물이다. 남쪽벽
에 바로 붙어있는 큰 경사 지붕 건물은 성당의 사제단 건물
(the chapter house)이다. 이슬람 사원의 미흐라브는 원래 전
통적으로 메카(Mecca)를 가리키도록 계획되는데, 여기는 남
동쪽의 다마스커스 및 우마이야 칼리프 사원(the Umayyad
Caliphate mosque)을 향하고 있다.

4 아치형 열주(아케이드)

경사 지붕 아래에 40피트(12m) 높이의 벽으로 되어 있는 말발굽
형태의 아치형 열주(아케이드)는 이 건물의 가장 큰 특징인 거대
한 다주식 기도 공간을 형성하며, 전체 면적은 251,875평방 피트
(23,400㎡)이다. 특히 계획적으로 설계된 지붕에는 일반적으로 16
세기 이후 수직 돌출부에 의해 천창이 설치되는데, 이는 16세기 중
반 이후 성당으로 전환되었음을 보여주는 사례이다.

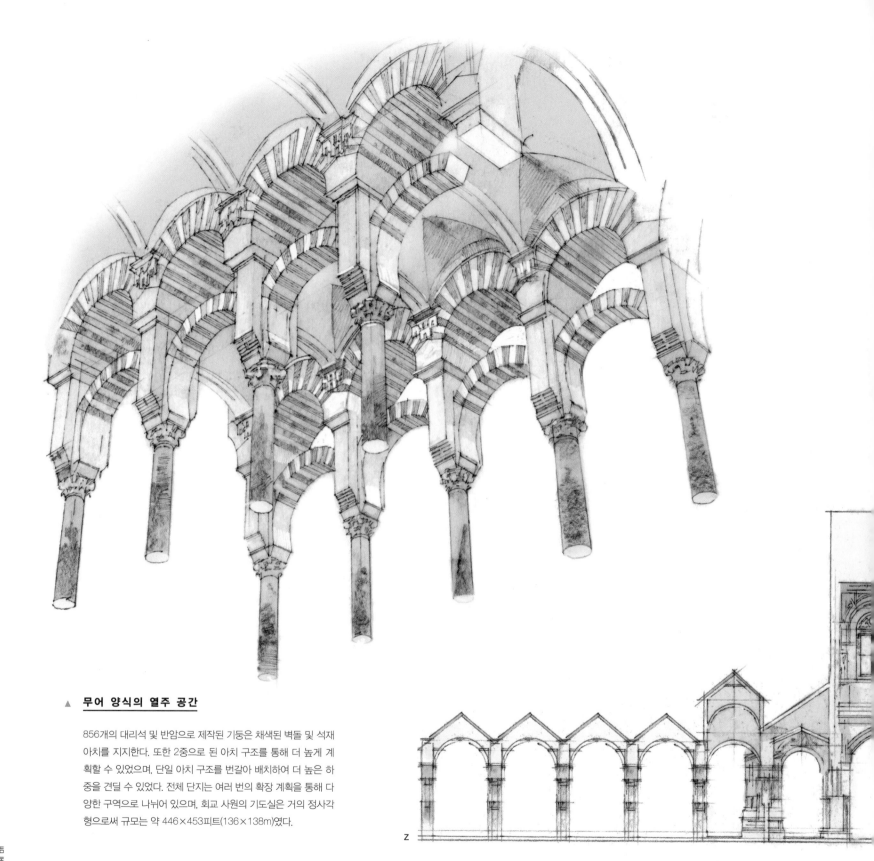

▲ 무어 양식의 열주 공간

856개의 대리석 및 반암으로 제작된 기둥은 채색된 벽돌 및 석재 아치를 지지한다. 또한 2중으로 된 아치 구조를 통해 더 높게 계획할 수 있었으며, 단일 아치 구조를 번갈아 배치하여 더 높은 하중을 견딜 수 있었다. 전체 단지는 여러 번의 확장 계획을 통해 다양한 구역으로 나뉘어 있으며, 회교 사원의 기도실은 거의 정사각형으로써 규모는 약 446×453피트(136×138m)였다.

Z

▶ 평면 계획

평면도를 통해 건물이 각 종교에 맞추어 어떻게 사용되었는지 알 수 있다. 종교가 바뀌어 성당으로 전환되기 전에는 다양한 예배실이 내부 공간에 흩뿌려져 있었다. 오늘날 이 건물은 스페인 역사 및 두 종교 모두의 위대한 기념물로 남아 있다.

범례
A 오렌지 나무 정원(The Patio de los Naranjos)
B 성당
C 사제단 건물(the chapter house)
D 미흐라브(Mihrab)
E 모스크 열주(아케이드)

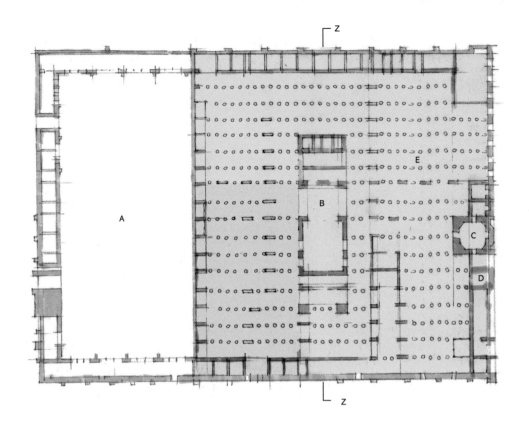

▼ 단면 계획(절단선 Z)

북쪽을 바라보는 대성당의 세로 방향의 단면을 보여준다(절단선 Z). 조감도 상의 단면(p.247 참조)을 통해 낮은 규모의 회교 사원 내에 성당 구조물이 어떻게 삽입되었는지 알 수 있다. 또한 세부 상세를 통해 기존 단순한 고딕 양식의 열주 공간이 돔 구조 내에서 어떻게 좀 더 정교한 르네상스와 바로크 양식으로 전환되었는지를 알 수 있다.

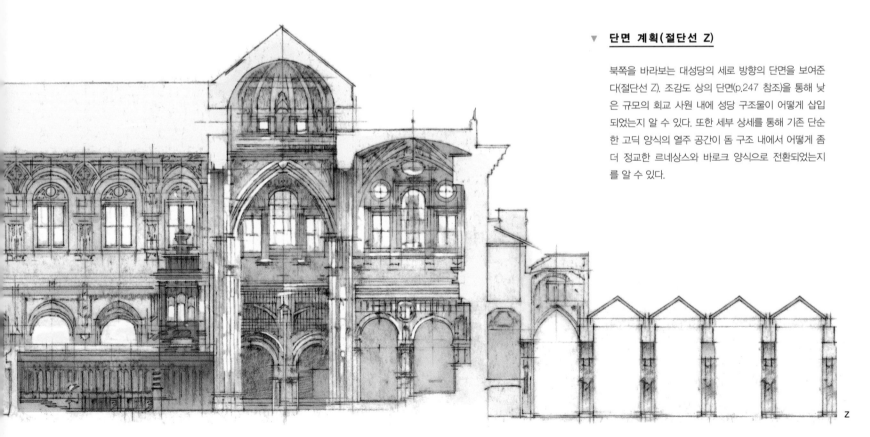

코르도바 대성당

샤르트르 대성당
Chartres Cathedral

위 치	샤르트르, 프랑스
건 축 가	미상
건축양식	고딕 양식
건설시기	1194–1260

'나는 관둘 테니까, 당신은 날 해고할 수 없소!' 1401년 프랑스 건축가 장 미뇨(Jean Mignot)는 밀라노 대성당(Milan Cathedral)의 건축주인 성직자에게 '과학 없는 예술은 아무 의미도 없소!(Ars sine scientia nihil est)'라고 비난하며, 위와 같이 말했다. 세 번째 대성당 건축가였던 그는 바로 그 자리에서 건축가 자리에서 내려왔다. 뒤이어 독일의 거장 석공인 하인리히 팔러(Heinrich Parler, 1310–1370)와 울리히 폰 엔지겐(Ulrich von Ensingen, 1350–1419)이 자리를 이었다. 미뇨는 합리적인 규칙 없이 설계된 성당의 형태와 구조적 안정성을 비난했다. 특히 미뇨가 말한 '과학(scientia)'이란 플라잉 버트레스(flying buttresses)와 같은 구조 부재 간의 기하학적 비례를 말하는데, 더 높은 성당을 세우게 하는 방법이었다. 이에 결혼식 케이크 같이 생긴 밀라노 대성당은 유럽 대륙의 다른 고딕 양식의 성당들, 특히 프랑스 성당들과 차별화되었으며, 이러한 설계 방법은 2세기 전부터 시작되었다.

고딕 건축의 가장 오래된 예는 파리 외곽의 생드니 수도원(the Abbey of St. Denis, 1135–44)에서 찾을 수 있다. 생드니 수도원은 원형에 뾰족한 형태의 아치로 되어 있다. 특히 리브와 볼트 구조는 두꺼운 벽체가 아닌 기둥과 연결되며, 채광을 위해 커다란 스테인드글라스가 사용되었다. 수도원을 설계한 애보트 수제(Abbot Suger, 1081–1151)는 현재는 미상(未詳)인 석공과 함께 서쪽 입면 및 내진(內陣, choir) 공간을 확장했다. 이를 통해 좀 더 공간을 개방시켰으며, 다음의 그의 말처럼 빛나는 공간이 되었다. '가장 빛나는 창문을 통해 멋지고 방해받지 않게 빛을 채워라.'

고딕 양식의 뾰족한 아치는 이슬람 건축의 초기 양식에서 차용되었을 것이며, 또한 플라잉 버트레스에 지탱되는 리브 볼트의 골격 구조는 아미앵 대성당(Amiens Cathedral, 1220–70)과 같은 프랑스 고딕 양식에서 도출되었다. 그리고 샤르트르 대성당은 쉬제(Suger)의 생드니 수도원과 아미앵 대성당의 가교 구실을 했으며, 1200년대 이후 건설된 많은 프랑스 대성당들이 이러한 양식을 따랐다. 초기 로마네스크 양식의 성당들이 두꺼운 벽체에 작은 창문, 그리고 평면

적이고 특히 직선적인 형태를 띠었다면, 고딕 양식은 가볍고 열려 있으며, 점점 더 얇고 시각적으로 복잡해지면서 대각선 요소를 많이 사용했다.

성모 마리아를 위해 봉헌된 샤르트르 대성당(Notre-Dame de Chartres)은 그녀의 망토를 보관하고 있는 중요한 성지이며 파리 남서쪽으로 약 50마일(80km) 떨어진 곳에 있다. 전체 규모는 길이가 430피트(131m)이고 신랑(nave)의 높이는 121피트(37m)이다. 11세기에 만들어진 초기 성당은 1194년 6월 10일의 화재로 인해 내진(內陣, choir)과 신랑(nave)이 크게 손상되어 대부분 재건축되었다. 대신 서쪽 입면과 정문, 지하실 등은 화재의 피해를 모면할 수 있었다. 어떤 석공이 작업했는지는 확인되지 않고 있지만, 관련 연구에 따르면 1194년부터 1260년 10월 24일 준공일까지 약 60년 이상 300여 명 이상의 다양한 팀원들이 당 건설사업에 투입된 것으로 조사되었다. 이 중에서 내진(choir) 공간은 1221년에 완공되었다. 아미앵 대성상과 랭스 대성당과 같이 신랑(nave) 공간은 미로처럼 되어 있는데, 이는 신을 찾기 위해 유혹을 거쳐야 하는 순례자의 삶을 상징하고 있다.

샤르트르 대성당은 거의 추가되거나 변경된 점이 없기 때문에, 방문자들은 13세기 후반의 모습을 그대로 볼 수 있다. 3개로 구분된 신랑(nave)과 내진(choir) 공간은 각각 단일 아치 형태의 열주 공간(arcade triforium)으로 되어 있으며, 화려한 색깔의 스테인드 글라스로 된 커다란 고측 창(클리어스토리; clerestory)을 볼 수 있다. 고측 창(clerestory) 및 다양한 장미 창(rose window)은 176개이며, 대다수가 1205년에서 1240년 사이에 제작되었다. 대부분 2차 세계 대전 초기에 파괴되었고, 이후 교체되었다. 건축가 및 석공들은 샤르트르 대성당에서 쉬제(Suger)가 생드니 수도원에서 의도한 바와 같이 공간적이나 감각적으로 새로운 예루살렘(the New Jerusalem)으로 느끼길 원했다.

빌라르 드 온느쿠르(Villard de Honnecourt)

중세 건축가들은 양피지에 건축 도면을 그리듯이 회반죽을 다시 바르면 여러 번 도면을 그릴 수 있는 석고 바닥이나 벽면에 도면을 주로 그렸다. 그러나 13세기 중반의 건축가나 석공이 아닌 공예가였던 빌라르 드 온느쿠르(Villard de Honnecourt)는 주로 스케치북을 사용했으며, 250개의 그림을 남겼다. 현재 주요 그림들은 프랑스의 국립 도서관(the Bibliothèque nationale de France)에서 보관 중이다. 그가 그린 건축 관련 그림들은 대부분 프랑스의 주요 도시인 랑(Laon) 및 로잔(Lausanne), 모(Meaux), 랭스(Reims), 그리고 샤르트르(Chartres) 여행 스케치였다. 위 그림은 샤르트르에서 그린 서쪽 입면의 장미 창 스케치이다.

왼쪽
왼쪽의 신랑(Nave) 공간의 얇은 리브 볼트 구조는 시각적으로 연속되게 기둥으로 하중을 전달하며, 마찬가지로 플라잉 버트레스를 통해 주변으로 전달된다.

하단
남쪽 트랜셉트(transept)의 장미 창은 1225년에 제작되었으며, 직경은 35피트 6인치(10.8m)이다.

▼ 지붕

이 단면 조감도는 남서쪽에서 바라본 것이다. 대부분의 중세 성당들도 개조와 수리를 해왔다. 비록 샤르트르 대성당의 물리적 구조는 대부분 13세기 원형을 보전하고 있지만, 중세에 제작된 목제 지붕은 1836년 화재로 파괴되었다. 이에 1837년 엔지니어인 에밀 마틴(Emile Martin)에 의해 구리동판으로 마감된 철제 프레임 지붕으로 대체되었다. 이러한 지붕구조는 콜브룩데일(Coalbrookdale)에 있는 철교(the Iron Bridge, 1781)와 같은 영국 다리 구조와 비슷했다. 지붕은 1997년에 추가 복원 작업을 실시했고, 2009년에도 한 번 더 수리되었다.

▼ 플라잉 버트레스(FLYING BUTTRESSES)

이 단면도는 대성당의 신랑(nave) 및 볼트 구조와 19세기 지붕을 보여 준다. 신랑(nave) 양쪽 벽으로 두 개의 플라잉 버트레스 아치가 계획되었으며, 외벽 바깥의 거대한 기둥으로 하중을 직접 전달했다. 이와 같은 시스템은 고딕 양식 건축가들의 경험을 통해 좀 더 큰 건축물을 만들 수 있게 했지만, 1284년 보베 대성당(Beauvais Cathedral)의 경우 당 구조를 다소 두껍게 계획하여 내진(choir) 공간이 붕괴하고 말았다.

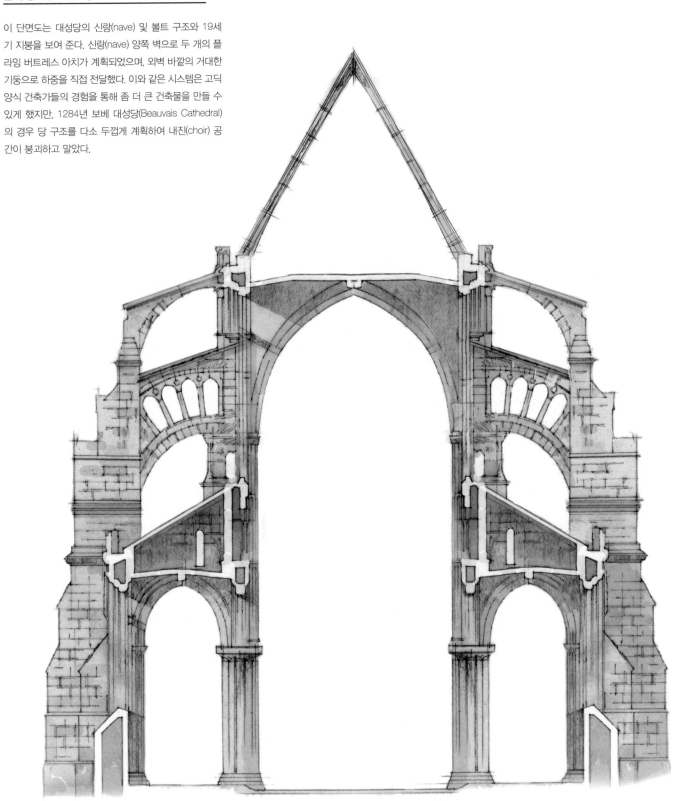

◄ 신랑(NAVE) 입면

대성당의 내부 입면을 통해 3단 형태의 표준화된 성당 설계 양식을 볼 수 있다. 하단의 고딕 열주 양식의 기둥과 화려한 주두는 수직 부재로써 위쪽의 리브와 볼트 구조를 연계하며, 특히 교차된 리브는 그로인 볼트(groin vaults)를 지지하는 형태로 되어 있다. 중단의 작은 규모의 트리포리움(triforium) 공간은 상단의 고측 창(clerestory) 밑에 위치한다. 아치형의 고측 창은 스테인드글라스로 된 장미 창을 통해 내부 공간을 신성하게 밝히며, 통로 쪽의 창문 역시 같은 역할을 한다.

미로와 평면 계획

샤르트르 대성당의 평면 계획은 적어도 기존 프랑스의 성당 계획 형식에 구애받지 않았다. 대성당 옆에 성 피아트 예배당(St. Piat Chapel, 1323)이 추가로 건설되었고, 반원형의 내진(choir) 공간 내 앱스(apse) 및 다양한 예배실이 성당의 핵심 공간이 되었다. 바실리카 양식의 커다란 중심 신랑(nave) 및 측면 통로 공간은 대다수의 다른 성당들처럼 교차하는 트랜셉트 형식으로 되어 있다. 특히 교차 지점에는 커다란 그로인 볼트나 종탑이 종종 계획된다. 신랑 내부의 미로(1205년)는 성당의 서쪽 끝을 향해있으며, 삶의 변화를 통해 신으로 향하는 힘든 순례의 여정을 나타낸다. 이러한 미로는 아미앵 성당이나 랭스 성당 같은 다른 성당에서도 나타나며, 빌라르 드 온느쿠르(Villard de Honnecourt)의 스케치북에서도 볼 수 있다.

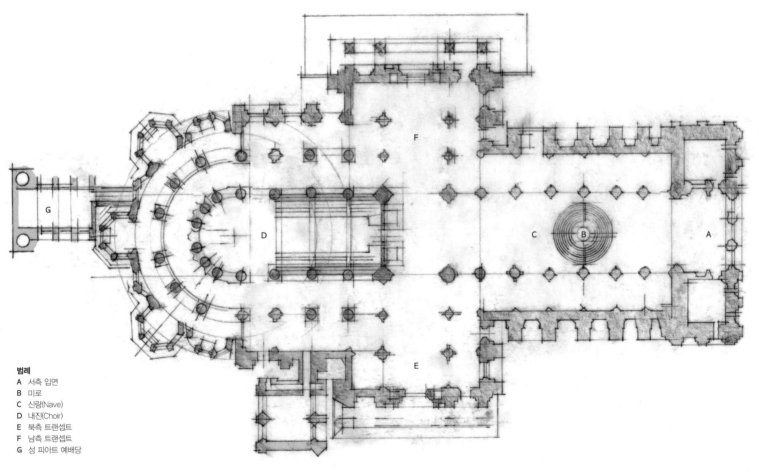

범례
A 서측 입면
B 미로
C 신랑(Nave)
D 내진(Choir)
E 북측 트랜셉트
F 남측 트랜셉트
G 성 피아트 예배당

금각사 鹿苑寺, 또는 金閣寺, Temple of the Golden Pavilion

위 치	교토, 일본
건 축 가	미상
건축양식	불교 양식
건설시기	1397년 이후, 1955년 재건축

1945년 8월 일본이 항복할 때까지 1년 넘게 일본 도시들에 약 16만 톤의 폭탄이 떨어졌으며 30만 명 이상이 희생당했다. 이러한 통계는 두 도시를 파괴하고 총 20만 명의 사망자를 낸 히로시마와 나가사키의 원자 폭탄과는 별개이다. 특히 교토 역시 핵 공격 명단에는 올라 있었지만, 최종 단계에서는 제외되었다. 많은 사람이 헨리 L. 스팀슨(Henry L. Stimson) 미 전쟁부 장관이 해리 S. 트루먼(Harry S. Truman) 대통령에게 일본의 역사적 수도인 교토는 비군사적인 도시이며 수많은 역사적 건축물과 사당들 있기 때문에 핵 공격이 불필요하다고 탄원했기 때문이라고 추측한다. 오늘날 교토는 다른 일본 도시들보다 과거 도시의 모습을 잘 보전하고 있기 때문에 유명 관광지가 되었다. 특히 10세기부터 19세기까지의 유네스코 세계 문화유산 17곳이 이곳 교토에 있다. 그중 하나가 로쿠온지(鹿苑寺, Deer Garden Temple) 또는, 킨카쿠지(Temple of the Golden Pavilion)라 불리는 금각사(金閣寺)이며, 냉장고 자석에서부터 장난감 모형에 이르기까지 교토의 수많은 관광 홍보물과 기념품의 대상이 되고 있다.

기록상으로는 쇼군 아시카가 요시미츠(Ashikaga Yoshimitsu)가 1397년 이후에 이 부지를 획득한 후, 사찰을 포함한 커다란 단지를 건설했는데, 그중 하나가 바로 정자인 금각사였다. 무로마치 시대(the Muromachi period, 1338–1573)의 대부분 정자들은 넓은 정원이 있는 연못에 위치하고 있는데, 금각사 역시 마찬가지였다. 전체 규모는 41피트(12.5m) 높이의 3층으로 되어 있으며, 2층과 3층은 불교 사찰 및 중국의 탑 형태를 띠고 있다. 특히, 1층은 중세 일본 주거 건축 양식을 특징으로 하는데, 이를 통해 정자가 재건축되었을 것이라고 추측한다. 금박 목재 건축물은 주변 자연환경과 어울려 독특한 외관을 띠우며, 물에 반사되는 모습이 인상적이다. 그리고 건물 내 작은 선창은 아마도 낚시를 위한 용도였을 것이라고 추측된다. 또한 정자의 전체적인 모습은 교토에 있는 긴카쿠지(은각사; 1490)의 원형이 되었다.

금각사는 인근의 많은 건물을 파괴한 오닌의 난(the Onin War, 1467–77)에서 살아남았다. 또한 원자 폭탄 공격에서도 제외됨으로써 1940년대 전쟁의 피해를 면할 수 있었다. 하지만 1950년 7월 2일, 초보 수도승인 하야시 요켄(Hayashi Yoken)에 의한 화재로 건물 대부분이 소실되었다. 이로 인해 수도승은 자살을 시도했지만, 살아남아 기소되어 징역형을 살았다. 이에 금각사는 1955년 오래된 사진들과 1906년에 제작된 조사 도면에 기초하여 재건축되었다. 비록 현재의 선명한 모습은 놀랍지만, 결국 중세 후기의 원형을 볼 수 없다는 점을 상기할 필요가 있다.

전쟁 기념관

1955년에 공개된 교토의 료젠카논(靈山觀音)은 2차 세계 대전으로 인한 일본인 희생자들의 추모공원이다. 야마자키 초운(Choun Yamazaki)과 이시카와 히로스케(Hirosuke Ishikawa)는 이를 위해 80피트(24m) 높이의 콘크리트 불상을 만들었다. 추모관에는 일본 무명용사의 무덤과 전쟁 중 사망한 2백만 명의 일본인들을 위한 추모비가 있다. 더불어 태평양 전쟁에서 사망한 4만 8천 명의 외국 군인들을 위한 추모비도 있다.

상단 왼쪽
불사조는 부활을 상징한다. 금각사는 1950년 화재로 소실되었으나 1955년에 재건되었기 때문에 이곳에 적합한 조각상이다.

상단 오른쪽
정자의 일 층 서쪽에 있는 작은 선창은 낚시용이었다고 추측한다. 오늘날 이 공간은 작은 소형보트를 통해 수면과 접근할 수 있게 한다.

▶ 최상층 평면

금빛 곡선의 정자 지붕은 중국의 탑 건축과 불교 사찰을 연상시키며, 특히 가장 높은 층에 있다. 이 공간은 스님들의 숙소였을 수도 있으며, 방의 바닥은 주변 베란다보다 낮아 낮은 지붕선에 대한 구조적 지지 역할을 한다.

▶ 2층 평면

'L'자 형태의 평면은 아래층과 같이 남쪽을 향하는 커다란 현관을 제공한다. 이곳의 작은 공간은 종교적 시설로써 안에는 불상이 놓여 있다. 방안에는 구름과 새들 그림으로 장식되어 있었지만, 재건축 후 복원되지 못했다.

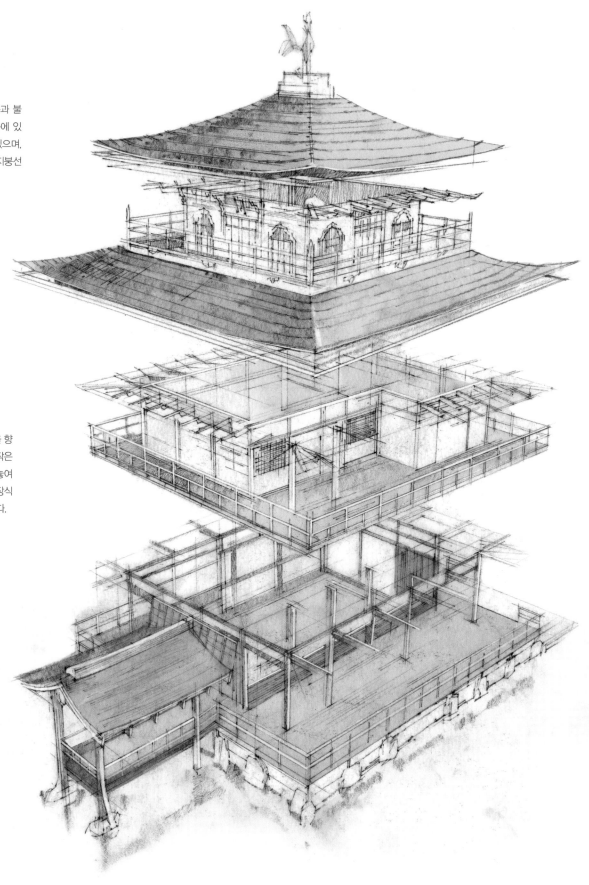

◀ **1층 평면**

남서쪽으로 작은 현관이 보인다. 특히 1층은 미완성
인 상태로, 위층의 금빛 구조물과 대비된다. 남쪽에
는 넓은 현관이 있는데 떨어진 건물 주변으로 베란다
공간을 형성하며, 바닥은 내부 공간보다 낮게 계획하
였다. 일반적으로 일본 가정집은 남쪽을 향해 현관을
배치하는데, 이러한 양식은 헤이안 시대(the Heian
era, 794 – 1185)로 거슬러 올라간다.

◀ **옥상층 구조**

탑 형태의 지붕 내부는 2층 규모로 되어 있으며, 큰 창문을
통해 충분하게 채광 및 환기가 이루어졌다. 지붕은 널을 덮은
형태로 되어 있으며, 하부는 복잡한 구조로 되어 있다. 특히
옥상층의 정교한 디테일은 아래층의 단순함과 뚜렷한 대조를
이룬다. 옥상층의 세부 상세 현황은 일본연구학자인 아서 린
제이 새들러(A. L. Sadler)의 '일본 건축: 짧은 역사(Japanese
Architecture: A Short History, 1941)'와 같은 초기 연구에서
찾아볼 수 있다.

피렌체 대성당

Florence Cathedral

위   치 피렌체, 이탈리아

건 축 가 아르놀포 디 캄비오(신랑, Arnolfo di Cambio)
조토 디 본도네(종탑, Giotto di Bondone)
프란체스코 탈렌티(후진, Francesco Talenti)
필리포 브루넬레스키(돔, Filippo Brunelleschi)

건축양식 고딕 및 초기 르네상스 양식

건설시기 1296–1461

이탈리아는 고딕 건축의 개념에 대한 이해가 다소 떨어졌다. 예를 들어 밀라노 대성당(Milan Cathedral, 1386년 이후)의 계단식 상부 양식이나, 고딕 양식의 부재를 로마네스크 양식의 부재와 결합하려는 시도, 그리고 비잔틴 양식의 장식 등은 이러한 사실을 분명하게 보여준다.

특히 입면 개구부에 대한 강조는 북유럽의 겨울과 대비되는 투스카나 지방의 여름 기후와 관련이 깊다. 이유가 무엇이든, 아르놀포 디 캄비오(Arnolfo di Cambio, 1240-1310)가 설계한 대성당의 신랑(nave)과 조토 디 본도네(Giotto di Bondone, 1270–1337)의 종탑은 초기 르네상스 양식을 보여준다.

아르놀포는 피사(Pisa)의 조각가 니콜라 피사노(Nicola Pisano)의 견습생으로서 조각가이자 건축가였다. 아르놀포의 가장 잘 알려진 작품은 피사노와 함께 작업한 시에나 대성당(Siena Cathedral, 1348)의 설교단(the pulpit, 1265–68)이다. 아르놀포의 조각적인 스타일은 고전적이고 뭉뚝하며 로마 건축의 평면 특성을 보여 주는데, 이는 피렌체 대성당(공식 명칭: Cathedral of Santa Maria del Fiore)의 신랑 및 돔에서 확실히 나타난다. 피렌체 대성당은 이전의 성 레파라타 세례당(St. Reparata)을 대체하기 위해 건설되었다. 성 레파라타 세례당은 8세기와 9세기에 걸쳐 건설되었는데, 11세기에 일부 증축이 이루어졌다. 하지만 1128년 이 팔각형의 작고 오래된 세례당은 철거를 면하기는 했지만, 대체할 필요가 있었다. 초기 성당의 길이는 192피트(58.5m)였지만, 새로 건설된 피렌체 대성당은 거의 502피트(153m)로 확장되었다.

성당의 바실리카 주춧돌은 1296년 9월 9일에 세워졌다. 예상한 것처럼, 신랑(nave) 공간은 다색(多色)의 석재를 사용했다. 아르놀포가 사망하자 약 30년간 작업이 중단되었지만, 유명한 화가였던 조토에 의해 성당 작업이 재개되었다. 조토의 가장 큰 공헌은 1334년에 설계된 종탑인데, 그가 사망한 후 조각가이자 건축가인 안드레아 피사노(Andrea Pisano, 1295–1348)에 의해 대부분 완성되었다. 전체 높이는 278피트(84.7m)이며 선형의 조각된 패널로 장식되어 있으며, 최상단은 건축가이자 조각가인 프란체스코 탈렌티(Francesco Talenti, 1300–69)에 의해 완성되었다. 아르놀포의 동쪽 성당 계획을 확장한 사람도 탈렌티였다. 이후 지오바니 디 라포 지니(Giovanni di Lapo Ghini, d.1371)등 다른 건축가들도 합류하여 1380년에 신랑을 완공했으며, 돔을 제외한 대부분은 1418년에 완공됐다.

대부분의 사람들은 피렌체 대성당을 1420년에서 1436년 사이에 건설된 돔을 설계한 필리포 브루넬레스키(Filippo Brunelleschi, 1377 – 1446)의 작품으로 인식하고 있다. 이 돔은 유럽에서 가장 큰 규모로 지름 144피트(44m)에 높이는 374피트(114m)였다. 하지만 높이 측면에서 1330년 영국 솔즈베리 대성당(Salisbury Cathedral) 첨탑의 404피트(123m) 및 1439년의 프랑스 스트라스부르 대성당(Strasbourg Cathedral)의 466피트(142m)보다는 낮았다.

브루넬레스키는 로마 양식을 토대로 피렌체의 병원(Hospital of the Innocents, 1419–45) 열주 공간을 설계했었다. 그리고 1418년 피렌체 대성당의 돔 설계 공모전에 당선되었지만, 이미 1357년에 기준 평면 계획은 수립되어 있었고 돔의 폭과 높이 역시 미리 결정되어 있었다. 하지만 오히려 그는 8개의 곡선 쉘 구조를 통해 내부가 지탱되는 팔각형 형태의 혁신적인 안을 제안하였다. 두 개의 벽돌로 된 구형(球形) 볼트가 위에서 만나 서로 연결되게 계획하였으며, 하부는 석재를 사용하고 위에는 가벼운 벽돌을 이용했다. 벽돌은 강도를 높이기 위해 쪽모이 세공(parquet pattern)으로 연결했으며, 둘레에 사슬 형태의 석재를 연결하여 돔을 강화했다. 또한 1439년 돔 외부에 반원형 벽감(exedra)을 설치하여 돔의 하부를 지지했다. 완성된 돔의 높이는 미켈란젤로(Michelangelo, 1475–1564)가 설계한 로마의 성 베드로 대성당(St. Peter's Basilica, 1506–1626)을 고려했으며, 또한 교황의 임기도 참조했다고 알려져 있다.

상단
돔 내부에는 조르조 바사리(Giorgio Vasari)와 페데리코 주카리(Federico Zuccari)가 그린 프레스코화 최후의 심판(The Last Judgment, 1568 – 79)이 있다.

천국의 문(THE GATES OF PARADISE)

팔각형의 성 요한 세례당은 성당 바로 서쪽에 있으며, 특히 유명한 청동으로 된 문인 로렌초 기베르티(Lorenzo Ghiberti)의 천국의 문 시리즈가 있다. 특히 1401년 당 문에 대한 공모전에는 브루넬리스키도 참가했었다. 그 이전에 조토는 성당 건축가로 일하면서 안드레아 피사노에게 1330년부터 1336년까지 세례당의 청동 문의 설계를 제안하기도 했다. 피사노와 기베르티가 만든 이 청동 유물 세트는 르네상스 시대의 위대한 조각품 중 하나이다.

1 신랑(NAVE) 단면

아르놀포 디 캄비오(Arnolfo di Cambio)는 1296년에 시작된 이 성당의 신랑(nave)을 설계했지만, 세 명의 후임 건축가인 지오토, 피사노, 탈렌티에 의해 최종 건설되었다. 종탑에 인접한 이 단면을 통해 동시대의 프랑스 성당에서 볼 수 있는 화려한 스테인드글라스가 아닌, 단순한 벽면에 둥근 창으로 계획되어 있음을 알 수 있다. 네 개의 신랑은 1366년에서 1380년까지 서쪽에서 동쪽으로 순차적으로 건설되었다. 브루넬레스키의 무덤이 있는 초기 성 레파라타 세례당의 지하실은 초기 서측 두 개의 신랑 아래에 있으며, 1973년에 발굴되었다.

2 성당의 앱스

세 개의 다각형 앱스는 각각 다섯 개의 예배실로 구성되어 있으며, 돔을 둘러싸고 있다. 총 건설기간은 1380년부터 1418년까지이다. 탈렌티가 성당 건축가로 임명되면서, 1개 이상의 앱스를 설계한 아르놀포의 초기 안은 동쪽으로 밀려났다. 돔 형태의 앱스는 드럼을 지지하는 역할을 하며 결국 돔을 지지하게 된다.

3 종탑(CAMPANILE)

조토(Giotto di Bondone)는 종탑(1334)을 설계했는데, 그가 죽은 후 완성되었으며, 최상부는 탈렌티가 설계했다. 성당 박물관에서 소장하고 있는 조토의 초기 설계안은 좀 더 뾰족한 형태의 고딕 양식이었지만, 탈렌티는 좀 더 직선적인 형태로 완성했다. 내부는 다양한 계단참이 있는 다층적 공간이었으며, 그로인 볼트 구조의 천장(groin-vaulted ceilings)으로 되어 있다.

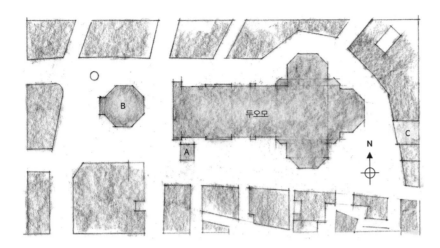

◀ 단지 계획

성당은 주변 환경 및 단지 내 건물(종탑; A, 세례당; B)을 고려하여 동서 방향으로 배치되었다. 성당에서 나온 보물들은 자체적으로 보관하기도 했지만, 성당 동쪽의 두오모 오페라 박물관(Opera Duomo Museum, C)에 수장 또는 전시되고 있다. 72,871평방 피트(6,770㎡) 규모의 이 박물관은 2015년에 나탈리니 건축사무소(Natalini Architetti) 및 구치카디니(Guicciardini), 마그니(Magni)에 의해 개보수되었다.

▼ 세례당

성당 입구 정면의 서쪽에 있는 성 요한의 세례당은 1128년으로 거슬러 올라간다. 카라라산 녹색 대리석으로 건설되었으며, 피라미드 모양의 지붕으로 되어 있다. 지붕 안 돔은 13세기의 화려한 모자이크로 장식돼 있다.

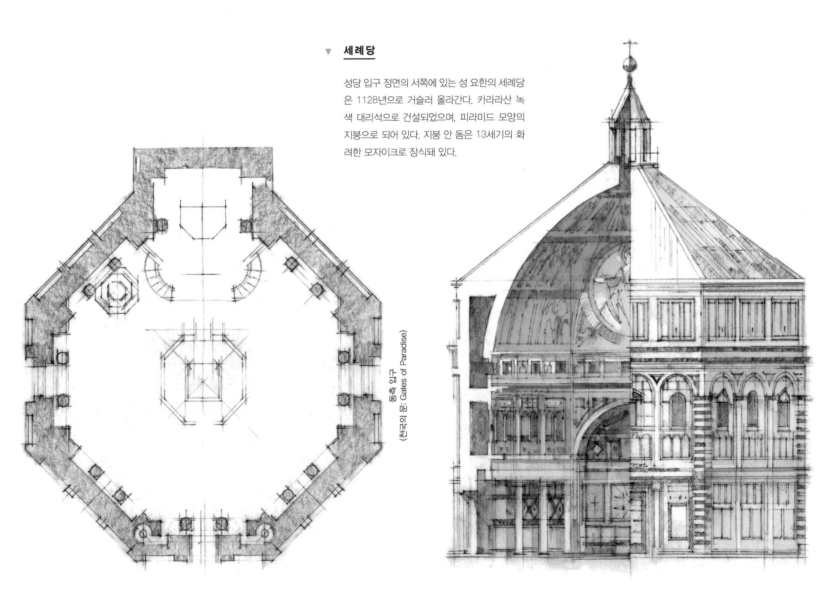

(천국의 문: Gates of Paradise)
동측 입구

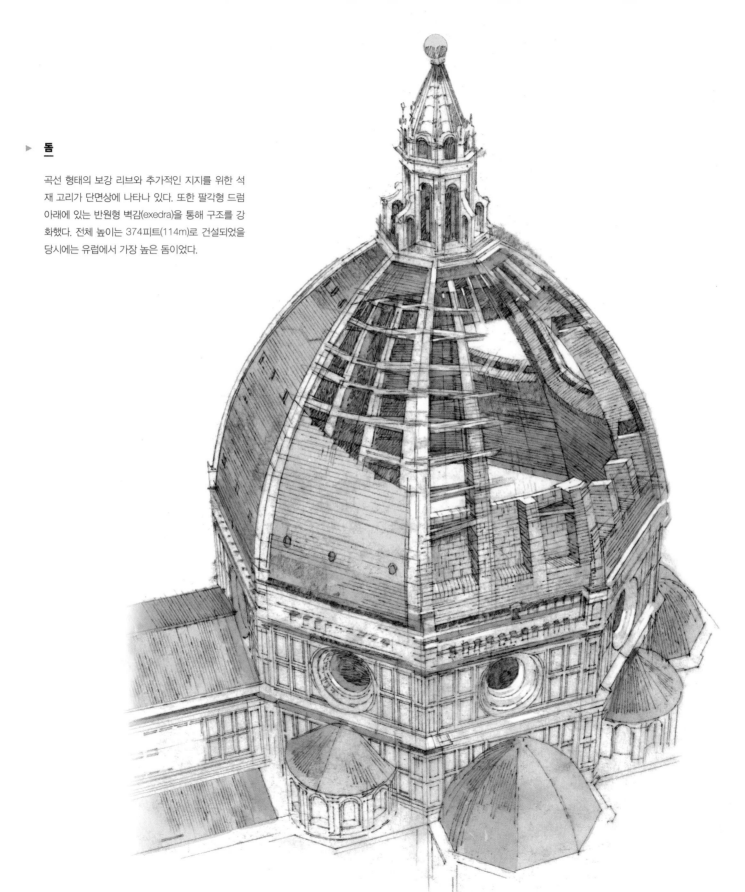

▶ 돔

곡선 형태의 보강 리브와 추가적인 지지를 위한 석재 고리가 단면상에 나타나 있다. 또한 팔각형 드럼 아래에 있는 반원형 벽감(exedra)을 통해 구조를 강화했다. 전체 높이는 374피트(114m)로 건설되었을 당시에는 유럽에서 가장 높은 돔이었다.

돔

▶ 부분적 입면 및 단면

현재 입면은 약 4세기 동안 건설되었으며, 이후 부분적으로 수정되었고, 대부분 장식 없는 벽돌로 되어 있다. 전체적으로 붉은색과 흰색, 녹색의 상감 대리석으로 구성되어 있는데, 근처의 세례당과 종탑과 조화를 이룬다. 또한 건축가 에밀리오 데 파브리스 (Emilio de Fabris, 1808–83)는 1876년에서 1886년까지 일부 입면을 디자인했다. 오른쪽의 부분 단면도는 매우 다채로운 대리석 입면 뒤의 건축 구조를 우리에게 보여준다.

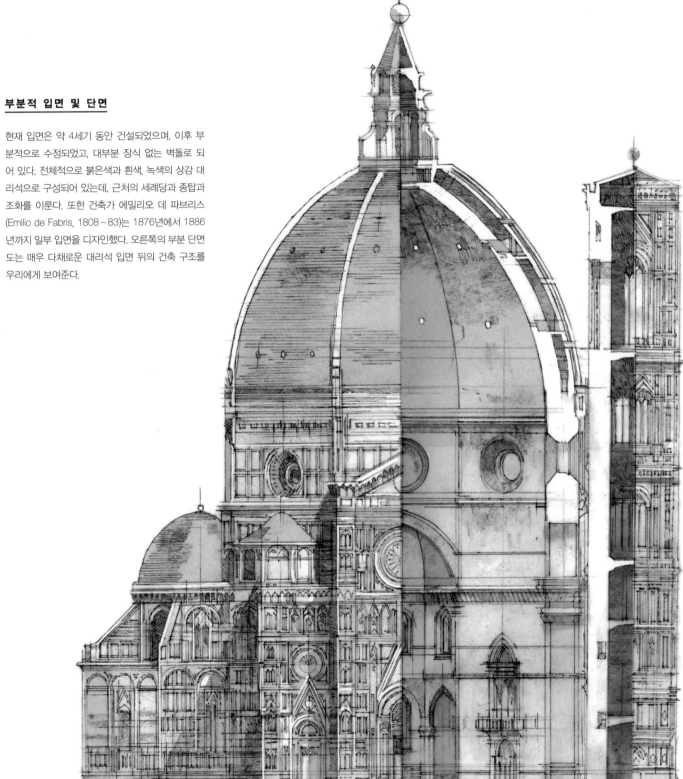

바탈랴 수도원

Batalha Monastery

위　치　바탈랴, 포르투칼
건 축 가　아폰소 도밍게스(Afonso Domingues) 외 기타
건축양식　후기 고딕 양식
건설시기　1386–1533

바탈랴 수도원은 1385년 8월 14일 포르투갈과 카스티야 왕국 간의 알주바로타 전투(the Battle of Aljubarrota)를 기념하기 위해 지어졌다. 포르투갈의 주앙 1세(King John I of Portugal)는 그의 아내 필립파 랭캐스터(Philippa of Lancaster)를 통해 영국의 지원을 받아, 이탈리아와 프랑스로부터 지원을 받는 카스티야의 후안 1세(King John I of Castile)와 성공적으로 싸웠다. 특히 영국과 프랑스 간 진행 중인 백년 전쟁(Hundred Years' War, 1337 – 1453)의 일환이 되어, 수적인 열세에도 불구하고 프랑스의 기갑부대를 영국의 방어 전술과 양궁을 통해 성공적으로 격파하였다. 특히 포르투갈은 5 대 1의 수적인 열세에도 불구하고, 당 전투를 통해 스페인으로부터 독립했으며, 승리를 기념하기 위해 '전투'라는 의미의 바탈랴(Batalha) 마을을 건설했다. 그리고 전장으로부터 북쪽으로 11마일(17.7km) 떨어진 곳에 바탈랴 승리를 기리는 성 마리아 수도원을 1386년에 세웠다.

아폰소 도밍게스(Afonso Domingues, d.1402)가 설계한 수도원은 영국식 양식을 따랐으며, 특히 직선적인 입면과 중앙에 배치된 챕터 하우스(chapter house)에 영향을 받았다. 도밍게스가 사망한 후, 건축가 데이비드 쥬게트(David Huguet, 1416 – 38)가 그의 뒤를 이었다. 그는 106피트(32.3 m) 높이의 신랑(nave)의 볼트 구조 및 동측의 미완성 예배당(Capelas Imperfeitas), 챕터 하우스의 돔을 포함한 안뜰 공

간, 그리고 설립자의 예배당(the founder's chapel) 등을 설계했다.

이후 다른 건축가들에 의해 작업은 계속되었다. 1448년에서 1477년 사이에 페르난도 데보라(Fernão d'Évora)가 수도원에서 멀리 떨어진 곳에 두 번째 안뜰을 조성하였다. 메튜 페르난데스(Mateus Fernandes the Elder, d.1515)는 1503년부터 1509년까지 미완성 예배당(Capelas Imperfeitas)의 정교한 입구를 설계했고, 후안 드 카스틸로(João de Castilho, 1470 – 1552)가 뒤이어 작업을 이었다. 1533년 이후, 미구엘 드 아루다(Miguel de Arruda, d.1563)가 발코니를 건설하였지만, 이것이 마지막 작업이었다. 수도원이 미완성된 것

은 마누엘 1세(Manuel I) 및 주앙 3세(John III)가 리스본 외곽 벨렝(Belém)의 제로니모스 수도원(the Jerónimos Monastery, 1495 – 1601; 현재는 국립 해양 고고학 박물관의 일부임) 등으로 건설 자금을 돌려 놓았기 때문이다. 수도원의 화려한 후기 고딕 양식은 종종 마누엘 양식(Manueline)이라고 불렸다. 왜냐하면 16세기 마누엘 왕(King Manuel) 이후, 비슷한 양식을 바탈랴에서 볼 수 있었기 때문이다. 그리고 몇몇 사람들은 영국 케임브리지의 킹스 칼리지 성당(King's College Chapel, 1515)과 독일 잉골슈타트의 프라우엔 성당(the Frauenkirche, 1515 – 20) 등은 화려하지만 다소 기괴한 16세기 양식이 결국 고딕 양식의 종말로 이어졌

다고 주장한다.

바탈랴 수도원은 1810년 나폴레옹 전쟁(Napoleonic Wars, 1803 – 15) 기간 동안 손상되었고, 1834년 수도원의 해산과 함께 방치되었다. 이후, 수도원 방치에 화가 난 페루난두 2세(Ferdinand II)는 공화국 정부에 복원을 약속하라고 압력을 가했으며, 이에 1840년 복구 작업이 시작되었다. 복구 작업은 19세기 내내 계속되었다. 주로 15세기부터 16세기까지의 수도원 및 안뜰에 집중되었으며, 주변의 많은 건물들은 이전에 대부분 파괴되어 초기 원형을 되찾기는 어려운 상황이었다. 1980년 이후부터는 현재 박물관으로 사용되고 있다.

상단 왼쪽
아폰소 도밍게스의 원래 계획의 일부인 왕실 안뜰(the Royal Cloister) 북서쪽 구석에는 볼트 구조의 분수대가 있다.

상단 오른쪽
두 번째 건축가인 주게트는 1402년에서 1438년 사이에 신랑(nave)과 내진(choir) 공간의 볼트 천장을 106피트(32.3 m) 높이로 들어 올렸다.

알주바로타 전투(Battle of Aljubarrota)

포르투갈과 스페인, 그리고 각각의 동맹국 간의 알주바로타 전투는 영원히 기록될 것이다. 특히 당 전투를 통해 포르투갈은 스페인으로부터 독립을 쟁취했기 때문에 전설이 되었다. 또한 영국의 궁수와 전술을 통해 우세한 병력을 물리친 전투 중 하나였다. 어떻게 보면, 1415년 아쟁쿠르 전투(the Battle of Agincourt)에서 프랑스에 대한 영국의 승리를 예측했다고 할 수 있다.

▼ 미완성 예배당(CAPELAS IMPERFEITAS)

14세기를 지나 성당의 앱스 공간은 미완성 예배당(the Capelas Imperfeitas)이 되었는데, 이는 1434년 주게트에 의해 시작되어 16세기 초 페르난데스에 의해서도 계속되었다. 원래 에드워드 왕(King Edward)은 본인의 무덤인 판테온을 설립자의 예배당(the founder's chapel)처럼 건축하길 원했다. 이에 상대적으로 너무 크게 계획된 채로 미완성이 되어, 오히려 가장 기억할만한 공간이 되었다. 나중에 다음 왕들이 작업을 계속했지만 완성되지는 못했다. 복구 작업 시에도 얇은 탑을 포함하여 예배당 복원의 한계를 정하여, 미완성인 채로 남겨 두었다.

1 안뜰(CLOISTERS)

수도원에는 세 개의 안뜰이 조성되어 있다. 오른쪽에 있는 첫 번째 것은 성당에 인접해 있는 왕실 안뜰인데, 도밍게스가 설계하고 페르난데스(Fernandes)와 디오고 보이택(Diogo Boitac) 등이 완성했다. 이 안뜰은 단면상으로 볼 수 있는 수도원 동측의 예배당과 연계된다. 중앙에 계획된 챕터 하우스는 마틴 바스케스(Martim Vasques, 1235–1335)에 의해 완성되었으며 영국 양식에 영향을 받았다. 그림 상에 보이는 왼쪽의 안뜰은 아폰소 5세(Afonso V) 왕을 위한 2층 구조의 안뜰로써, 페르난도 데보라(Fernão d'Évora)가 1448년부터 1477년 사이에 설계하였다. 세 번째 안뜰은 동쪽 안뜰에 인접해 있었는데, 1810년 프랑스 군대에 의해 파괴되었다.

2 신랑(NAVE)

신랑은 영국 요크 민스터 대성당(York Minster, 1230 – 1472)의 14세기 디자인 과 비교된다. 사각형의 수도원 서쪽 입면 및 팔각형의 동쪽 끝 예배당. 그리고 중앙에 계획된 챕터 하우스와 설립자 예배당은 프랑스 양식보다는 영국식 양식을 보여준다. 역사학자들은 설립자 예배당을 윌리엄 램지(William Ramsey, d.1332)가 설계한 런던의 올드 세인트 폴(Old St. Paul's, 1332)의 챕터 하우스에 비유한다. 그리고 미완성 예배당은 월싱엄의 앨런(Alan of Walsingham, d.1364)과 목수 윌리엄 헐리(William Hurley)가 만든 엘리 대성당(Ely Cathedral, 1322년 이후)의 옥타곤과 비유한다.

3 설립자의 예배당

다각형의 영국식 챕터 하우스를 연상케 하는 이 예배당은 포르투갈 왕족의 판테온(무덤)이다. 이는 주앙 1세가 추가한 것으로, 1433년에서 1434년 사이에 데이비드 쥬게트(David Huguet)가 설계했다. 초기 사각형의 계획은 왕과 그의 아내의 무덤을 둘러싸기 위해 리브 볼트 구조의 팔각형으로 변형되었다. 또한 입구 근처에는 아이들을 위한 무덤들이 배치되었다. 20세기 초에도 왕족들을 위한 무덤이 추가로 배치되었다.

성 베드로 대성당

St. Peter's Basilica

위　　치　비잔틴, 로마, 이탈리아
건 축 가　미켈란젤로(Michelangelo) 및 기타
건축양식　르네상스 및 바로크 양식
건설시기　1506–1626

관광객들은 종종 성 베드로 대성당의 규모에 놀라곤 하는데, 교황이 모습을 드러낼 때 특히 그렇다. 대성당 앞 광장은 약 25만 명을 수용할 수 있으며, 세계에서 가장 큰 종교적 장소 중 하나다. 이 주목할 만한 건축물의 건축가들은 교황청의 위원회에서 선정했지만, 그 위원회 자체도 이탈리아 르네상스 시대의 'A급' 건축가 및 예술가들로 이루어졌다.

르네상스 및 바로크 양식의 이 화려한 건축물은 서기 64년 네로 황제의 박해로 순교한 성 베드로의 무덤이 있던 자리에 콘스탄티누스 1세(the Emperor Constantine)가 건설했던 초기 기독교 양식의 옛 대성당(Old St. Peter's Basilica, 326–333) 자리에 세워졌다. 새로운 성당 건설 작업은 1506년에 시작해서 1626년에 완공되었다. 성 베드로 및 교황의 무덤과 사원들은 콘스탄티누스 교회(the Constantinian church)의 유적과 현재의 대성당 건물 사이 지하 공간에 자리하고 있다. 19세기 성 베드로 대성당은 높이가 441피트(136.6m)에 다다르는 세계에서 가장 큰 건물 중 하나였다. 이 육중한 대리석 건축물은 길이가 730피트(220.5m), 폭이 500피트(152.4m)에 이르며, 내부 공간에만 약 수만 명을 수용할 수 있는 규모였다. 특히 이 거대한 고전적 형태의 건물은 반종교 개혁(the Counter-Reformation, 1545–1648)운동의 실질적 표현이었으며, 교황의 권위와 카톨릭 신학의 중요성을 재언명하려는 시도였다. 이러한 움직임은 30년 전쟁

(the Thirty Years' War, 1618–48)으로 절정에 달해, 개신교 팽창에 대한 직접적 대응이었다.

이 바실리카 양식의 성당은 초기에는 레온 바티스타 알베르티(Leon Battista Alberti, 1404–72)와 베르나르도 로셀리노(Bernardo Rossellino, 1409–64)가 교황 니콜라오 5세(Nicholas V)를 위한 확장 계획으로 시작되었다. 브라만테는 로마의 판테온(Pantheon, 18–128)과 유사한 돔 형태의 그릭 크로스(Greek cross) 평면 계획을 제안했다. 하지만 1513년 교황 율리오 2세가 사망한 뒤에는 화가인 라파엘(Raphael, 1483–1520)이 고용되어 라틴 크로스(Latin cross) 양식으로 계획을 변경하였다. 1527년 로마의 약탈(the Sack of Rome) 사건 이후, 정치적인 문제 및 초기 기초 공사 문제로 인해, 교황 바오로 3세(Pope Paul III)는 1547년 미켈란젤로(Michelangelo, 1475–1564)를 건축가로 임명했다.

미켈란젤로는 먼저 구조적인 문제들을 해결하고, 초기 브라만테 계획안대로 그릭 크로스 평면 계획으로 되돌렸으며, 돔을 피렌체 대성당(Florence Cathedral, 1296–1461)에 필적할 수 있도록 재설계했다. 오늘날 대성당의 디자인 대부분은 미켈란젤로의 안이다. 미켈란젤로가 사망한 후, 지아코모 델라 포르타(Giacomo della Porta, 1533–1602)와 도메니코 폰타나(Domenico Fontana, 1543–1607)가 1590년에 돔을 완성했으며, 후에 일부 추가 작업을 통해 현재의 성당

전체 단지가 완성되었다. 이후 바로크 건축가 카를로 마데르노(Carlo Maderno, 1556–1629)가 신랑(nave)을 확장하고 아트리움 입면(1608–12)을 작업했으며, 바로크 조각가인 잔 로렌초 베르니니(Gian Lorenzo Bernini, 1598–1680)는 돔 아래에 천개(天蓋: baldachin, 1623–33)를 설치하고 성 베드로 광장(St. Peter's Square, 1655–67)을 조성하였다. 교황 요한 바오로 2세(Pope John Paul II)는 1988년에 교회 직원 및 방문객, 순례자의 행동을 규제하고, 성당의 체계적 보수 및 관리를 위해 후임 위원회를 조직하였다. 이후 1999년에 500만 달러의 자금을 들여, 성당 복원 및 입면 청소 작업을 시작하였다.

왼쪽
돔 내부 장식은 프레스코화가 아니라 모자이크이다. 대부분은 주세페 케자리(Giuseppe Cesari)가 디자인했으며, 여러 예술가에 의해 작업이 이루어졌다.

하단
1624년에서 1633년 사이에 베르니니가 제작한 정교한 청동 천개(天蓋: baldachin)는 높이 약 96피트(29.3m)에 무게는 10만 파운드(45,359kg) 였다.

미켈란젤로

미켈란젤로, 또는 미켈란젤로 디 로도비코 부오나로티 시모니(Michelangelo di Lodovico Buonarroti Simoni)는 이탈리아의 위대한 예술가 중에서도 최고이며, 라이벌이라고 할 수 있는 사람은 레오나르도 다 빈치뿐이다. 특히 피렌체의 떠오르는 예술가였던 미켈란젤로는 피에타(the Pietà, 1498–99)와 다비드상(David, 1501–04)과 같은 이탈리아 르네상스 시대에 가장 유명한 작품들을 만들었다. 또한 시스티나 성당 천장화(the ceiling of the Vatican's Sistine Chapel, 1508–12) 및 300여 개의 유명한 회화 작품을 남겼다. 건축 작품으로는 피렌체의 산 로렌초 성당(Florence's San Lorenzo, 1521–24년 이후)의 메디치가를 위한 장례 예배당(the funerary chapel)이 있다.

▶ 단면도

단면도를 통해 바실리카 양식의 성당 내부의 주요 구성
요소 간의 관계를 알 수 있다. 특히, 돔 및 신랑(nave), 측
면 통로, 입면, 광장, 그리고 청동으로 제작된 천개(balda-
chin) 등을 볼 수 있다. 신랑(nave)의 길이는 약 694피트
(211.5m)이며, 정간(coffer)으로 장식된 배럴 볼트 구조의
돔 높이는 약 151피트(45.7m)이다. 성당 및 광장 전체
건설에는 1505년부터 1667년까지 약 160년이 걸렸다.

돔

돔은 피렌체 대성당(Florence Cathedral, p. 260 참조)을 대적할 수 있도록 계획되었다. 미켈란젤로가 1547년에 설계했으며, 1590년 델라 포르타(della Porta)와 폰타나(Fontana)에 의해 완성되었다. 성당 바닥에서 꼭대기까지 높이는 총 448피트(136.6m)나 되는데, 이는 세계에서 가장 높은 돔이다. 피렌체 대성당의 돔처럼 벽돌로 된 이중 쉘 구조로 16개의 석재로 된 리브가 사용되었다.

천개(BALDACHIN)

베르니니는 성찬(the Eucharist)에서 사용되는 작은 성합을 토대로 청동 천개(Baldachin)를 디자인했으며, 또한 교황이 사용하는 캐노피에 영감을 받았다. 뒤틀린 기둥 형태는 예루살렘에 있는 사원(the biblical Temple in Jerusalem)의 기둥을 고려했다. 그리고 교황 우르바노 8세(Pope Urban VIII)의 상징인 금색의 월계수 잎과 벌로 구성된 심볼(gold-leaf bee symbol)을 장식했다.

입면

마데르노는 1608년과 1615년 사이에 성당의 입면을 디자인했다. 700명이 넘는 노동자들이 석회암 대리석으로 건설하였으며, 폭은 376피트에 높이는 149피트(114.6×45.4m)였다. 입면은 성당의 현관 역할을 했으며, 바로 뒤에는 배럴 볼트 구조로 된 나르텍스(narthex) 공간이 나온다.

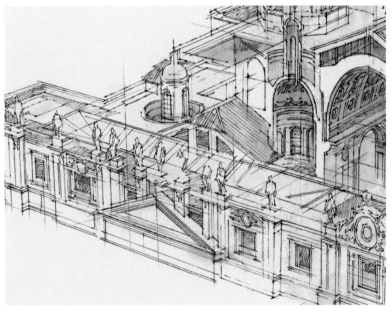

조각상들

성 베드로 성당에는 수많은 장식품과 조각품들이 있다. 마데르노의 입면 위에는 예수 그리스도 및 세례자 요한, 11사도를 묘사한 13개의 작품이 놓여 있으며, 성 베드로 동상은 주 입구 근처에 배치되었다. 그리고 페디먼트에는 교황 바오로 5세(Pope Paul V)의 이름이 새겨져 있다.

▼ 횡단면도

동측을 바라보는 횡단면도를 통해 전체 구조물의 수
직 규모를 파악할 수 있다. 특히 448피트(136.6m)
높이의 돔 및 96피트(29.3m) 높이의 드럼, 천개(Bal-
dachin), 151피트(45.7m) 높이의 신랑(nave), 그리
고 측면 통로의 돔형 볼트 구조 등을 볼 수 있다. 또
한 성당 내부의 화려한 장식을 살펴볼 수도 있다.

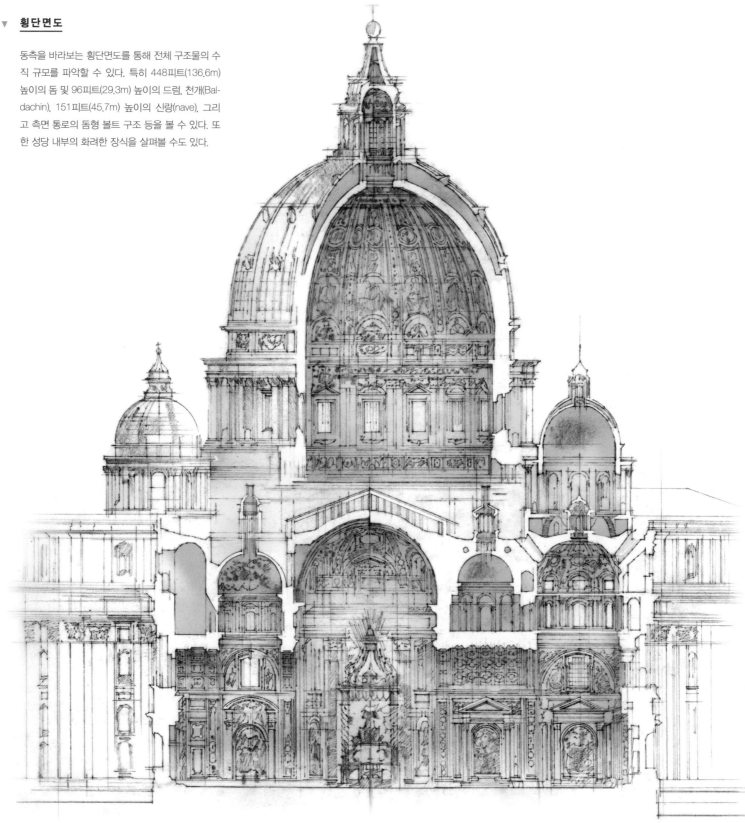

▼ 가로 단면 및 평면 계획

아래의 도면을 통해 성 베드로 성당과 광장 사이의 관계를 볼 수 있다. 광장
의 크기는 가로 1,115피트에 너비 787피트(339.8×239.8m)로써 베르니니가
1656년부터 1667년까지 디자인했다. 특히 곡선 형태는 가톨릭교회의 환영의
팔로 비유되곤 한다. 또한 성 베드로의 십자가형(crucifixion)을 고려했다고 알
려진 이집트 오벨리스크가 배치되었다. 이 오벨리스크는 로마 시대에 전승 기
념으로 가져온 여러 전리품 중 하나였으며, 높이는 거의 84피트(25.5m)에 무
게는 359톤에 달했다. 특히 오벨리스크를 가져오는 데 1년 이상이 걸렸다.

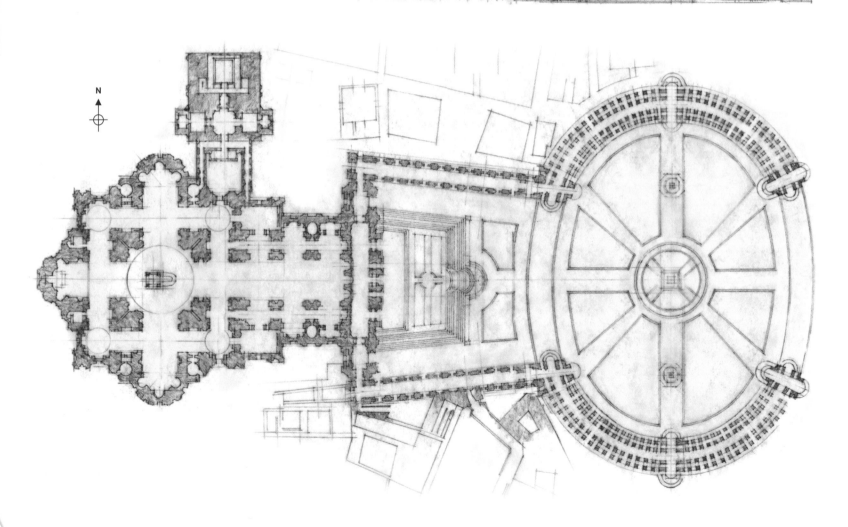

세인트 폴 대성당 St. Paul's Cathedral

위　치	런던, 영국
건 축 가	크리스토퍼 렌(Christopher Wren)
건축양식	바로크 양식
건설시기	1675–1720

세인트 폴 대성당은 영국 런던의 업무 및 금융 중심지에 자리 잡고 있다. 이에 새로운 개발이 제안될 때마다 성당의 경관을 고려한 계획이 수립되어야 했다. 원래 건물은 1666년 런던 대화재 때 파괴되었으며, 현재 건물은 1675년에서 1711년 사이에 건설되었다. 화재 전에 이미 성당에서 임명한 건축가 크리스토퍼 렌(Christopher Wren, 1632–1723)이 새로운 성당의 설계를 맡았다. 그는 이미 성 마리아 알데마리 성당(St. Mary Aldermary, 1679–82)과 성 스테파노 월브룩 성당(St. Stephen Walbrook, 1672–79) 등 많은 교회를 설계했으며, 런던에도 다양한 설계 작품들이 남아 있다. 특히 세인트 폴 대성당의 경우, 영국의 주요 성당 중 유일하게 한 건축가에 의해 설계되어 완공된 건축물이다.

렌의 첫 번째 디자인은 네 개의 팔이 똑같은 그릭 크로스 형

기하학적 계단

남서쪽 타워의 기하학적 계단은 대성당 주임 사제의 계단
(the Dean's Stair)으로도 불리는데, 르네상스 건축가들을
매료시킨 가장 긴 계단이었다. 1705년에 건설된 이 계단
은 성당 바닥과 트리포리움(the triforium)을 연결한다. 특
히 중간 지지대 없이 벽체에 캔틸레버 형태로 튀어나와
있다(흔히 캔틸레버 계단이라고 함). 전체 계단은 2개로
구성되어 있는데, 그중 상부는 88개의 계단으로 구성돼
어 있고 중간에 계단참은 없다.

태였지만, 교회 당국에 의해 거부되었다. 그리고 나서 두 번
째 디자인이 오늘날 우리가 볼 수 있는 채택된 안이다. 전
체 디자인은 중앙에 돔을 배치한 십자 형태로, 두 팔이 만
나는 형태는 영국에서 처음이었다. 렌은 안드레아 팔라디오
(Andrea Palladio)의 영향을 받았지만, 영국 교회 건물의 전
통도 일부 수용했다.

성당은 포틀랜드 석재를 사용하여 단계적으로 건설되었다.
돔이 가장 최고의 업적이었지만, 건설은 마지막에 이루어졌
다. 렌은 설계 과정 중에 두 가지 문제에 직면했다. 하나는
미학적 측면이고 다른 하나는 기술이었다. 그는 돔이 런던
의 높은 타워가 되기를 바랐지만, 외관상으로는 인상적인 반
면, 내부 공간은 너무 가파른 문제가 있었다. 해답은 이중 돔
으로 설계하여 내부와 외부를 분리하는 것이었다. 그리고 건
설 과정에서 외부 목재 돔과 내부 석재 돔을 지지하는 내부
벽돌 돔을 설치하여 세계 최초의 3중 돔 구조가 되었다. 또
한 이런 방법으로 렌은 돔의 무게를 줄일 수 있었다. 특히 이
전 건물의 기초가 침하되고 있었기 때문에 이를 고려하는 것
이 매우 중요했다.

성당의 다른 중요한 특징으로는 서쪽 입면의 웅장한 포르
티코(portico)와 조각으로 장식된 화려한 내부, 정교한 금
속 세공, 그리고 모자이크 장식이었다. 또한 허레이쇼 넬
슨(Horatio Nelson) 및 제1대 웰링턴 공작인 아서 웰즐리
(Arthur Wellesley)가 여기에 묻혀 있다. 그리고 렌을 포함하
여 다양한 사람들의 묘비가 자리하고 있는데, 렌의 묘비명에
는 다음과 같이 적혀 있다. '렌의 기념비를 찾는 이여, 주위를
둘러보라(Si monumentum requiris, circumspice)'.

세인트 폴 대성당은 국가의 삶에 있어 중요한 역할을 해왔
다. 2차 세계 대전에서는 희망의 상징이 되었고, 독일 공군
의 영국 대공습(the Blitz)으로 주변 건물들이 대부분 파괴되
었어도 (운이 좋게) 살아남았다. 비록 가장 덜 영국적인 건
물 중 하나이지만, 세인트 폴 대성당은 영국의 심장으로 자
리 잡고 있다.

▼ 아이소메트릭 단면

세인트 폴 대성당은 단단한 지반이 아닌, 런던의 진흙땅 위에 건설되었다. 이에 유럽에서 가장 큰 지하실은 거대한 기둥으로 설계되어 상부의 좀 더 얇은 기둥을 지지하였으며, 이를 통해 하중을 분산시키는 역할을 했다. 또한 대부분 돔이 4개의 기둥으로 지지되는 반면, 세인트 폴 대성당은 8개의 기둥이 돔을 지지한다(각 면에 2개씩). 이는 하중을 분산시키려는 시도였다. 낮은 경사의 지붕은 지상에서 건물을 보았을 때 난간에 의해 가려지도록 설계되었다.

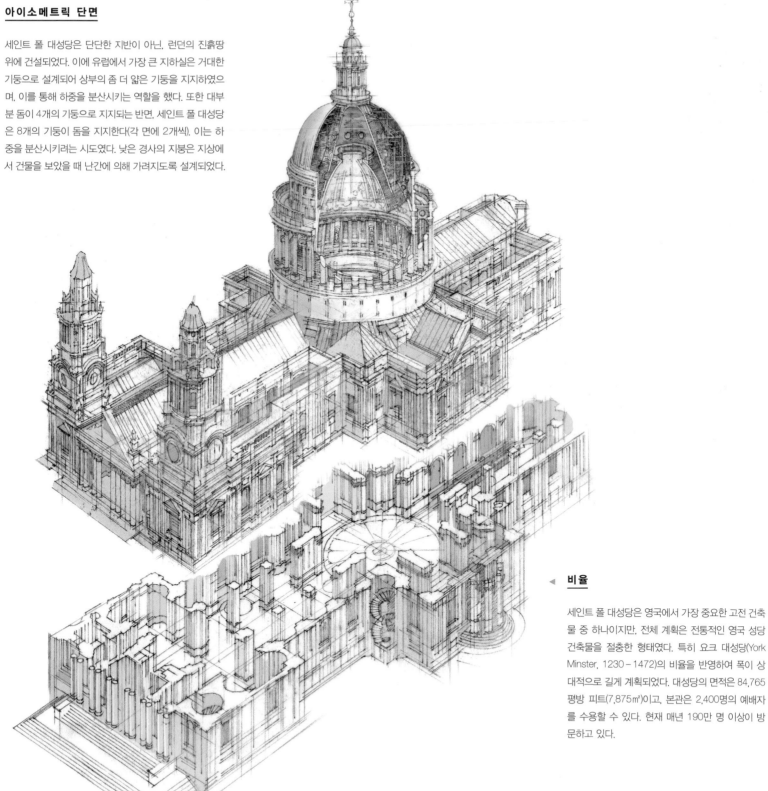

◀ 비율

세인트 폴 대성당은 영국에서 가장 중요한 고전 건축물 중 하나이지만, 전체 계획은 전통적인 영국 성당 건축물을 절충한 형태였다. 특히 요크 대성당(York Minster, 1230 – 1472)의 비율을 반영하여 폭이 상대적으로 길게 계획되었다. 대성당의 면적은 84,765 평방 피트(7,875㎡)이고, 본관은 2,400명의 예배자를 수용할 수 있다. 현재 매년 190만 명 이상이 방문하고 있다.

횡단면도

횡단면을 통해 돔의 3중 구조를 볼 수 있다. 특히 내부와 외부의 모습을 다르게 하면서 전체 무게를 줄인 혁신적인 방법이었다. 내부 돔의 상부에는 갤러리가 있지만, 현재 일반인은 접근할 수 없다. 내부의 돔을 장식한 화가 제임스 손힐(James Thornhill)은 돔의 안쪽에 트롱프뢰유(trompe-l'oeil) 기법으로 가짜 코퍼(coffer)를 그림으로서 매우 인상적인 깊이감을 제공하였다. 3중 돔 구조를 통해 렌은 1963년까지 런던에서 가장 높은 365피트(111.3m)의 기록을 보유하게 되었지만, 로널드 워드 & 파트너스(Ronald Ward and Partners)가 설계한 밀뱅크 타워(Millbank Tower)의 387피트(118m) 높이에 기록이 깨졌다.

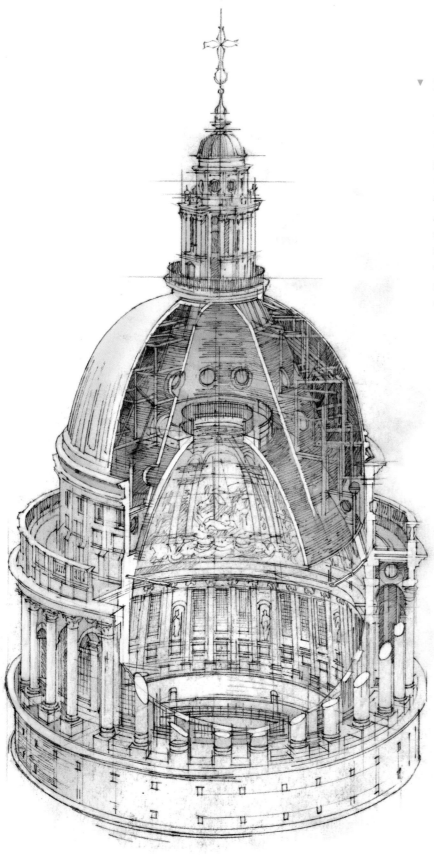

▼ 돔 단면도

세인트 폴 대성당 돔의 높이는 건물 하단 기준으로 365피트
(111.3m)이다. 무게를 줄이기 위해 안쪽은 얇은 벽돌을 사용했으
며, 외부 돔은 납으로 덮인 목재를 사용했다. 그러나 렌은 돔 꼭대
기에 랜턴을 설치하길 원했지만, 목재 구조는 이를 지탱할 수 없었
다. 그래서 원뿔 모양의 석재 내부 돔을 추가로 건설하여, 랜턴을
직접 지지하게 했으며, 내부 돔과 바깥쪽 돔 사이의 계단을 오르는
사람들을 제외하고는 시야에서 숨길 수 있었다. 내부 원뿔형 돔의
하중을 바깥으로 밀어내는 '후프 응력(hoop stresses)'에 저항하기
위해, 렌은 석재 내부에 체인을 설치하였고, 그중 가장 큰 것은 대
형 체인(the Great Chain)이라고 알려져 있으며 돔 하부 근처에 있
다. 내부 돔의 꼭대기에는 아래 공간으로 빛을 들어오게 하는 둥근
창(oculus)이 설치되었다.

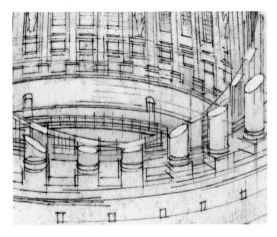

속삭임의 회랑

세인트 폴 대성당에서 259계단을 올라 돔에 다다르면 처음 만나는 장소는 내부 돔의 안쪽 공간인 속삭임의 회랑(the Whispering Gallery)이다. 이와 같은 명칭은 음향적 효과 때문에 지어졌다. 만약 누군가가 회랑 한쪽에서 조용히 무언가를 말한다면, 반대쪽에서도 이를 들을 수 있다.

돌 회랑

돌 회랑(the Stone Gallery)은 외부 돔에 자리한 2개의 회랑 중 하나다. 378계단을 올라가면 있는 이 회랑의 높이는 173피트(53.4m)에 다다른다. 이곳에서는 런던의 전경을 볼 수 있으며, 또한 외부 돔을 가까이에서 볼 수 있는 최적의 장소이다.

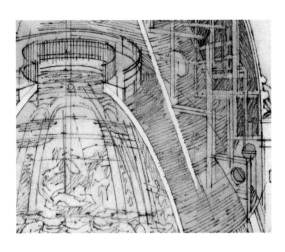

내부 벽돌 돔

내부 돔은 반구형이며, 두께는 2개의 표준 벽돌 길이인 18인치(46cm)이다. 이 벽돌은 구조물을 지탱할 수 있도록 특별히 제작되었다. 그리고 렌은 돔의 내부를 장식하는 것을 허락하지 않았다.

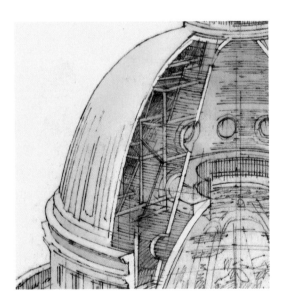

목재 외부 돔

렌은 세인트 폴 대성당의 웅장한 외부 돔을 재작업하여 자신이 원하는 대로 정확하게 만들었다. 그는 몇 개의 상세 모형을 만들었고 특히 수학자인 로버트 훅(Robert Hooke)과 긴밀히 협력하여 다양한 구조 이론을 실험하였다. 이를 통해 확실히 구별되고 눈에 띄는 랜드마크가 되었다.

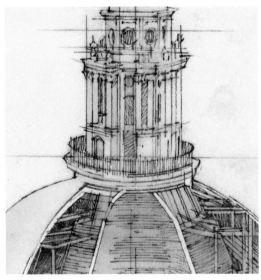

황금 회랑

황금 회랑에 다다르기 위해서는 528계단을 올라야 하며, 바닥에서 높이는 거의 280피트(85.4m)에 이르는 가장 높은 곳이다. 바깥쪽 돔의 꼭대기에 있는 이 작은 외부 전망 플랫폼은 런던의 가장 멋진 전망을 제공한다. 여기에 올라가는 계단은 외부 돔과 중앙 돔 사이의 공간을 통과해야 한다. 회랑으로 들어가기 직전에 방문객들은 둥근 창(oculus)을 통해 성당 내부를 볼 수 있다.

볼과 랜턴

기존 돔 꼭대기에 있던 볼과 십자가는 1708년에 런던 시민이자 병기 담당자였던 앤드류 니블렛(Andrew Niblett)에 의해 세워졌다. 이후 1821년에 구조 측량사였던 찰스 로버트 코컬(C. R. Cockerell)에 의해 새로운 십자가로 대체되었고 R. and E. Kepp이 제작했다. 렌이 초기에 랜턴을 디자인했을 때에는 유리를 끼울 계획은 없었다. 하지만 이후 건물 안으로 빗물이 떨어지는 것을 발견하고, 유리창이 추가되었다.

세인트 폴 대성당

노트르담 뒤 오 성당; 롱샹 성당

Notre-Dame-du-Haut Chapel

위 치	롱샹, 프랑스
건 축 가	르 코르뷔지에
건축양식	유기적 모더니즘
건설시기	1950–54

1944년 6월 6일 여름, 노르망디에는 D-Day라 불리는 오버로드 작전(Operation Overlord)이 펼쳐졌으며, 8월 15일에는 마르세유 근처에서 드래곤 작전(Operation Dragoon)을 통해 연합군이 프랑스로 진격하였다. 다음 몇 달 동안 연합군은 독일군을 독일 국경으로 밀어붙였지만 상당한 사상자가 발생하였다. 1944년 9월 롱샹(Ronchamp)에서 독일군은 신 고딕 양식의 성당을 점거하고 있었다. 이어 알제리와 프랑스 식민지 군대의 지원을 받은 프랑스 제1 자유 사단(1st Free French Division)이 롱샹 동쪽의 성빠네(Champagney)

지방을 해방시키기 위해 1944년 10월부터 11월까지 독일군을 동부로 밀어붙였다. 이에 군사 작전이 끝난 후, 롱샹에 있던 교회는 폐허가 되었다.

전쟁이 끝난 후, 나치 독일 정부와 협력했던 교회 관계자들은 처형되었다. 이어 롱샹에 새로운 성당을 위한 계획이 세워졌는데, 초기 안은 1949년 건축가 장 찰스 모어(Jean Charles Moreux, 1889 – 1956)가 설계한 전통적인 형태의 성당이었다. 당시 르 코르뷔지에(Le Corbusier, 1887 – 1965)는 전후 프랑스에 새로움을 반영하기 위해 로렌(Lorraine) 지방에 생

디에 성당(Saint-Dié Cathedral, 1948)과 같은 현대적 디자인을 장려했다. 이러한 움직임은 전후 영국에서 바실 스펜스(Basil Spence, 1907 – 76)가 설계한 코번트리 대성당(Coventry Cathedral, 1962)이나, 에곤 아이어만(Egon Eiermann, 1904 – 70)이 설계한 서베를린의 카이저 빌헬름 기념 교회(Kaiser Wilhelm Memorial Church, 1970) 등과 유사했다. 그리고 지역 교회의 개혁 운동의 일환으로, 도미니코회 신부이자 뛰어난 현대 스테인드글라스 예술가인 마리 알랭 쿠투리에(Marie-Alain Couturier)는 르 코르뷔지에가 롱샹에 새로운

교회를 설계할 수 있도록 큰 역할을 했다. 또한 르 코르뷔지에가 생 마리 드 라 투레트 수도원(Sainte-Marie de La Tourette, 1960)의 설계 자금을 확보하는데도 도움을 주었다.

르 코르뷔지에의 전반적인 성당 디자인, 특히 독특한 형태의 지붕은 그가 1946년 뉴욕 롱아일랜드에서 발견한 게 껍질에 영감을 받았다. 특히 주변의 자연 경관을 고려하여 곡선의 지붕과 벽체를 디자인했다. 또한 콘크리트 위에 회반죽을 바른 거나이트(gunite) 벽체에는 과거 폐허가 된 교회의 파편들을 포함하였다. 특히 다양한 형태로 뚫린 사각형의 스테인드글라스 창문은 개구부가 점점 줄어드는 두꺼운 벽체로 인해 빛의 축을 통한 내세의 영적 경험을 제공한다. 이는 초

기 고딕 양식 대성당의 스테인드글라스와 같은 역할을 했다. 또한 가느다란 고측 창을 통해 들어오는 빛의 띠로 인해 벽체 내부의 콘크리트 기둥으로 지지됨에도 불구하고, 거대한 곡선 지붕은 떠 있는 것처럼 보였다. 지붕의 형태는 약 7피트(2.1m)의 엄청난 두께를 나타내지만, 콘크리트 내부는 비어 있으며, 콘크리트 리브에 의해 지지 되게 설계되었다. 그리고 전체 지붕은 알루미늄으로 덮여있다. 르 코르뷔지에는 순례자들에게 개방된 예배 공간을 제공해 주기 위해 성당 동쪽에 외부 제단 공간도 만들었다. 북동쪽에 위치한 공터에는 1944년 롱샹의 해방을 위해 순국한 사람들을 위한 기념비가 있다. 성당 외부에는 원래 교회에서 발견된 성모 마리아 상

을 위해 벽감(niche)도 설계되었다.

전반적으로, 롱샹에서의 개인주의적 표현은 그의 모듈화되고 기계화된 설계 접근법과 분명한 대조를 이룬다. 그리고 개인적인 건축 순례뿐만 아니라 종교적으로도 매년 8만 명이 넘는 방문객들을 방문하고 있다.

2014년에 공공기물을 파괴하는 집단들에 의해 성당의 창문 중 하나가 깨졌다. 비록 전 세계 건축가들과 역사가들에 의해 비난받았지만, 이러한 사건을 통해 2011년 렌조 피아노가 설계한 근처 수녀원 및 방문자 센터, 그리고 호스텔 건설 비용 약 천만 유로(10.8백만 달러)와 비교하여, 롱샹 성당의 보존과 관리를 위한 자금 부족이 표면적으로 드러나게 되었다.

상단 왼쪽
움푹한 창문들은 아무렇게나 놓여 있는 것처럼 보이지만, 유기적으로 형성된 공간 안에서 극적인 빛의 띠를 이룬다.

상단 오른쪽
르 코르뷔지에는 종종 페인트 칠 되거나 에나멜을 칠한 정문을 설계하여, 마치 콘크리트 벽에 걸려 있는 그림처럼 보이게 만들었다. 이 사진은 정문, 또는 서쪽 출입구로써 회전하는 문으로 되어 있다.

르 코르뷔지에

르 코르뷔지에 또는 샤를 에두아르 장레그리(Charles-Édouard Jeanneret)는 스위스 라쇼드퐁(La Chauxde Fonds)에서 태어났다. 비록 정식으로 교육받지는 않았지만, 20세기의 가장 영향력 있는 건축가였다. 1차 세계 대전 이전의 그의 초기 주택 작품들은 뭉툭하고 단순하지만 전통적인 형태를 띠었다. 하지만, 전후 파리로 이사를 간 후, 입체파 예술가들과 교류하면서 현대 건축과 도시화에 대한 자신만의 이론을 개발할 수 있게 되었다. 그의 건축 저서 '건축을 향하여(Vers une architecture, 1923)' 및 파리 외곽 푸아시(Poissy)에 있는 빌라 사보아(the Villa Savoye, 1928-31)와 같은 1920년대 작품들은 순수한 모더니즘 양식을 보여준다. 그러나 2차 세계 대전 후에는 보다 유기적인 접근법으로 설계 방향을 전환했다.

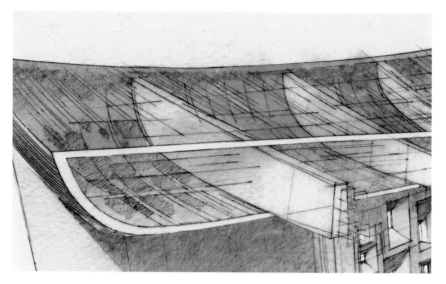

곡선의 지붕

지붕의 극적인 곡선은 7피트(2.1m) 두께의 거대한 콘크리트 물결 이미지를 투영하며, 얇은 고측 창의 빛으로 인해 건물 위에 신비롭게 떠 있는 것처럼 보인다. 그러나 실제로는 한 개의 고체 주조물이 아니라 곡선 형태의 내부 리브를 가진 콘크리트 쉘이며, 외부는 알루미늄으로 덮여 있다. 지붕 빗물은 성당 서쪽 끝에 있는 두 개의 파이프를 통해 빠져나간다. 일부 사람들은 종종 지붕을 수녀의 의복과 같다고 하지만, 르 코르뷔지에는 1946년 뉴욕 롱아일랜드의 해변에서 발견한 게 껍질에서 영감을 받았다고 본인이 직접 말했다.

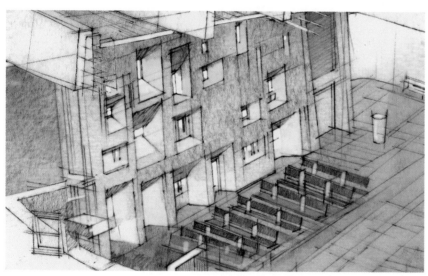

창문

속이 빈 형태의 남쪽 벽은 성당의 대부분 벽체와 같이 거나이트 (gunite)로 마감되었으며, 두께는 4~12피트(1.2~3.6m)로 다양했다. 27개의 움푹 파인 형태의 직사각형 창문은 실내 공간에 임의의 패턴의 채광을 제공하였다. 대부분의 창문은 투명하지만, 일부 창은 채색되었다. 교회의 좌석 역시 유기적 내부 공간에 맞추어 사선으로 배치되었다. 콘크리트 포장 바닥은 대지의 지형을 따라 제단 쪽으로 경사져 있다. 방문자들은 성당 내부의 여러 곡선을 통해 3차원적인 유기적 디자인을 체험할 수 있다.

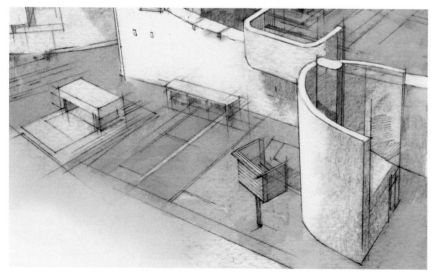

외부 제단 및 설교단

성당의 주 제단은 내부 동쪽 끝에 있다. 그러나 더 많은 순례자들을 위해 야외 예배를 위한 설교단 및 외부 제단이 계획되었다. 또한 르 코르뷔지에는 야외 예배 공간 동쪽 출입구 근처에 벽감(niche)을 계획하며 이전 성당에서 발굴한 성모 마리아상을 배치하였다. 야외 예배 공간은 외부 공간을 향하게 계획되었으며, 특히 1944년 10월 롱상 해방을 위해 순국한 사람들을 추모하기 위해 르 코르뷔지에가 디자인한 평화의 피라미드를 배치하였다.

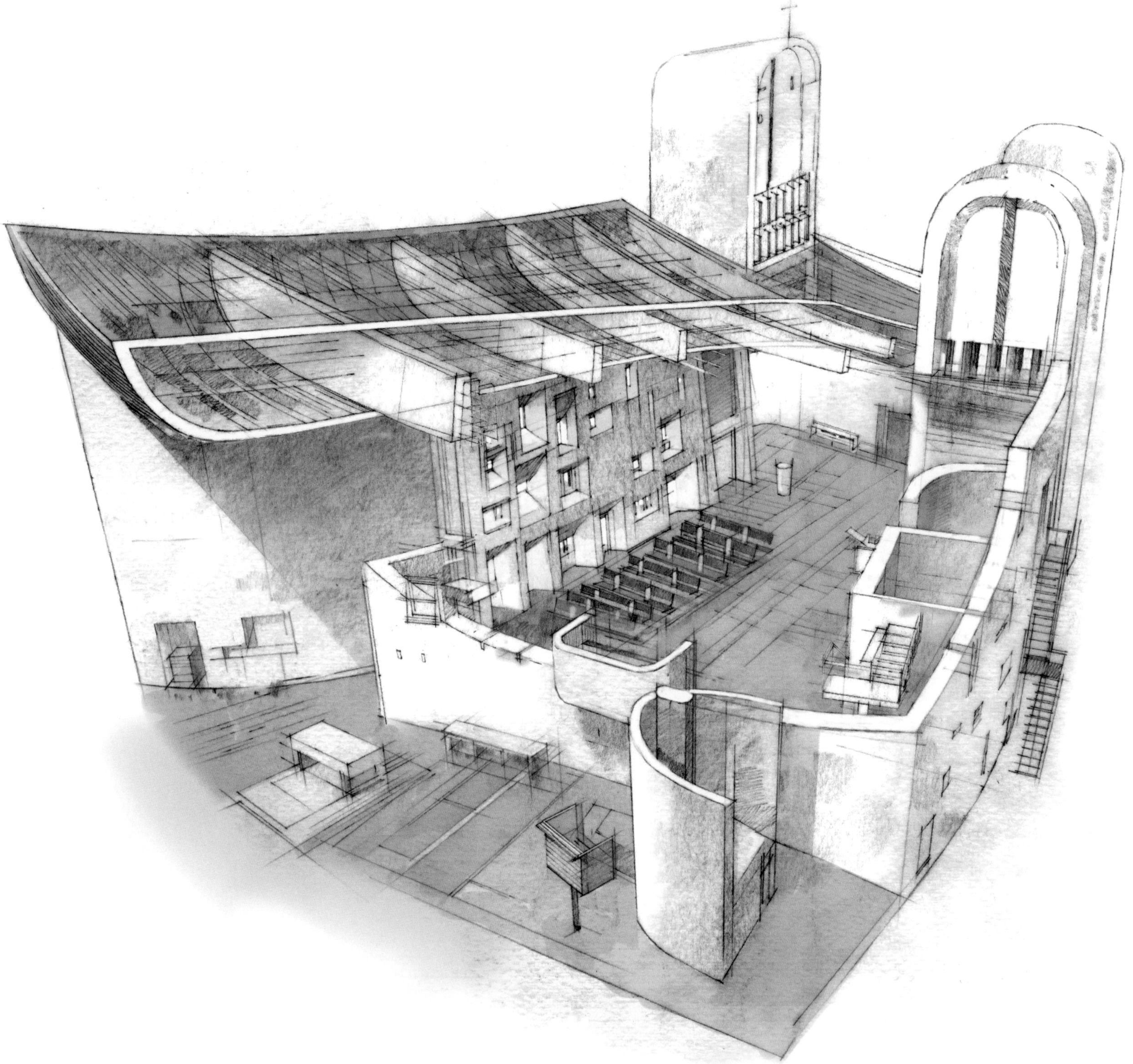

▼ 횡단면도

롱샹 성당의 탑들은 높이가 88피트(26.8m) 이상이
다. 그리고 단면을 통해 속이 빈 형태의 지붕 및 남
쪽 벽을 볼 수 있다. 그 밖의 성당 벽은 1944년 전
쟁으로 폐허가 된 이전 교회의 파편들을 사용해 건
설되었다. 북쪽의 좌석 공간 반대쪽은 개방형의 성
가대 공간이다. 오른쪽의 다층 공간은 각각 예배당
과 성구 보관실로 사용되고 있다. 끝에 있는 문들은
고해실을 가르킨다.

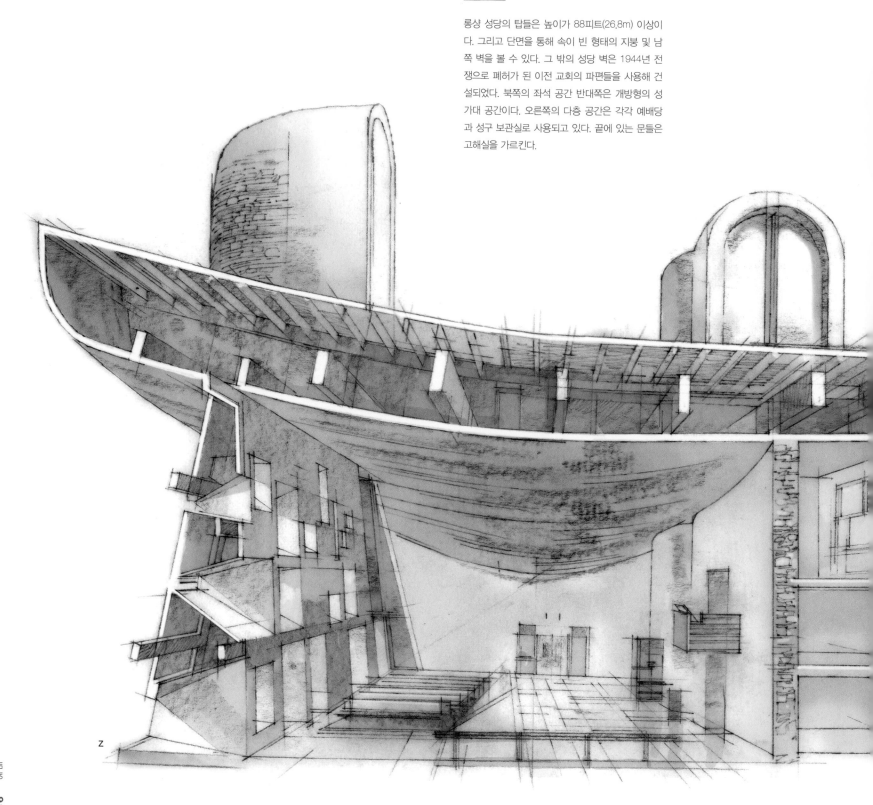

범례
A 제단
B 성가대석
C 성구 보관실
D 주 출입구
E 남측 예배당
F 고해실
G 서측 예배당
H 북측 출입구
I 동측 예배당
J 동측 출입구
K 외부 제단 및 설교단

성당은 약 98×131피트(30×40m) 크기의 부지에 있으며, 약 200명의 예배자들을 수용할 수 있다. 동쪽 끝 외부 공간은 1,000명 이상의 예배자들을 수용할 수 있도록 계획된 예배 공간이다. 서쪽 끝에 있는 곡선 모양의 탑 역시 벽 안쪽으로 고해실이 계획된 예배 공간이다. 남서쪽으로 주 출입구가 배치되었으며, 북쪽 벽 대각선 반대쪽에는 작은 보조 출입구가 계획되었다.

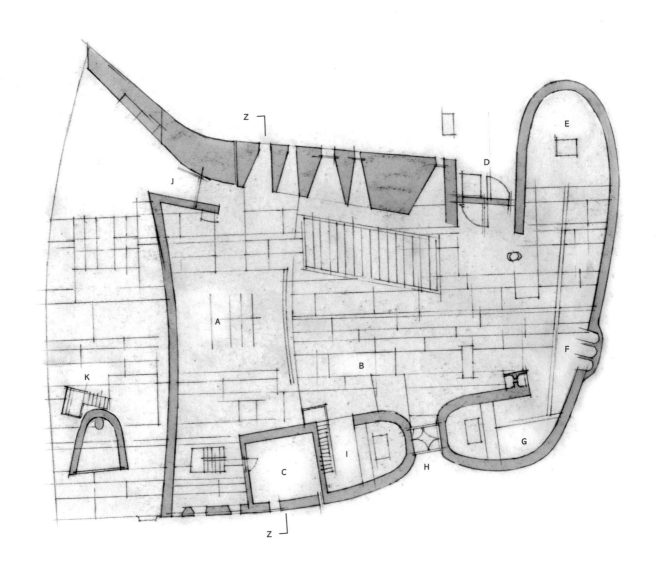

사그라다 파밀리아; 성가족 성당 Sagrada Familia

위 치 바르셀로나, 스페인

건 축 가 안토니 가우디(Antoni Gaudi)

건축양식 개인주의

건설시기 1883년 시작

1883년부터 계획된 미완성의 사그라다 파밀리아(Sagrada Fa-milia) 성당으로 이 장을 끝낸다는 것이 이상하게 보일지 모른다. 약 140년에 걸쳐 진행되고 있는 공사는 성당 구조에 대한 논란이 하나의 원인이었다. 하지만 공사 기간에 관해서는 중세 대성당 역시 수십 년에 걸쳐 건설되었다는 점을 기억할 필요가 있다. 예를 들어, 쾰른 대성당(Cologne Cathedral)은 1248년에 시작되어, 1473년 2세기 동안 중단되었다가 19세기에 다시 시작되었다. 또한 입면의 타워는 1880년에야 완성되었다. 현대의 대성당 역시 예외는 아니었다. 1907년에 시작된 워싱턴 국립 대성당(Washington National Cathedral)은 1990년에야 완공되었고, 뉴욕의 세인트 존 더 디바인 대성당(St. John the Divine)은 1892년에 시작되어 1909년 설계 변경을 거쳐 아직 공사 중인 상태이다. 사그라다 파밀리아 역시 계속 설계 변경이 이루어지고 있기 때문에 후자와 비슷하다고 할 수 있다. 특히 기존의 고딕 양식이 오늘날의 개인적이고 표현주의적인 걸작으로 바뀌었기 때문에 더 큰 의미가 있다. 사그라다 파밀리아(Sagrada Familia)는 '성스러운 가족'이라는 의미로, 공식적인 명칭은 'Basílica Temple Expiatori de la Sagrada Família'이다. 특히 안토니 가우디(Antoni Gaudí, 1852 – 1926) 필생의 걸작이라고 할 수 있다. 그는 1878년 바르셀로나 건축 학교를 졸업했고, 도면작업자로 일하면서 건축 연구를 계속했다. 특히 기술의 섬세함과 자연 형태에 대한 사랑을 결합시키고자 하였으며, 고딕 양식 및 아시아, 이슬람 양식을 함축하여 표현하여 다채색의 기하학적 추상성을 추구하였다. 그의 유명한 초기 작품들 중에는 바르셀로나에 있는 구엘 저택(the Güell Pavilions, 1887)과 카사 비센스(Casa Vicens, 1888)가 있다. 그리고 표현주의적 자연주의

가 잘 나타나는 작품으로는 바르셀로나에 있는 카사 바트요(Casa Batlló, 1906) 및 카사 밀라(Casa Milà, 1912), 구엘 공원(Park Güell, 1914) 등이 있다. 가우디는 도면 작업을 하기도 하지만, 3차원에 대한 열정으로 모형 및 석고 주형 작업을 선호했다. 이에 사그라다 파밀리아의 모형도 여전히 일부 남아 있다. 가우디는 1883년부터 성당 작업을 시작했지만, 1915년부터 1926년 기간에 특히 성당 프로젝트에 집중했다. 가우디는 먼저 초기 프란시스코 드 폴라 델 빌라 르 로자노(Francisco de Paula del Villar y Lozano, 1828 – 1901)가 설계한 전통 고딕 양식의 성당을 좀 더 개인적인 개념을 반영하여 마치 숲속에 있는 것과 같은 5개의 신랑(nave) 공간으로 계획을 변경하였으며, 쌍곡면의 캐노피 또는 타원

형의 볼트 구조를 도입하였다. 유기적 형태의 입면, 특히 자신의 디자인 철학으로 예수의 탄생(the Nativity)을 묘사한 입면은 고딕 성당이 포함해야 할 요소를 개인적 시각으로 표현한 조각이라고 할 수 있다. 또한 가우디는 총 18개의 탑으로 계획하였으며, 이러한 설계 변경안은 세기의 전환과 함께 좀 더 유기적 건축으로 변화된 그의 디자인 양식을 보여준다. 특히 바르셀로나 근처의 콜로니아 구엘 교회(the Church of the Colònia Güell, 1890 – 1918) 및 실현되지 못한 1,180피트(360m) 높이의 뉴욕 호텔 어트랙션 고층 빌딩(Hotel Attraction, 1908) 등은 그의 변화된 스타일을 보여준다. 가우디는 1926년 6월 7일 노면 전차에 치여 며칠 후 사망했다. 이에 성당 작업은 가우디의 조수였던 도메넥 수구

라네스(Domènec Sugrañes, 1878 – 1938)에 의해 진행되었다. 비록 가우디의 모형과 도면이 있던 작업실이 스페인 내전(1936~39)기간 동안 엉망이 되었지만, 루이스 보네티 가리(Lluís Bonet i Gari, 1893 – 1993) 및 그의 아들 조르디 보네티 아르멩골(Jordi Bonet i Armengol, b.1925) 등의 다양한 건축가들을 통해 작업이 지속될 수 있었다. 신랑(nave)은 2000년에 완공되었으며, 2006년에는 구조체를 지지하는 교차랑(Crossing)과 타워, 2016년에는 돔 형태의 성구 보관실이 완공되었다. 현재 총괄 건축가인 조르디 파울리 올레(Jordi Faulí i Oller, b.1959)는 성당이 2026년에 완공되리라 예측하며, 최종 2500만 유로(2800만 달러)의 비용이 들 것으로 추정했다.

상단 왼쪽
이것은 예수의 탄생 정문의 상세 현황이다. 여기의 조각상들은 가우디가 직접 감독하여 1905년에 완성되었다. 이 입면과 성당 초기 지하 공간은 유네스코 세계 문화유산으로 지정되었다.

상단 오른쪽
나무 가지 같은 기둥 형태는 신랑(nave) 및 표현주의적 볼트 공간을 정의한다. 주두(capital)는 런던산 플라타너스 나무의 옹이와 나무껍질을 양식화해 표현했다.

메조라다 델 캄포 성당
(MEJORADA DEL CAMPO CATHEDRAL)

가우디의 평생 업적인 사그라다 파밀리아 성당은 164피트×82피트(50×25m) 규모의 메조라다 델 캄포 성당(Cathedral of Mejorada del Campo)에 영감을 주었다. 후스토 갈레고 마르티네즈(Justo Gallego Martínez, b.1925)는 50년에 걸쳐 고철 건축 자재로 당 성당을 건축했다. 그는 전직 농부이자 투우사, 트라피스트회(Trappist) 수도사이며 이 성당을 짓는 데 평생을 바친 독학 건축가였다. 그는 사도 야고보(the apostle St. James the Greater)가 히스파니아 지방에서 복음을 전파한 것을 고려하여, 당 성당의 이름을 성모의 기둥(Nuestra Señora del Pilar)이라고 불렀다.

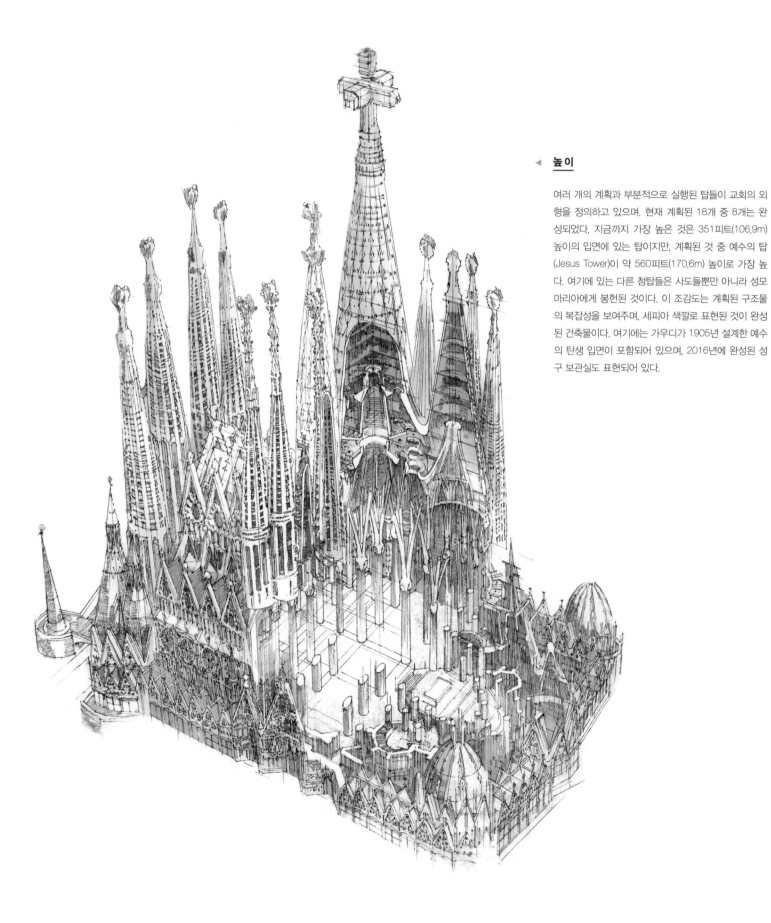

◀ **높이**

여러 개의 계획과 부분적으로 실행된 탑들이 교회의 외
형을 정의하고 있으며, 현재 계획된 18개 중 8개는 완
성되었다. 지금까지 가장 높은 것은 351피트(106,9m)
높이의 입면에 있는 탑이지만, 계획된 것 중 예수의 탑
(Jesus Tower)이 약 560피트(170,6m) 높이로 가장 높
다. 여기에 있는 다른 첨탑들은 사도들뿐만 아니라 성모
마리아에게 봉헌된 것이다. 이 조감도는 계획된 구조물
의 복잡성을 보여주며, 세피아 색깔로 표현된 것이 완성
된 건축물이다. 여기에는 가우디가 1905년 설계한 예수
의 탄생 입면이 포함되어 있으며, 2016년에 완성된 성
구 보관실도 표현되어 있다.

예수의 탑(JESUS TOWER)

주변에 작은 탑으로 둘러싸인 예수님께 봉헌된 메인 탑은, 어떤 면에서, 1908년에 가우디가 뉴욕 세계 무역 센터의 부지에 설계한 고층 호텔 건물의 포물선 모양과 관련되어 있다. 현재 예수의 탑은 기단 부분만 진행된 상태이며, 기본적으로 크로싱 볼트 구조로 설계되었다. 2006년에 크로싱 볼트 구조의 거푸집 및 보강재 로드 설치가 완료되었으며, 콘크리트 타설을 준비하고 있다.

플라잉 버트레스

많은 고딕 양식의 대성당들처럼, 플라잉 버트레스가 계획되었지만, 여기서는 구조적 역할보다는 미적 효과를 위해 설치되었다. 신랑의 고측 창 벽의 적층된 박공은 이미 버트레스 없이 건설되었다. 특히 후자는 구조체 지지를 위해 교차 포물선 형태로 설계되었다.

성구 보관실(SACRISTY)

성구 보관실은 2016년에 공사가 끝났다. 이 작은 다층의 템피에토(원형의 작은 예배당, tempietto)는 높이가 약 150피트(46m)이다. 현재 이 공간은 성당의 역사 및 관련 유물을 전시하는 공간으로 사용되고 있다. 1951년에 성구 보관실 모형이 판매되기도 했다.

▶ 평면 계획

직선 블록 내에 건축 요소들이 비이성적으로 배치되 있는 것처럼 보이지만, 프랑스 성당 계획의 배치 패턴을 그대로 따랐다. 라틴 크로스 평면 계획을 토대로, 각 측면에 2개의 측랑(aisle)이 배치된 신랑(nave) 공간과 전통적인 익랑(transept), 교차랑(crossing), 내진(choir), 후진(apsidal) 공간 등이 그대로 나타나고 있다. 평면의 방향은 맞은편 페이지에 있는 조감도 방향과 같다.

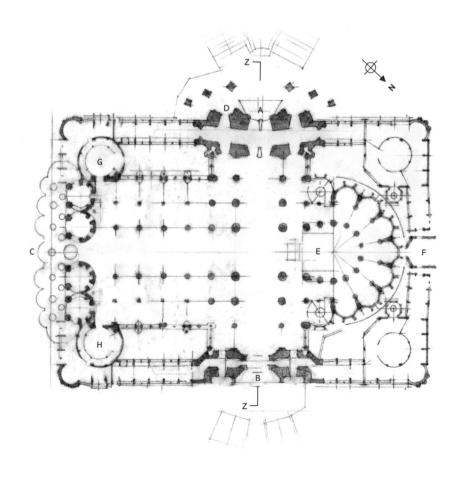

범례

A 열정의 문(Doorway of the Passion)
B 예수의 탄생 문(Doorway of the Nativity)
C 왕의 문(Doorway of majesty)
D 출입구
E 제단(아래 지하 공간)
F 부활의 예배당
G 세례당
H 성찬의 예배당

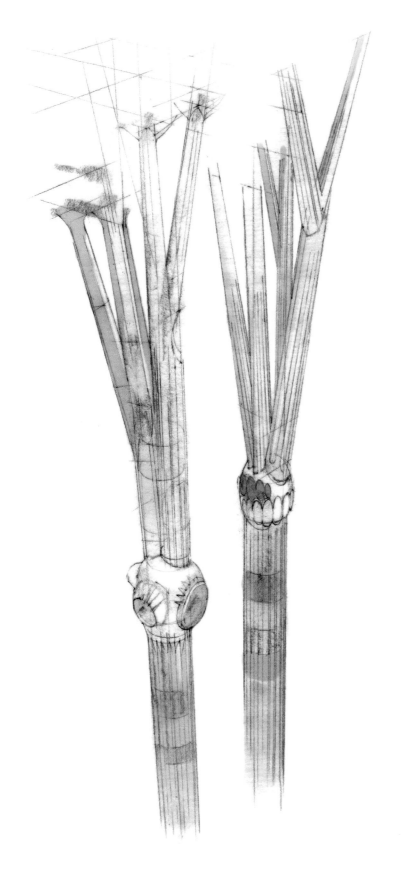

▲ 신랑(NAVE) 기둥

가우디는 독특한 주두 및 표현주의적 리브 골격의 기둥 설계를 위해 세 단계에 걸쳐 모형 작업을 진행하였다. 특히 자연 요소를 추상적인 형태로 변형하였으며, 여기서는 런던산 플라타너스 나무의 질감을 이용하였다. 열대 지방의 자연 요소가 전체 단지에서 나타나며, 기둥 및 주요 건물 입면(the Passion façade, 1917년 계획, 1986년 건설)에서는 판야 나무의 형태가 차용되었다. 작은 탑 꼭대기의 부채꼴 모양은 알로에 식물에서 영감을 얻었다. 가우디가 제작한 설계 모형은 사진으로 기록되어 있으며, 또한 기둥을 그린 도면도 존재한다. 하지만 구조적 분석 및 건설 도면을 위해서 CAD가 사용되었다.

▶ 횡단면도

가우디의 도면들은 다소 인상주의적이며, 세부 상세 및
디자인에서는 매우 표현주의적이다. 여기에 그려진 단면
(p. 291의 절단선 Z)은 그러한 특징을 잘 보여준다. 성당
의 동측과 서측에 건설된 탑의 입면에는 황철석(pyrite) 및
방연석(galena), 형석(fluorite) 등과 같은 광물의 특징이 아
로새겨져 있으며, 가우디의 자연 재료와 형태에 대한 열
정은 그의 건축 근간으로 확장되었다. 당 단면의 아래 공
간은 성당의 지하실이다.

참고 문헌 Selected Sources

오늘날, 전통적인 연구 서적들을 통해서도 찾아볼 수 있지만, 건축에 대해 알아야 할 많은 것들은 누구나 온라인을 통해 쉽게 찾을 수 있다. 특히 웹사이트와 관련하여, 시간이 지남에 따라 변경될 수 있는 사이트 목록 대신에 이 책에서 다루는 주제와 관련된 키워드로 검색할 것을 권장한다. 현재 이용 가능한 웹 사이트들로는 삽화가 로비 폴리(Robbie Polley) 사이트 및 여기에 포함된 주요 현대 건축가들의 사이트, 유네스코 세계 문화유산 센터(UNESCO's World Heritage Centre)와 같은 공공 사이트들이 매우 유용하며, 위키피디아(Wikipedia)나 브리태니커 백과사전(Encyclopedia Britannica)들도 권장한다. 또한 주요 박물관 및 문화 단체, 역사적인 랜드마크들도 웹 사이트를 운영 중이다.

추가적인 정보를 위해 각 장 및 건축물 별로 참고할 수 있는 문헌들을 순서에 따라 나열했다. 각 건축물에 대한 종합적인 조사 자료는 너무 많아 일일이 열거할 수는 없었다. 여기에 포함된 주요 참고 문헌에는 베니스터 플레처 경(Sir Banister Fletcher)의 비교 방법에 의한 건축 역사(A History of Architecture on the Comparative Method, 초판 1896)나 데나 존스(Denna Jones)가 편집한 건축: 전체 이야기(2014)에 이르기까지 다양하게 포함되어 있다. 이 책들과 기타 관련 문헌들은 시카고 미술관(The Art Institute of Chicago)의 라이어슨 앤 번햄 도서관(the Ryerson and Burnham Libraries)에서 대부분 소장하고 있다.

PUBLIC LIFE(공공 생활)

Colosseum(콜로세움)
Keith Hopkins and Mary Beard. *The Colosseum.*
Cambridge, Massachusetts, 2005.

Palace of Diocletian(디오클레티아누스 궁전)
Iain Gordon Brown. *Monumental Reputation. Robert Adam & the Emperor's Palace.* Edinburgh, 1992.
Marco Navarra, ed. Robert Adam. *Ruins of the Palace of the Emperor Diocletian, 1764.* Cannitello, Italy, 2001.

Doge's Palace(도제 궁전)
Giandomenico Romanelli, ed. *Palazzo Ducale Storia e Restauri.* Verona, 2004.
Wolfgang Wolters. *The Doge's Palace in Venice.* Berlin, 2010.

Capitol Building(국회 의사당)
William C. Allen. *The Dome of the United States Capitol: An Architectural History.* Washington, D.C., 1992.
Henry Hope Reed. *The United States Capitol, Its Architecture and Decoration.* New York, 2005.

Chrysler Building(크라이슬러 빌딩)
Donald L. Miller. *Supreme City.* New York, 2014.
David Stravitz. *The Chrysler Building: Creating a New York Icon.* New York, 2002.

Dulles International Airport(덜레스 국제공항)
Jayne Merkel. *Eero Saarinen.* London, 2005.
John Zukowsky, ed. *Building for Air Travel.* Munich, 1996.

Palace of Assembly(국회 의사당)
H. Allen Brooks, ed. *The Le Corbusier Archive,* vols. XXII–XXV. New York, 1983.

Jaspreet Takhar, ed. *Celebrating Chandigarh. 50 Years of the Idea.* Chandigarh-Ahmedabad, 1999.

National Assembly Building of Bangladesh(방글라데시 국회 의사당)
Kazi Khaleed Ashraf and Saif Ul Haque, *Sherebanlanagar: Louis Kahn and the Making of a Capital Complex.* Dhaka, 2002.
Grischa Rüschchendorf. *Louis Kahn House of the Nation.* San Francisco, 2014.

Reichstag(라이히슈타크)
Michael S. Cullen. *The Reichstag: German Parliament between Monarchy and Feudalism.* Berlin, 1999.
David Jenkins, ed. *Rebuilding the Reichstag.* London, 2000.

London Aquatics Centre(런던 아쿠아틱 센터)
Yoshio Futagawa. *Zaha Hadid.* Tokyo, 2014.

World Trade Center Transit Hub(세계 무역 센터 환승센터)
Joann Gonchar. 'Talk of the Town', *Architectural Record* (April 2016), 50–53.
Alexander Tzonis. *Santiago Calatrava. The Complete Works.* New York, 2011.

MONUMENTS(기념물)

Parthenon(파르테논 신전)
Jenifer Neils, ed. *The Parthenon: From Antiquity to the Present.* Cambridge, England, 2005.

Angkor Wat(앙코르와트)
Eleanor Mannikka. *Angkor Wat. Time, Space and Kingship.* Honolulu, 1996.
K.M. Srivastava. *Angkor Wat and Cultural Ties with India.* New Delhi, 1987.

Taj Mahal(타지마할)
Ebba Koch. *The Complete Taj Mahal.* London, 2006.

Palace of Versailles(베르사유 궁전)
Jean and Louis Faton. *La Galerie des Glaces. Histoire & Restauration.* Dijon, 2007.
James Arnot and John Wilson. *The Petit Trianon Versailles.* New York, 1929.

Monticello(몬티셀로)
Beth L. Cheuk. *Thomas Jefferson's Monticello.* Chapel Hill, North Carolina, 2002.
Susan R. Stein. *The Worlds of Thomas Jefferson at Monticello.* New York, 1993.

Einstein Tower(아인슈타인 타워)
Norbert Huse, ed. *Mendelsohn, der Einsteinturm: die Geschichte einer Instandsetzung.* Stuttgart, 2000.

ARTS AND EDUCATION(예술과 교육)

Sir John Soane's Museum(존 손 경 박물관)
Helene Mary Furján. *Glorious Visions: John Soane's Spectacular Theater.* New York, 2011.
Susan Palmer. *The Soanes at Home. Domestic Life at Lincoln's Inn Fields.* London, 1997.

Glasgow School of Art(글래스고 예술 학교)
William Buchanan, ed. *Mackintosh's Masterwork. The Glasgow School of Art.* Glasgow, 1989.

Bauhaus(바우하우스)
C. Irrgang. *The Bauhaus Building in Dessau.* Leipzig, 2014.
Monika Margraf, ed. *Archäologie der Moderne : Sanierung Bauhaus Dessau.* Berlin, 2006.

Barcelona Pavilion(바르셀로나 파빌리온)
Franz Schulze. *Mies van der Rohe: A Critical Biography.*
Chicago, 1985, rev. 2012.

Solomon R. Guggenheim Museum(구겐하임 미술관)
Alan Hess. *Frank Lloyd Wright. Mid-Century Modern.*
New York, 2007.

Berliner Philharmonie(베를린 필하모닉)
Peter Blundell Jones. *Hans Scharoun.* London, 1995.
Wilfrid Wang and Daniel E. Sylvester, eds. *Hans
Scharoun Philharmonie.* Berlin, 2013.

Kimbell Art Museum(킴벨 미술관)
Patricia Cummings Loud. *The Art Museums of Louis I.
Kahn.* Durham, North Carolina, 1989.

Sydney Opera House(시드니 오페라 하우스)
P. Murray. *The Saga of Sydney Opera House.* New York, 2004.

Centre Georges Pompidou(퐁피두 센터)
Kester Rattenbury and Samantha Hardingham. *Richard
Rogers. The Pompidou Centre.* New York, 2012.

Grand Louvre(그랑 루브르)
Philip Jodidio and Janet Adams Strong. *I.M. Pei
Complete Works.* New York, 2008.
I.M. Pei and E.J. Biasini. *Les Grands Desseins du Louvre.*
Paris, 1989.

Guggenheim Museum Bilbao(빌바오 구게하임 미술관)
Coosje van Bruggen. *Frank O. Gehry, Guggenheim
Museum Bilbao.*New York, 1998.

**National Museum of African American History
and Culture**(국립 아프리카계 미국인 역사 문화 박물관)
Mabel Wilson. *Begin with the Past: Building of the
National Museum of African American History and
Culture.* Washington, D.C., 2016.
Okwui Enwezor and Zoë Ryan, in consultation with
Peter Allison, eds. *David Adjaye: Form, Heft, Material.*
Chicago, 2015.

LIVING(주거)

Hôtel-Dieu de Beaune(하나님의 호텔)
Nicole Veronee-Verhaegen. *L'Hôtel-Dieu de Beaune.*
Brussels, 1973.

Villa Almerico-Capra – 'Villa La Rotonda'(빌라 로툰다)
Gian Antonio Golin. *La Rotonda: Andrea Palladio.*
Venice, 2013.

Renato Cevese, Paola Marini, Maria Vittoria Pellizzari.
Andrea Palladio la Rotonda. Milan, 1990.

Hôtel Tassel(타셀 호텔)
François Loyer and Jean Delhaye. *Victor Horta: Hotel
Tassel, 1893–1895.* Brussels, 1986.

Schröder House(슈뢰더 하우스)
Bertus Mulder. *Rietveld Schröder House.* New York, 1999.

Maison de Verre(메종 드 베르)
Yukio Futagawa, ed. *Pierre Chareau Maison de Verre.*
Tokyo, 1988.

Fallingwater(낙수장)
Lynda Waggoner, ed. *Fallingwater.* New York, 2011.

Villa Mairea(빌라 마이레아)
Göran Schildt. *The Architectural Drawings of Alvar
Aalto 1917–1939, vol. 10.* New York, 1994.

Casa Luis Barragán(루이스 바라간 주택)
Luis Barragán. *Luis Barragan: His House.*
Mexico City, 2011.

The Eames House(임스 하우스)
Elizabeth A.T. Smith. *Blueprints for Modern Living:
History and Legacy of the Case Study Houses.* Los
Angeles, 1989.
James Steele. *Eames House: Charles and Ray Eames.*
London, 1994.

Nakagin Capsule Tower(나카긴 캡슐 타워)
Peter Cachola Schmal, Ingeborg Flagge, Jochen
Visscher, eds. *Kisho Kurokawa: Metabolism and
Symbiosis.* Berlin, 2005.

Absolute Towers(앱솔루트 타워)
Ma Yansong. *MAD Works MAD Architects.* London, 2016.

WORSHIP(예배)

Hagia Sophia(아야 소피아)
Heinz Kähler and Cyril Mango. *Hagia Sophia.*
New York, 1967.
Roland Mainstone. *Hagia Sophia.* London, 1988.

Mosque Cathedral of Córdoba(코르도바 모스크 대성당)
Antonio Fernández-Puertas. *Mezquita de Córdoba: su
estudio arqueológico en el siglo XX.* Granada, 2009.
Gabriel Ruiz Cabrero. *Dibujos de la Catedral de
Córdoba: Visiones de la Mezquita.* Cordoba and
Madrid, 2009.

Chartres Cathedral(샤르트르 대성당)
Philip Ball. *Universe of Stone: A Biography of Chartres
Cathredral.* New York, 2008.
Brigitte Kurmann-Schwarz and Peter Kurmann.
Chartres: la cathédrale.
Saint-Léger-Vauban, 2001.

Temple of the Golden Pavilion(금각사)
Jiro Murata. 'The Golden Pavilion', *Japan Architect*
(March 1963), 90–97.

Florence Cathedral(피렌체 대성당)
Eugenio Battisti. *Brunelleschi: The Complete Work.*
London, 1981.
Francesca Corsi Massi. *Il ballatoio interno della
Cattedrale di Firenze.* Pisa, 2005.
Marvin Trachtenberg. *Giotto's Tower.* New York, 1971.

Batalha Monastery(바탈랴 수도원)
Vergilio Correia. *Batalha. Estudo Historico-Artistico-
Arqueologico do Mosteiro da Batalha.* Porto, 1929.
Ralf Gottschlich. *Das Kloster Santa Maria da Vitoría
in Batalha und seine Stellung in der Iberischen
Sakralarchitektur des Spätmittelalters.*
Hildesheim, 2012.

St Peter's Basilica(성 베드로 대성당)
Barbara Baldrati. *La Cupola di San Pietro. Il Metodo
Costruttivo e il Cantiere.* Rome, 2014.
Paul Letarouilly. *The Vatican and Saint Peter's Basilica
of Rome.* New York, 2010, orig. Paris, 1882.

St Paul's Cathedral(세인트 폴 대성당)
Derek Keene, Arthur Burns, Andrew Saint, eds.
St Paul's: The Cathedral Church of London, 604–2004.
New Haven, 2004.
Ann Saunders. *St Paul's Cathedral: 1400 Years at the
Heart of London.* London, 2012.

Notre-Dame-du-Haut Chapel(노트르담 뒤 오 성당; 롱샹 성당)
Le Corbusier. *Ronchamp, Maisons Jaoul, and
Other Buildings and Projects 1951–52.* New York
and Paris, 1983.
Danièle Pauly. *Le Corbusier: La Chapelle de Ronchamp.*
Paris and Boston, 1997.

Sagrada Familia(사그리다 파밀리아; 성가족 성당)
I. Puig Boada. *El Templo de la Sagrada Familia.*
Barcelona, 1952.
Jordi Cussó i Anglès. *Disfrutar de la Naturaleza con
Gaudí y la Sagrada Familia.* Lleida, 2010.
Nicolas Randall. *Sagrada Família: Gaudi's Opus
Magnum.* Madrid, 2012.

용어 사전 Glossary

아치(arch)

곡선의 개방형 구조로, 양쪽 측면의 추력을 통해 지지되는 구조. 교량과 같은 열린 아치는 단부가 확산되지 않도록 내부 추력을 필요로 하며, 자연적인(강둑, 협곡) 또는 인공적인(버팀목) 형태의 고정수단이 필요하다. 주로 서양 및 이슬람 건축물에 사용되며, 양쪽 모두 공통된 유형으로는 첨두 아치(the pointed arch)가 있다. 이슬람 건축에서는 좀 더 다양한 형태로 말발굽형 아치(the horseshoe arch)와 다엽 아치(poly-lobed arches)가 있으며, 서양 건축에서는 란셋(lancet) 및 삼엽형(trefoil), 튜더(Tudor) 아치가 있다.

천개(baldachin)

왕좌나 종교적 제단 위에 놓인 내부 캐노피. 매달려 있거나, 독립적으로 서 있거나, 벽체에 붙어 있을 수도 있다.

보자르(Beaux-Arts)

16세기에서 19세기까지 프랑스 건축에서 나타나는 기념비성과 풍부한 장식적 디테일을 적용한 19세기 후반에서 20세기 초의 절충적 양식

브리즈솔레일(차양막, brise soleil)

창문을 가리는 데 사용되는 영구적인 차양막(수직 또는 수평 차양)으로 특히 더운 기후에 적용됨. 르 코르뷔지에에 의해 대중화되었지만, 토착 이슬람 건축에 뿌리를 두고 있다.

버트레스(buttress)

벽을 지지하는데 사용되는 석재 또는 벽돌 구조. 버트레스 유형에는 건물 각도에 수평으로 접합된 '클래스핑(clasping) 버트레스'와 건물의 바깥쪽 추력을 지지하는 아치 또는 반아치 구조의 '플라잉(flying) 버트레스' 등이 있다. 좀 더 기본적인 유형으로는 45도 각도로 벽에 고정된 목제 판자도 포함된다.

셀라(cella)

그리스와 로마 신전 안쪽의 신상을 배치하는 공간. 나오스(naos)라고로 불린다.

차트리(chhatri)

건물 옥상에 있는 돔 모양의 정자. 일반적으로 인도 건축 양식으로, 특히 인도 라자스탄(Rajasthan) 지방의 라지푸트족(the Rajput)과 연관되어 있다.

성합(ciborium)

기둥으로 받치고 있는 기독교 제단 위의 캐노피. 천개(baldachin)와 비슷하다.

고측 창(clerestory)

성당의 신랑(nave) 상부에 있는 창문으로 된 영역으로 빛을 실내로 유입시키는 역할을 함. 당 용어는 일반 건축물 및 주택에서도 유사한 형태로 배치될 경우 사용된다.

엑시드라(exedra)

반원형 또는 직사각형 벽감(壁龕)에 배치된 야외 벤치. 또는 성당의 앱스(apse)나 그 안의 벽감을 가리킬 수 있다.

거푸집(formwork)

콘크리트가 경화될 때까지 콘크리트를 고정하고 성형하는 임시 또는 영구적인 주형틀. 거푸집의 질감에 따라 콘크리트에 각인 된다. 의도적인 질감이나 높은 수준의 마감을 위해서는 맞춤형 거푸집을 사용한다.

맞배지붕(gambrel)

양쪽 면에 경사가 있는 지붕. 경사가 2개일 경우, 얕은 경사면이 가파른 경사면 위에 있다.

거나이트(gunite)

압력 호스를 통해 분사되는 시멘트, 모래, 물의 혼합물로 밀도가 높은 콘크리트 층을 생성한다.

하이 테크 양식(High-Tech)

엔지니어링 및 기타 기술과 관련된 재료와 기법에 의해 영감을 받은 건축 양식. 이 용어는 조앤 크론(Joan Kron)과 수잔 슬레인(Suzanne Slesin)이 쓴 인테리어 디자인 서적인 '하이 테크: 가정용 산업 스타일과 재료 (High Tech: The Industrial Style and Source Book for the Home, 1978)'에서 차용된 것으로, 1970년대에는 유사한 건축물을 묘사하기 위해 사용된 '산업 스타일(Industrial Style)'로 대체되었다.

국제 양식(International Style)

1932년 헨리 러셀 히치콕(Henry Russell Hitchcock)과 필립 존슨(Philip Johnson)이 처음 정의한 양식으로, 사회적 맥락을 넘어 형태를 강조한 건축 양식. 대략 1925년부터 1965년까지 유럽 모더니즘 운동과 바우하우스에서 발생하였다. 특히 미국으로 넘어간 후, 전 세계적으로 퍼져나갔다. 가장 대표적인 유형으로는 기업의 초고층 빌딩이 있다.

망사르 지붕(mansard roof)

두 가지 경사를 가진 지붕으로, 지붕의 4면에서 각각 아래 경사면이 위 경사면보다 더 급한 각을 가졌으며, 피치가 낮으면 외부 노출을 피할 수 있다. 이러한 디자인은 프랑스 르네상스의 특징이며, 특히 19세기 프랑스 제 2 제정 시기의 건축에서 일반적인 유형이었다.

메토프(metopes)

도리아 양식의 프리즈(frieze)에서 트리글리프(triglyphs) 사이의 사각형 공간으로, 종종 조각 작품으로 장식된다.

나오스(naos)

셀라(cella) 참조

나르텍스(배랑, narthex)

중세 기독교 성당의 입구 현관(porch)의 일반적인 용어. 배랑의 두 가지 유형은 비잔틴 성당에서 발견되는데, 신랑(nave)과 측랑(aisle) 앞에 있는 이소나르텍스(esonarthex)와 입면 앞에 있는 엑소나르텍스(exonarthex)이다. 두 유형 모두 기둥이나 난간 또는 벽을 통해 영역이 확실히 구분된다.

오큘러스(oculus; 눈(oculi)의 복수형)

돔의 정점에 위치한 원형 개구부

오피스토도모스(opisthodomos)

정문에서 가장 멀리 떨어진 고대 그리스 신전 뒤쪽에 위치한 방

피아노 노빌레(piano nobile)

공공 응접실이 있는 저택의 메인 층. 일반적으로 2층에 위치하며, 높은 천장고를 가지고 있다.

필로티(pilotis)

높은 층을 지지하는 기둥으로 생성된 하부의 개방된 순환 공간. 르 코르뷔지에의 영향으로 대중화되었으며, 일반 주택 양식에서 도출되었다. 브라질 건축가 오스카 니어마이어(Oscar Niemeyer)의 V자 필로티 및 W자 필로티 등 다양한 유형으로 구분되기도 한다.

피슈타크(pishtaq)

회교 사원의 도출된 입구 또는 현관으로 평평한 직사각형의 '프레임'안에 놓인 아치형 출입구. 모스크의 존재를 강조하는 데 사용된다.

프로나오스(pronaos)

고대 그리스 신전 앞에 있는 대기실로, 셀라 바로 앞에 포르티코(portico)를 형성한다.

쿼드리가(quadriga)

4마리의 말이 끄는 2륜 전차

철근 콘크리트(reinforced concrete)

인장 강도를 높이기 위해 금속 막대나 철근을 삽입한 콘크리트의 종류

세릴리안 창문(Serlian window)

아치 모양의 헤드가 있는 중앙 창문과 양 측면의 사각형의 좁은 창문으로 구성된 3단 형태의 창문. 건축(L'architettura, 1537)에서 디자인에 관해 설명한 세바스티아노 세릴리오(Sebastiano Serlio)의 이름을 따서 명명되었다. 안드레아 팔라디오(Andrea Palladio)의 작품에도 비슷한 개구부가 있기 때문에 팔라디안 창문이라고도 불린다.

템피에토(tempietto)

원형의 작은 신전 같은 건물

가구식 구조(trabeated system)

기본 건축 방법으로, 기둥과 보로 이루어진 구조. 2개의 수직 부재를 수평 보(상인방)에 걸쳐 지지하는 형태

트리포리움(triforium)

교회의 신랑(nave) 아치 위에 있는 아케이트(열주) 공간으로, 신랑과 고측 창 사이의 통로 공간을 형성한다.

팀파넘(tympanum)

출입구 위에 있는 반원형 또는 삼각형의 영역으로, 상인방과 아치가 경계를 이룬다. 종종 조각으로 장식된다.

그리스 기둥 양식

고대 그리스 건물의 기둥들은 세 가지의 양식으로 구분된다: 도리아 양식, 이오니아 양식, 코린트 양식

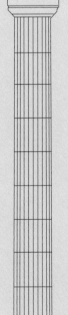

도리아 양식

도리아 양식은 기원전 6세기 초에 형성되었으며, 베이스 없이 세로로 홈이 새겨진 기둥이 특징이고, 주두(캐피탈)는 장식되지 않았다.

이오니아 양식

이오니아 양식은 기원전 6세기 중반 이오니아(현재 터키의 일부)에서 유래되었으며, 좀 더 얇은 형태에 더 많은 세로 홈을 특징으로 한다. 베이스 위에 기둥이 놓여 있으며, 주두는 소용돌이 무늬로 장식되었다.

코린트 양식

코린트식은 기원전 5세기경 개발되어 로마인들이 선호하였다. 특히 정교한 주두로 구분되는데, 두 줄로 된 아칸서스 잎과 네 개의 소용돌이 무늬로 장식되었다.

색인 Index

숫자

5번가 724 38
911 추모관, 뉴욕 70

영문

BIM 프로그램 6
IBM 공장, 과달라하다 멕시코 215
MAD 건축사사무소 230
UN 빌딩, 뉴욕 49
WASA 스튜디오 135

ㄱ

가고일 43
가구 122, 196, 201, 220, 221
가에 아울렌티 157
가스파르 드 라 페냐 245
가스파르 마르시, 발사자르 마르시 98
강철 교회, 쾰른 236
거버레트 161
건축 도면 6
게리 테크놀로지 170
게리트 리트벨트 196 – 9
게오르그 콜베 131
게이트웨이, 싱가포르 162
고든 번샤프트 174
고딕 건축 250, 260
고이랜드 호텔, 힐베르숨 200
고측 창(클리어스토리) 251, 254, 283
고층 빌딩 14, 168, 2289
고흐 미술관, 암스테르담 224
공공건물 13
공항 44
과달라하라, 멕시코 214, 215
과스메이 시겔 건축사사무소 135
과스메이 시겔 카우프만 건축사사무소 138
과학 기술 산업 문화 센터, 파리 115
교육 113
교토 182, 235, 256
구겐하임 미술관, 뉴욕 134
구스타프 아돌프 교회, 베를린 236
구스타프손 오클리 니콜 178
구엘 공원 289
구엘 저택, 바르셀로나 289
구치카디니 및 마그니 263
국가 역사 보존법 77
국가 유산 목록, 영국 77
국립 디자인 아카데미, 뉴욕 29
국립 미술관 162, 163, 174
국립 민족학 박물관, 오사카 224

국립 아프리카계 미국인 연사 문화 박물관, 워싱
턴 DC 174
국립 역사 보존 재단 77
국립 항공 우주 박물관 45
국제 건축 박물관 협회 117
국제 박물관 협의회 113
국제 양식 130, 220, 296
국회 의사당, 찬디가르, 인도 48
국회 의사당, 쿠웨이트 151
군터 쉼마크 142
그랑 루브르, 파리 34, 162
그랑 프로제 156, 157
그랜드 센트럴 역, 뉴욕 14
그리스 기둥 양식 297
그리스도의 집, 멕시코 214
글래스고 115, 122
금각사, 교토, 일본 182, 235, 256
기념관, 필라델피아 59
기념물 보호법 77
기쇼 구루카와 224
글로드 바스코니 156

ㄴ

나르코핀 빌딩, 모스코바, 러시아 183
나르텍스(배랑) 296
나브텍 165
나오스(셀라 참조) 296
나카긴 캡슐 타워, 도쿄 224
나탈리니 건축사사무소 263
나폴레옹 3세 165
낙수장, 밀 런, 미국 180, 199, 206
내셔널 몰, 워싱턴 DC 174
내셔널 트러스트, 영국 77
내슈빌 파르테논 81
네로 16, 270
노르마르쿠, 핀란드 210
노먼 포스터 13, 59, 60, 61
노벨 평화상 센터, 오슬로, 노르웨이 175
노숙인 쉼터, 시카고 184
노트르담 뒤 오 성당: 롱샹 성당, 프랑스 282
노트르담 항씨 교회 236
뉘른베르크 108
뉴욕 스프루스 스트리트 8번지 168
니콜라 피사노 260
니콜라스 롤린 184
니콜라스 혹스무어 116

ㄷ

다니엘 리베스킨트 70
다이마루 디자인 225
다카 13, 54
단게 겐조 225
당 권 230
더 브로드 113
더글라스 카디날 174
더크 로한 131
딜레스 국제공항, 버지니아 13, 44
덜위치 미술관 116
데 스틸 130, 196
데르 스컷 14
데사우, 독일 115, 126, 182
데어 링 140
데이비드 맥컬레이 20
데이비드 아디아예 115, 174
데이비드 쥬게트 266, 269
데이비드 치퍼필드 113
데이비스 브로디 본드 70, 174
데이빗 차일드 70
데일리 레코드 신문사 인쇄소, 글래스고 122
덴버 175
델리 94
델먼 신발가게, 뉴욕 38
도널드 트럼프 14, 34
도리아 양식 36, 83, 85, 297
도메넥 수구라네스 289
도메니코 폰타나 271, 273
도면 6, 9
도미니쿠스 붐 236
도미니크 페로 163
도미티아누스 황제 16
도제 궁전, 베니스 28, 32
도쿄(동경) 182
독일 대사관, 브라질리아, 브라질 141
독일식 마을 108
드라워 파빌리온, 영국 108
디 글리자네 케터 140
디 브루크 140
디오고 보이택 268
디오클레티아누스 궁전, 스플리트 14, 22
딜러 스코피디오 렌프로 113, 231

ㄹ

라데팡스, 파리 157
라빌레트 공원, 파리 163
라이히슈타크, 베를린, 독일 58
라파엘 271

라파엘 소리아노 221
라파예트 백화점, 파리 43, 193
라호이아, 캘리포니아 55
랄프 랩슨 221
랄프 아펠바움 175
랑게 주택, 독일 131
랜드마크 보호법 77
램버트 국제공항, 세인트루이스, 미국 44
런던 아쿠아틱 센터, 런던, 영국 13, 64
레알 쇼핑센터, 파리 156
레온 바티스타 알베르티 271
레인홀드 베가스 61
렌조 피아노 147, 148, 156, 283
렘케 주택, 베를린 131
로널드 워드 앤 파트너스 279
로렌초 기베르티 261
로미오와 줄리엣 아파트 타워, 슈투트가르트 141
로버트 루빈 201
로버트 밀스 35
로버트 아담 23
로버트 훅 281
로비 폴리 7, 294
로이드 빌딩, 런던, 영국 159
로이허르 판 데르 베이던 185
로타르 크레머 141, 143
롱샹, 프랑스 49, 236, 282
료젠카논(靈山観音), 교토 257
루트비히 미스 반 데어 로에 115, 127, 130, 131, 141
루이 14세 96, 97, 98, 163, 187
루이 르보 96
루이 비스콘티 165
루이스 달버트 201
루이스 마스 109
루이스 바라간 주택, 멕시코시티, 멕시코 214
루이스 보네티 가리 289
루이스 설리번 122, 192
루이스 칸 13, 54, 113, 146, 155
루카스 박물관, LA 231
루트비히 기에스 61
르 코르뷔지에 282, 283
르 콜롬비에르, 망통, 프랑스 214
르아브르 236
리버티 양식 192
리샤르 미크 97
리스본 71, 72
리오라 교회, 그리짜나, 이탈리아 211
리우데자네이로 71
리차드 노이트라 221
리차드 로저스 156, 201
리차드 세라 169

리차드 파고 브라운 146, 147
리처드 보일 189
리카르도 레고레타 214, 215

ㅁ

마 양송 230
마가렛 맥도널드 123
마담 퐁파두르 97, 99
마르세유 49
마르셀 브로이어 146
마리 알랭 쿠투리에 282
마리 앙투아네트 96
마리누스 반 데어 루베 59
마샤 랜돌프 106
마샬과 폭스 99
마이클 아라드 70
마이클 윌포드 140
마크아만 칸 93
마키 푸미히코 70
마틴 와그너 183
마틴 웨버 236
마팀 바스케스 268
막시 국립 미술관, 로마, 이탈리아 64
망사르 지붕 101, 296
망통, 프랑스 214
맞배지붕 296
매튜 노비키 48
맥밀란 계획 174
맥스웰 프라이 48
맥신 엘리엇 극장, 뉴욕 99
맥코믹 주택, 일리노이 131
메디치 가문 28
메모리얼 콜리세움 16
메이모니스 병원 109
메이드 레인 140번지, 샌프란시스코 135
메조라다 델 캄포 성당 289
메종 드 베르, 파리, 프랑스 200
메종 카레 102
메타볼리즘 159, 224, 225
메토프 296
메튜 페르난데스 267, 268
메흐메드 2세 238, 239
모거행거 주택, 영국 116
모건 16
모리스 라피두스 195
모세하우스, 베를린 108
모이세이 긴즈부르그 183
몬트리올 미술관, 캐나다 99
몬티첼로, 샬러츠빌, 미국 102
몽고메리 C. 메익스 35
몽테스팡 97, 99
무굴 건축 55
무스타파 케말 아타튀르크 239
무즈하르 이슬람 54
뭄타즈 마할 92
미구엘 드 아루다 267
미구엘 베르디게이라 246
미국 건축가 협회 38, 163, 207
미국 역사 협회 115

미국 의회 의사당 워싱턴 DC, 미국, 34
미국 홀로코스트 추모관, 워싱턴 DC, 미국 174
미노루 야마사키 44, 70
미르 압둘 카림 93
미마르 시난 239
미셸 마카리 164
미켈란젤로 261, 271, 273
미키 구로카와 224
밀라노 대성당 250, 260
밀뱅크 타워, 런던 279
밀워키 미술관 71

ㅂ

바르셀로나 파빌리온, 바르셀로나, 스페인 115, 130
바르톨로메오 본 29
바스티유 오페라 극장, 파리 163
바실 스펜스 282
바실리오스 2세 239
바우하우스, 데사우, 독일 115, 126
바일 암 라인, 독일 64
바쿠, 아제르바이젠 64
바크 데 로다 다리, 바르셀로나 71
바탈랴 수도원, 포르투칼 266
박스베르 성당 151
반 슬로버 주택, 헤이블런 196
반치물리오, 이탈리아 188
발마라나 가족 189
발터 그로피우스 196
방글라데시 국회 의사당, 다카, 방글라데시 54, 147
백악관, 워싱턴 DC, 미국 34
버나드 베부트 200
버드 컴퍼니 45
버지니아 대학 로툰다 103
버지니아주 의회 의사당 103
버트레스 243, 250
번즈 & 맥도널 45
벌카 건축사사무소 230-1
베론 부르 49
베르나드로 로셀리노 271
베르나르 추미 163
베르나베 고메스 델 리오 245
베르너 마치 16
베르사유 궁전, 베르사유, 프랑스 78, 96
베르투스 필더르 196
베를린 돔 58
베를린 올림픽 경기장 16
베를린 필하모닉, 베를린, 독일 140
베스파시아누스 황제 16
베이어 블라인더 벨 건축사사무소 39, 45
베이징(북경) 230
베이커 하우스, MIT, 보스턴 211
벤자민 헨리 라트로브 34, 103
벨기에 노동당 사람의 집 192
벨마 킴벨, 케이 킴벨 146
벽감 245, 261
보니파스 성당 236
보베 대성당 253

보워리 저축 은행 14
본의 하나님의 호텔, 프랑스 184
볼프스부르크, 독일 64
브라질리아 141
브로드웨이 197
브로드웨이 1107번지 38
브루노 타우트 182
브루노 파울 131
브르노 131
브리이즈 솔레일(차양막) 296
비잔틴 239
비첸차, 이탈리아 180, 188
비트라 소방서, 독일 64
비트루비우스 80, 188
빅토르 오르타 192
빅토리아 알버트 박물관, 런던 117
빈센초 스카모치 188
빌라 가초티 그리마니, 이탈리아 188
빌라 로툰다, 비첸차, 이탈리아 188
빌라 마그나, 이탈리아 22
빌라 사라체노, 이탈리아 188
빌라 사보아, 푸아시 283
빌라 키에리카티, 이탈리아 189
빌라 포야나, 이탈리아 188
빌라르 드 온느쿠르 255
빌바오 구겐하임 미술관, 빌바오, 스페인 113, 168
빔 벤더스 141

ㅅ

사그라다 파밀리아(성가족 성당), 바르셀로나, 스페인 288
사이타마 현대 미술관, 일본 224
산티아고 칼라트라바 13, 70, 169, 231
샌 안토니오 공공 도서관, 텍사스 215
생 갈 수도원 평면도 6
생고뱅 165
생드니 수도원 250
샤르트르 대성당 250
샤를 드 골 156
샤를 루이 클레리시우 102
샤를 르브룅 97
샤만. M. N. 48
샤하 자한 92, 93
성 마리아 알데마리 성당 276
성 베드로 대성당, 비잔틴, 이탈리아 235, 26, 270
성 스테파노 월브룩 성당, 런던 276
세계 건축가 회의 77
세계 무역 센터 환승센터, 뉴욕, 미국 13, 70
세계 문화유산 127, 257
세르게 체마이프 108
세릴리안 창문 297
세바스티아노 세릴리오 25, 297
세인트 조셉 교회, 르아브르 236
세인트 존 교회, 런던 116
세인트 존 더 디바인 대성당, 뉴욕 288
세인트 폴 대성당, 런던 235, 276
셸라 25, 81, 296

소니 타워, 오사카 225
소크 연구소, 라호야, 미국 55, 146
손턴 토마세티 43
솔베이 호텔, 브뤼셀 192
솔즈베리 대성당, 영국 261
수리야바르만 2세 86, 87, 90
슈레브, 램, 하몬 39
슈뢰더 하우스, 위트레흐트, 네덜란드 180, 196
슈미케 주택 141
슈투트가르트 141
스노헤타 건축사사무소 70
스미소니언 협회 174
스미스 그룹 174
스키드모어, 오윙스 & 메릴 건축사사무소 45
스탠리 티거만 54, 184
스톤헨지 235
스트라스부르 대성당 261
스티븐 홀 123
스프루스 스트리트 8번지 168
스플리트, 크로아티아 14, 22
슬로안 & 로버츠 14
시게루 반 113
시그램 빌딩, 뉴욕 130
시드니 오페라 하우스, 호주 150
시범 주택 단지 180, 220
시애틀 뮤직 프로젝트 168
시에나 대성당 260
시엠 립, 캄보디아 86
시워즈 타워, 시카고 39
시카고 현대 미술관 113
시칸다르 로디 94
신 국립 미술관, 베를린 141, 145
심바이오시스(공생) 224

ㅇ

아그라 92
아돌프 마이어 126
아돌프 히틀러 59
아라타 이소자키 115, 169
아랍 문화원 157
아랍 문화원, 파리 157
아르놀포 디 캄비오 260-1, 262
아르누보 192-5
아르데코 14, 38, 42-3
아르텍 211
아몬 카터 뮤지엄, 포트워스, 텍사스 146-7
아미앵 대성당 251
아브드 알 라흐만 1세 244, 245
아브드 알 라흐만 3세 245, 246
아슈모어 박물관, 옥스포트, 영국 113
아스펜 미술관 113
아시카가 요시미츠 (쇼군) 257
아야 소피아 242-3
아야 소피아, 이스탄불 235, 236, 238-43
아우구스투스 푸진 13-14
아이노 알토 211
아이작 성당, 러시아 36
아인슈타인 타워 108
아키그램 158

아테네 헌장 77
아테네, 그리스 78, 80-5, 235
아폰소 도밍게스 266, 267
안드레 키코스키 135, 136
안드레아 팔라디오 29, 103, 180, 188-91, 277, 297
안드레아 피사노 261, 262
안테미오스, 트랄레스 238
안토니 가우디 288-93
안토니누스 피우스 22
안토니오 리조 29
안토니오 산텔리아 109
안토니오 콘티노 33
알 왈리드 244
알라 미요 다리, 세비야 71
알렉산더 카마로 142
알렉산드로 마간차 191
알론소 마티아스 246
알바 알토 180, 210
알바로 시자 169
알버츠알트, 데사우 127
알버트 메이어 48
알스트롬 211
암 주택 151
암만 & 휘트니 45
압뒬메지트 1세 239
앙게 자크 가브리엘 97, 99
앙드레 르 노트르 96
앙드레 말로 156
앙리 반 데 벨데 192
앙코르와트, 캄보디아 78, 86
이디야 파라카쉬 48
애보트 수제 250
애스트로돔 16
앤드류 니블렛 281
앤드류 잭슨 34
앨런 레콰이어 81
앱솔루트 타워, 토론토 182, 230-3
야마자키 초운 257
얀 듀이커 200
얀 반 에이크 184
어거스트 버세 58
어거스트 코멘던트 147
어윈 채닌 14
어윈 핀레이 프룬디치 108, 109
에곤 아이어만 282
에드가 비스니브스키 141
에드가 카우프만, 릴리안 카우프만 206, 207
에드워드 맥스웰, 윌리엄 맥스웰 99
에드워드 트럼불 39
에드윈 루티언스 116
에로 사리넨 13, 44, 220
에르나 루이즈 2세 245
에리히 로이터 141
에리히 멘델슨 108
에릭 군나르 아스푸룬드 210
에밀 마틴 252
에밀 타셀 193
에밀리오 데 파브리스 265

에버그린 건축사사무소 39
에버슨 미술관, 사라큐스 162
에센 오페라 하우스 211
에스터스 주택, 독일 131
에얼리 허스테드 45
에티엔 설피스 할렛 34
에피다우루스, 그리스 113
엑세터(필립스 엑세터 도서관) 55
엑토르 기마르 192, 193
엔타시스 85
엘긴 대리석 조각품 80
엘리 대성당, 영국 269
엘리사 알토 211
엘리엘 사리넨 220
엠파이어 스테이트 빌딩 39
엥겔베르트 성당, 쾰른 236
역사적 미국 건축물 조사 77
열주 23
예른 웃손 150
예일 대학교 미술관 147
예일 영국 미술 센터 147
오도리코와 마리아 카프라 188
오르세 미술관 157
오리엔트 역, 리스본 71
오브 아랍 & 파트너스 150
오스만 제국 238
오스카 니어마이어 49, 297
오스카 스토노로프 146
오이타 은행 돔, 오이타, 일본 170, 224
오토 바그너 122, 192
오토 바트닝 236
오토 폰 비스마르크 58
오토 폰 스프렉켈센 157
오피스토도모스 83, 297
올드 세인트 폴 269
올림픽 경기장 16
요제프 마리아 올브리히 192
요크 & 소이어 14
우스타드 아메드 라하우리 93
우스타드 아이사 시라지 93
울리히 폰 엔지겐 250
워렌 & 웨트모어 14
워링 & 길로우 200
워스머스 132
워싱턴 국립 대성당 288
워싱턴 기념비 35, 174
원 월드 트레이드 센터, 뉴욕 70
원형 극장 16
월리스 K. 해리슨 49
월스트리트 40 38
월싱엄의 앨런 269
월터 크라이슬러 38
월트 디즈니 콘서트 홀, LA 168
윌로우 찻집, 글래스고 122
윌리엄 램지 269
윌리엄 반 알렌 38
윌리엄 손턴 34
윌리엄 스트릭랜드 35
윌리엄 제켄도프 162

윌리엄 켄트 103
윌리엄 헐리 269
윌리엄 호가스 121
유게스 베투 186
유네스코 77, 78
유니테 다비타시옹, 마르세이유 49
유니테리언 교회, 뉴욕 55, 146
유대교 회당, 클리블랜드 하이츠, 미국 109
유대인 박물관, 베를린 115
유바스큘라 노동자 클럽 210
유스티아누스 1세 238
유스티아누스 2세 238
이라수무스란 공동 주택, 위트레흐트 196
이반 니콜라에프 182
이슨 H. 레너드 162
이시도루스(이시도르 조카) 239
이시도르 238
이시카와 히로스케 257
이오 밍 페이 46, 157, 162, 174
이오니아 양식 85, 191, 297
일리노이 공과 대학 127
임마쿨라타 예배당, 독일 236
임스 하우스, 퍼시픽팰리세이즈, 캘리포니아 180, 220
임페리얼 전쟁 박물관의 미국 항공 박물관, 영국 115

ㅈ

자야바르만 7세 87, 90
자와할랄 네루 48
자코포 산소비노 29
자크 르메르시에 164
자크 위끄레 184
자하 하디드 64, 67, 230
잔 로렌초 베르니니 271
장 누벨 157, 201
장 달사스, 애니 달사스 201
장 델하예 193
장 레옹 제롬 17
장 미뇨 250
장 빌레발 156
장 찰스 모어 282
재경부 청사 163
제7대 엘긴 백작 토마스 브루스 80
제국 해군 사무실 58
제로니모스 수도원 267
제이콥 리 몰드 29
제인 B 드류 48
제임스 깁스 103
제임스 렌윅 175
제임스 메디슨 106
제임스 손힐 279
제임스 스털링 140
제임스 잉고 프리드 174
제임스 코너 65
제임스 호반 34
조르디 보네타 아르멩골 289
조르디 파울리 올레 289
조르조 데 키리코 214

조르조 바사리 261
조르주 퐁피두(프랑스 전 대통령) 157
조르지오 세다나 193
조셉 밀러 107
조지 하우 146
조토 디 본도네 260
존 F 케네디 44
존 F 케네디 국제공항 45
존 F 케네디 대통령 도서관, 보스턴 162
존 러셀 포프 163
존 러스킨 29
존 손 116
존 손 경 박물관, 런던, 영국 115, 116
존 앤 도널드 파킨슨 16
존 엔텐자 221
종교 건물 235
주세페 소마루가 192
주세페 케자리 271
줄 드베송 192
줄리어스 칼 라슈도르프, 오토 라슈도르프 58
쥘 아르두앙 망사르 96
지그문트 소다 230
지라드 대학, 필라델피아 35
지아코모 델라 포르타 271
지안프랑코 프란치니 156
지오바니 디 라포 지니 261
지오바니 본 29

ㅊ

차일드 식당, 뉴욕 38
차하트리스 94
찬디가르, 인도 13, 48
찰스 레니 맥킨토시 122
찰스 로버트 코킬 281
찰스 베리 13
찰스 불핀치 35
찰스 임스, 레이 임스 220
채닌 빌딩 14
천개(天蓋) 271, 273, 274, 296
체스터 카운티 은행 35
초드리 48
춤추는 집, 프라하, 체코 168, 231
치즈윅 주택 103

ㅋ

카르피온 80
카를로 마데르노 271
카를로스 오트 163
카미노 호텔, 멕시코시티 215
카사 길다리, 멕시코시티 215
카사 밀라 289
카사 바트요 289
카사 비센스 288
카스트룸 23
카이저 빌헬름 기념 성당 236, 282
칼 파이저 127
칼리크라테스 80
칼펠트 건축사사무소 142

캘리포니아 항공 우주 박물관, LA 168
캠브리지, 영국 113
컬쳐포럼, 베를린 140, 141
코드프라드 드브리스 193
코르도바 모스크 대성당, 스페인 244
코린트 양식 297
코모도어 호텔 14
코번트리 대성당, 영국 282
콘스탄티노 브루미디 35
콘하우스, 데사우 127
콜로세움, 로마 13, 16
콜브룩데일 철교, 영국 252
쾰른 대성당 288
쿠알라룸푸르 국제공항, 말레이시아 224
쿠웨이트 151
쿠트브 미나르, 델리 94
퀜섬 빌딩, 데사우 127
퀸란 테리 116
크라이슬러 빌딩, 뉴욕 14, 38, 78
크레이그 엘우드 221
크리스토퍼 렌 10, 276
크리스티앙 시리치 131
크메르 왕조 86
클로드 베르탱 98
클리블랜드 하이츠, 미국 109
킴벨 미술관, 포트워스, 텍사스 113, 146
킹스 칼리지 성당, 캠브리지, 영국 267
켐니츠, 독일 108

ㅌ

타멜라인의 무덤, 우즈베키스탄 94
타셀 호텔, 브뤼셀 180, 192
타지마할, 아그라 55, 78, 94
탄식의 다리, 베니스 29, 33
터닝 토르소, 말뫼, 스웨덴 71, 231
테오 반 되스버그 197
테오도시우스 2세 81
텍스타일 협회 공동 주택, 모스코바, 러시아 182
토마스 로렌스 118
토마스 어스틱 월터 34, 35
토마스 제퍼슨 78, 102
토마스 크로포드 35
투겐드하트 주택 131
트루우스 슈뢰더 196
티리다테스 239
티베리우스 황제 22
티볼리, 이탈리아 22, 23
티투스 황제 16
틴토레토 29

ㅍ

파구스 공장, 독일 126
파르테논 신전 아테네, 그리스 80, 235
파미오 사나토리움, 핀란드 210
파에노 과학 센터, 볼프스부르크, 독일 64
파올로 베로네세 29
파올로 알메리코 188
파울 바우가르텐 59

파울 발로트 58
판스워스 주택 131
판테온, 로마 34, 36, 103, 191
판테온, 파리 35
팔라디오 양식 103
퍼시픽 타워, 파리 224
펄싱 광장 215
페데리코 주카리 261
페드로 데 라 파스 245
페루난두 2세 267
페르난도 데보라 267, 268
페르디난드 샤넷 193
페르디난트 3세 245
페리클레스 81
페이디아스 80
포럼 박물관, 베를린 113
포사티 형제 239
포스터 & 파트너스 113, 115, 169
폴 루돌프 54
폴 앤드류 157, 170
폴 체메토프 163
폴 필립 크렛 146
퐁피두 센터, 파리 156, 162
푸아시 283
프라우엔 성당 267
프랜시스 헨리 뉴베리 123
프란시스코 드 폴라 델 빌라 르 로자노 289
프란체스코 탈렌티 261
프란체스코 포스카리 29
프랑수아 망사르 101
프랑수아 미테랑 156, 163
프랑수아 드오르베이 96
프랜시스 맥도널드 123
프랭크 게리 168, 231
프랭크 로이드 라이트 10, 122, 207
프레드릭 옴스테드 35
프레리 양식 207
프리온 그룹 174
프리츠커상 64, 151, 162
피렌체 대성당 261, 264
피렌체 대성당 235, 260, 271
피슈타크 297
피에르 레스코 164
피에르 샤로 200
피에르 샤를 랑팡 34, 174
피에르 장레그리 48
피에트로 바세지오 29
피츠헤어 저택, 런던 116
피터 라이스 164
피터 베렌스 126, 131, 192
피터 보네트 와이트 29
피터 워커 70
피터 홀 150
피에트 몬드리안 196
핀란드 전시관, 뉴욕 세계 박람회 211, 213
필로티 51, 297
필리포 브루넬레스키 260, 261
필립스 엑서터 아카데미 도서관, 미국 55
필립포 칼렌다리오 28

ㅎ

하드리아누스 황제 22, 23
하르팬던, 영국 151
하야시 요켄 257
하얼빈 오페라 하우스, 중국 230
하이 테크 296
하이너크 쉐퍼 127
하인리히 팔러 250
하네스 마이어 127
한스 샤로운 140
한스 올만 141
해롤드 크레이그 세브란스 38
해리 굴리센, 마이레 굴리센 211
해리엇 패티슨 147, 148
허니만 & 케피 122, 123
허만 J. 슈바르즈만 59
허먼 밀러 220
허버트 맥네어 123
허버트 베이어 146
허시온 미술관 및 조각공원 174
헤르베르트 폰 카라얀 140
헤이드라 알리예프 문화 센터, 바쿠, 아제르바이젠 65
헨리 N. 코브 162
헨리 러셀 히치콕 296
헬싱키 211
현관, 전실(vestibule) 26
화이트채플 도서관, 런던 175
후안 드 카스틸로 267
후안 세케로 데 마틸라 245
후프자이젠둥 183
히로시마 현대 미술관 224
히샴 알 레다 246
힐 하우스 122
힐라 폰 레바이 134
힐베르숨 200

도판 출처 Picture Credits

Illustrations by Robbie Polley. Photographs supplied by the following sources:

(Key: top = **t**; bottom = **b**; left = **l**; right = **r**; centre = **c**; top left = **tl**; top right = **tr**; centre left = **cl**; centre right = **cr**; bottom left = **bl**; bottom right = **br**)

2 Architectural Images / Alamy Stock Photo **12** Fotofeeling / Getty Images **15** James Ewing / OTTO Archive **16** Denis Polyakov / Alamy Stock Photo **17t** phxart.org / Wikimedia Commons **17bl** Evan Reinheimer / Getty Images **17br** J. Pie / Alamy Stock Photo **22** Mrak.hr / Shutterstock **23tl** DEA Picture Library / Getty Images **23bl** Tuomas Lehtinen / Alamy Stock Photo **23r** Peter Noyce ITA / Alamy Stock Photo **28** @Didier Marti / Getty Images **29tl** Roland Liptak / Alamy Stock Photo **29tr** dominic dibbs / Alamy Stock Photo **29b** Photo by H.N. Tiemann / The New York Historical Society / Getty Images **34** © Corbis / VCG / Getty Images **35tl** Thornton, William, Architect. [U.S. Capitol, Washington, D.C. East elevation, low dome]. Washington D.C, None. [Between 1793 and 1800] Photograph. Retrieved from the Library of Congress, https://www.loc.gov/item/92519533/ **35bl** Irene Abdou / Alamy Stock Photo **35r** Photo by Library of Congress / Corbis / VCG via Getty Images **38** Cameron Davidson / Getty Images **39l** Elizabeth Wake / Alamy Stock Photo **39c** Nathan Benn / Corbis via Getty Images **39r** Iconic New York / Alamy Stock Photo **44** Connie Zhou / OTTO Archive **45tl** Balthazar Korab / OTTO Archive **45tr** Granger Historical Picture Archive / Alamy Stock Photo **45b** Connie Zhou / OTTO Archive **48** James Ewing / OTTO Archive **49t** (c) Stephane Couturier / Artedia / VIEW **49b** ITAR-TASS Photo Agency / Alamy Stock Photo **54** David Greedy / Lonely Planet Images / Getty Images **55t** VIEW Pictures Ltd / Alamy Stock Photo **55bl** Phillip Harrington / Alamy Stock Photo **55br** Majority World / UIG via Getty Images **58** (c) Werner Huthmacher / Artur / VIEW **59tl** VIEW Pictures Ltd / Alamy Stock Photo **59tr** dpa picture alliance / Alamy Stock Photo **59b** akg-images / Alamy Stock Photo **64** Hufton+Crow / Corbis Documentary / Getty Images **65tl** Hufton+Crow / Corbis Documentary / Getty Images **65tr** View Pictures / REX / Shutterstock **65b** Loop Images Ltd / Alamy Stock Photo **70** James Ewing / OTTO Archive **71tl** Peter Aaron / OTTO Archive **71tr** Leonardo Mascaro / Alamy Stock Photo **71b** Kim Karpeles / Alamy Stock Photo **76** Pakawat Thongcharoen / Moment / Getty Images **79** charistoone-travel / Alamy Stock Photo **80** Ren Mattes / hemis.fr / Getty Images **81t** Nick Dale / Design Pics / Getty Images **81bl** akg-images / Peter Connolly **81br** Brian Jannsen / Alamy Stock Photo **86** Boy_Anupong / Moment / Getty Images **87t** imageBROKER / Alamy Stock Photo **87bl** Robert Holmes / Alamy Stock Photo **87br** VW Pics / Universal Images Group / Getty Images **92** Wildviews / Charles Tomalin / Alamy Stock Photo **93tl** Diana Mayfield / Lonely Planet Images / Getty Images **93tr** david pearson / Alamy Stock Photo **93b** khairel anuar che ani / Moment / Getty Images **96** Guillaume Baptiste / AFP / Getty Images **97tl** Hemis / Alamy Stock Photo **97tr** Loop Images / Tiara Anggamulia / Passage / Getty Images **97b** Kalpana Kartik / Alamy Stock Photo **102** Albert Knapp / Alamy Stock Photo **103bl** Buddy Mays / Alamy Stock Photo **103tr** Evan Sklar / Alamy Stock Photo **103b** Philip Scalia / Alamy Stock Photo **108** akg-images / Bildarchiv Monheim / Opitz **109t** Photo Scala, Florence / bpk, Bildagentur fuer Kunst, Kultur und Geschichte, Berlin **109c** ullstein bild / ullstein bild via Getty Images **109b** Photo Scala, Florence / bpk, Bildagentur fuer Kunst, Kultur und Geschichte, Berlin **112** Brad Feinknopf / OTTO Archive **114** Jannis Werner / Alamy Stock Photo **116** Mark Lucas / Alamy Stock Photo **117t** Arcaid Images / Alamy Stock Photo **117bl** Mieneke Andeweg-van Rijn / Alamy Stock Photo **117br** Archimage / Alamy Stock Photo **122** John Peter Photography / Alamy Stock Photo **123tl** Leemage / Universal Images Group / Getty Images **123tr** VIEW Pictures Ltd / Alamy Stock Photo **123b** John Peter Photography / Alamy Stock Photo **126** ullstein bild / Getty Images **127tl** Ton Kinsbergen / Arcaid Images **127tr** Jannis Werner / Alamy Stock Photo **127b** LianeM / Alamy Stock Photo **130** imageBROKER / Alamy Stock Photo **131t** Campillo Rafael / Alamy Stock Photo **131c** imageBROKER / Alamy Stock Photo **131b** Arthur Siegel / The LIFE Images Collection / Getty Images **134** imageBROKER / Alamy Stock Photo **135tl** Art Kowalsky / Alamy Stock Photo **135tr** Peter Aaron / OTTO Archive **135b** Historic American Buildings Survey, Creator, Frank Lloyd Wright, and V C Morris. V.C. Morris Store, 140 Maiden Lane, San Francisco, San Francisco County, CA. California San Francisco San Francisco County, 1933. Documentation Compiled After. Photograph. Retrieved from the Library of Congress, https://www.loc.gov/item/ca1392/ **140tl** View Pictures / Universal Images Group / Getty Images **140bl** akg-images / euroluftbild.de / bsf swissphoto **141** Iain Masterton / Alamy Stock Photo **146** Ian G Dagnall / Alamy Stock Photo **147t** Richard Barnes / OTTO Archive **147b** Randy Duchaine / Alamy Stock Photo **150** Michael Dunning / Photographer's Choice / Getty Images **151tl** Ivo Antonie de Rooij / Shutterstock **151tr** Blaine Harrington III / Alamy Stock Photo **151b** French+Tye / Bournemouth News / REX / Shutterstock **156** Connie Zhou / OTTO Archive **157tl** Atlantide Phototravel / Corbis Documentary / Getty Images **157tr** Hemis / Alamy Stock Photo **157** Photononstop / Alamy Stock Photo **162** Sebastien GABORIT / Moment / Getty Images **163tl** Richard I'Anson / Lonely Planet Images / Getty Images **163tr** Hemis / Alamy Stock Photo **163b** nobleIMAGES / Alamy Stock Photo **168** Kevin Schafer / Corbis Documentary / Getty Images **169tl** View Pictures / Universal Images Group / Getty Images **169tr** Senior Airman Christophe / age fotostock / Superstock **169b** Art Streiber / OTTO Archive **174** REUTERS / Alamy Stock Photo **175tl** Brad Feinknopf / OTTO Archive **175tr** Brad Feinknopf / OTTO Archive **175b** Buyenlarge / Archive Photos / Getty Images **181** Danica Kus / OTTO Archive **182** Peter Aaron / OTTO Archive **184** JAUBERT French Collection / Alamy Stock Photo **185tl** Pol M.R. Maeyaert / Bildarchiv-Monheim / Arcaid Images **185tr** Hemis / Alamy Stock Photo **185b** Wikimedia Commons **188** David Madison / Photographer's Choice / Getty Images **189tl** Bildarchiv Monheim GmbH / Alamy Stock Photo **189tr** Fabio Zoratti / Getty Images **189b** Pat Tuson / Alamy Stock Photo **192** Karl Stas / Wikimedia Commons, CC-BY-SA-3.0 **193tl** © Our Place The World Heritage Collection **193tr** © Our Place The World Heritage Collection **193b** Charles LUPICA / Alamy Stock Photo **196** Arcaid Images / Alamy Stock Photo **197tr** Anton Havelaar / Shutterstock **197cl** Digital image, The Museum of Modern Art, New York / Scala, Florence **197b** Image & copyright: Centraal Museum Utrecht / Kim Zwarts 2005 **200** © Rene Burri / Magnum Photos **201tl** © Rene Burri / Magnum Photos **201tr** Arcaid Images / Alamy Stock Photo **201b** Digital image, The Museum of Modern Art, New York / Scala, Florence **206** Connie Zhou / OTTO Archive **207tl** Wim Wiskerke / Alamy Stock Photo **207bl** HABS PA,26-OHPY.V,1--93 (CT), Library of Congress Prints and Photographs Division Washington, D.C. 20540 USA http://hdl.loc.gov/loc.pnp/pp.print **207r** Alfred Eisenstaedt / The LIFE Picture Collection / Getty Images **210** Lehtikuva Oy / REX / Shutterstock **211l** Lehtikuva Oy / REX / Shutterstock **211r** Arcaid Images / Alamy Stock Photo **214** Peter Aaron / OTTO Archive **215tl** Peter Aaron / OTTO Archive **215cl** Peter Aaron / OTTO Archive **215br** Arcaid Images / Alamy Stock Photo **220** Walter Bibikow / Photolibrary / Getty Images **221t** EWA Stock / Superstock **221b** Peter Stackpole / The LIFE Picture Collection / Getty Images **224** Arcaid Images / Alamy Stock Photo **225l** urbzoo / Wikimedia Commons, CC-BY-2.0 **225r** Paul Almasy / Corbis Historical / Getty Images **230** VIEW Pictures Ltd / Alamy Stock Photo **231t** VIEW Pictures Ltd / Alamy Stock Photo **231b** Lucas Museum of Narrative Art / ZUMA Wire / REX / Shutterstock **234** Thoom / Shutterstock **237** Pascal Saez / VWPics / Alamy Stock Photo **238** Ali Kabas / Corbis Documentary / Getty Images **239tl** Ayhan Altun / Alamy Stock Photo **239bl** Siegfried Layda / The Image Bank / Getty Images **239r** Science History Images / Alamy Stock Photo **244** Benny Marty / Alamy Stock Photo **245tl** Gonzalo Azumendi / Photolibrary / Getty Images **245tr** John Turp / Moment / Getty Images **245b** age fotostock / Alamy Stock Photo **250** Arnaud Chicurel / hemis.fr / Getty Images **251tr** Photo (C) BnF, Dist. RMN-Grand Palais / image BnF **251bl** Martin Siepmann / imageBROKER / REX / Shutterstock **251br** funkyfood London - Paul Williams / Alamy Stock Photo **256** Joshua Davenport / Alamy Stock Photo **257tl** Mariusz Prusaczyk / Alamy Stock Photo **257tr** Alex Timaios Japan Photography / Alamy Stock Photo **257b** David Clapp / Photolibrary / Getty Images **260** Panther Media GmbH / Alamy Stock Photo **261l** Cristina Stoian / Alamy Stock Photo **261r** Gunter Kirsch / Alamy Stock Photo **266** © Aiisha / Dreamstime **267tl** Florian Kopp / imageBROKER / REX / Shutterstock **267tr** GM Photo Images / Alamy Stock Photo **267b** British Library / Robana / REX / Shutterstock **270** Eric Vandeville / Gamma-Rapho / Getty Images **271tl** Mark Williamson / Stockbyte / Getty Images **271bl** imageBROKER / Alamy Stock Photo **271r** De Agostini Picture Library / Getty Images **276** Peter Macdiarmid / Getty Images News / Getty Images **277l** Ludovic Maisant / hemis.fr / Getty Images **277r** VIEW Pictures Ltd / Alamy Stock Photo **282** Oleg Mitiukhin / Alamy Stock Photo **283tl** Annet van der Voort / Bildarchiv-Monheim / Arcaid Images **283tr** Bildarchiv Monheim GmbH / Alamy Stock Photo **283b** Michel Sima / Archive Photos / Getty Images **288** GlobalVision Communication / GlobalFlyCam / Moment / Getty Images **289tl** Travel Library Limited / Superstock **289tr** Panther Media GmbH / Alamy Stock Photo **289b** Senior Airman Christophe / age fotostock / SuperstockWW

ARCHITECTURE
INSIDE+OUT

일러스트와 함께하는 유명 건축물 이야기

아키텍처
인사이드 아웃

1판 1쇄 2019년 1월 31일
ISBN 978-89-314-5952-4

발 행 인 | 김길수
발 행 처 | (주)영진닷컴
주   소 | (우)08505 서울 금천구 가산디지털2로 123 월드메르디앙벤처센터 2차 10층
등   록 | 2007. 4. 27. 제16-4189호

Staff
저   자 | John Zukowsky & Robbie Polley
번 역 자 | 고세범
총   괄 | 김태경
진   행 | 성민
편   집 | 지화경